建築物環境衛生管理技術者試験

ビル管理士 テキスト

I

衛生行政
環境衛生
空気環境
資料編
用語解説カード

要点テキストⅠ 正誤表

ページ	誤	正
p48-12行	② 湿球黒球温度：湿球黒球温度WBGT(Wet・・・	② 湿球黒球温度：WBGT(Wet・・・
p74-14行	② ディスプレイを用いる場合はディスプレイ画面上、書類およびキーボード上における照度は500lx以下、おける照度は・・・	② ディスプレイを用いる場合の書類およびキーボード上における照度は・・・
p183-9行	(1) 3音の3要素 3音の3要素とは、大きさ、高さ、音色、をいう。	(1) 音の3要素 音の3要素とは、大きさ、高さ、音色、をいう。

要点テキストⅡ 正誤表

ページ	誤	正
p17-17行	(4) 柱 RC構造の柱では図4.3.5のように配筋する。	(4) 柱 RC構造の柱では図4.3.4のように配筋する。
p127-20行	$0.0143 ≒ 3600J/(W \cdot h)/\{4186J/(kg \cdot °C) \times 1kg/L \times 60min/h)[°C/W]$ 数値を代入して計算する。	なお、係数0.0143は以下によって求まる。 $3600J/(W \cdot h)/\{4186J/(kg \cdot °C) \times 1kg/L/60min/h)[°C/W] ≒ 0.0143$ $[L \cdot °C/W \cdot min]$ 数値を代入して計算する。

ま え が き

　厚生労働省の国家資格である「建築物環境衛生管理技術者（通称「ビル管理士」）」は，「建築物における衛生的環境の確保に関する法律」（略称 建築物衛生法）に基づいて行われる国家試験の合格者と厚生労働大臣の登録を受けた者が行う講習会の課程を終了した者に免許が与えられます。

　ビル管理士には，建築物の衛生的な環境を確保するために，医学，建築学，生物学，化学など専門分野が互いに関連を保って建築物を維持管理する技術手段である「建築物衛生行政概論」，「建築物の環境衛生」，「空気環境の調整」，「給水及び排水の管理」，「ねずみ・昆虫等の防除」，そして「清掃・廃棄物管理等」を内包する俯瞰的知識や技術力が要求されます。

　本書は，建築物の環境衛生に係わる人が，初めて「建築物環境衛生管理技術者国家試験（ビル管理士試験）」を受験することを想定して，過去の出題傾向に基づき編修されています。執筆者は，建築物環境衛生管理に精通した複数分野の専門家が参加し，検討を重ねてテキストとして編修しました。

　本書は，「要点テキストⅠ」と「要点テキストⅡ」の２分冊となっています。本書は 2019 年に出版しましたが，この度，構成の見直しと内容の再チェックを行い，新版として出版するものです。本書には，次のような配慮がしてあります。

　　第一に，本試験の試験科目順に編修しています。大きく編・章・節に分けています。

　　第二に，試験科目ごとに，過去の出題傾向を示しています。

　　第三に，毎年のように出題される内容については，主として側注欄に「よく出る」と表記し，また本文中にアンダーラインを引いて，重点ポイントをはずさずに学習ができるようにしています。

　本書は，独学で勉強する人でも，確実に試験に合格できることを目標に編修されていますが，講習会などのテキストとしても最高水準のものです。

　本書でじっくりと学習することにより，「建築物環境衛生管理技術者」の資格を取得してください。合格を祈念いたします。

2023 年 3 月

編修委員長

長澤　泰

試験の内容と本書の構成・利用法

(1) 試験の内容

　この試験は，午前3時間と午後3時間の計6時間を1日で行います。<u>出題問題数は合計180問</u>（内訳は下表）で，合格基準は，各科目の合格基準点（各科目の満点の40%）以上であって，かつ全科目の得点が全科目の合格基準点（全科目の満点数の65%）以上であることが条件となります。

試験科目と配点・合格基準・日程

	科　　目	配点*	合格基準点（合格基準）
9時00分〜9時30分　　受験上の注意			
午前試験（時間3時間）9時30分〜12時30分	建築物衛生行政概論	20	8点以上（40% 以上）
	建築物の環境衛生	25	10点以上（40% 以上）
	空気環境の調整	45	18点以上（40% 以上）
12時30分〜13時15分（45分）　　休憩			
13時15分〜13時30分　　受験上の注意			
午後試験（時間3時間）13時30分〜16時30分	建築物の構造概論	15	6点以上（40% 以上）
	給水及び排水の管理	35	14点以上（40% 以上）
	清掃	25	10点以上（40% 以上）
	ねずみ・昆虫等の防除	15	6点以上（40% 以上）
	合計	180	117点以上（65% 以上）

*配点：問題数と同じ

(2) 本書の構成

　本書は，収録内容が多岐にわたり，相当のページ数となることから，次のように，内容別に2分冊としました。ただし，巻末に載せた索引は，2分冊共通としました。

要点テキストⅠ　第1編　建築物衛生行政概論
　　　　　　　　第2編　建築物の環境衛生
　　　　　　　　第3編　空気環境の調整
　　　　　　　　資料編
　　　　　　　　索引
　　　　　　　　用語解説カード
要点テキストⅡ　第4編　建築物の構造概論
　　　　　　　　第5編　給水及び排水の管理
　　　　　　　　第6編　清掃
　　　　　　　　第7編　ねずみ・昆虫等の防除
　　　　　　　　索引

⑶　**試験のポイントと本書での学習の仕方**

　この試験では，医学・建築学・生物学・化学などの専門分野が互いに関連を保って建築物を維持管理するための俯瞰的知識と技術力が要求されますので，きちんとした基礎学力の取得が必要です。そのためには，全科目の学習と確認が必要です（本書は出題内容科目が2分冊になっています）。

「ビル管理士要点テキスト　市ヶ谷出版」の特徴と使い方

１，学習展開

　ａ，科目別問題集と併用学習の効果

　　試験の設問からの学習重要ポイント早期理解

　　出題傾向・受験者の苦手科目・項目を知る

　　「問題集記載の分析表から出題傾向を知る」

　　まったく同じ問題ではなく周辺に展開するので要点テキストでの学習がこの難関試験をクリアするための学習時間は250時間から300時間として指導されています。

　ｂ，学習時間を補う学習番外編（どうしても暗記項目がある）

　　「ビル管理士要点テキストⅠ」に掲載されている「用語解説カード（索引に掲載されている単語から引用された語句の解説）」を本体から切り取り，「カード」として，通勤時・通学時や空いた時間に目を通すことで，学習時間の補填に充てることができます。

　　［本体から切り取り線に沿ってカットし（切り取り），100円ショップ等で購入できるはがきホルダーに入れて持ち歩くことができます］

要点テキストの1用語解説
の頁を切り抜き4等分にする

用語解説カード

100円ショップの
はがきファイルブック

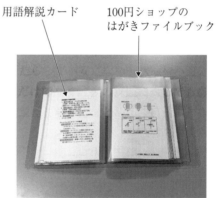

　こうした普段からの学習は資格に求められる知識となり，今後各自が担う責任の支えとなります。

⑷　**試験にあたっての心構え**

　試験は，問題数が180問で，試験時間が6時間ですから，平均すれば1問を2分で解くスピードと持久力が求められます。

　試験の前日までに，午前と午後のそれぞれの時間で解答する分野の順番を決めておくことが大切です。その際，

　①　得意分野から解答し，不得意分野に十分な時間を残すことが重要です。

　②　途中で解答が難しい問題と感じたら，すぐにパスして，次に進み，無駄に時間を費やすことを避けます。計算問題の出題は，時間に余裕ができたら解答しましょう。

　③　各問題2分以内に完了させ，一旦パスした問題にあてる時間を残し，パスした問題の未解答がないように見直しましょう。

（以上）

受験ガイダンス

(1) 資格の概要について

　建築物環境衛生管理技術者とは，建築物の環境衛生の維持管理に関する監督等を行う国家資格（厚生労働省）を保有する人です。通称，ビル管理技術者，ビル管理士と呼ばれます。

　この資格は，厚生労働大臣の指定を受けた日本建築衛生管理教育センターの①「建築物環境衛生管理技術者登録講習会」を受けた者，または，②「建築物環境衛生管理技術者国家試験」に合格した者，に対し免状が交付されます。

　資格の保有者は，「建築物における衛生的環境の確保に関する法律」（建築物衛生法）に基づいて，面積 3000 m² 以上（学校については 8000 m² 以上）の特定建築物において，維持保全に関して事実上の最高責任者として職務を遂行することができます。

(2) 資格者が要求される知識・能力

　建築構造，建築設備，室内環境・衛生（照明や騒音環境を含む），給排水，清掃，害虫・ねずみ防除，廃棄物などといったビル管理に関する幅広い知識が要求されます。このほかに，実務上は建築物内で生じる健康問題に関する基礎医学，生物学，化学等の自然科学全般の知識，その他管理費，人的資源の管理，クレーム対応，下請け事業者との契約・折衝，官公庁との連絡調整などといったマネジメント能力も要求されます。

(3) 国家試験の受験概要

　受験資格のある者が国家試験（上記(1)-②）に合格することによって，資格を得る方法に該当します。

●試験科目及び問題数

・午前（試験時間 3 時間）
　1. 建築物衛生行政概論（20 問）
　2. 建築物の環境衛生（25 問）
　3. 空気環境の調整（45 問）
・午後（試験時間 3 時間）
　4. 建築物の構造概論（15 問）
　5. 給水及び排水の管理（35 問）
　6. 清掃（25 問）
　7. ねずみ・昆虫等の防除（15 問）
（注）試験は，マークシート方式による五肢択一問題を解答します。

●合格基準

　・合格発表時に日本建築衛生管理教育センターより公表されます。

　・各科目の合格基準点（各科目の満点の40%）以上であって，かつ全科目の得点が全科目の合格基準点（全科目の満点数の65%）以上であることが条件となります。

		科目	配点	合格基準点（合格基準）
午前試験 時間3時間		建築物衛生行政概論	20	8点以上（40%以上）
		建築物の環境衛生	25	10点以上（40%以上）
		空気環境の調整	45	18点以上（40%以上）
午後試験 時間3時間		建築物の構造概論	15	6点以上（40%以上）
		給水及び排水の管理	35	14点以上（40%以上）
		清掃	25	10点以上（40%以上）
		ねずみ・昆虫等の防除	15	6点以上（40%以上）
		合計	180	117点以上（65%以上）

●受験資格

　厚生労働省令で定められた建築物の用途部分において，同省令の定める実務に2年以上従事した者（現在，受験手続時に公表されている建築物の用途及び実務内容は次のとおりです）

実務に従事した建築物の用途

①　興行場（映画館，劇場等），百貨店，集会場（公民館，結婚式場，市民ホール等），図書館，博物館，美術館，遊技場（ボウリング場等）

②　店舗，事務所

③　学校（研修所を含む）

④　旅館，ホテル

⑤　その他の類する建築物

　　（多数の者の使用，利用に供される用途で，かつ衛生的環境も類似しているもの）（老人ホーム，保育所，病院等は特定建築物ではないが受験資格として認められています）

（注）

1　建築物における環境衛生上の維持管理に関する実務

2　空気調和設備管理

3　給水・給湯設備管理

4　排水設備管理（浄化槽法第二条第一号に規定する浄化槽の維持管理を含む）

5　ボイラ設備管理

6　電気設備管理（変電，配電等のみの業務を除く）

7　清掃，廃棄物処理

8　ねずみ・昆虫等の防除

※　修理専業，アフターサービスとしての巡回などは実務に**該当しない**。

　　受験資格について疑問がある場合は，次の関係機関に問い合わせてください。厚生労働省の窓口は医薬・生活衛生局（2015年より）。手続きに関しては日本建築衛生管理教育センターへ。

⑷ **受験手続・出願期間・試験日・試験地**

●受験手続

　受験願書等の入手方法は，次の①〜②のいずれかの方法により入手できます。詳細は（公財）日本建築衛生管理教育センター国家試験課ホームページを参照（http://jahmec.or.jp/kokka/）

　① ホームページからダウンロードして印刷する方法

　② 受験願書一式を，返信用封筒で請求する方法

●出願期間

　願書配布および受付期間は，毎年5月上旬〜6月中旬

●試験日

　毎年10月上旬の日曜日

●合格発表

　毎年10月下旬

●試験地

　札幌市，仙台市，東京都，名古屋市，大阪府，福岡市の6カ所です。

　ただし，東京会場は2カ所で行われる場合もあります。

　＜郵送による請求先＞

　（公財）　日本建築衛生管理教育センター　国家試験課

　〒100-0004　東京都千代田区大手町1丁目6-1

　　　　　　　大手町ビル7階743区

　　　　　　　電話番号：03-3214-4620

本書の構成

要点テキストⅠ（新版）

第1編　建築物衛生行政概論 …………………… 1

第2編　建築物の環境衛生 …………………… 39

第3編　空気環境の調整 …………………… 101

資料編 …………………… 205

索　引 …………………… 227

要点テキストⅡ（新版）

第4編　建築物の構造概論 …………………… 1

第5編　給水及び排水の管理 …………………… 71

第6編　清　　　掃 …………………… 211

第7編　ねずみ・昆虫等の防除 …………………… 265

索　引 …………………… 293

目　次
要点テキストⅠ

まえがき …………………………………… *3*

試験の内容と本書の構成・利用法 ………… *4*

受験ガイダンス …………………………… *6*

第1編　建築物衛生行政概論 ……………… *1*

　第1章　建築物衛生概論 ………………… *2*

　第2章　建築物における衛生的環境の
　　　　　確保に関する法律（建築物衛
　　　　　生法） ………………………… *4*

　　第1節　一般事項・法の目的 ………… *4*

　　第2節　特定建築物の定義 …………… *4*

　　第3節　特定建築物の届出 …………… *7*

　　第4節　建築物環境衛生管理基準 …… *8*

　　第5節　建築物環境衛生管理技術者 *15*

　　第6節　帳簿書類・立ち入り検査・
　　　　　　改善命令等・事業の登録 … *16*

　第3章　建築物衛生法に関連する法律
　　　　　と環境衛生行政 ……………… *22*

　　第1節　関連法規と建築物衛生法と
　　　　　　の関係 ……………………… *22*

　　第2節　関連法規 …………………… *22*

　　第3節　環境衛生行政 ……………… *33*

　確認テスト ……………………………… *36*

　確認テスト　解答・解説 ……………… *37*

第2編　建築物の環境衛生 ……………… *39*

　第1章　建築物環境と健康 …………… *40*

　　第1節　環境と人間のかかわり …… *40*

　　第2節　人体の構造と機能のあらまし
　　　　　　……………………………… *41*

　　第3節　環境への適応と健康 ……… *43*

　　第4節　基準の考え方 ……………… *44*

　第2章　温熱環境と健康 ……………… *46*

　　第1節　体温調整と温熱条件 ……… *46*

　　第2節　温熱条件の快適性 ………… *49*

　　第3節　異常温度環境による健康障害
　　　　　　……………………………… *51*

　　第4節　冷暖房と健康 ……………… *53*

　第3章　室内空気環境の性状と健康 … *55*

　　第1節　室内空気と影響要因 ……… *55*

　　第2節　室内空気と健康問題 ……… *62*

　第4章　音・振動と健康 ……………… *66*

　　第1節　音の聞こえ ………………… *66*

　　第2節　騒音とその影響 …………… *67*

　　第3節　振動とその影響 …………… *69*

　第5章　照明と色の影響 ……………… *70*

　　第1節　光の色の知覚と快適性 …… *70*

　　第2節　色の感覚と効果 …………… *72*

　　第3節　照度と照度基準 …………… *72*

　　第4節　VDT作業と健康 …………… *74*

　第6章　磁場・電場・電磁場と影響 … *75*

　　第1節　電場・磁場・電磁波 ……… *75*

　　第2節　静電場・静磁場と健康 ………*76*

　　第3節　電磁波と健康 ……………… *77*

　　第4節　電磁放射線と健康 ………… *78*

　第7章　水と健康 ……………………… *82*

　　第1節　水と生命 …………………… *82*

　　第2節　生活と水 …………………… *83*

　　第3節　飲料水の水質と健康 ……… *84*

　第8章　感染症の予防 ………………… *89*

　　第1節　感染と伝染 ………………… *89*

　　第2節　感染症の予防対策 ………… *90*

　　第3節　空気媒介感染 ……………… *94*

　　第4節　水系感染症 ………………… *95*

　確認テスト ……………………………… *97*

　確認テスト　解答・解説 ……………… *98*

第3編　空気環境の調整 ………………… *101*

　序章　用語と単位の問題 …………… *102*

　　第1節　用語と単位 ………………… *102*

　第1章　空気環境の基礎知識 ……… *104*

　　第1節　空気の基礎知識 ………… *104*

　　第2節　浮遊粒子とエアロゾル粒子
　　　　　　の特性 …………………… *105*

第2章　熱の基礎知識 …………………… 109
　第1節　熱流の基礎 …………………… 109
　第2節　建築材料の長波長放射率と
　　　　　日射吸収率 …………………… 114
第3章　流体の基礎知識 ………………… 115
　第1節　ベルヌーイの定理 ………… 115
　第2節　層流・乱流・レイノルズ数
　　　　　　………………………………… 116
　第3節　圧力損失 ……………………… 117
　第4節　噴流・吸い込み気流・室内
　　　　　気流分布 …………………… 119
第4章　湿り空気 ………………………… 121
　第1節　湿り空気線図 ………………… 121
　第2節　空気清浄化と換気 ………… 128
　第3節　露点温度と結露 …………… 137
第5章　空気調和・換気設備 ………… 140
　第1節　空調熱負荷 …………………… 140
　第2節　空気調和方式の分類 ……… 145
　第3節　空気調和方式の特徴 ……… 146
　第4節　熱源機器 ……………………… 150
　第5節　ポンプ ………………………… 157
　第6節　送風機 ………………………… 159
　第7節　空気調和機（エアハンドリ
　　　　　ングユニット）……………… 160
　第8節　加湿器・除湿器 …………… 164
　第9節　全熱交換器・顕熱交換器
　　　　　　………………………………… 165
　第10節　ダクト設備と付属品 ……… 166
　第11節　配管設備と付属品 ………… 168
　第12節　断熱・保温 ………………… 169
　第13節　自動制御・省エネ対策 …… 169
第6章　空気調和・換気設備の管理
　　　　　………………………………… 171
　第1節　室内環境の管理 …………… 171
　第2節　空調設備の管理 …………… 173
　第3節　空気調和設備の節電対策
　　　　　　………………………………… 174
　第4章　空気環境・温熱要素・環
　　　　　境要素の測定 ……………… 174
第7章　音・振動環境の管理 ………… 183
　第1節　音環境の管理 ……………… 183

　第2節　振動環境の管理 …………… 190
第8章　光環境の管理 …………………… 192
　第1節　光に関する基礎知識 ……… 192
確認テスト ………………………………… 199
確認テスト　解答・解説 ……………… 201

資料編 …………………………………… 203
　1　法律の体系と関連法規 ………… 204
　2　建築物における衛生的環境の確保
　　　に関する法律（抜粋）………… 204
　3　建築物における衛生的環境の確保
　　　に関する法律施行令（抜粋）…… 207
　4　建築物における衛生的環境の確保
　　　に関する法律施行規則（抜粋）…… 208
　5　建築物における衛生的環境の維持
　　　管理について（健発第0125001号）
　　　（抜粋）………………………… 218
建築物環境衛生維持管理要領 ………… 218

索　引 …………………………………… 224

目　次
要点テキストⅡ

第4編　建築物の構造概論 ……………………………………………………… 1
　第1章　建築物と環境 ……………………………………………………… 2
　第2章　建築物の設計 ……………………………………………………… 7
　第3章　建築物の構造 ……………………………………………………… 12
　第4章　建築材料 …………………………………………………………… 26
　第5章　建築生産 …………………………………………………………… 33
　第6章　建築設備 …………………………………………………………… 36
　第7章　建築物の防災 ……………………………………………………… 51
　第8章　建築基準法 ………………………………………………………… 60
　確認テスト

第5編　給水及び排水の管理 ………………………………………………… 71
　第1章　給水設備とその維持管理 ………………………………………… 72
　第2章　雑用水設備とその維持管理 ……………………………………… 108
　第3章　給湯設備とその維持管理 ………………………………………… 118
　第4章　排水通気設備とその維持管理 …………………………………… 138
　第5章　衛生器具とその維持管理 ………………………………………… 172
　第6章　浄化槽設備とその維持管理 ……………………………………… 184
　第7章　消火設備とその維持管理 ………………………………………… 196
　第8章　特殊設備とその維持管理 ………………………………………… 203
　確認テスト

第6編　清　　掃 ……………………………………………………………… 211
　第1章　総論 ………………………………………………………………… 212
　第2章　ビルクリーニングの計画と管理 ………………………………… 218
　第3章　ビルクリーニングの基礎知識 …………………………………… 224
　第4章　ビルクリーニング技法 …………………………………………… 230
　第5章　廃棄物処理概論 …………………………………………………… 246
　第6章　建築物内廃棄物の管理 …………………………………………… 254
　確認テスト

第7編　ねずみ・昆虫等の防除 ……………………………………………………… 265

　第1章　ねずみ・昆虫等防除概論 ……………………………………………… 266

　第2章　建築物内で見られるねずみ・害虫の生態と防除法 …………………… 272

　第3章　防除に用いる機器 ……………………………………………………… 282

　第4章　防除に用いる薬剤 ……………………………………………………… 284

　第5章　作業の安全管理 ………………………………………………………… 288

　確認テスト

索　引 …………………………………………………………………………………… 293

第1編

執筆担当　西川豊宏

建築物衛生行政概論

第1章　建築物衛生概論
第2章　建築物における衛生的環境の確保
　　　　に関する法律（建築物衛生法）
第3章　建築物衛生法に関連する法律と
　　　　環境衛生行政
確認テスト

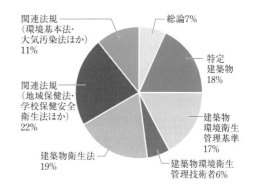

関連法規
（環境基本法・
大気汚染法ほか）
11%

総論7%

特定
建築物
18%

関連法規
（地域保健法・
学校保健安全
衛生法ほか）
22%

建築物
環境衛生
管理基準
17%

建築物衛生法
19%

建築物環境衛生
管理技術者6%

最近の出題傾向

　建築物衛生法の実務的事項を問うものや関連法規が幅広く出題される傾向にある。難易度は正答肢が判別しにくい問題が数題あり，やや上昇したが，難易度の高いものと低いものに差がある。また，建築物衛生法に基づく事業の登録とその登録基準，立ち入り検査といった実務的要件をより詳細にわたり問うもの，関連する法規の幅広い知識が問われるものも出題されている。

　建築物衛生行政概論に関する問題は例年20問が出題されている。建築物衛生法に関する出題の難易度が徐々に難化しており，関連法規も幅広い知識が求められる傾向にある。
（内訳）

1. 「建築物衛生行政の総論」として，日本国憲法やWHO憲章の記述内容に関する事柄や行政組織の職務所掌に関する問題は，周期的に出題されているが，ここ数年は絞り込まれている。

2. 建築物衛生法における「特定建築物」に関して，特定建築に該当する用途や面積の定義や組み合わせ，届出に関する問題は毎年必ず出題されている。また，建築物衛生法については出題数の変化や適当なものの組み合わせを選択する新しい出題形式が見られ，難易度も上昇していることから，確実な内容理解が必要であろう。

3. 「建築物環境衛生管理基準」に関しては，空調設備や衛生設備の環境基準を対象とした問題がそれぞれ1問程度，空気環境の測定方法や給水等の衛生措置に関する問題も毎年出題されている。

4. 関連法規では，建築物衛生法の事業登録や罰則，立ち入り検査を問う内容に加えて，法規全般の本質的理解を必要とする内容が増加している。関連法規として，保健所の職務や地域保健法，学校保健安全衛生法など毎年出題される問題に加え，社会情勢を反映した内容を問う出題も見られる。

　尚，令和4年4月に建築物における衛生的環境の確保に関する法律が改正され，建築環境衛生管理基準の一部が見直されるとともに，管理技術者の選任に関する事項等について見直された。改正内容を良く確認し，対策してもらいたい。

第1章　建築物衛生概論

> **学習のポイント**
> 1. 日本国憲法第25条，世界保健機関（WHO）憲章の前文，公衆衛生の定義（ウィンスロー）を学習する。
> 2. 建築物における衛生的環境の確保に関する法律の構成を学習する。
> 3. 特定建築の定義，用途と規模の関係を学習する。
> 4. 建築物環境衛生管理基準の構成と項目を学習する。
> 5. 建築物環境衛生管理技術者の制度や職務について学習する。

1.1　日本国憲法

▷よく出る

日本国憲法第二十五条において，
「すべて国民は，健康で文化的な最低限度の生活を営む権利を有する。国は，すべての生活部面について，社会福祉，社会保障及び公衆衛生の向上及び増進に努めなければならない。」と規定されており，
建築物衛生法など衛生関係法規の根幹となる法文である。

1.2　世界保健機関※

世界保健機関（WHO）憲章の前文において，健康の定義が以下のように定義されている。「健康とは，病気ではないとか，弱っていないということではなく，肉体的（身体的）にも，精神的にも，そして社会的にも，すべてが満たされた状態にあることをいいます。人種，宗教，政治信条（政治的信念）や経済的・社会的条件によって差別されることなく，最高水準の健康に恵まれることは，あらゆる人々にとっての基本的人権（基本的権利）のひとつです。」

世界保健機関
世界保健機関は1948年に設立され，国連システムの中にあって保健について指示を与え，調整する機関です。WHOは，グローバルな保健問題についてリーダーシップを発揮し，健康に関する研究課題を作成し，規範や基準を設定します。また，証拠に基づく政策選択肢を明確にし，加盟国へ技術的支援を行い，健康志向を監視，評価しています。

1.3　ウィンスローの公衆衛生の定義

公衆衛生の定義として最もよく知られているのは，アメリカの公衆衛生学者であるウィンスロー（Winslow, C. E. A. 1877-1957）のものがある。
「公衆衛生とは，環境の衛生，伝染病の予防，個人衛生に関する衛生教育，疾病の早期診断と治療のための医療および看護サービスの組織ならびに健康保持に必要な生活水準を各人に保障する社会機構の整備を目的とした共同社会の組織的努力を通じて，疾病を予防し生命を延長し身体的・精神的健康と能率の増進を図り，すべての住民に生来の権利である健康と長寿を得させるため，組織的に上記の成果を取りまとめようとする科学および技術である。」

1.4　医学史における主な人物とその功績

ヒポクラテス（Hippocrates）は，西洋医学の祖，医聖とされるギリシャの医学者で，人間は自然の一部という考え方から医学を宗教から独立させ，西洋医学の体系の基礎を構築した。ナイチンゲール（Florence Nightingale 1820-

1910）は，ヒポクラテスの医学の理念から自らの看護論を構築した。産業革命の時代になると都市人口が急増し，病を患う労働者や貧民を収容する病院が設立された。ロンドンの医師スノー（John Snow 1813-1858）は 1855 年にコレラが水系により感染する病気であると報告し，パスツール（Louis Pasteur 1822-1895）はニワトリ・コレラの実験から医学における免疫学に立脚したワクチン開発の道を開いた。コッホ（Robert Koch 1843-1910）は 1882 年の結核菌，1883 年のコレラ菌の発見などから細菌学の基盤が構築され，1928 年のフレミング（Alexander Fleming 1881-1955）によるペニシリン（抗生物質）の発見につながった。

1.5　日本の公衆衛生の推移

　明治政府が明治 4 年に岩倉具視を団長とする使節団を欧米に派遣したが，その一員に医師の長与専斎（1838-1902）がいた。専斎は，欧米の医事を視察し，これにより衛生制度，医療制度に関する行政方針が示された「医制」の起草に寄与した。初代内務省衛生局長となり，その後の衛生行政の確立に尽力した。また，欧米使節団に自ら加わり，欧米の現状を学んだ大久保利通は，帰国後直ちに内務省の創設に取り組んだ。

　我が国においては，コレラが安政 5 年（1858 年）からの 3 年間で全国的な大流行で死者 28 万人以上となったが，明治 12 年に再びコレラが侵入し全国的に流行した。これを受けて内務省衛生局は，コレラを中心とする伝染病対策として，明治 13 年に伝染病予防規則を，明治 30 年に伝染病予防法を制定し，これが日本におけるその後の伝染病対策の基になった。

第2章　建築物における衛生的環境の確保に関する法律（建築物衛生法）

第1節　一般事項・法の目的

建築物衛生法第一条で，

「この法律は，多数の者が使用し，又は利用する建築物の維持管理に関し環境衛生上必要な事項等を定めることにより，その建築物における衛生的な環境の確保を図り，もつて公衆衛生の向上及び増進に資することを目的とする。」と規定している。

主な制度改正について

■昭和55年の法改正（建築物の大型化，高層化）

建築物の衛生管理業務を営む者の物質の向上を図ることを目的として，一定の人的，物的基準を要件とする事業者の都道府県知事による登録制度が設けられた。

■平成13年の法改正

都道府県知事による登録業者として建築物空気調和用ダクト清掃業，建築物排水管清掃業の2つが加えられた。

「建築物環境衛生一般管理業」から「建築物環境衛生総合管理業」へ名称が変更された。

■平成14年の政省令改正（建築物の大規模化，高層化・複雑化）

空気調和設備の中央方式の限定を廃止し，ホルムアルデヒドの基準を加えたほか，給湯水や雑用水の維持管理基準などが追加された。

■平成22年の省令改正（不動産証券化による建築物の所有及び管理の多様化）

特定建築物の届出事項に特定建築物の維持管理権原者の氏名が追加された。

第2節　特定建築物の定義

2.1　特定建築物とは

▷よく出る

建築物衛生法第二条で，

「興行場，百貨店，店舗，事務所，学校，共同住宅等の用に供される相当程度の規模を有する建築物で，多数の者が使用し，又は利用し，かつ，その維持管理について環境衛生上特に配慮が必要なものとして政令で定めるものをいう。」と規定されている。

同条第2項で，

「前項の政令においては，建築物の用途，延べ面積等により特定建築物を定めるものとする。」と規定されており，用途および延べ面積等から特定建築物が定められている。

2.2　特定建築物の具体的要件

▷よく出る

建築物衛生法施行令第一条で，

「法第二条第 1 項の政令で定める建築物は，次に掲げる用途に供される部分の延べ面積が 3000 m^2 以上の建築物」および「専ら学校教育法第一条に規定する学校又は就学前の子どもに関する教育，保育等の総合的な提供の推進に関する法律第二条第 7 項に規定する幼保連携型認定こども園の用途に供される建築物で延べ面積が 8000 m^2 以上のもの」と規定されている。

特定用途とは，建築物衛生法施行令 1 条の各号に揚げる用途をいう。具体的には，興行場，百貨店，事務所等が特定用途に該当する。特定用途は，表1.2.1 に示すように多数の人が使用・利用し，一般的な環境規制に馴染むものという観点から定められている。

また，建築物衛生法の適用が除外されるものを次に示す。

①　工場，病院，診療所，社会福祉施設等，寄宿舎，自然科学系の研究所は，特殊環境のものとして除外される。

②　駐車場，倉庫などは，多数の人が使用・利用する要件を欠くものとして除外される。

③　共同住宅は，建築物衛生法施行令で特定用途とされていない。「個人住宅の集積であり，その維持管理は個人の責任で行われるべきもの」と規定されている。

表 1.2.1　特定用途とその施設

用途
3,000 m^2 以上の特定用途
一　興行場：興行場法第一条第 1 項に規定する興行場で，映画，演劇，音楽，スポーツ，演芸または見せ物，聞かせる施設 百貨店：大規模小売店舗立地法法第二条第 1 項に規定する「大規模小売店舗」にあたる。 集会場：会議，社交等の目的で公衆の集合する施設をいう。公民館，市民ホール，各種会館，結婚式場等がこれに該当する。 図書館：記録や資料等を収集し，整理・保存し，公衆の利用に供することを目的としており，図書館法の適用を受けるもの限らない。 博物館・美術館：歴史，芸術，民族，産業，自然科学等に関する資料を収集，保管，展示して，公衆の観覧，利用に供することを目的とする施設であり，博物館法の適用を受けるものに限らない。 遊技場：設備を設けて，公衆にマージャン，パチンコ，ボーリング，ダンス，その他の遊技をさせる施設をいう。
二　店　舗：公衆に対して物品を販売し，またはサービスを提供することを目的とする施設をいい，卸売店，小売店の他，飲食店，バー，理容所，その他，サービス業の店舗を広く含む。

事務所：事務をとることを目的とする施設をいう。自然科学系の研究所は一般に除外されるが，研究所という名称を持った施設であっても，そこで行われる仕事の内容が事務と同視すべきものであれば事務所に該当する。また，銀行等は，店舗と事務所の両方の用途を兼ねている施設である。
8,000 m² 以上の特定用途
三　学校教育法第一条に規定する学校 （幼稚園，小学校，中学校，高等学校，中等教育学校，特別支援学校，大学および高等専門学校）
3,000 m² 以上の特定用途
学校教育法第一条に規定する学校等を除く教育施設 （専修学校，各種学校，研修所）
四　旅館 　旅館業法第二条第1項に規定する旅館業（ホテル，旅館等）を営むための施設をいう。

■特定建築物の定義　　　　　　　　　　　　　　　　　　　　▷よく出る

① 建築基準法に言う建築物であること。

　建築基準法第二条第一号に定める建築物のことである。

　ただし，以下は除かれる。

　　・鉄道や軌道の線路敷地内の運転保安に関する施設

　　・プラットホームの上屋等

　また，高架の道路や地下道等は建築物に該当しないが，下記は該当する。

　　・それらに設けられた料金所

　　・地下街の店舗や事務所

② 特定用途に供される建築物であること。

　特定用途についての要件は，一つの建築物に対して，表 1.2.1 にある特定用途の1または2以上に供されること。

　これらの用途は何れも，多数の人が使用・利用し，一般的な環境規制に馴染むという観点で定められている。特殊な環境にある工場や自然科学系の研究所，病院などは除外されている。

③ 延べ面積の要件と算出方法

　1つの建築物において特定用途に供される部分の延べ面積が 3,000 m² 以上（学校の場合は 8,000 m² 以上）が特定建築に該当するが，その算定方法は以下のとおり。

　$a+b+c≧3,000$ m²（学校の場合は 8,000 m²）

　a：専ら特定用途に供される部分（※1）の床面積 ［m²］

　b：付随する部分（※2）の床面積の合計 ［m²］

　c：付属する部分（※3）の床面積の合計 ［m²］

　d：専ら特定用途以外の用途に供される部分 ［m²］

　（※1）事務所や店舗の占有部分等，表 1.2.1 にあるもの

（※2）廊下，階段，洗面所等の共用部分
（※3）百貨店の倉庫，事務所付属の駐車場

第 3 節　特定建築物の届出

3.1　届出

建築物衛生法第五条第 1 項で，

▷よく出る

「特定建築物の所有者は，当該特定建築物が使用されるに至ったときは，その日から 1 カ月以内に，厚生労働省令の定めるところにより，当該特定建築物の所在場所，用途，延べ面積及び構造設備の概要，建築物環境衛生管理技術者の氏名その他厚生労働省令で定める事項を都道府県知事に届け出なければならない。」

建築物衛生法第五条第 3 項で，

「特定建築物所有者等は，前 2 項の規定（新たに特定建築物に該当することとなった場合）による届出事項に変更があつたとき，又は当該特定建築物が用途の変更等により特定建築物に該当しないこととなったときは，その日から 1 カ月以内に，その旨を都道府県知事に届け出なければならない。」と規定されている。

⑴　国又は地方公共団体の公用又は公共の用に供する特定建築物においても届出を行う必要がある。

⑵　届出をしない，又は虚偽の届出をした場合，30 万円以下の罰金に処せられる。

3.2　届出事項

建築物衛生法施行規則第一条第 1 項で，

届け出書に記載する事項が以下のように規定されている。

①　特定建築物の名称
②　特定建築物の所在地
③　特定建築物の用途
④　特定用途部分の延べ面積
⑤　特定建築物の構造設備の概要
⑥　特定建築物維持管理権原者の氏名及び住所
⑦　特定建築物の所有者（所有者以外に当該特定建築物の全部の管理について権原を有する者があるときは，当該権原を有するもの）（以下「特定建築物所有者等」という。）の氏名及び住所（法人にあっては，その名称，主たる事務所の所在地及び代表者の氏名）
⑧　建築物環境衛生管理技術者の氏名，住所及び免状番号
⑨　特定建築物が使用されるに至った年月日

第4節　建築物環境衛生管理基準

4.1　建築物環境衛生管理基準について

建築物衛生法第四条第1項で,

「特定建築物の所有者, 占有者その他の者で当該特定建築物の維持管理について権原を有するものは, 政令で定める基準（建築物環境衛生管理基準）にしたがって当該特定建築物の維持管理をしなければならない。」

同条第2項で,

「建築物環境衛生管理基準は, 空気環境の調整, 給水及び排水の管理, 清掃, ねずみ, 昆虫等の防除その他環境衛生上良好な状態を維持するのに必要な措置について定めるものとする。」→表1.2.2

同条第3項で,

「特定建築物以外の建築物で多数の者が使用し, 又は利用するものの所有者, 占有者その他の者で当該建築物の維持管理について権原を有するものは, 建築物環境衛生管理基準に従って当該建築物の維持管理をするように努めなければならない。」と規定されている。

表1.2.2　建築物環境衛生管理基準の項目

空気環境の調整	①　空気環境の調整に関する基準及び測定 ②　空気調和設備の病原体汚染を防止するための措置
給水及び排水の管理	①　飲料水に関する衛生上の措置 　　（飲料水の水質基準, 貯水槽の清掃等） ②　雑用水に関する衛生上の措置 ③　排水に関する設備の掃除等
清掃及びねずみ等の防除	①　清掃及び廃棄物処理 ②　ねずみ等の防除

4.2　空気環境の調整

(1)　空気調和機および機械換気設備を設ける場合の基準

空気調和設備とは, 空気の浄化, 温湿度および風量の調整ができる設備をいい,

①　浮遊粉じん※量
②　一酸化炭素含有率
③　二酸化炭素含有率
④　温度
⑤　相対湿度
⑥　気流
⑦　ホルムアルデヒド※の量

の7項目について基準を満たさなければならない。

機械換気設備とは, 空気の浄化および風量の調整ができる設備をいい, 空気調和設備のうち, ④温度と⑤相対湿度を除く5項目について基準を満たさなければならない。

浮遊粉じん（浮遊粒子状物質）
浮遊粒子状物質（SPM）は, 大気中に浮遊する粒子状物質のうち, 粒径が10μm（1μm＝1mの100万分の1）以下のものをいいます。微小なため大気中に長期間滞留し, 肺や気管などに沈着して, 呼吸器に影響を及ぼします。

ホルムアルデヒド
ホルムアルデヒドはヒトの粘膜を刺激するため, 目がチカチカしたり涙が出る, 鼻水が出る, のどの渇き・痛みやせきなど, シックハウス症候群の原因となる代表的な化学物質です。
室内での主な発生源は「合板」です。住まいには壁, 天井, 押入, 床フローリングなど多くの場所に合板が使用されています。また, タンスや食器棚など木製家具にも多く使用されています。最近の建材は, ホルムアルデヒドの使用を抑えているため, 放散量自体それほど多くありません。しかし, 数年前まで樹脂や接着剤の原料として広く使用されていたため, 10年以上経っても放散が続くことがあります。

表 1.2.3　建築物環境衛生管理基準

①	浮遊粉じんの量	0.15 mg/m³ 以下
②	一酸化炭素の含有率*	100 万分の 6 以下（＝6 ppm 以下）
③	二酸化炭素の含有率	100 万分の 1000 以下（＝1000 ppm 以下）
④	温度*	(1) 18℃ 以上 28℃ 以下 (2) 居室における温度を外気の温度より低くする場合は，その差を著しくしないこと。
⑤	相対湿度	40% 以上 70% 以下
⑥	気流	0.5 m/秒以下
⑦	ホルムアルデヒドの量	0.1 mg/m³ 以下（＝0.08 ppm 以下）

▷よく出る

＊令和 4 年 4 月より建築物環境衛生管理基準に関して法律施行令等が以下の様に改正された。

一酸化炭素の含有率
10 ppm から 6 ppm へ改正。特例（外気がすでに 10 ppm 以上ある場合には 20 ppm 以下）に関する規定は廃止。

温度
「17℃ 以上 28℃ 以下」から「18℃ 以上 28℃ 以下」に改正。

▷よく出る

(2)　測定方法と測定回数

　空気環境の測定は，特定建築物の通常の使用時間中に，各階ごとに，居室の中央部の床上 75 cm 以上 150 cm 以下の位置において，下表に掲げる測定器を用いて行う。なお，②～⑥の測定器についてはこれと同程度以上の性能を有する測定器を用いて測定することを可としている。

表 1.2.4　測定法

項目	測定器	測定回数
① 浮遊粉じんの量	グラスファイバーろ紙（0.3 マイクロメートルのステアリン酸粒子を 99.9 パーセント以上捕集する性能を有するものに限る。）を装着して相対沈降径がおおむね 10 マイクロメートル以下の浮遊粉じんを重量法により測定する機器又は厚生労働大臣の登録を受けた者により当該機器を標準として較正された機器	定期的に 2 カ月以内ごとに 1 回
② 一酸化炭素の含有率	検知管方式による一酸化炭素検定器	
③ 二酸化炭素の含有率	検知管方式による二酸化炭素検定器	
④ 温度	0.5 度目盛の温度計	
⑤ 相対湿度	0.5 度目盛の乾湿球湿度計	
⑥ 気流	0.2 メートル毎秒以上の気流を測定することができる風速計	
⑦ ホルムアルデヒドの量	2・4-ジニトロフェニルヒドラジン捕集-高速液体クロマトグラフ法により測定する機器，4-アミノ-3-ヒドラジノ-5-メルカプト-1・2・4-トリアゾール法により測定する機器又は厚生労働大臣が別に指定する測定器	新築，増築，大規模の修繕又は大規模の模様替えを完了し，その使用を開始した時点から直近の 6 月 1 日から 9 月 30 日までの間に 1 回

※浮遊粉じんの量，一酸化炭素及び二酸化炭素の含有率は，各時点で測定した値の算術平均をもって基準と比較する。

4.3　空気調和設備の病原体汚染防止

空気調和設備の病原体汚染防止にあたっては，以下の4点に留意すること。

①　冷却塔や加湿装置に供給する水…水道法4条の規定による水質基準に適合しなければならない。

②　冷却塔，冷却水および加湿装置の汚れの状況…使用開始時および使用期間中の1カ月以内ごとに1回，定期に点検する。また，必要に応じて換水，清掃等を行う。

③　排水受け（ドレンパン）…空気調和設備の使用開始時および試用期間中の1カ月以内ごとに1回，定期に点検する。また，必要に応じて清掃などを行う。

④　冷却塔，冷却水の水管，加湿装置の清掃…1年以内ごとに1回の清掃が義務付けられている。

4.4　給水および排水の管理

(1)　飲料水の管理

給水に関する設備（水道法第三条第9項に規定する給水装置を除く。）を設けて，人の飲用，炊事用，浴用その他の生活用のために水を供給する場合は，水道法第4条の水質基準に適合する水を供給しなければならない。

ここで，水道法第三条第9項に規定する給水装置とは，「需要者に水を供給するために水道事業者の施設した配水管から分岐して設けられた給水管及びこれに直結する給水用具」と定義されている。よって，井水を汲み上げて建築物内にこれらの水を供給する設備，水道事業者から供給された水を貯水槽に入れて，この水を供給する場合は，「水道法　第三条第9項に規定する給水装置以外の給水に関する設備」に該当する。

(2)　飲料水に関する衛生上必要な措置

水道法規則第四条第1項に定められており，主な要点を以下に示す。

特定建築物等で給水される飲料水は，微生物学的にも安全性が確保されていなければならない。このため，水道事業者は，水質基準を維持するための衛生上の措置として，「水道法」により消毒を行うことが義務付けられている。さらに，「水道法施行規則」では，塩素消毒を行うことが明記されている。

水道水を原水にする場合は，残留塩素が確保されているが，残留塩素濃度は水槽や配管内で長時間滞留すると減少し，規定濃度を維持できなくなるため，残留塩素を定期的に測定し，給水栓から供給される水の衛生性を確認・確保している。

以上の様に，建築物衛生法では，飲料水を供給する場合において，水道法に定められた水質基準に適合していなければならない。よって，水道事業者が供給する水道水以外の井水，湧水等を原水にする場合でも，水道水と同様の水質を確保し，塩素消毒等を行うことが必要とされている。

水道直結給水方式は水道法第3条第9項に規定する結水装置に該当する。

表 1.2.5　飲料用水に関する衛生上必要な措置

措置内容	措置回数
給水栓における水に含まれる遊離残留塩素の含有率を 0.1（結合残留塩素の場合は，0.4）mg/L 以上に保持するようにする。供給する水が病原生物に著しく汚染されるおそれがある場合，病原生物に汚染されたことを疑わせるような生物若しくは物質を多量に含むおそれがある場合は，給水栓における水に含まれる遊離残留塩素の含有率を 0.2（結合残留塩素の場合は，1.5）mg/L 以上とする。	7 日以内ごとに 1 回検査する。
貯水槽の点検など，有害物，汚水等によって水が汚染されるのを防止するため必要な措置	1 年以内ごとに 1 回清掃する。
飲料水の水質検査	表 1.2.6 を参照
給水栓における水の色，濁り，臭い，味その他の状態により供給する水に異常を認めたときは，水質基準省令のうち必要なものについて検査を行う。	都度実施する。
飲料水に健康被害のおそれがあることを知った時の給水停止及び関係者へ周知する。	直ちに行う。

⑶　飲料水の水質検査

　水道または専用水道から給水する水のみを水源として飲料水を供給する場合，飲料水の水質検査を水質管理基準に関する省令（平成 15 年厚生労働省令第 101 号）に基づき行わなければならない。

表 1.2.6　水道または専用水道から給水する水のみを水源として飲料水を供給する場合

検査回数	6 カ月以内に 1 回	1 年以内に 1 回（6 月 1 日～9 月 30 日）
検査項目	一般細菌 大腸菌 鉛及びその化合物 亜硝酸態窒素 硝酸態窒素及び亜硝酸態窒素 亜鉛及びその化合物 鉄及びその化合物 銅及びその化合物 塩化物イオン 蒸発残留物 有機物（全有機炭素（TOC）の量） pH 値 味 臭気 色度 濁度	シアン化物イオン及び塩化シアン 塩素酸 クロロ酢酸 クロロホルム ジクロロ酢酸 ジブロモクロロメタン 臭素酸 総トリハロメタン トリクロロ酢酸 ブロモジクロロメタン ブロモホルム ホルムアルデヒド

・給水栓における水の色，濁り，におい，味その他の状態より供給する水に以上を認めたときは，必要な項目について検査する。
・下線付きの項目は，水質検査の結果，水質基準に適合していた場合は，その次の回の水質検査時に省略可能である。

　給湯水等については，レジオネラ属菌等による水の汚染に伴う健康影響を防止する観点から，その水が人の飲用，炊事用，浴用その他人の生活の用に供する目的で供給される場合には，水道水質基準に適合する水を供給しなければならず，給湯設備についても貯湯槽の点検，清掃等適切な維持管理を実施することが必要である。給湯設備には，局所式，中央式などさまざまな給湯方式があるが，中央式の場合は，給湯水の汚染が特に懸念されるため，水栓における水質検査を実施することが必要である。ただし，当該給湯設備の維持管理が適切に行われており，かつ，末端の給水栓における当該水の水温が55℃度以上に保持されている場合は，水質検査のうち，遊離残留塩素の含有率についての水質検査を省略してもよい。

(4)　雑用水に関する衛生上必要な措置　　　　　　　　　　　　　　▷よく出る

　雑用水は，人の飲用や浴用，日常の生活水として供給されるものではないが，汚染された雑用水を飛沫等で吸引，あるいは誤飲すると健康被害に発展する場合がある。そのため，建築物環境衛生管理基準において雑排水を供給する場合の衛生上必要な措置が定められている。

　①　給水栓における水に含まれる遊離残留塩素の含有率を 0.1 ppm（結合残留塩素の場合は，0.4 ppm）以上に保持するようにすること。ただし，供給する水が病原生物に著しく汚染されるおそれがある場合又は病原生物に汚染されたことを疑わせるような生物若しくは物質を多量に含むおそれがある場合の給水栓における水に含まれる遊離残留塩素の含有率は，0.2 ppm（結合残留塩素の場合は，1.5 ppm）以上とすること。雑用水の遊離残留塩素の検査は，7 日以内ごとに 1 回定期に行うこと。

　②　雑用水の水槽の点検等有害物，汚水等によって水が汚染されるのを防止するため必要な措置。

(5)　散水等の用に供する水の維持管理　　　　　　　　　　　　　　▷よく出る

　散水・修景・清掃の用に供する水の維持管理は，建築物衛生法施行規則第四条の二第 1 項三号で規定されている。要点は以下のとおり。

　・し尿を含む水を原水として用いないこと
　・下表に掲げる 1〜5 の項目が基準に適合すること

表 1.2.7　雑用水の水質基準

1. pH 値	5.8 以上 8.6 以下
2. 臭　気	異常でないこと
3. 外　観	ほとんど無色透明であること
4. 大腸菌	検出されないこと
5. 濁　度	2 度以下
・検査：7 日以内ごとに 1 回　→ pH 値，臭気，外観 ・検査：2 月以内ごとに 1 回　→大腸菌，濁度	

(6)　水洗便所の用に供する水の維持管理

▷よく出る

　水洗便所の用に供する水の維持管理は，建築物衛生法施行規則第四条の二第1項第四号で規定されている。要点は以下のとおり。

・散水等の基準に適合すること
・基準は，表 1.2.7 の 1～4 に適合すること

(7)　雑用水※に関する設備の維持管理

　建築物衛生法施行規則第四条の二第 2 項において，「給水に関する設備を設けて雑用水を供給する場合は，人の健康に係る被害が生ずることを防止するため，厚生労働大臣が別に定める技術上の基準に従い，これらの設備の維持管理に努めなければならない。ただし，旅館における浴用に供する水を供給する場合又は雑用水を水道事業の用に供する水道若しくは専用水道から供給を受ける水のみを水源として供給する場合は，この限りでない。」と定められている。

(8)　排水に関する設備の掃除等

　建築物衛生法施行令第二条第二号ハで，

　「排水に関する設備の正常な機能が阻害されることにより汚水の漏出等が生じないように，当該設備の補修及び掃除を行うこと。」

と規定されている。

　さらに，建築物衛生法施行規則第四条の三各項で，

　「特定建築物維持管理権原者は，排水に関する設備の掃除を，6 カ月以内ごとに 1 回，定期に行わなければならない。」

　「特定建築物維持管理権原者は，厚生労働大臣が別に定める技術上の基準に従い，排水に関する設備の補修，掃除その他，当該設備の維持管理に努めなければならない。」

と規定されている。

4.5　清掃およびねずみ等の防除

(1)　清掃等

　掃除，廃棄物の処理を下記のとおり行わなければならない。

・　掃除を日常に行う
・　大掃除を 6 カ月以内ごとに 1 回，定期的に，統一的に行う

　その他，厚生労働大臣が定める「空気調和設備等の維持管理及び清掃等に係る技術上の基準」に従い，掃除，掃除用機器等および廃棄物処理設備の維持管理に努めなければならない。

(2)　ねずみ等の防除

　ねずみ等（ねずみ，昆虫その他の人の健康を損なう事態を生じさせるおそれのある動物）の発生および侵入の防止並びに駆除については，下表のとおり行わなければならない。

表1.2.8　ねずみ等の防除

措置内容	措置回数
ア　ねずみ等の発生場所，生息場所及び侵入経路並びにねずみ等による被害の状況について統一的に調査を実施すること。	6カ月以内ごとに1回
イ　アの調査結果に基づき，ねずみ等の発生を防止するため必要な措置を講ずること。	その都度
ウ　ねずみ等の防除のため殺そ剤又は殺虫剤を使用する場合は，薬事法の規定による承認を受けた医薬品又は医薬部外品を用いること。	

「ねずみ，昆虫その他の人の健康を損なう事態を生じさせるおそれのある動物」とは，ねずみ，ゴキブリ，ハエ，蚊，ノミ，シラミ，ダニ等のいわゆる衛生害虫のように病原微生物を媒介する動物のことである。

「防除」とは，「予防」と「駆除」の両方を含めた言葉である。ねずみ等が発生・侵入しないようにすることで被害を事前に防止することが「予防」であり，建築物内に生息するねずみ等を殺滅するための処理が「駆除」である。

第5節　建築物環境衛生管理技術者

5.1　制度の概要

　建築物における衛生的環境の確保に関する法律に基づき，特定建築物所有者等は，その特定建築物の維持管理が環境衛生上適正に行われるように監督させるため，建築物環境衛生管理技術者免状を有する者のうちから建築物環境衛生管理技術者を選任しなければならない。

5.2　職務

　環境衛生上の維持管理に関する業務を全般的に監督する。
　・管理業務計画の立案
　・管理業務の指揮監督
　・建築物環境衛生管理基準に関する測定または検査結果の評価
　・環境衛生上の維持管理に必要な各種調査の実施
　建築物環境衛生管理技術者は，維持管理が管理基準に従って行われるようにするため，必要があると認めるときは，建築物維持管理権原者に対して意見を述べることができ，これらの者はその意見を尊重しなければならない。

5.3　建築物環境衛生管理技術者の選任*

　管理技術者が2以上の特定建築物の管理技術者を兼ねることについて，特定建築物所有者等は，以下のことを確認しなければならない。
ア）　選任しようとする者が同時に2以上の特定建築物の管理技術者を兼ねることとなるときには，当該2以上の特定建築物の管理技術者となってもその業務の遂行に支障がないことを確認しなければならない。
イ）　選任時のみならず，現に選任している管理技術者が，新たに他の特定建築物の管理技術者を兼ねようとするときについても，アと同様の確認を行う。
ウ）　ア及びイの確認を行う場合において，当該特定建築物について，当該特定建築物所有者等以外に特定建築物維持管理権原者の意見を聴かなければならない。

　帳簿書類には，上記ア及びイによる確認の結果（ウの特定建築物維持管理権原者への意見を，聴取を行った場合は当該意見の内容を含む）を記載した書面を備えておかなければならない。

5.4　建築物環境衛生管理技術者免状

　建築物環境衛生管理技術者の免状は，登録講習機関が行う講習会の課程を終了した者，または，建築物環境衛生管理技術者試験に合格した者に対し，厚生労働大臣が交付する。主な事項を下記に示す。
　①　免状の交付を受けようとする者は，厚生労働大臣に申請書を提出しなければならない。

▷よく出る

＊令和4年4月より法律施行令等が改正され，ICTの進展等を踏まえ管理技術者の選任に関する事項等について見直された。

②　免状の交付を受けている者が建築物衛生法に違反したときは，その免状の返納を命じられることがある。

③　正当な理由なくして免状の返納の命令に違反して免状を返納しなかった者は，罰則の適用を受ける。

④　免状の返納を命じられ，その日から起算して1年を経過しない者には免状の交付がされない場合がある。

⑤　免状の交付を受けている者が免状を失ったときは，免状の再交付を申請することができる。

⑥　免状の交付を受けている者は，免状の記載事項に変更が生じたときは，免状の書換え交付を申請することができる。

⑦　免状の交付を受けている者が死亡し，又は失踪そうの宣告を受けたときは，戸籍法に規定する届出義務者は，一カ月以内に，厚生労働大臣に免状を返還する。

第6節　帳簿書類・立ち入り検査・改善命令等・事業の登録

6.1　帳簿書類等

　環境衛生の関する帳簿を記入・保存することが義務付けられている。当該建築物の維持管理に関するもので，空気環境の調整，給水・排水の管理，清掃，ねずみ・昆虫などの防除状況，その他，該当特定建築物の維持管理に関し，環境衛生上必要な事項を記載した帳簿書類は5年間保管する義務がある。この帳簿のほか，建物の平面図・断面図は永久保存しなければならない。

6.2　立入検査・改善命令等

(1)　報告徴収・立入検査

　都道府県知事等は必要があると認めるときは，特定建築物の所有者等に必要な報告をさせ，または立入検査を行うことができる。ただし，住居に立入る場合は，居住者の承諾を得なければならない。立入検査の職権を行使するものを，環境衛生監視員という。

(2)　改善命令等

　都道府県知事等は，立入検査を行った場合において，特定建築物の維持管理が建築物環境衛生管理基準に従っておらず，特定建築物内における人の健康を損ない，または損なうおそれのある事態，その他環境衛生上著しく不適当な事態が存すると認めるときは，その特定建築物の維持管理権原者に対して，維持管理方法の改善，その他必要な措置をとることを命じ，または一部使用停止等の処分を行うことができる。

　国または地方公共団体の公用または公共の用に供する特定建築物については，建築物環境衛生管理基準の遵守，建築物環境衛生管理技術者の選任等の義務は課せられるが，立ち入り検査および改善命令についての規定は適用されず，立ち入り検査に代えて資料の提出，改善命令に代えて勧告を行うことが認

められている。

6.3　事業の登録

（1）　登録の対象事業

　建築物の環境衛生に関わる業者の登録制度は，業者の資質向上を目的として制定された。これら業務の担当業者は，都道府県知事の登録制度を利用して登録を行う。ただし，登録を受けていない業者でも建築物の維持管理業務を行うことはできるが，登録の表示および類似の表示はできない。登録は以下の8事業があり，営業所ごとに事業者が都道府県知事に対して申請する。事業の登録は，営業所ごとに行うと定められており，監督者などの兼務はできない。登録の有効期間は6年である。

　建築物衛生法第十二条の二第1項において，下表に示す事業が登録の対象となると規定されている。

▷よく出る

表 1.2.9　登録対象事業

一号	建築物清掃業
二号	建築物空気環境測定業
三号	建築物空気調和用ダクト清掃業
四号	建築物飲料水水質検査業
五号	建築物飲料水貯水槽清掃業
六号	建築物排水管清掃業
七号	建築物ねずみ昆虫等防除業
八号	建築物環境衛生総合管理業

（2）　登録の基準

　登録を受けるには，各事業を行うための機械器具その他の設備（物的要件），事業に従事する者の資格（人的要件），その他の事項が一定の基準を満たしていなければならない。

① 建築物清掃業に係る基準（建築物衛生法施行規則第二十五条）

表 1.2.10

物的基準	(1) 真空掃除機 (2) 床みがき機
人的基準	(1) 清掃作業監督者 職業能力開発促進法に基づくビルクリーニング職種に係るものに技能検定合格者又は建築物環境衛生管理技術者免状の交付を受けている者であって，厚生労働大臣の登録を受けた者が行う講習を修了した者 (2) 従事者 研修を修了したものであること

② 建築物空気環境測定業に係る基準（建築物衛生法施行規則第二十六条）

表 1.2.11

物的基準	(1) 機械器具 ・浮遊粉じん測定器 ・一酸化炭素検定器 ・炭酸ガス検定器 ・温度計 ・湿度計 ・風速計 ・空気環境の測定に必要な器具
人的基準	(1) 空気環境測定実施者 ・厚生労働大臣の登録を受けた者が行う講習を修了した者 ・建築物環境衛生管理技術者免状の交付を受けている者（再講習は必要）

③ 建築物空気調和用ダクト清掃業に係る基準（建築物衛生法施行規則第二十六条の三）

表 1.2.12

物的基準	(1) 機械器具 ・電気ドリル及びシャー又はニブラ ・内視鏡（写真を撮影することができるものに限る） ・電子天びん又は化学天びん ・コンプレッサー ・集じん機 ・真空掃除機
人的基準	(1) 空気調和用ダクト清掃作業監督者 ・厚生労働大臣の登録を受けた者が行う講習を修了した者 ・建築物環境衛生管理技術者免状の交付を受けている者 (2) 従事者 ・研修を修了したものであること

④　建築物飲料水水質検査業に係る基準（建築物衛生法施行規則第二十七条）

表 1.2.13

物的基準	(1)　機械器具 ・高圧蒸気滅菌器及び恒温器 ・フレームレス－原子吸光光度計，誘導結合プラズマ発光分光分析装置又は誘導結合プラズマ－質量分析装置 ・イオンクロマトグラフ ・乾燥器 ・全有機炭素定量装置 ・pH計 ・分光光度計又は光電光度計 ・ガスクロマトグラフ－質量分析計 ・電子天びん又は化学天びん (2)　設備 ・<u>水質検査を適確に行うことのできる検査室</u>
人的基準	(1)　水質検査実施者 ・大学又は旧専門学校において，理科系の課程を修めて卒業した後，1年以上の実務経験を有する者 ・衛生検査技師又は臨床検査技師であって，1年以上の実務経験を有する者 ・短期大学又は高等専門学校において，生物又は工業化学の課程を修めて卒業した後，2年以上の実務経験を有する者 ・上記と同等以上の知識及び技能，技能を有すると認められる者

⑤　建築物飲料水貯水槽清掃業に係る基準（建築物衛生法施行規則第二十八条）

表 1.2.14

物的基準	(1)　機械器具 ・揚水ポンプ ・高圧洗浄機 ・残水処理機 ・換気ファン ・防水型照明器具 ・色度計，濁度計及び残留塩素測定器 (2)　設備 ・機械器具を適切に保管することができる専用の保管庫
人的基準	(1)　貯水槽清掃作業監督者 ・厚生労働大臣の登録を受けた者が行う講習を修了した者 ・<u>建築物環境衛生管理技術者免状の交付を受けている者</u> (2)　従事者 ・研修を修了したものであること

⑥ 建築物排水管清掃業に係る基準（建築物衛生法施行規則第二十八条の三）

表 1.2.15

物的基準	(1) 機械器具 ・内視鏡（写真を撮影することができるものに限る） ・高圧洗浄機，高圧ホース及び洗浄ノズル ・ワイヤ式管清掃機 ・空圧式管清掃機 ・排水ポンプ (2) 設備 ・機械器具を適切に保管することができる専用の保管庫
人的基準	(1) 排水管清掃作業監督者 ・厚生労働大臣の登録を受けた者が行う講習を修了した者 ・建築物環境衛生管理技術者免状の交付を受けている者 (2) 従事者 ・研修を修了したものであること

⑦ 建築物ねずみ昆虫等防除業に係る基準（建築物衛生法施行規則第二十九条）

表 1.2.16

物的基準	(1) 機械器具 ・照明器具，調査用トラップ及び実体顕微鏡 ・毒じ皿，毒じ箱及び捕そ器 ・噴霧機及び散粉機 ・真空掃除機 ・防毒マスク及び消火器 (2) 設備 ・機械器具を適切に保管することができる専用の保管庫
人的基準	(1) 防除作業監督者 ・厚生労働大臣の登録を受けた者が行う講習を修了した者 (2) 従事者 ・研修を修了した者できること

⑧　建築物環境衛生総合管理業に係る基準（**建築物衛生法施行規則第三十条**）

表 1.2.17

物的基準	(1)　機械器具 ・真空掃除機 ・床みがき機 ・空気環境測定業の機械器具 ・残留塩素測定器
人的基準	(1)　統括管理者 ・建築物環境衛生管理技術者免状の交付を受けている者であって，厚生労働大臣の登録を受けた者が行う講習を修了した者 (2)　清掃作業監督者 ・建築物清掃業と同じ (3)　空調給排水管理監督者 ・職業能力開発促進法に基づくビル設備管理職種に係るものに技能検定合格者又は建築物環境衛生管理技術者免状の交付を受けている者であって，厚生労働大臣の登録を受けた者が行う講習を修了した者 (4)　空気環境測定実施者 ・建築物空気環境測定業と同じ

(3)　申請の手続き

　登録を受けようとする者は，次の事項を記載した登録申請書を都道府県知事に提出しなければならない。

　①　氏名又は名称及び住所，法人にあってはその代表者の氏名及び住所

　②　登録にかかわる営業所の名称及び所在地並びに責任者の氏名

　③　登録を受けようとする事業

(4)　報告・検査及び登録の取消し等

（報告・検査）

　都道府県知事は，必要があると認めるときは，登録業者に対して必要な報告をさせ，又はその職員に登録営業所に立入り，その設備，帳簿書類その他物件を検査させ，若しくは関係者に質問させることができる。

（登録の取消し）

　都道府県知事は，登録営業所が登録基準（第十二条の二第 2 項の基準）に適合しなくなったときは，その登録を取り消すことができる。

（変更の届出等）

　登録業者は，次に掲げる事項に変更があったとき又は登録に係る事業を廃止したときは，その日から 30 日以内に，その旨を都道府県知事に届け出なければならない。

・氏名又は名称及び住所並びに法人にあっては，その代表者の氏名

・登録に係る営業所の名称及び所在地並びに責任者の氏名

・事業の用に供する主要な機械器具その他の設備

・登録申請書に記載された事項

第3章　建築物衛生法に関連する法律と環境衛生行政

学習のポイント

1. 建築基準法と建築物衛生法とが関係する部分を学習する。
2. 地域保健法に基づいて設置された保健所の役割や規制内容を学習する。
3. 労働安全衛生法に定められている労働者の環境条件等について学習する。
4. 学校保健安全法に定められている学校における環境条件について学習する。
5. 建築物の衛生環境に関連するその他の法律について学習する。

第1節　関連法規と建築物衛生法との関係

　建築物の環境衛生管理について，建築物衛生法は，建築基準法，地域保健法，労働安全衛生法，学校保健安全法，水道法など多くの法律と密接に関連している。主な関連性の要点は以下のとおりである。

(1) 建築物衛生法：建築基準法に基づいて建築された建築物の環境衛生上の維持管理を行うことが定められている。

(2) 地域保健法：地域保健法に基づいて設置された保健所※は，建築物環境衛生に関する相談，指導を行う。保健所長は，建築物衛生法に定める特定建築物の建築確認の際には，建築基準法が規定する許可又は確認について，特定の行政庁や建築主事に対して意見を述べることができる。

(3) 労働安全衛生法：労働者を対象として，工場など特定の作業場における環境条件等を定めている。建築物衛生法では，労働安全衛生法に定める工場等は特定建築物の対象外である。事務所の用に供される建築物の環境衛生管理については，利用者は大半が労働者であるため，労働安全衛生法と建築物衛生法の2つ規制が適用されることになる。

(4) 学校保健安全法：児童及び生徒という特定の集団を対象として，学校における環境条件等を定めている。学校保健安全法に定める学校は，建築物衛生法の特定用途に該当する。

　この他，建築物衛生法では，給水の水質基準等について水道法の基準の一部を準用している。

保健所
保健所は都道府県，政令指定都市，中核都市などに設置されています。そこには医師，保健師，栄養士，診療放射線技師，臨床検査技師，獣医師，薬剤師，精神保健福祉相談員，理学療法士，作業療法士，聴覚言語専門職などが配置されています。精神保健，難病対策，感染症対策など地域保険の重要な役割を担っています。

第2節　関連法規

2.1　学校保健安全法

(1) 学校保健計画の策定

　法第五条において，「学校においては，児童生徒等及び職員の心身の健康の保持増進を図るため，児童生徒等及び職員の健康診断，環境衛生検査，児童生

徒等に対する指導その他保険に関する事項について計画を策定し，これを実施しなければならない。」と規定されている。

(2)　学校環境衛生

　法第六条第1項において，「文部科学大臣は，学校における換気，採光，照明，保温，清潔保持その他環境衛生に係る事項について，児童生徒等及び職員の健康を保護する上で維持されることが望ましい基準を定めるものとする。」と規定されている。

　また，第2項において，「学校の設置者は，学校環境衛生基準に照らしてその設置する学校の適切な環境の維持に努めなければならない。」とされ，さらに，第3項において，「校長は，学校環境衛生基準に照らし，学校の環境衛生に関し適正を欠く事項があると認めた場合には，遅滞なく，その改善のために必要な措置を講じ，又は当該措置を講ずることができないときは，当該学校の設置者に対し，その旨を申し出るものとする。」と規定されている。

　学校環境衛生基準には以下の事項が設けられている。　▷よく出る

①　教室等の環境に係る学校環境衛生基準
②　飲料水等の水質及び施設設備に係る学校環境衛生基準
③　学校の清掃，ねずみ，衛生害虫等及び教室等の備品の管理に係る学校環境衛生基準
④　水泳プールに係る学校環境衛生基準
⑤　日常における環境衛生に係る学校環境衛生基準

　このうち，①教室等の環境に係る学校環境衛生基準については，換気，温度，相対湿度，浮遊粉じん，気流，一酸化炭素，二酸化窒素，揮発性有機化合物，ダニまたはダニアレルゲン，照度，まぶしさ，騒音レベルが定められている。

(3)　保健管理体制（学校保健技師・学校医・学校歯科医・学校薬剤師の規定）

・学校保健技師（法第二十二条）
①　都道府県の教育委員会の事務局に置くことができる。
②　学校における保健管理に関する専門的事項について学識経験がある者。
③　学校における保健管理に関し，専門的技術的指導及び時術に従事する。

　上記①の教育委員会は，学校保健の管理及び地域行政事務を行う行政機関である。

・学校医・学校歯科医・学校薬剤師（法第二十三条）
①　学校には学校医を置くものとする。
②　大学以外の学校には，学校歯科医及び学校薬剤師を置くものとする。
③　学校医，学校歯科医および学校薬剤師は，それぞれ医師，歯科医又は薬剤師のうちから任命または委嘱する。
④　学校医，学校歯科医及び学校薬剤師は，学校における保健管理に関する専門的事項に関し，技術および指導に従事する。

⑤ 学校医，学校歯科医及び学校薬剤師の職務執行の準則は文部科学省令で定める。

ここで，文部科学省令とは同法規則第四章学校医，学校歯科医及び学校薬剤師の職務執行の準則を示しており，以下の職務を規定している。

・環境衛生検査に従事する。
　→学校薬剤師
・学校の環境衛生の維持及び改善に関し，必要な指導及び助言を行う。
　→学校薬剤師，学校医
・学校保健計画及び学校安全計画の立案に参与する。
　→学校薬剤師，学校医，学校歯科医

⑷ 学校安全

平成20年の法改正において，以下の概念が導入された。

① 子どもの安全を脅かす事件，事故及び自然災害に対応した総合的な学校安全

② 危険発生時の適確な対応

③ 警察関係機関などとの連携強化

2.2 労働安全衛生法

⑴ 法の目的と所管官庁

法第一条において，「この法律は，労働基準法と相まって，労働災害の防止のための危害防止基準の確立，責任体制の明確化及び自主的活動の促進の措置を講ずる等その防止に関する総合的計画的な対策を推進することにより職場における労働者の安全と健康を確保するとともに，快適な職場環境の形成を促進することを目的とする。」と規定されている。

この法律の所管官庁は，厚生労働省である。

⑵ 安全衛生管理

■安全衛生管理体制については，法第三章安全衛生管理体制において以下が定められている。

・総括安全衛生管理者（第十条）
・安全管理者（第十一条）
・衛生管理者（第十二条）
・安全衛生推進者等（第十二条の二）
・産業医等（第十三条）
・作業主任者（第十四条）
・統括安全衛生責任者（第十五条）
・元方安全衛生管理者（第十五条の二）
・店社安全衛生管理者（第十五条の三）
・安全衛生責任者（第十六条）
・安全委員会（第十七条）
・衛生委員会（第十八条）

・安全衛生委員会（第十九条）

・安全管理者等に対する教育等（第十九条の二）

・国の援助（第十九条の三）

■総括安全衛生管理者については，法第十条において，「事業者は，政令で定める規模の事業場ごとに，厚生労働省令で定めるところにより，総括安全衛生管理者を選任し，その者に安全管理者，衛生管理者又は第25条の2第2項の規定により技術的事項を管理する者の指揮をさせるとともに，次の業務を統括管理させなければならない。」と規定されており，ここでいう義務には，以下のようなものがある。　　　　　　　　　　　　　　　　▷よく出る

① 労働者の危険又は健康障害を防止するための措置に関すること。

② 労働者の安全又は衛生のための教育の実施に関すること。

③ 健康診断の実施その他健康の保持増進のための措置に関すること。

④ 労働災害の原因の調査及び再発防止対策に関すること。

⑤ 前各号に掲げるもののほか，労働災害を防止するため必要な業務で，厚生労働省令で定めるもの。

(3)　監督機関

■労働安全衛生法における監督機関は，労働基準法第九十七条において以下のように規定されている。

① 労働基準主管局，都道府県労働局及び労働基準監督署に労働基準監督官を置くほか，厚生労働省令で定める必要な職員を置くことができる。（第1項）

② 労働基準主管局の局長，都道府県労働局長及び労働基準監督署長は，労働基準監督官をもってこれに充てる。（第2項）

■労働衛生専門官は，法第九十三条第1項において，「厚生労働省，都道府県労働局及び労働基準監督署に，産業安全専門官及び労働衛生専門官を置く。」と規定されている。

■労働衛生指導医は，法第九十五条の規定により，以下のように定められている。

① 都道府県労働局に，労働衛生指導医を置く（第1項）。

② 労働衛生指導医は，第六十五条第5項又は第六十六条第4項の規定による指示に関する事務その他労働者の衛生に関する事務に参画する（第2項）。

③ 労働衛生指導医は，労働衛生に関し学識経験を有する医師のうちから，厚生労働大臣が任命する（第3項）。

④ 労働衛生指導医は，非常勤とする（第4項）。

■労働衛生基準法に基づく事務所衛生基準規則は，次のように定められている。

① 労働者を常時就業させる室の気積を，設備の占める容積及び床面から4mを超える高さにある空間を除き，労働者1人について$10\,m^3$以上としなければならない。

② 労働者を常時就業させる室の気温が 10℃ 以下の場合は，暖房する等，適当な温度調節の措置を講じなければならない。

③ 労働者を常時就業させる室の作業面の照度を，作業の区分に応じて，以下の基準に適合させなければならない。

・普通の作業 300 lx 以上/附随的な作業 150 lx 以上

④ 労働者を常時就業させる室の照明設備について，6 カ月以内ごとに1回，点検をしなければならない。

⑤ 燃焼器具を使用するときは，毎日，器具の異常の有無を点検しなければならない。

2.3　廃棄物の処理及び清掃に関する法律

(1)　廃棄物の処理及び清掃に関する法律の目的と所管官庁

　法第一条において，「この法律は，廃棄物の排出を抑制し，及び廃棄物の適正な分別，保管，収集，運搬，再生，処分等の処理をし，並びに生活環境を清潔にすることにより，生活環境の保全及び公衆衛生の向上を図ることを目的とする。」と規定されている。同法の所管官庁は環境省である。　　　　　▷よく出る

(2)　廃棄物の定義

　法第二条において，「この法律において「廃棄物」とは，ごみ，粗大ごみ，燃え殻，汚泥，ふん尿，廃油，廃酸，廃アルカリ，動物の死体その他の汚物又は不要物であって，固形状又は液状のものをいう。」と規定されている。

(3)　廃棄物の分類

　法第二条第2項において，「この法律において一般廃棄物とは，産業廃棄物以外の廃棄物をいう。」と規定されている。

　また，同条第4項において，「産業廃棄物とは，事業活動に伴って生じた廃棄物のうち，燃え殻，汚泥，廃油，廃酸，廃アルカリ，廃プラスチック類，その他政令で定める廃棄物（第一号），輸入された廃棄物並びに本邦に入国する者が携帯する廃棄物（第二号）」とされている。

(4)　一般廃棄物の処理

　法第六条第1項において，「市町村は，当該市町村の区域内の一般廃棄物の処理に関する計画を定めなければならない。」とし，法第六条の二第1項において，「市町村は，一般廃棄物処理計画に従って，その区域内における一般廃棄物を生活環境の保全上支障が生じないうちに収集し，これを運搬し，及び処分しなければならない。」と規定されている。

　さらに，同条第5項において，「市町村長は，その区域内において事業活動に伴い多量の一般廃棄物を生ずる土地又は建物の占有者に対し，当該一般廃棄物の減量に関する計画の作成，当該一般廃棄物を運搬すべき場所及びその運搬の方法その他必要な事項を指示することができる。」と規定されている。

(5)　清潔の保持

　法第五条において，「土地又は建物の占有者は，その占有し，又は管理する土地又は建物の清潔を保つように努めなければならない。」と規定されている。

(6)　一般廃棄物処理業

　　法第七条において，「<u>一般廃棄物の収集又は運搬を業として行おうとする者は，当該業を行おうとする区域を管轄する市町村長の許可を受けなければならない。</u>ただし，事業者，専ら再生利用の目的となる一般廃棄物のみの収集又は運搬を業として行う者その他環境省令で定める者については，この限りでない。」と規定されている。

2.4　生活衛生関係営業運営の適正化及び振興に関する法律

　　法第一条において，「この法律は，公衆衛生の見地から<u>国民の日常生活に極めて深い関係のある生活衛生関係の営業</u>について，衛生施設の改善向上，経営の健全化，振興等を通じてその衛生水準の維持向上を図り，あわせて利用者又は消費者の利益の擁護に資するため，営業者の組織の自主的活動を促進するとともに，当該営業における過度の競争がある等の場合における料金等の規制，当該営業の振興の計画的推進，当該営業に関する経営の健全化の指導，苦情処理等の業務を適正に処理する体制の整備，営業方法又は取引条件に係る表示の適正化等に関する制度の整備等の方策を講じ，もって公衆衛生の向上及び増進に資し，並びに国民生活の安定に寄与することを目的とする。」と規定されている。同法の所管官庁は，厚生労働省である。

(1)　国民の日常生活に極めて深い関係のある生活衛生関係の営業（同法第二条）。　　　　　　　　　　　　　　　　　　　▷よく出る

　① 食品衛生法の規定により許可を受けて営む同法第51条に規定する営業のうち，飲食店営業，喫茶店営業，食肉販売業及び氷雪販売業

　② 理容業

　③ 美容業

　④ 興行場法に規定する興行場営業のうち映画，演劇又は演芸に係るもの

　⑤ 旅館業法に規定する旅館業

　⑥ 公衆浴場法に規定する浴場業

　⑦ クリーニング業法に規定するクリーニング業

(2)　営業許可を要するもの：興業場法，旅館業法，公衆浴場法，食品衛生法に属するもの。

　① 経営者は，営業に関して，都道府県知事（保健所を設置する市又は特別区にあっては市長又は区長。以下同じ）の許可を受けなければならない。

　② 都道府県知事は，施設基準，衛生基準，設置場所の基準等に適合しない場合には，営業の許可を与えないことができる。

　③ その基準は，都道府県が条例で定める。

　④ 都道府県知事は，基準に適合しないとき，あるいは違反したときは，改善命令，営業許可の取り消し，営業停止等を行うことができる。

(3)　届出を要するもの：理容師法，美容師法，クリーニング業法に属するもの。

　① 開設予定者は，あらかじめ構造設備等の必要事項を，都道府県知事（保健所を設置する市又は特別区にあっては市長又は区長。以下同じ）に届け

出なければならない。

②　開設予定者は，構造設備について都道府県知事の検査を受け，それが衛生上必要な措置（都道府県知事が定めるものを含む）を講ずるに適する旨の確認を受けた後でなければ使用してはならない。

③　開設者または営業者は，衛生上必要な措置（都道府県知事が定めるものを含む）を講じなければならない。

④　都道府県知事は，開設者又は営業者がこれらの必要な措置（都道府県知事が定めるものを含む）を講じない場合は，必要な措置を講ずるよう命令したり，営業の停止や施設の閉鎖等を行うことができる。

■環境基本法

　第一条において，「この法律は，環境の保全について，基本理念を定め，並びに国，地方公共団体，事業者及び国民の責務を明らかにするとともに，環境の保全に関する施策の基本となる事項を定めることにより，環境の保全に関する施策を総合的かつ計画的に推進し，もって現在及び将来の国民の健康で文化的な生活の確保に寄与するとともに人類の福祉に貢献することを目的とする。」と規定している。

2.5　その他の法令

■大気汚染防止法

⑴　大気汚染防止法の目的

　法第一条において，「この法律は，工場及び事業場における事業活動並びに建築物等の解体等に伴うばい煙，揮発性有機化合物及び粉じんの排出等を規制し，水銀に関する水俣条約の的確かつ円滑な実施を確保するため工場及び事業場における事業活動に伴う水銀等の排出を規制し，有害大気汚染物質対策の実施を推進し，並びに自動車排出ガスに係る許容限度を定めること等により，大気の汚染に関し，国民の健康を保護するとともに生活環境を保全し，並びに大気の汚染に関して人の健康に係る被害が生じた場合における事業者の損害賠償の責任について定めることにより，被害者の保護を図ることを目的とする。」と規定されている。

⑵　大気汚染防止法の所管官庁

　所管官庁は，環境省である。

■水道法

⑴　水道法の所管官庁

　所管官庁は，厚生労働省である。

⑵　水質基準

　水道法第四条第1項において，「水道により供給される水は，次の各号に掲げる要件を備えるものでなければならない。」と規定されており，以下の要件が求められている。

①　病原生物に汚染され，又は病原生物に汚染されたことを疑わせるような生物若しくは物質を含むものでないこと。

② 　シアン，水銀その他の有毒物質を含まないこと。

③ 　銅，鉄，ふっ素，フェノールその他の物質をその許容量を超えて含まないこと。

④ 　異常な酸性又はアルカリ性を呈しないこと。

⑤ 　異常な臭味がないこと。ただし，消毒による臭味を除く。

⑥ 　外観は，ほとんど無色透明であること。

　これらの要件について必要な事項を同条第2項において，「前項各号の基準に関して必要な事項は，厚生労働省令で定める。」と規定しており，ここでいう厚生労働省令とは，平成15年厚生労働省令第101号（平成26年4月1日に一部改正）に規定される51項目を指す。

■下水道法

(1)　下水道法の所管官庁

　下水道法の所管官庁は，国土交通省である。ただし，下水道の終末処理の維持管理に関することは，環境省と国土交通省の所管である。

(2)　下水の定義

　法第二条第1号において，「生活若しくは事業に起因し，若しくは付随する廃水又は雨水をいう。」と規定されている。

(3)　公共下水道の定義

　法第三条において，「下水を排除するために設けられる排水管，排水渠その他の排水施設，これに接続して下水を処理するために設けられる処理施設又はこれらの施設を補完するために設けられるポンプ施設，貯留施設その他の施設の総体をいう。」と規定されている。

　また，法第七条において，「公共下水道の構造は，公衆衛生上重大な危害が生じ，又は公共用水域の水質に重大な影響が及ぶことを防止する観点から政令で定める技術上の基準に適合するものでなければならない。」と構造の基準が定められている。

(4)　排水設備の設置

　法第十条において，「公共下水道の供用が開始された場合においては，当該公共下水道の排水区域内の土地の所有者，使用者又は占有者は，遅滞なく，次の区分に従って，その土地の下水を公共下水道に流入させるために必要な排水管，排水渠その他の排水施設（以下「排水設備」という。）を設置しなければならない。ただし，特別の事情により公共下水道管理者の許可を受けた場合その他政令で定める場合においては，この限りでない。」と規定されている。

■浄化槽法

(1)　浄化槽法の目的と所管官庁

　法第一条において，「この法律は，浄化槽の設置，保守点検，清掃及び製造について規制するとともに，浄化槽工事業者の登録制度及び浄化槽清掃業の許可制度を整備し，浄化槽設備士及び浄化槽管理士の資格を定めること等により，公共用水域等の水質の保全等の観点から浄化槽によるし尿及び雑排水の適正な処理を図り，もって生活環境の保全及び公衆衛生の向上に寄与することを

目的とする。」と規定されている。

　この法律の所轄官庁は，環境省である。ただし，浄化槽の構造および工事に関することは，環境省および国土交通省の所管である。

▷よく出る

(2)　浄化槽の分類

　法第二条において，「浄化槽　便所と連結してし尿及びこれと併せて雑排水を処理し，下水道法第2条第6号に規定する終末処理場を有する公共下水道以外に放流するための設備又は施設であって，同法に規定する公共下水道及び流域下水道並びに廃棄物の処理及び清掃に関する法律第6条第1項の規定により定められた計画に従って市町村が設置したし尿処理施設以外のものをいう。」と規定されている。

(3)　浄化槽の設置

　法第五条において，「浄化槽を設置し，又はその構造若しくは規模の変更をしようとする者は，国土交通省令・環境省令で定めるところにより，その旨を都道府県知事及び当該都道府県知事を経由して特定行政庁に届け出なければならない。ただし，当該浄化槽に関し，建築基準法第6条第1項の規定による建築主事の確認を申請すべきとき，又は同法第18条第2項の規定により建築主事に通知すべきときは，この限りでない。」と規定されている。

(4)　浄化槽の保守点検および清掃

　法第八条において「浄化槽の保守点検は，浄化槽の保守点検の技術上の基準に従って行わなければならない。」，第九条において「浄化槽の清掃は，浄化槽の清掃の技術上の基準に従って行わなければならない。」と規定されている。

　ここで，技術上の基準とは，規則第二条および第三条を指す。

(5)　保守点検および清掃の記録

　規則第五条第2項において，「浄化槽管理者は，法第十条第1項の規定による保守点検又は清掃の記録を作成しなければならない。ただし，法第十条第3項の規定により保守点検又は清掃を委託した場合には，当該委託を受けた者は，保守点検又は清掃の記録を作成し，浄化槽管理者に交付しなければならない。」と規定されている。

　また，同条第8項において，「浄化槽管理者は，第2項本文の規定により作成した保守点検若しくは清掃の記録又は同項ただし書の規定により交付された保守点検若しくは清掃の記録若しくは第四項に規定する電磁的方法により提供された電磁的記録を3年間保存しなければならない。」と規定されている。

(6)　浄化槽工事業の登録

　法第二十一条第1項において，「浄化槽工事業を営もうとする者は，当該業を行おうとする区域を管轄する都道府県知事の登録を受けなければならない。」と規定されている。

(7)　浄化槽清掃業の許可

　法第三十五条第1項において，「浄化槽清掃業を営もうとする者は，当該業を行おうとする区域を管轄する市町村長の許可を受けなければならない。」

■水質汚濁防止法

(1)　水質汚濁防止法の目的と所管官庁

　法第一条において，「この法律は，工場及び事業場から公共用水域に排出される水の排出及び地下に浸透する水の浸透を規制するとともに，生活排水対策の実施を推進すること等によって，公共用水域及び地下水の水質の汚濁の防止を図り，もって国民の健康を保護するとともに生活環境を保全し，並びに工場及び事業場から排出される汚水及び廃液に関して人の健康に係る被害が生じた場合における事業者の損害賠償の責任について定めることにより，被害者の保護を図ることを目的とする。」と規定されている。なお，ここにある公共用水域には，公共下水道は含まれない。

　同法の所管官庁は，環境省である。

(2)　法に定める主な有害物質

　法第二条第2項第一号に定める有害物質とは，令第二条に規定されている。主なものは以下である。

①　カドミウム及びその化合物
②　シアン化合物
③　有機りん化合物
④　鉛及びその化合物
⑤　六価クロム化合物
⑥　ひ素及びその化合物
⑦　水銀及びアルキル水銀その他の水銀化合物
⑧　ポリ塩化ビフェニル
⑨　トリクロロエチレン
⑩　テトラクロロエチレン

(3)　水質汚濁の状況監視

　法第十五条第1項において，「都道府県知事は，環境省令で定めるところにより，公共用水域及び地下水の水質の汚濁の状況を常時監視しなければならない。」と規定されている。

　また，同条第2項において，「都道府県知事は，環境省令で定めるところにより，前項の常時監視の結果を環境大臣に報告しなければならない。」と規定されている。

■感染症法

(1)　感染症法の目的と所管官庁

　法第一条において，「この法律は，感染症の予防及び感染症の患者に対する医療に関し必要な措置を定めることにより，感染症の発生を予防し，及びそのまん延の防止を図り，もって公衆衛生の向上及び増進を図ることを目的とする。」と規定されている。

　感染症法の正式名称は，「感染症の予防及び感染症の患者に対する医療に関する法律」であり，所管官庁は，厚生労働省である。

(2)　都道府県知事の職権

　法第二十七条において，「都道府県知事は，一類感染症，二類感染症，三類感染症，四類感染症又は新型インフルエンザ等感染症の発生を予防し，又はそのまん延を防止するため必要があると認めるときは，厚生労働省令で定めるところにより，当該感染症の患者がいる場所又はいた場所，当該感染症により死亡した者の死体がある場所又はあった場所その他当該感染症の病原体に汚染された場所又は汚染された疑いがある場所について，当該患者若しくはその保護

者又はその場所の管理をする者若しくはその代理をする者に対し，<u>消毒すべき</u>
<u>ことを命ずることができる。</u>」と規定されている。

　また，<u>法第三十二条</u>において，「<u>都道府県知事は，一類感染症の病原体に汚</u>
<u>染され，又は汚染された疑いがある建物について，当該感染症のまん延を防止</u>
<u>するため必要があると認める場合であって，消毒により難いときは，厚生労働</u>
<u>省令で定めるところにより，期間を定めて，当該建物への立入りを制限し，又</u>
<u>は禁止することができる。</u>」と規定されている。

(3)　感染症の分類と定義

　<u>法第六条第1項</u>において，「この法律において「感染症」とは，一類感染
症，二類感染症，三類感染症，四類感染症，五類感染症，新型インフルエンザ
等感染症，指定感染症及び新感染症をいう。」と規定されている。

　一類～四類感染症は，直ちに届けが必要である。五類感染症は，侵襲性髄膜
炎菌感染症，風しん及び麻しんなどは直ちに届出，その他の感染症は7日以内
に届出が必要である。

　一類感染症（第2項）

①　エボラ出血熱　　　　　　②　クリミア・コンゴ出血熱

③　痘そう　　　　　　　　　④　南米出血熱

⑤　ペスト　　　　　　　　　⑥　マールブルグ病

⑦　ラッサ熱

　二類感染症（第3項）

①　急性灰白髄炎　　　　　　②　結核

③　ジフテリア　　　　　　　④　重症急性呼吸器症候群

⑤　中東呼吸器症候群　　　　⑥　鳥インフルエンザ（H5N1 及び H7N9）

　三類感染症（第4項）

①　コレラ　　　　　　　　　②　細菌性赤痢

③　腸管出血性大腸菌感染症　④　腸チフス

⑤　パラチフス

　四類感染症（第5項）※

①　E 型肝炎　　　　　　　　②　A 型肝炎

③　黄熱　　　　　　　　　　④　Q 熱

⑤　狂犬病　　　　　　　　　⑥　炭疽

⑦　鳥インフルエンザ（H5N1 及び H7N9 を除く）

⑧　ボツリヌス症

⑨　マラリア　　　　　　　　⑩　野兎病

　五類感染症（第6項）※

①　インフルエンザ　　　　　②　ウイルス性肝炎

③　クリプトスポリジウム症　④　後天性免疫不全症候群

⑤　性器クラミジア感染症　　⑥　梅毒

⑦　麻しん　　　　　　　　　⑧　メチシリン耐性黄色ブドウ球菌感染症

※四類および五類感染症の
　感染名は主要なもののみ
　抜粋

＊四類の疾患数は「44」定
　められている。
　過去問題で扱われることが
　多い左表以外にも「つつが
　虫病」「デング熱」「日本脳
　炎」「レジオネラ症」など
　が近年話題になっている。

＊五類の疾患数は「48」定
　められている。
　過去問題で扱われることが
　多い左表以外にも「クロイ
　ツフェルト・ヤコブ病」
　「破傷風」「風しん」「手足
　口病」「百日咳」「マイコプ
　ラズマ肺炎」などが近年話
　題になっている。

(4)　入院の勧告

　法第十九条において，「都道府県知事は，一類感染症のまん延を防止するため必要があると認めるときは，当該感染症の患者に対し特定感染症指定医療機関若しくは第一種感染症指定医療機関に入院し，又はその保護者に対し当該患者を入院させるべきことを勧告することができる。ただし，緊急その他やむを得ない理由があるときは，特定感染症指定医療機関若しくは第一種感染症指定医療機関以外の病院若しくは診療所であって当該都道府県知事が適当と認めるものに入院し，又は当該患者を入院させるべきことを勧告することができる。」と規定されている。

第 3 節　環境衛生行政

3.1　環境衛生行政の役割

　日本国憲法第二十五条の規定に基づき，公衆衛生の向上及び増進を目的として，行政権の主体である国及び地方公共団体が行う活動である。

　衛生行政は，家庭や地域社会における健康問題を主な対象とする分野（一般衛生行政），児童生徒の学校生活における健康問題を対象とする分野（学校保健行政），勤労者の職場における健康問題を主な対象とする分野（労働衛生行政）の 3 つに大別される。

3.2　一般衛生行政組織

(1)　国

　国家行政組織法の規定に基づき設置された厚生労働省が所管している。厚生労働省は，社会福祉，社会保障，公衆衛生の向上と増進及び労働条件など，労働者の働く環境の整備と職業の確保を図ることを任務としている。所掌する事務の範囲や権限，組織については，厚生労働省設置法により定められている。

(2)　都道府県

　都道府県の行政組織については，地方自治法により定められており，全国47 都道府県の中には国レベルの衛生 3 局（厚生労働省の内部部局と関係が強い医政局，健康局，医薬食品局）を主管するものがある。

(3)　特別区・政令指定都市

　地域保健法の成立（平成 6 年 6 月）により，特別区も保健所を設置することが明確になり，政令指定都市においても衛生部や衛生局が設置され，都道府県の衛生所管部局に準じて一般衛生行政が行われている。

(4)　保健所

　建築物衛生法第三条，第六条各号に規定される事項について，「企画，調整，指導及びこれらに必要な事業を行う」とされている。主なものを以下に示す。

① 地域保健に関する思想の普及，及び向上に関する事項
② 人口動態統計に関する事項
③ 栄養の改善及び食品衛生に関する事項
④ 住宅，水道，下水道，廃棄物の処理清掃その他の環境の衛生に関する事項
⑤ 医事及び薬事に関する事項
⑥ 母性及び乳幼児並びに老人の保険に関する事項
⑦ 歯科保健に関する事項
⑧ 精神保健に関する事項

保健所は，地域住民の健康の保持及び増進を図るため必要があるときは，主に次の事業を行うことができる。

① 所管区域にかかわる地域保健に関する情報を収集し，整理し，及び活用すること
② 所管区域にかかわる地域保健に関する調査及び研究を行うこと
③ 歯科疾患その他厚生労働大臣の指定する疾患の治療を行うこと
④ 試験および検査を行い，並びに医師，歯科医師，薬剤師その他の者に試験及び検査に関する施設を利用させること

保健所の業務として，多数の者が使用し，又は利用する建築物の維持管理に関する環境衛生上の正しい知識の普及，相談に応じること，並びに必要な指導を行うことと定めている。

また，保健所には，環境衛生行政，食品衛生行政，薬事衛生行政に関する監視指導を行うものとして以下を配置している。

① 環境衛生監視員
② 食品衛生監視員
③ 薬事監視員（薬事法で定める立ち入り検査などの職権を有する。）

3.3　学校保健行政組織

学校保健行政は，国家行政組織法に基づいて設置された文部科学省が所管しており，学校保健と学校安全に関する事務は，スポーツ・青少年局学校健康教育課が所掌している。

学校環境衛生については，学校保健安全法において換気，採光，照明，保温，清掃保持等学校内の環境衛生の維持と改善について規定されている。

3.4　労働衛生行政組織

労働衛生行政は，国家行政組織法に基づいて設置された厚生労働省が所管しており，労働者の福祉と職業の確保を図り，経済興隆と国民生活の安定に寄与することを任務としている。労働衛生に関する事務は，労働基準局安全衛生部労働衛生課が所掌している。我が国における労働衛生行政は労働基準法に基づ

▷よく出る

市町村
・人口10万人以上の中都市：衛生部局があり，清掃関連が含まれるケースが多い。
・人口100万人未満の市町村：衛生課が衛生と清掃を担当するケースが多い。国民健康保険業務を兼ね，保健衛生課となっている場合もある。村では，衛生係や住民係として衛生業務を担当しているケースが多い。
・人口30万人以上の市：地域保健法の指針により政令指定都市への移行を検討することが求められており，さらに地方自治体法の改訂により，中核都市にも保健所を設置できるようになった。

▷よく出る

いているが，新たな労働衛生上の諸問題に対して実効性の高い政策が可能になるよう労働安全衛生法が制定された。

　都道府県労働基準局および労働基準監督署には，直接労働衛生に関する監督指導を行う労働基準監督官および労働衛生に関する指導援助を行う労働衛生専門官が配置されており，事業場の健康管理対策や労働環境改善対策について指導助言を行っている。

3.5　その他

　環境行政は環境省が所管している。環境省は，公害の防止，自然環境の保護及び整備，その他の環境の保全に加え，地球環境についても対策を実施し，環境保全に関する行政を総合的に推進することを主たる任務としている。建築物の環境衛生とも関係が深く，廃棄物の適正処理による衛生的な生活環境の維持などを求めている。

　建築基準法の施行に関する事務を管理する行政機関は，国家行政組織法の規定に基づいて設置された国土交通省であり，住宅局建築指導課が事務を所掌してる。建築基準法では，地方において建築基準法を施行する行政機関を特定行政庁といい，特定行政庁とは建築主事が置かれている市町村長，特別区長または都道府県知事をいう。

▷よく出る

確認テスト （正しいものには〇，誤っているものには×をつけよ）

⑴　労働衛生行政の地方組織としては，都道府県ごとに都道府県労働局がある。

⑵　建築物衛生法には，特定建築物の敷地，構造，設備及び用途に関する最低の基準を定めている。

⑶　興行場，社会福祉施設等は，建築物衛生法に基づく特定建設物の特定用途に供される建築物である。

⑷　駅ビル内に設置された鉄道のプラットホームは，建築基準法の特定用途に供される建築物として延べ面積に含まれる。

⑸　新たに建築された特定建築物の届出は，使用開始日の1カ月前までに行わなければならない。

⑹　空気環境の測定は，6カ月以内ごとに1回，定期的に行う。

⑺　建築物衛生法に基づく特定建築物以外の建築物であっても，多数の者が使用，または利用する場合は，所有者等の維持管理について権原を有するものは，建築物環境衛生管理基準に従った維持管理をするよう努めなければならない。

⑻　供給する飲料水が人の健康を害するおそれがあるときは，飲料用以外の用途に使用するよう直ちに関係者に周知すること。

⑼　監督者等は，複数の営業所の監督者等を兼務することができる。

⑽　建築物の空気調和設備の管理を行う事業（建築物空気調和設備管理業）は，事業の登録の対象になっていない業種である。

⑾　教室の室内空気の検査の職務執行者は，学校薬剤師である。

⑿　保健所は，特定健康診査の実施主体である。

⒀　美容所は，施設の開設又は営業に当たって，生活衛生関係営業の許可を要しない。

⒁　二酸化炭素は，環境基本法に基づく大気の汚染に係る環境基準に定められていない物質である。

⒂　労働者を常時就業させる室の照明設備は，1年以内ごとに1回，定期に，点検しなければならない。

⒃　建築基準法で規定されている特定行政庁とは，国土交通省である。

⒄　下水道の終末処理場の維持管理に関することは，厚生労働省の所管である。

⒅　延べ面積が5,000 m^{2}の各種学校は，建築基準法に基づく特定建築物に該当しない。

⒆　共同住宅3,200 m^2，店舗800 m^{2}を併せもつ複合ビルは，建築物衛生法に基づく特定建築物に該当する。

⒇　事務所建築物に設置された電力事業者の地下式変電所の面積は，特定建築物の延べ面積に含める。

㉑　建築物環境衛生管理技術者は，特定建築物の所有者等との間に直接の雇用関係は必要とされない。

㉒　排水槽の清掃記録は，備え付けておかなくてはならない帳簿書類であり，その保存期間は5年間である。

㉓　加湿装置は，使用開始時及び使用開始後1カ月以内ごとに1回，定期に汚れの状況の点検と，必要に応じ，加湿装置の清掃を行う。

㉔　雨水や工業用水などを原水とする雑用水の大腸菌の検査は，3カ月以内ごとに1回，定期に行うこと。

㉕　建築物環境衛生管理技術者の免状は，都道府県知事が交付する。

㉖　特定建築物の環境衛生上の維持管理を行う事業を営んでいる者は，その所在地を管轄する都道府県知事の登録を受けることができる。

㉗　特定建築物の維持管理が建築物環境衛生管理基準に従って行われていないときは，直ちに改善命令

を出さなければならない。

⑳　労働者を常時就業させる室の気積は，設備の占める容積及び床面から 4 m を超える高さにある空間を除き，労働者 1 人について，10 m³ 以上としなければならない。

㉙　労働安全衛生法に規定する事業者の責務として，健康診断の結果を市町村長に報告しなければならない。

㉚　建築物衛生法に基づく特定建築物の延べ面積の算定方法は，建築基準法の延べ面積の算定方法と同じである。

確認テスト　解答・解説

⑴　○

⑵　× : 特定建築物の維持管理及び環境衛生上必要な事項等が定められており，敷地，構造，設備及び用途に関する最低の基準は建築基準法で定められている。

⑶　× : 社会福祉施設は建築物衛生法の特定用途には含まれない。

⑷　× : プラットホームは建築物に該当しないので，含まれない。

⑸　× : 使用開始，変更，該当しなくなったときから 1 カ月以内に届ける。

⑹　× : ホルムアルデヒドの量以外は 2 カ月以内ごとに 1 回，定期に行う。

⑺　○

⑻　× : 飲料水に健康被害のおそれがあることを知ったときは，直ちに給水停止及び関係者への周知を行う。

⑼　× : 監督者等は登録しようとする営業所につき，それぞれの職種ごとに 1 人以上置かれていなければならない。また，1 人の者を 2 以上の営業所または 2 以上の業務の監督者等として登録を受けることは認められていない。

⑽　○

⑾　○

⑿　× : 特定健康診査は医療保険者が行う。

⒀　○

⒁　○

⒂　× : 事業者は，室の照明設備について，6 カ月以内ごとに 1 回，定期に，点検しなければならない。

⒃　× : 建築基準法で規定されている特定行政庁とは，建築主事が置かれている市町村長または特別区長または都道府県知事である。

⒄　× : 下水道の終末処理場の維持管理に関することは，環境省と国土交通省の所管である。

⒅　× : 各種学校は事務所等に分類され，3,000 m² 以上であるので，特定建築物である。

⒆　× : 共同住宅は，法第二条で例示されているが，令第一条では特定建築物には指定されていない。また，店舗も 800 m² と特定建築物に該当する規模ではない。

⒇　× : 電気事業者がその事業の用に供するために建築物の地階に設置した地下式変電所は，管理主体および管理系統をまったく異にしており，特定用途に附属する部分には該当しない。

㉑　○

㉒　○

㉓　○

⑷　×：2カ月以内に1回行う。

㉕　×：免状の交付申請先は，都道府県知事ではなく，厚生労働大臣である。

㉖　○

㉗　×：改善命令を出すには，報告・検査等を行うことが条件となる。

㉘　○

㉙　×：常時五十人以上の労働者を使用する事業者は，健康診断を行ったときは，遅滞なく，定期健康診断結果報告書を所轄労働基準監督署長に提出しなければならない。

㉚　×：建築基準法の延べ面積が建築物の各階の床面積の合計であるのに対し，建築物衛生法の延べ面積は特定用途に供される部分の床面積の合計である。

第2編

執筆担当　竹倉雅夫

建築物の環境衛生

建築物の環境衛生 第2編

第1章　建築物環境と健康
第2章　温熱環境と健康
第3章　室内空気環境の性状と健康
第4章　音・振動と健康
第5章　照明と色の影響
第6章　磁場・電場・電磁場と影響
第7章　水と健康
第8章　感染症の予防
確認テスト

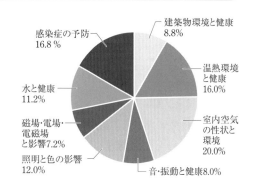

感染症の予防 16.8 %
建築物環境と健康 8.8%
温熱環境と健康 16.0%
室内空気の性状と環境 20.0%
音・振動と健康8.0%
照明と色の影響 12.0%
磁場・電場・電磁場と影響7.2%
水と健康 11.2%

最近の出題傾向

　過去実績に大きな変化はない。「建築物環境と健康」「音・振動と健康」「水と健康」が例年より多く出題されているが，「室内空気環境の性状と健康」，「感染症の予防」が例年より，減少している。他の項目は下記出題傾向に沿って出題されていた。また「水と健康」での計算問題が出題されている。
　建築物の環境衛生に関して，毎年25問出題されている。
（内訳）
1. 「建築物環境と健康」は毎年2問出題されている。
2. 「温熱環境と健康」は毎年4問出題されている。特に体温調整と温熱条件は必ず2問以上出題されている。
3. 「室内空気環境の性状と健康」は毎年6問出題されている。アレルギー，シックビル，アスベスト，ホルムアルデヒド，たばこ，二酸化炭素，一酸化炭素等の各種基準値に関して毎年出題されている。
4. 「音・振動と健康」は毎年平均2問出題されている。
5. 「照明と色の影響」は毎年平均2~3問出題されている。
6. 「磁場・電場・電磁場と影響」は毎年平均2~3問出題されている。放射線の健康への影響について毎年出題されている。
7. 「水と健康」は毎年2問程度出題されている。ヒ素，カドミウム，有機水銀などが出題される例が多い。
8. 「感染症の予防」は毎年5問出題されている。特に感染症の予防対策を問われる問題が例年出題されている。また，ほとんどの年で次亜塩素酸溶液の計算問題が1問出るので，対策が必要である。

第 1 章　建築物環境と健康

第 1 節　環境と人間のかかわり

1.1　環境と人間

　環境は自然環境と人為的環境の 2 つに大別できる。環境の中で健康に影響を与える因子として，物理的要因と化学的要因と生物的要因と社会的要因がある。これらの関係を図 2.1.1 に示す。社会的な側面からみると，我が国においては平成 5 年に環境基本法が制定され，その中で，環境基準が定められた。環境基準※は行政用語で，その背景にある科学的な考え方は閾値(しきいち)の考え方である。

> **環境基準**
> 平成 5 年制定の環境基本法の中で環境基準として「政府は，大気の汚染，水質の汚濁土壌の汚染及び騒音に係る環境上の条件について，それぞれ，人の健康を保護し，及び生活環境を保全する上で維持されることが望ましい基準を定められるものとする」(第 16 条)と定められた。

環　境

自然環境	人為的環境
物理的要因　気候，温度，湿度，気流，気圧，熱，光，放射線，音，超音波，振動等	
化学的要因　空気，酸素，二酸化炭素，窒素，一酸化炭素，オゾン，硫黄酸化物，粉じん，水，屎尿，廃棄物等	
生物的要因 植物，ウィルス，リケッチア，細菌，寄生虫，昆虫，ネズミ，動物等	**社会的要因** 文化，産業，教育，医療，福祉，行政，経済，交通，情報，宗教等

図 2.1.1　環境の構成要因

　閾値(しきいち)とは最小の刺激量としての物理量と定義され，医学的な有害性の判断の根拠となる量，言い換えれば基準値と考えられるものである。安全度とは，基準値となる閾値にさらに安全性を考慮して，閾値(しきいち)に 10 分の 1～100 分の 1 を乗じたものをさす。

　このように人間の生活に適したと考えられる環境条件は，医学，科学の発達等により変化するものであり，常によりよい環境への改善を考える必要があ

る。

1.2　建築物内の環境要素

　建築物の気密化や高断熱化，はめごろし窓の使用等に伴い，建築物内では，全体として大きな閉鎖的な空間が形成されている。人工的に閉鎖の度合いの大きい建築物においては，人の健康に影響を与える環境要因※が存在する。また地下街等の地下空間では，視覚面でも閉鎖的な空間になり，心理的にも影響を与える。これらの環境要因に対応して，建築物の衛生的な環境を確保するためには，空気環境，給排水，廃棄物の処理およびねずみ・昆虫等の防除の総合的な管理が必要である。

環境要因
総合的な管理が必要であるとき，温熱環境，空気清浄度と空気汚染物質，音と振動，照明，磁場・電場・電磁波，水質，病原微生物などが環境要因として存在する。

第2節　人体の構造と機能のあらまし

2.1　主な臓器系とその機能およびその障害

　人体は，種々の機能を持つ細胞が集合して臓器を作り，その臓器が効率よく組み合わさって，一人の個体として活動できるように組み立てられている。

　臓器系としては循環器系，呼吸器系，消化器系，神経系，腎泌尿器系，感覚器系，内分泌系，造血器系，筋骨格系があげられる。それぞれの系の中では臓器の相互間だけでなく臓器系の相互関係があり，臓器の障害は他の臓器系への障害を引き起こすことも多い。例えば，循環器系の中心となる心臓の障害を考えると，全身への酸素，栄養の供給が低下するため，他の臓器系の機能も低下する。心臓停止はその供給が止まることであり，これは死を意味する。

2.2　機能からみた臓器系の関連

　臓器系の機能は，相互に関係を保っており，それぞれが互いに影響を及ぼしている。特に循環器系は呼吸器系と密接な関係を持ち，呼吸循環系となる。この系は酸素の供給を主眼とした機能系である。その機能の障害は死に直結することが多い。機能を中心としてヒトの臓器をみると呼吸循環系，神経感覚内分泌系，消化器系，腎泌尿器系，筋骨格系と分けられることが多い。臓器系の機能と障害について表 2.1.1 に示す。

表 2.1.1　臓器系の種類そして機能と障害

臓器系	種類	機能と障害
循環器系	心臓，動脈系，静脈系，毛細管系（血液循環系とリンパ管系）	体全体への酸素と栄養の供給。 心臓の障害は多くの場合，命に係る可能性が高い。
呼吸器系	気道と肺	体内への酸素の摂取と体外への二酸化炭素の排出。 呼吸器系の障害はその部位により違いがあるが，息苦しさを訴えることが多い。肺の障害は循環器系の障害に比較すると急激な生命への影響は少ない。
神経系	中枢神経系と末梢神経系に大別，人体の各臓器で生じた刺激を中枢に伝え，これに反応した中枢での興奮を身体各部に伝えることにより，身体全体を統御する。	
	脳	精神機能，運動機能，視覚，聴覚，言語等の機能。 脳の血管が破れると脳出血，血管が閉塞すると脳梗塞を生じる。
	知覚神経	感覚器官からの刺激を中枢に伝える。 神経系の障害は化学物質等によっても生じる。
	運動神経	中枢からの命令を運動器官に伝える。
	自律神経	生命の維持に必要な消化，呼吸，循環等の調整。
感覚器系	視覚・聴覚・嗅覚・味覚・触覚の各受容体	外部からの刺激を受けて神経系に伝える。
内分泌系	脳のうち視床下部と下垂体，副腎，甲状腺，性腺（卵巣・精巣）等	ホルモンを分泌し，生体機能の恒常性（ホメオスタシス）の維持と，成長，発達，代謝等の活性のコントロール。 内分泌系の障害は外見上に現れることも多い。
消化器系	消化器系（口腔から食道，胃，十二指腸，小腸，大腸，直腸，肛門）と肝臓，膵臓の付属器	栄養，水の摂取，体内での再合成と排泄。 消化器系の障害は胃炎や腸炎等のように急激に来るものもあるが，肝硬変のように長時間の経過をたどるものも多い。
腎臓・泌尿器系	腎臓，尿管，膀胱，尿道からなる	血液の中から老廃物・有害物質・分解物質を尿として排泄する。腎臓・泌尿器系の障害は，血液透析の手法が確立されてから長時間の管理が必要となるものが多くなってきた。
造血器系	骨髄，脾臓等からなる	赤血球・白血球・血小板の生産。 この障害としては出血がとまらないことや感染のしやすさ等が生じ，白血病では異常な白血病が増加する。
筋骨格系	骨と筋肉	身体の構成と運動をつかさどる。 障害としては骨折がある。
その他	子孫形成と種の保存をつかさどる生殖器系，発汗をつかさどる皮膚系など。	

第 3 節　環境への適応と健康

3.1　環境要因の作用と生体恒常性

恒常性（ホメオスタシス）※は，神経系や内分泌系，免疫系等の機能により維持されている。外部環境に変化が生じたとしても，フィードバック機構により生体機能の恒常性は維持される。外部環境の変化は，まず生体の受容器で受容される。次いで，生体内の各部位で受容された変化は，神経系や内分泌系により各調節中枢に伝達される。各中枢では，その変化に対して再び神経系の伝達系により，筋肉や関節等の効果器に指令し，反応や行動を起こす。（図2.1.2）

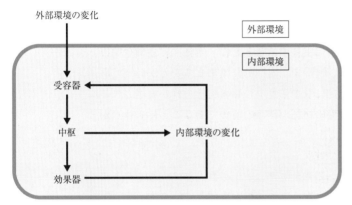

図 2.1.2　生体のフィードバック機構

3.2　生体防御の仕組みとストレス

生体に対して一定以上の強い刺激が加えられると，生体内にさまざまな変化が生じ，それに適応しようとする反応が非特異的に生じる。このような状態をストレス※，そしてストレスをもたらす刺激をストレッサという。

ストレス負荷に対する反応は加齢のみならず，遺伝，環境等の様々な要因によって左右され個人差が大きく，その対策等に対してはその個人差を考慮すべきである。

3.3　建築物環境衛生管理の目的

建築物の室内環境において健康に影響を与える環境要因から，建築物を利用する人々の健康を守るためには，建築物の衛生的な環境を確保することを目的とした環境衛生管理を適切に実施することが重要である。建築物の環境衛生管理は社会状況の変化を考慮し，次代のニーズに適合した適切な方法で行う必要がある。今後の建築物衛生の在り方を考える上で，以下の 5 つの課題への対応が重要である。

(1)　省エネルギーと環境水準

建築物の維持管理においては，省エネルギー対策の一層の強化が求められている。しかし，一方でシックビル症候群の例にみられるように，過度あるいは

恒常性（ホメオスタシス）
恒常性とは，外部環境に変化が生じた場合であっても，身体機能や体液成分等，その時々の身体状況に応じて制御され，それらの変動幅を一定の限られた範囲内にとどめて，内部環境を一定の水準に保つことである。

ストレス
ストレスは恒常性を乱す力であり，ストレスの存在は，血圧上昇を招き，心臓の動悸を激しくさせたりするので恒常性の悪影響を及ぼすことがある。人間は加齢によって外部刺激に対する適応力は弱くなる。ストレスに対して過剰あるいは過小な反応をする。また，反応が遅くなり，エネルギー等を予備力として備えておく能力も低下する。

建築物の環境衛生 第2編

不適切な省エネルギー対策が，人の健康に悪影響を及ぼす危険性があることについての留意が必要である。

(2)　複合用途の建築物の衛生管理

　複合用途に用いられる建築物では統一的な管理性や全体性に考慮しつつも，用途に応じ，区域ごとに適切な維持管理を実施することも必要である。

(3)　地域別と季節別の環境条件

　地域や季節によって環境条件が異なることから，地域性や季節性を考慮した，きめ細かな維持管理を行えるような対応が必要である。

(4)　感染症と環境条件

　建築物の維持管理の状況等が，病原性微生物の増殖や，それに起因する感染症をはじめとする種々の疾患に関与している可能性がある。空気調和設備や給排水設備の日常的な維持管理を確実に実施するとともに，空気調和設備や給排水設備のシステム全体の点検および清掃を，定期的に実施することが必要である。ただ，微生物の殺菌抗菌を目的にさまざまな種類の化学物質が使用されることがあるが，その安全性や有効性の検証が使用の前提であることにも留意が必要である。

(5)　健康障害の防止と快適な環境の確保

　建築物の維持管理の状況等を単なる健康障害の防止の観点だけでなく，さらに一歩進んで快適な環境の確保にまで進める方向性が出てきている。

　ここの要因が適切であるだけでなく，総合的な環境管理が快適な環境確保のためには必要不可欠である。

第4節　基準の考え方

4.1　至適条件と許容限界

　ストレスによる影響が最も少ない条件を至適条件と呼び，ストレスが大きくなり，ある限界を超えると生物は耐え切れなくなる。この限界のことを許容限界と呼ぶ。

4.2　基準値設定の根拠

　有害物の負荷に対する生体の反応は個々の遺伝的要因に加えて，環境的要因や社会的要因によって左右される。「量―影響関係※」や「量―反応関係※」の文献を評価し，整理した物差しをクライテリアといい，このクライテリアから，ガイドラインがまとめられ，社会的，経済的，技術的配慮および行政的，政治的判断で勧告や基準が決められ，一般に，環境の中の有害物をこの水準以下に保つことで，健康被害を防止することができるとされる。

4.3　基準値の種類と性格

　許容濃度※は労働者が有害物質に曝露される場合に，当該物質の空気中濃度がこの数値以下であれば，ほとんどすべての労働者に健康上の悪い影響がみら

「量―影響関係」
化学物質や微生物の暴露量と，それにより生体がどのような影響を受けるかの関係を表したもの。
「量―反応関係」
あるヒトや動物の集団において，化学物質や微生物の暴露量とそれにより影響を受ける個体の関係を表したもの。

れないと判断される濃度である。一般の事務所に関しては，労働安全衛生法に基づく事務所衛生基準規則により基準が決められている。（表 2.1.2）

表 2.1.2　事務室における環境の基準
（事務所衛生基準規則令和 5 年 3 月現在）

項目	衛生基準
室の気温	18〜28℃（空気調和有）
気流	0.5 m/s 以下（空気調和有）
相対湿度	40〜70%（空気調和有）
二酸化炭素の含有率	1000 ppm 以下（空気調和有）　5000 ppm 以下（空気調和無）
一酸化炭素の含有率	10 ppm 以下（空気調和有）　50 ppm 以下（空気調和無）
ホルムアルデヒドの量	$0.1 \, \mathrm{mg/m^3}$ 以下（空気調和有）
浮遊粉じん量	$0.15 \, \mathrm{mg/m^3}$ 以下（空気調和有）
気積（室内空気容積，床上 4 m 以上の高さを除く，労働者 1 人当たり）	$10 \, \mathrm{m^3}$ 以上
照明	一般的な事務作業 300 lx 以上 付随的な事務作業 150 lx 以上

許容濃度

許容濃度の性格については以下の特徴がある。

1）　人の有害物質への感受性は個人ごとに異なるので，この数値以下でも不快，既存の健康異常の悪化，あるいは職業病の発生を防止できない場合が有り得る。

2）　許容濃度は，産業における経験，人および動物についての実験的研究等から得られた多様な知見に基礎を置いており，物質によって，その許容濃度決定に用いられた情報の量と質とは，必ずしも同等のものではない。

許容濃度を決定する場合に考慮された生体影響の種類は物質によって異なり，ある種の物質では明瞭な健康障害に，また他の物質では，不快，刺激，麻酔等の生体影響に根拠が求められている。

第2章　温熱環境と健康

第1節　体温調整と温熱条件

1.1　体温とは

　身体の温度は，測定する部位と条件によりその値は大きく異なる。例えば，図2.2.1に示すように，顔，躯幹，手，足等の身体表面の温度は，外表面の影響を受けやすく特に気温が下がると部位差が拡大する。しかし直腸温のような身体内部の温度は，外気温にあまり左右されずにほぼ一定の値を示す。

▷よく出る

　いわゆる「体温」とは，厳密にいえば身体核心部の温度（核心温）のことをいい，核心温の指標として，直腸温・食道温・鼓膜温・舌下温・脇下温等が状況に応じて用いられる。

　温度条件が変化しても体温（核心温）を一定（約37℃）に保つための生理的機能を「体温調節」といい，自律性体温調節と行動性体温調節に分類される。自律性体温調節は，無意識に発現する自律神経やホルモンによる不随意性生理調節機能であり，暑熱環境で発現する皮膚血管拡張反応や発汗反応，寒冷環境で発現する皮膚血管収縮，ふるえが代表的な反応である。行動性体温調節は，意識にのぼる

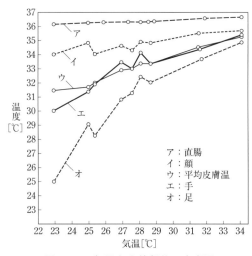

図2.2.1　気温と人体部位の皮膚温

行動を介する反応からなり，衣服の着脱や冷暖房の実施，飲食の摂取などの反応により，体温の上昇や下降を打ち消す方向に作用し，核心温を一定に保つ。

1.2　体熱平衡と温熱環境要素

　体温を一定に保つ仕組みを物理的に見ると図 2.2.2 で天秤を用いて例えたように，人体の熱産生と熱放散のバランス（体熱平衡）によって決まる。したがって，熱産生量と熱放散量が等しければ体温は一定（約 37℃）に保たれる。熱産生量が熱放散量より大となれば体温は上昇し，熱放散量が熱産生量より大となれば体温は低下する。

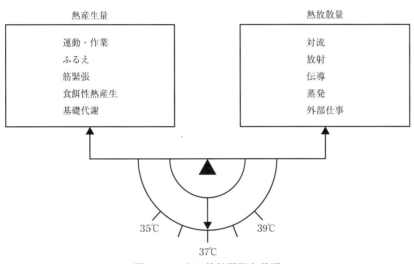

熱産生量	熱放散量
運動・作業 ふるえ 筋緊張 食餌性熱産生 基礎代謝	対流 放射 伝導 蒸発 外部仕事

図 2.2.2　人の体熱平衡と体温

　熱産生は，摂取した食物（炭水化物，脂肪，たん白質）の代謝による化学的エネルギーに由来する。熱産生量は人体の活動状態によって異なり安静であれば少なく，作業量が増せば増加する。エネルギー代謝で，早朝覚醒後の空腹時で仰臥の姿勢におけるものを基礎代謝という。※日本人の 30 歳代の平均的基礎代謝量は，男子は約 1,452 kcal/日，女子は約 1,167 kcal/日である。※※

　熱放散は，対流，放射，伝導，蒸発の物理的過程からなる。

　対流は，流体の流れに伴う熱エネルギーの移動現象であり，その熱放散量は体表面と空気の温度差と空気の動き（風速）に依存する。

　放射は，物体から熱エネルギーが電磁波として放射される現象である。床，壁や天井等は，各部位によって表面温度が異なるので，一般的には周囲表面（床・壁・天井等）温度とその形態係数より平均放射温度が算出される。

　伝導は，身体と直接接触する物体との間の熱移動現象であり，伝導熱量は接触皮膚面積，皮膚と接触物体表面の温度差に依存する。着衣の保温性を表す量としてクロ値（clo）がある。裸体時に 0 clo で，背広上下でおよそ 1.0 clo 程度である。

　蒸発は，水分が皮膚より気化するときに潜熱（580 kcal/l）を奪う現象である。人体は，皮膚表面から常に水分が蒸散している。これを不感蒸泄（ふかんじょうせつ）と呼び，成人 1 日当たり約 1,000 g 程度の量であるとされている。

　以上の熱放散の物理的過程を生理的実体と対応させると，熱放散は大きく分けて 2 通りの経路があり，第一は皮膚表面からの熱放散であり，第二は呼吸に

※一般に安静時代謝量は基礎代謝のおよそ 20% 増，睡眠時では基礎代謝の約 95% とされている。人間の作業状態と代謝量の関係は以下のようになる。

・安静（平均代謝率 65 w/m²）…安静
・低代謝量（平均代謝率 100 w/m²）… 楽な座位，軽い軽作業
・中程度代謝率（平均代謝率 165 w/m²）…継続した頭と腕の作業
・高代謝率（平均代謝率 230 w/m²）…強度の頭と胴体の作業（大ハンマ作業，のこぎりを引く等）
・極高代謝率（平均代謝量 290 w/m²）…最大速度の速さで，とても激しい運動（階段を登る等）
（平均代謝率の数値は，ISO7243，JIS8504 による）
※※日本人は基礎代謝が夏低く，冬高い。年間の変動幅は約 10% 程度であるといわれている。高温の環境では，汗の分泌増加や血流量の増加で代謝量はわずかに上昇する。

伴っての熱放散である。

　人間に影響を与える温熱環境因子は環境側として気温・湿度・風速・熱放射（平均放射温度）の4要素，人体側として活動状態（エネルギー代謝量）着衣量の2要素，計6要素がある。これを温熱環境要素という。

1.3　温熱環境指数

　温熱環境指数は，人間が感じる温熱環境の感覚に対応するように作られた，物理量に基づく体感温度を表す指標である。その基礎となるものは，人間の暑さ寒さに影響を与える温熱環境要素である。以下に代表的な指標を示す。

① 黒球（グローブ）温度（Tg）：直径15 cmのつや消し銅製の黒球の中心温を測定するもので，熱放射と対流にかかわる温度を測定する。床暖房などの放射熱のある温熱環境評価に用いられる。

② 湿球黒球温度：湿球黒球温度 WBGT（Wet Bulb Globe Temperature）は，米国の屋外軍事訓練時の熱中症予防のために作られた指標で，屋内外での暑熱作業時の暑熱ストレスを評価するために使用されている。乾球温度（Ta），湿球温度（Tw）黒球温度（Tg）から，求められる。

　　屋外で太陽照射がある場合

　　$WBGT = 0.7\,Tw + 0.2\,Tg + 0.1\,Ta$

　　屋内や屋外で太陽照射がない場合

　　$WBGT = 0.7\,Tw + 0.3\,Tg$

Tw：自然湿球温度※（℃），Tg：黒球温度（℃），Ta：気温（℃）

③ 有効温度（ET）：異なる温湿度・風速条件を持つ2つの部屋を行き来し，等しい暑さ・寒さとして感じるかどうかを調べることで，湿度100%で無風の部屋の気温に等価な環境として表す主観的経験指数である。有効温度（ET）の気温を黒球温度で読み替えることで，放射熱の影響を入れようとしたものが修正有効温度 CET（Corrected Effective Temperature）である。いずれも指数を求めるための図表が利用できる。

④ 不快指数：不快指数 DI（Discomfort Index）は夏期の蒸し暑さによる不快の程度を評価する指標である。気温 Ta（℃）と湿球温度 Tw（℃）あるいは相対湿度 RH（%）から以下の式で算出される。

　　$DI = 0.72(Ta + Tw) + 40.6$

　　$DI = 0.81Ta + 0.01RH(0.99\,Ta - 14.3) + 46.3$

日本人の場合，DI が77で半数の人が不快，85で全員が不快といわれている。

⑤ 新有効温度，標準新有効温度

新有効温度 ET*（New Effective Temperature）は，人体熱平衡式から理論的に導かれた気温・湿度・風速・熱放射の影響を含んだ温熱環境指数であり，実在環境と温熱的に等価な条件のもとに，相対湿度を50%に標準化したときの放射温が気温に等しい環境の温度を意味する。

標準新有効温度 SET*（Standard Effective Temperature）は新有効温

自然湿球温度
日射に曝露した状態で，強制通風することなく，自然気流中で測定する湿球温度

度に着衣と代謝についても考慮した指数で，基準条件として平均放射温度と等しい気温，湿度 50%，0.15 m/s 以下の静穏風速，着衣量 0.6 clo，作業状態が椅子座安静の代謝量 1.2 met の状態に変換したときの気温として表される。SET*は米国暖房冷凍空調学会（ASHRAE）の基準にも採用され国際的にも広く採用されている。

⑥　予測平均温冷感申告

　予測平均温冷感申告 PMV（Predicted Mean Vote）は，人間が快適と感じるときの人体熱平衡式を基準として，気温，湿度，風速，平均放射温度，エネルギー代謝量，着衣量の 6 つの温熱環境要素を用いて，その温熱環境が快適な条件からどの程度離れているかを快適方程式により算出したものである。PMV は快適環境の評価基準として ISO7730 や ASHRAE に採用されている国際的に通用する指標である。

また，熱平衡式に基づく指数として，作用温度※などもある。

表 2.2.1　PMV の指標

+3	暑い
+2	温かい
+1	やや温かい
0	どちらでもない
−1	やや涼しい
−2	涼しい
−3	寒い

作用温度（OT）
（Operative Temperature）効果温度ともいい，人体に対する温熱環境評価する指標の 1 つである。気温が同じ室内であっても，壁面温度と周囲気流の状態により体感温度が異なるため，周囲壁面との放射熱伝達と周囲気流との対流熱伝達と同じ量の熱交換を行うような均一温度の閉鎖空間での仮想気温が作用温度である。

第 2 節　温熱条件の快適性

2.1 温冷感と快適感

　温冷感とは，温熱環境に対する暑い〜寒いの感覚を意味し，温熱環境を評価する上で重要な尺度である。よく使われる評価尺度は 7〜9 段階の言語尺度が用いられている。

　温熱的快適感とは「熱環境に対して満足感を表現できる心の状態」と定義される。

　人間は，一般的に温熱的中性申告を得られるときの平均皮膚温が 33〜34℃程度であることが，多くの実験からも確認されている。平均皮膚温と温冷感申告には正の一次相関がみられることが多くの研究より示されている。しかし，平均皮膚温がたとえ快適な範囲であっても，核心温や末梢部の皮膚温がかなり高かったり，低かったりすると，必ずしも温熱的快適性は得られない。快適感は核心温の影響を受け低体温の場合は低い温熱刺激を不快に感じ，核心温が高いときには冷たい刺激を快適に感じる。

2.2　快適温度に影響を及ぼす因子

　ヒトの温熱的快適性は，気温，湿度，風速，熱放射の環境側4要素に加え，人体側2因子の着衣量，代謝量を加えた計6要素に影響される。そこで，室内温熱環境を快適な状態に保つには6要素の状態を総合的に考慮する必要があるが，その他の無視できないと考えられる以下のような因子がある。

① 時代的背景

　過去数十年の間のオフィスビルにおける温度設定は大きく変動してきた。冬期のオフィス快適温度は，1950年代で16〜18℃，1960年代で20〜22℃，1970年代で23〜24℃とされていた。そして近年では，オフィス内のOA化が進み，コンピュータやサーバを一定の状態に保つため，年間を通じて24〜25℃程度に設定する場合もある。しかし2005年より始まった「クールビズ」「ウォームビズ」運動では，CO_2排出量の削減の観点からオフィス内の温度設定として夏28℃冬20℃という目標が定められている。これらの設定温度のオフィスで快適に過ごすためには，着衣量の調節は必須であるといえる。

② 季節

　建築物衛生法の管理基準では，気温設定は18〜28℃と定められているだけで季節に関する記述は特に存在しないが，実際のオフィスの設定温度は季節によって異なる場合が多い。

③ 性

　女性の快適温度は男性よりも1〜2℃高いと報告されてきた。原因としてはオフィス内では女性は男性より一般に薄着であること，女性の低い基礎代謝や低い皮膚温等が考えられる。実際に，過度の冷房による不快感は女性に多く報告されている。

④ 高齢者

　高齢者は身体活動量が少なく，また代謝量も少ないため，一般に若年者より暖かい室温を好むとされている。一方冬期の住宅内の温度を測定してみると，高齢者の室温※は若年者と比較して低い場合が多い。この原因として，高齢者の寒さに対する感受性の低下が考えられ，そして感受性の低下の原因としては，皮膚からの温度情報の減少が原因であると考えられている。低い室温で生活している高齢者は，厚着のため運動性が低下し，そのことが転倒などの引き金となることも考えられる。

　以上のことから，高齢者のための温熱環境としては，冬期に着衣量で寒さを補ったり本人の感覚に温度調節をゆだねるより，温度計などの客観的な基準で室温をコントロールし，また特に冬期には着衣量をできるだけ増やさずに過ごせるよう，室温を適切な状態に保つことが必要である。

▷よく出る

高齢者の室温
若年者と比較して低い場合が多い。同時に測定した深部体温は高齢者の方が低くなっている。特に深部体温が35℃未満を低体温症と呼ぶが，高齢者はこの低体温症に陥りやすい。

第 3 節　異常温度環境による健康障害

3.1　熱中症の種類と特徴

　人は恒温動物であり，体温は調節機構により通常は 37℃ 付近に維持されるが，何らかの原因により調節不全または調節不能の状態を来し，異常な体温上昇や循環不全，電解質異常を来すことにより生じる障害を総称して熱中症という。(表 2.2.2)

表 2.2.2　熱中症の種類

分類		意味
熱中症		暑熱障害による総称
軽症	熱失神（熱虚脱）	皮膚血管の拡張により血圧が低下し，脳血流が減少して起こる一過性の意識障害
	熱けいれん	低ナトリウム血症による筋肉のけいれんが起こった状態
中等症	熱疲労	大量の汗により脱水状態となり，全身倦怠感，脱力，めまい，頭痛，吐気，下痢などの症状が出現する状態
重症	熱射病	体温上昇のため中枢神経機能が異常をきたした状態
	日射病	上記の中で太陽光が原因で起こるもの

① 熱失神（熱虚脱）

　長時間，頭頸部が直射日光に曝されることにより末梢血管の拡張を生じ，相対的な体循環血液の減少を来して，めまいや失神が起こることがある。また，高温多湿時に急に激しい運動を始めたり，逆に激しい運動をしていたのを急に休止したりした場合，めまいや失神をきたすことがある。

② 熱けいれん

　熱の放散時の過剰な発汗により身体から水分と塩分（主にナトリウム）が失われる。その際，水分を大量に摂取すると，塩分が薄まり，有痛性の筋収縮が生じることがあり，これを熱けいれんという。熱けいれんは内燃機関作業員，製鉄所の作業員，屋根職人，鉱山労働者などの肉体労働者に多くみられる。

③ 熱疲労

　高温高湿の環境下に長時間いることにより大量の発汗をきたし，体内の水分や塩分が不足することに加え，全身的な循環不全による重要諸臓器の機能低下によるものと考えられる。異常なほど汗をかきながらも，皮膚は青白くてじっとりし，強い疲労感や頭痛，めまい，吐き気，強い口の渇きなどの兆候が特徴である。

④ 熱射病

　熱射病は，大脳の体温調節中枢が熱によって障害された状態で引き起こされる最も重い温熱障害である。体温が 40℃ 以上であることと脳障害の症状があることが特徴である。体温調節中枢の機能に障害をきたしているため，自力での体温調節ができず，体温が急激に上昇し，危険なレベルまで

達する。

⑤　日射病

　熱射病の病態にあって，太陽光が原因で起こったものが日射病とされているが，習慣的に軽度な熱疲労も含めて日射病という場合もあるので，留意されたい。

3.2　熱中症の予防と対応

　高温多湿の状態で，通気性の悪い衣料は皮膚表面からの汗の蒸発による冷却機能が妨げられる。自動車など閉め切った換気の悪い場所は温度が急激に上昇する。たとえ数分間でも，子どもやペットを車内に残すことは極めて危険である。

　発汗作用の低下は，抗コリン作用を持つ薬剤の内服時，嚢胞性繊維症，強皮症，乾癬，湿疹などの皮膚疾患，重度の日焼けなどにより，起こる。また，肥満は心臓に負担をかけ，発汗作用が弱まる。高度の酩酊状態にある場合は，衣服を脱いだり，冷房をつけることができない。一般に高温による障害リスクは急激に高温の状態にさらされた場合に高く，長い時間をかけて高温多湿になった場合には適応反応により，順化して，体温を通常に保ちやすくなる。若い人や身体機能が活発な人は高齢の人や身体機能が活発でない人よりも早く順化する。

3.3　低温障害

①　低体温症

　体内での代謝により生成される熱量と外部から摂取される熱量（太陽光や暖房器具からの熱）との総和を上回って身体から熱が失われるときに低体温症が起こる。乳幼児や高齢者では寒さへの適応力が低く，リスクは高い。特に高齢者が寒い部屋で長時間じっとしていたというような場合も同様である。低体温症の症状の進行は極めて緩徐で発見が遅れることがよくある。体温が31℃ 以下で死亡するおそれがあり，28℃ 以下ではその可能性が極めて高い。低体温症も初期であれば，乾いた温かい衣料に着替えさせ，熱い飲み物を飲ませることで回復する。意識不明の場合は保温に留意し，直ちに救急車を手配する。低体温症の診断には直腸温を測定する。

②　寒冷による末梢の組織障害

　寒冷による末梢の組織障害は凍結性組織損傷（凍傷）と非凍結組織損傷がある。前者は凍傷であり，重症度により1度から4度にまで分類されている。後者には凍傷痛，浸水足，しもやけ（凍瘡）がある。

　凍傷は低温により体の一部が凍ってしまったものである。凍結により一部の細胞が破壊される。また寒さで血管が収縮するので，周辺組織も損傷を受ける。患部への血液再開の際に，損傷組織から放出される炎症起因物質により損傷がさらに悪化する。また，凍結した組織が温まるにつれて，心毒性物質が血液に放出され，不整脈を起こすことがある。

熱中症リスク見積もりの際に，要素がない場合の総合リスク評価を1段階上げる必要がある項目
①暑さへの順化（慣れ）の獲得
②自らの判断での小休止
③水分，塩分摂取の容易さ

　凍傷痛では冷却皮膚の感覚脱失，腫脹・発赤が生じる。治療は冷えた部分を数分温めるだけであるが，加温に際して患部に激しい痛みやかゆみが生じる。

　しもやけ（凍瘡）は，冷気に繰り返しさらされたときに生じるもので，痒みや痛み，ごくまれには皮膚の変色や水疱が生じることがある。再発を繰り返すが，重症化はまれである。冷気曝露を避けることが肝要である。

第4節　冷暖房と健康

4.1　冷房時の注意

① 冷房障害

　冷房障害の訴えは，男性に比べ女性が著しく多いことが知られている。この原因として，1) 男性は外に出ることが多い，2) 男性に比べて女性のほうが薄着，3) 女性には体質的に冷え症が多いことなどが考えられる。

② 冷房障害対策

　冷房障害を起こさないためには，まず室内を冷やしすぎないことが大切である。24℃ 以下では冷やしすぎである。しかも室温と外気温の差を 7℃ 以下にすることが望ましいとされている。

　平成 17 年度より始まったクールビズの運動も現在国民の認知度も上がっており，特に男性の軽装化が進んでいる。

4.2　暖房時の注意

① 室温の不均一

　冷房時に比べて暖房時の室温による身体障害の訴えは少ない。これは着衣量が冬期には多くなっており，温度変化が直接人体に影響する程度が小さいと思われる。しかし，暖房時には，室内温熱環境の不均一性が問題となる※。平均的には快適な範囲であったにしても，局部温冷感により不快感が生じることがある。不均一熱放射，上下温度分布，床温度，ドラフト※が主な原因である。ウォームビズはクールビズほどには民間ビルには浸透していない。

② 湿度の影響

　湿度の問題は，直接人間に影響を与える場合と間接的な影響がある。湿度による影響・害を表 2.2.3 に示す。湿度による害を防ぐには低湿度の場合は加湿を行い，高湿の場合には水蒸気の発生を抑え，結露防止※の対策を行う必要がある。

※ISO は足部の気温を頭部よりも 3℃ 以上低くしないように推奨している。

ドラフト
望まれない局所気流をいう。不快な局部気流のことであり，風速，気流変動の大きさ，空気温度の影響を受ける。

結露防止
1) 表面結露
・壁体内部に断熱材を入れる。
・窓には二重ガラスや断熱戸を入れる。
・適当な量の換気を行う。
・家具と壁に隙間等を作り気流を通す。
・水蒸気の発生を極力抑える。
・その他露点温度以下にならないよう努める。
2) 内部結露
・壁体内部に断熱材を入れ，防湿層を高温側に入れる。
・外断熱にする。

表 2.2.3　湿度による影響と害

対象	高湿度	低湿度
人への直接影響	蒸し暑さ 汗ばみ 汗によるものの汚れ	皮膚・粘膜の乾燥 <u>風邪をひきやすくなるといわれ</u> <u>ている</u>
人への間接影響 建築物・什器への影響	カビ・ダニの発生 建材の腐朽 建築物建具類の狂い 結露（表面・内部） 結露水による汚れ	建築物・建具等の狂い 発じん性 静電気の発生と電気ショック 乾燥しすぎ（火災の危険） <u>塗装の剝離</u>

第3章　室内空気環境の性状と健康

第2編　建築物の環境衛生

学習のポイント

1. 空気の組成や濃度と人体への影響を学習する。
2. 空気の汚染物質の濃度と人体への影響ならびに各種基準を学習する。
3. 室内空気と健康の問題についてその汚染源を学習する。
4. シックビル症候群の定義と発生要因について学習する。
5. アレルギー疾患の原因について学習する。
6. 発癌のメカニズムそしてアスベストと悪性腫瘍の関係について学習する。
7. 慢性閉塞性肺疾患の原因と症状について学習する。

第1節　室内空気と影響要因

1.1　空気の組成

　人間の活動等の汚染が生じていない清浄空気の組成は，水蒸気を除外すると，窒素 78.08%，酸素 20.95%，アルゴン 0.93%，二酸化炭素 0.034%，ネオン 0.0018%，ヘリウム 0.00052% である。

① 酸素 O_2

　酸素は地球上の多くの生物にとって，生命機能を維持する上で最も重要な空気の構成要素である。労働安全衛生法に基づく厚生労働省令である酸素欠乏症等防止規則では，酸素欠乏防止のための措置について定められており，酸素濃度が 18% 未満である状態を「酸素欠乏（酸欠）」と定義している。表 2.3.1 に酸素濃度低下の影響を示す。

表 2.3.1　酸素濃度と影響の関係

濃度〔%〕	症状
17〜16	呼吸・脈拍増加，めまい
15〜14	労働困難になる。注意力・判断力の低下
11〜10	呼吸困難になり，眠気を催し，動作が鈍くなる
10 以下	けいれん，意識障害
7〜6	顔色が悪く，口唇は青紫色になり，感覚鈍重となり，知覚を失う。
4 以下	40 秒以内に知覚を失い，卒倒する。

② 窒素 N_2

　窒素は常温常圧下では化学反応性に乏しく，広い意味での不活性ガスであり，人体へは直接作用を及ぼさないため，室内環境下では，窒素の健康影響が問題になることはない。ただし，急速な潜水時のような高圧下では中枢神経系に対する麻酔作用があり，窒素酔いを起こす。また，高圧作業後に急に常圧に戻る場合，窒素ガスが組織や血液中で気泡化し，小血管や組織で閉塞・圧迫を起こし，減圧症（潜函病，潜水病）の原因となる。

③　二酸化炭素 CO_2

二酸化炭素は，物質の燃焼や，人間や動物の体内での代謝により発生する。近年，化石燃料の燃焼などによる大気中二酸化炭素濃度の上昇が指摘されており，大気中の濃度は 0.03〜0.04 % である。また，人の呼気中には約4 % 存在する。二酸化炭素濃度と人体への影響の関係を表 2.3.2 に示す。また，二酸化炭素濃度は室内空気の汚染や換気の総合指標として用いられる。表 2.3.3 に二酸化炭素に関する各種基準を示す。

▷よく出る

表 2.3.2　二酸化炭素濃度と影響の関係

濃度〔%〕	症状
0.55〔5500 ppm〕	6 時間曝露で，症状なし
1〜2	不快感が起こる
3〜4	呼吸中枢が刺激され呼吸の増加，脈拍・血圧の上昇，頭痛，めまい等の症状が現れる
6	呼吸困難となる
7〜10	数分間で意識不明となり，チアノーゼが起こり死亡する。

表 2.3.3　一般環境（居室）・作業環境における二酸化炭素に関する各種基準

	法律等	基準値〔ppm〕	備考
一般環境	建築物衛生法	1000	空気調和設備又は機械換気設備を備えた居室
	建築基準法	1000	中央管理方式の空気調和設備を備えた居室
	学校環境衛生基準	1500	
	興行場（都条例施行規則）旅館（都施行条例）	1500	
	室内プール（都条例細則）	1500	
	ASHRAE	1000	
労働環境	事務所衛生基準規則（労働安全衛生法）	5000	
		1000	空気調和設備又は機械換気設備を備えた場合
	（公社）日本産業衛生学会許容濃度	5000	
	ACGIH TLV*	5000	

＊ACGIH TLV：American Conference of Governmental Industrial Hygienists（米国労働衛生工学士協会）Threshold Limit Value（閾値）

1.2　空気汚染物質

①　一酸化炭素 CO

一酸化炭素は，無臭の気体であり，室内では，石油ストーブや都市ガス等の不完全燃焼，喫煙等により発生する。一酸化炭素は，酸素よりも 200 倍

▷よく出る

以上も強いヘモグロビン親和性を持ち，赤血球中のヘモグロビンと結合し，一酸化炭素ヘモグロビン（CO-Hb）を生成し，酸素の運搬を阻害する。表 2.3.4 に CO-Hb 濃度と症状の関係を示す。また，表 2.3.5 に一酸化炭素に関する各種の基準を示す。

チェーンストーク型呼吸
浅い呼吸から次第に深い呼吸となり，再び浅くなって 15～40 秒間の無呼吸期に移行するという周期を規則的に繰り返す。

建築物の環境衛生 第2編

表 2.3.4　血中の CO-Hb 濃度と症状の関係

濃度〔%〕	症状
0～5	無症状
10～20	前頭部が締め付けられる感じ，ときには動作により軽度の呼吸困難を示すことがある。
20～30	側頭部に軽度ないし中等度の拍動性の頭痛をきたす。
30～40	激しい頭痛，回転性めまい，悪心，嘔吐，脱力が出現し，易刺激性や判断力の低下，動作時失神をきたす。
50～60	時にけいれんやチェーンストークス型呼吸※とともに昏睡を示すことがある。
60～70	昏睡とともにけいれん，呼吸抑制をきたす。時に死亡することがある。
70～80	呼吸中枢の抑制により死亡する。

表 2.3.5　一酸化炭素に関する各種基準

	法律等	基準値	備考
一般環境	建築物衛生法	6 ppm※	空気調和設備又は機械換気設備を備えた居室
	建築基準法	10 ppm	中央管理方式の空気調和設備を備えた居室
	学校環境衛生基準	10 ppm	
	WHO Air Quality	$100 \, mg/m^3$ $35 \, mg/m^3$ $7 \, mg/m^3$	15 分間平均値 1 時間平均値 24 時間平均値
	大気の汚染に係わる環境基準	10 ppm 20 ppm	1 時間値の 1 日平均値 1 時間値の 8 時間平均値
	米国大気環境基準（NAAQS）	35 ppm 9 ppm	1 時間平均値 8 時間平均値
労働環境	事務所衛生基準規則（労働安全衛生法）	50 ppm	
		10 ppm	空気調和設備又は機械換気設備を備えた場合
	（公社）日本産業衛生学会許容濃度	50 ppm	
	ACGIH TLV*（＊表 2.3.3 欄外参照）	50 ppm	

② 窒素酸化物

物質が高温で燃焼する際に，空気中や物質に含まれる窒素が空気中の酸素と反応して生成されるものが窒素酸化物 NOx である。特に二酸化窒素は毒性が強い。二酸化窒素に関する各種の基準を表 2.3.6 に示す。

※令和 4 年 4 月 1 日より 6 ppm。

表2.3.6　二酸化窒素（NO₂）に関する各種基準

	法律等	基準値	備考
一般環境	WHO Air Quality	$200\,\mu g/m^3$ $40\,\mu g/m^3$	1時間平均値 1年間平均値
	<u>二酸化窒素に係わる環境基準</u>	<u>$0.04 \sim 0.06$ ppm</u>	<u>1時間値の1日平均値</u>
	米国大気環境基準 （NAAQS）	$100\,\mu g/m^3$ （0.053 ppm）	1年間平均値
労働環境	（公社）日本産業衛生学会許容濃度	検討中	
	ACGIH TLV＊（＊表2.3.3欄外参照）	3 ppm	

③　二酸化イオウ

イオウ酸化物の中で，健康影響上，最も問題となるのが二酸化イオウである。<u>0.5〜1 ppm で特有な刺激臭を感じ，5〜10 ppm で粘膜刺激作用により，咳，咽頭痛，喘息等の症状，20 ppm で目の刺激症状を引き起こす。400〜500 ppm では呼吸困難を起こし，死亡することがある。</u>表2.3.7に二酸化イオウの各種の基準を示す。

表2.3.7　二酸化イオウ（SO₂）に関する各種基準

	法律等	基準値	備考
一般環境	WHO Air Quality	$500\,\mu g/m^3$ $20\,\mu g/m^3$	10分間平均値 24時間平均値
	大気の汚染に係わる環境基準	0.04 ppm 0.1 ppm	1時間値の1日平均値 1時間値
	米国大気環境基準 （NAAQS）	0.5 ppm 0.14 ppm 0.03 ppm	3時間平均値 24時間平均値 1年間平均値
労働環境	（公社）日本産業衛生学会許容濃度	検討中	
	ACGIH TLV＊（＊表2.3.3欄外参照）	2 ppm	

④　オゾン

オゾン（O₃）は大気汚染物質の1つである光化学オキシダントの主成分として知られ，主に紫外線の光化学反応で生成される。<u>特有の臭気があり，粘膜に対して強い刺激作用があり，0.3〜0.8 ppm で鼻，喉に刺激を生じる。水に溶けにくいので，吸入すると肺の奥まで達し，肺気腫を起こすこともある。</u>
表2.3.8にオゾンに関する各種の基準を示す。

表 2.3.8　オゾンに関する各種基準

	法律等	基準値	備考
一般環境	WHO Air Quality	$100\,\mu g/m^3$	8 時間平均値
	大気の汚染に係わる環境基準 （光化学オキシダント）	0.06 ppm	1 時間値
	米国大気環境基準 （NAAQS）	0.12 ppm 0.08 ppm	1 時間平均値 8 時間平均値
労働環境	（公社）日本産業衛生学会許容濃度	0.1 ppm	
	ACGIH TLV*（＊表 2.3.3 欄外参照）	0.05 ppm 0.08 ppm 0.10 ppm 0.2 ppm	重労働 中労働 軽労働 2 時間以内の労働

⑤　ホルムアルデヒド（CH_2O）

ホルムアルデヒドは常温で無色の刺激臭のある気体で，水やアルコールに溶けやすく，毒性の強い物質であるが，還元性が強く，さまざまな物質を共重合させる化学的特性を持つ。ホルムアルデヒドの人体影響は表 2.3.9 に示すとおりである。また，ホルムアルデヒドに関する各種基準を表 2.3.10 に示す。

▷よく出る

天井値
いかなる時間帯においても，超えてはならない空気中の最大濃度

表 2.3.9　ホルムアルデヒド濃度と人体への影響

濃度〔ppm〕	症状
0.01	結膜の刺激
0.03〜0.05	中等度の眼の刺激
0.08	WHO の基準
0.16〜0.45	眼・鼻・のどの灼熱感，角膜刺激症状
0.8	臭気を感じる
1〜3	眼・鼻・のどへの刺激，不快感を感じる
5〜10	眼・鼻・のどへの強い刺激，軽い流涙
15〜20	咳が出る。深呼吸は困難
50 以上	深部気道障害を招く

表 2.3.10　ホルムアルデヒドに関する各種基準

	法律等	基準値	備考
一般室内環境	シックハウス問題に関する検討会による室内濃度指針値	0.08 ppm	厚生労働省
	建築物環境衛生管理基準 （建築物衛生法）	$0.1\,mg/m^3$ 以下	
労働環境	（公社）日本産業衛生学会許容濃度	0.1 ppm 0.2 ppm	許容濃度 最大許容濃度
	ACGIH TLV*（＊表 2.3.3 欄外参照）	0.3 ppm	天井値※
	職域における屋内空気中のホルムアルデヒド低減のためのガイドライン	0.08 ppm	厚生労働省

⑥　揮発性有機化合物

　揮発性有機化合物（Volatile Organic Compounds, VOCs）といわれている物質の種類は極めて多く，脂肪族や芳香族の炭化水素，塩素化炭化水素，各種のケトン類，アルデヒド類等が含まれている。VOCsは多くの物質の総称なので，毒性もそれぞれ異なる。

　表2.3.11にホルムアルデヒド以外の物質について，シックハウス問題（室内空気汚染）に関する検討会によってあげられたVOCsの室内濃度指針値および許容濃度を示す。

表2.3.11　VOCsの室内濃度指針値

VOCs	室内濃度指針値	（公社）日本産業衛生学会許容濃度
トルエン	0.07 ppm	50 ppm
キシレン	0.20 ppm	50 ppm
パラジクロロベンゼン	0.04 ppm	10 ppm
エチルベンゼン	0.88 ppm	50 ppm
スチレン	0.05 ppm	20 ppm
クロルピリオス	0.07 ppb（ただし，小児の場合は0.007ppb）	
フタル酸ジ-n-ブチル	0.02 ppm	5 mg/m^3
テトラデカン	0.04 ppm	
フタル酸ジ-n-エチルヘキシル	7.6 ppb	5 mg/m^3
ダイアジノン	0.02 ppb	0.1 mg/m^3
アセトアルデヒド	0.03 ppm	50 ppm（最大許容濃度）
フェノブカルプ	3.8 ppb	5 mg/m^3

⑦　浮遊粉じん※

　本来，粉じんとは，機械的に粉砕されて発生する固体の粒子状物質が環境空気中に浮遊している状態のものを示すものであるが，空気中に浮遊している粒子状物質を総称してエアロゾルと呼び，また，広義の粉じんはヒュームも含んでいる。（表2.3.12）

※建築物衛生法では粒径がおおむね10μm以下のものを測定対象としている。

表2.3.12　生成過程をもとに分類されたエアロゾルの種類

エアロゾルの種類	相	生成様式	実例
粉じん（dust）	固体	固体の粉砕，粉体の飛散	石英粉じん，アスベスト粉じん，土ぼこり，花粉，顔料，農薬
ヒューム（fume）	固体	固体の加熱により発生した蒸気の冷却凝縮	銑鉄・鋳鉄の出湯，注湯時，溶接・溶断
煙（smoke）	固体・液体混合	有機物の燃焼	石油・石炭の不完全燃焼時，高分子材料の燃焼時
ミスト（mist）	液体	液体の分散，液体の蒸発凝縮	切削油の飛沫，乳剤状農薬の散布，もや霧，硫酸ミスト

　肺に沈着し，人体に有害な影響を及ぼす粉じんは通常 1 μm 前後から以下の大きさのものである。建築物衛生法および事務所衛生基準規則における浮遊粉じんの基準値は 0.15 mg/m³ 以下とすることになっている。室内に存在しえるエアロゾルの種類と主な発生減，健康影響を表 2.3.13 に示す。

表 2.3.13　室内に存在し得るエアロゾル

種類	主な発生源	健康影響
ハウスダスト 砂じん 繊維状粒子 ダニ〔ふん，破片〕	外気，衣服，じゅうたん，ペット，食品くず，ダニ	アレルギー反応
たばこ煙	喫煙	肺癌その他
細菌	人，外気，その他	病原性のあるものはまれ。室内空気汚染の指標となる
真菌〔カビ〕	建築材料，外気	アレルギー反応
花粉	外気	アレルギー反応
アスベスト	断熱材，耐火被覆材	石綿肺，肺癌，その他

⑧　たばこ煙

　たばこ煙には，さまざまな種類のガス状および粒子状の有害物質が含有されており，肺癌や虚血性心疾患，慢性気管支炎，肺気腫等さまざまな疾病のリスクを増大させることが報告されている。2002 年 7 月に制定された健康増進法で，多数の者が利用する施設における受動喫煙防止措置の努力義務規定が盛り込まれている。たばこ煙は，吸い口からの主流煙と，たばこが燃えている部分から直接空気中に立ち上る副流煙とに分類され，組成が異なる。発ガン性物質は副流煙のほうが主流煙より多い。

▷よく出る

⑨　臭気

　臭気に関する環境基準としては，規制地域内の工場・事業場の事業活動に伴って発生する悪臭に対して悪臭防止法によって，現在 22 種類が特定臭気物質と指定されている。（アンモニア，メチルメルカプタン，硫化水素，硫化メチル，二硫化メチル，トリメチルアミン，アセトアルデヒド，プロピオンアルデヒド，ノルマルバレルアルデヒド，イソバレルアルデヒド，イソブタノール，酢酸エチル，メチルイソブチルケトン，トルエン，スチレン，キシレン，プロピオン酸，ノルマル酸，ノルマル吉草酸，イソ吉草酸）

⑩　ラドン

　ラドンは希ガス放射性物質であり，地殻内のラジウムの崩壊によって生じた後，地表面から大気中へ拡散する。ラドンは，3.8 日の半減期で崩壊し，その結果生じる娘核種とともに大気中に浮遊しており，自然放射線による被爆線量のうち約半分を占めている。ラドンの娘核種は微小な粒子物質であり，これを吸入すれば気管支や肺胞に沈着し，α 線を放出し続ける

ことから，高濃度の曝露が続けば，肺癌のリスクが高くなる。

⑪　微生物

空気中浮遊微生物としては，細菌，真菌（カビ），ウィルスなどがある。浮遊微生物の多くは，人体に対して有害な影響を及ぼすことはないが，中には，感染症の原因となる病原性細菌や病原性ウィルス，あるいはアレルギーの原因となる真菌も存在する。

レジオネラ肺炎はレジオネラ属菌を含んだ直径 5 µm 以下のエアロゾルを吸引することにより起こる気道感染症である。レジオネラ属菌は，河川，土壌等の自然環境中に広く生息するが，冷却塔や循環式浴槽，給湯設備，加湿装置等の人工の水環境で増殖しやすく，しばしば集団感染の発生を招いている。レジオネラ症を防止するためには，発生源となり得る設備の定期的な清掃や効果的な消毒，エアロゾルの発生や飛散を防止する措置を講じることが必要である。

近年感染者の嘔吐物や便を適切に処理しなかったため，ウィルスを含む粒子が舞い上がり，集団感染したノロウィルスの事例が報告されている。こちらも次亜塩素酸ナトリウムによる適切な消毒処理が要求される。

第2節　室内空気と健康問題

室内空気による健康問題は，急性影響と慢性影響に分けることができる。急性影響には，シックビル症候群，シックハウス，有害物質中毒や病原体による感染症，過敏性肺炎，気管支喘息などがある。慢性影響にはたばこ煙等による癌，慢性閉塞性肺疾患等がある。

2.1　汚染源

室内汚染源は①アスベストやホルムアルデヒド，ラドン等のように建築物自体や建材から発生する物質，②室内家具，調度品から発生する物質，③料理，暖房，喫煙，清掃等人の活動により発生する物質，④汚染された外気が家やビルに侵入して室内を汚染する物質の4つに分類される。

2.2　シックビル症候群

欧米諸国では 1970 年代前半におけるオイルショックを契機に，省エネルギーのため換気量の低減が図られるとともに，建築物の気密化が進んだ結果，職場での室内空気環境が悪化し，事務所建築物で働く人々の間に不定愁訴を訴える人が増加し，シックビル症候群と呼ばれた。

▷よく出る

シックビル症候群は，事務所や学校等，非製造現場でみられる，粘膜刺激症状を主とする症候群をいう。本症に特異的な症状はなく，これらの症状は問題となるビルを離れれば通常は消失する。（表 2.3.14 参照）シックビル症候群の定義と発生要因については，1993 年に米国環境保護庁（EPA：Environmental Protection Agency）により表 2.3.15 のように提唱された。

表 2.3.14　シックビル症候群の症状

粘膜症状	眼，鼻，喉の刺激
中枢神経系症状	頭痛，疲労，倦怠感
精神神経症状	抑うつ，不安，集中力・記憶力の低下
呼吸器症状	胸部圧迫感，息切れ，咳
皮膚症状	乾燥，掻痒感，紅斑，蕁麻疹，湿疹

表 2.3.15　シックビル症候群の定義と発生要因

定義
1.　そのビルの居住者の 20% 以上が不快感に基づく症状の訴えを申し出る。
2.　それらの症状の原因〔因果関係〕は必ずしも明確でない。
3.　それらの症状のほとんどは該当ビルを離れると解消する。

発生要因
1.　室内の空気を循環させている。
2.　屋外空気の換気量の低減。
3.　気密性が高すぎる。
4.　室内がテクスタイルやカーペット仕上げになっている。

　本症の原因となる物質は同定されていないが，共通の要因は外気の取入れが少なく，再循環される空気の多い空気調和設備である。これにより，多種類の化学・生物汚染物質が蓄積されるため発生すると推測され，アトピー等の個人要因や仕事のストレス等の作業要因も発生に関与していると考えられている。（表 2.3.16）

表 2.3.16　シックビル症候群の危険因子

1.　個人の医学的背景	アトピー体質，アレルギー疾患 皮膚炎 女性，更年期
2.　仕事の要因	複写機 新改築・新改装 職場のストレス，不安
3.　建築物	室外空気の供給不足 強力なあるいはまれな汚染源の存在 清掃の回数不足

　化学汚染物質の発生源には，建材や家具，調度品，芳香剤，塗料，シロアリ駆除剤等がある。また，VOCs も含まれる。低湿度は症状の発現に影響を与えることがわかっている。シックビル症候群の発生要因は心理反応や生活習慣を含め多様である可能性がある。

2.3　アレルギー疾患

　近年，アレルギー性鼻炎，花粉症，アトピー性皮膚炎，気管支喘息などのアレルギー疾患が増加しており，国民の 3 割程度が何らかのアレルギー疾患に罹

患しているとされる。

① アレルギーとは

特定の抗原によって、その抗原に特異的に結合する抗体（免疫グロブリン）やリンパ球（白血球の一種）を体内に生じ、再度、抗原が体に侵入した際、引き起こされるヒトに有害な免疫反応をアレルギーと呼んでいる。

② 気管支喘息、アレルギー性鼻炎

気管支喘息では、上記の機序でアレルゲン※の吸入により、気管支の内腔が狭くなり、空気の流れが悪くなり、喘息発作を起こす。アレルギー性鼻炎の場合は鼻水が出たり、くしゃみが起こったりする等の反応が起こる。気管支喘息の原因となるアレルゲンは、室内に存在するハウスダスト（家屋じん）や、その成分でもあるヒョウヒダニ属が最も多く、真菌、花粉、ペットの毛、ゴキブリの虫体成分も原因になる。室内湿度を適正にして真菌の増殖を防ぐ。ダニの増殖を促すカーペットを必要以上に使用しない。一方、アトピー性皮膚炎や気管支喘息の患者では低湿度が増悪因子となることに注意する。

③ 過敏性肺炎※

過敏性肺炎は、有機粉じんの吸入により生じる肺胞壁への肉芽腫とリンパ球の湿潤を病理学的特徴とする肺の間質性疾患（気管支・肺胞、血管をつなぐ組織を主とする病変）である。原因は好熱性放線菌が多いが、真菌や原虫の場合もある。空気調和設備や加湿器が微生物に汚染され、これを反復吸入することにより感作されて発症する換気装置肺炎（空気調和病、加湿器肺）や、高温多湿で日当たりが悪く換気状態の悪い家屋で増殖する真菌（トリコスポロン）により夏期に発生する夏型過敏性肺炎などがある。

2.4 発癌

① 概念：癌の一次予防はライフスタイルや食生活の改善により発癌リスクを低下させ、癌にかからないようにすることを目標としている。

② 発癌の機序：突然変異による癌遺伝子の活性化や、癌抑制遺伝子の欠失によって引き起こされる無制限な細胞増殖が癌の原因と考えられている。DNA に傷を付け変異を起こさせる物質をイニシエータといい、細胞の増殖を促したり、活性酸素を増大させる要因は癌化を促進するので、プロモータと呼んでいる。癌細胞は増殖過程で多くの遺伝子変異を獲得し、増殖速度も速くなり、転移等を起こす悪性度の高い癌細胞に変化していく。これをプログレッションという。このようなイニシエータ、プロモータ、プログレッションという癌の進展を多段階発癌という。発癌物質曝露から癌の診断までの期間は 15〜20 年とされる。

③ 癌抑制因子：発癌促進因子を減らし、抑制因子を増やすことにより、発癌リスクを低下させることができる。ヒトの癌の3分の2以上は、食事や喫煙等の生活環境が要因とされている。

④ アスベスト（石綿）と悪性腫瘍

アレルゲンとは、アレルギー疾患を持っている人の抗体と特異的に反応する抗原のことをいう。

一方、アレルゲンそのものではないが、多く摂取するとアレルギー患者ではなくとも症状を悪化させ得ると考えられる物質を仮性アレルゲンと呼ぶ。

鮮度の落ちた食材によってヒスタミン中毒などの食中毒を起こすことがあるヒスタミンは仮性アレルゲンであって、アレルゲンには該当しない。

過敏性肺炎は、たばこを吸う人にはなりにくい傾向にある。ただ、一度発症すると、慢性化しやすいと言われている。

アスベスト（石綿）は，<u>自然界に存在する繊維状の水和化したケイ酸塩鉱物の総称</u>である。クリソタイル（温石綿），アモサイト（茶石綿），クラシドライト（青石綿）等ある。アスベストの使用は，試験研究を除き使用禁止である。肺癌に対してアスベストはプロモータとして働くと考えられ，また喫煙とアスベスト曝露の相乗作用が疫学的に示されている。表 2.3.17 にアスベストに関する各種基準を示す。

表 2.3.17　アスベストに関する基準値

法律等	物質	基準値	備考
（社）日本産業衛生学会許容濃度	クリソタイルのみ	0.15 繊維/ml	過剰発癌生涯リスクレベルを 10^{-3} としたときの評価値
		0.015 繊維/ml	過剰発癌生涯リスクレベルを 10^{-4} としたときの評価値
	クリソタイル以外のアスベスト繊維を含む	0.03 繊維/ml	過剰発癌生涯リスクレベルを 10^{-3} としたときの評価値
		0.003 繊維/ml	過剰発癌生涯リスクレベルを 10^{-4} としたときの評価値
管理濃度	アスベスト	0.15 繊維/ml	
大気汚染防止法	アスベスト	0.01 繊維/ml	敷地境界線濃度基準値
ACGIH TLV*	アスベスト	0.1 繊維/ml	

＊表 2.3.3 欄外参照

2.5　慢性閉塞性肺疾患

慢性閉塞性肺疾患は肺気腫と慢性気管支炎の 2 疾患をさす。喫煙は慢性閉塞性肺疾患の主な原因であり，原因の 80〜90% を占める。

第4章　音・振動と健康

第1節　音の聞こえ

1.1　耳の構造と音の知覚

　音には，自然な音と人工的な音がある。音の物理的特性である音圧レベル※，（dB），周波数特性※（Hz），時間的変動特性※等によって異なり，これら音の大きさ，音の高さ，音色を音の感覚の3要素という。

　耳は音の感覚の受容器であり，大別して，外耳，中耳，内耳に分けられる。外耳から入った音波は，中耳にある鼓膜を振動させ，耳小骨を経て内耳に伝えられる。内耳の各器官を経て，聴神経を経て大脳皮質の聴覚野に伝わり，音として認識される。

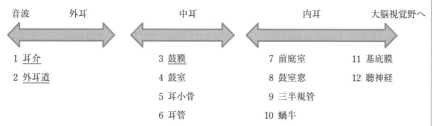

音波	外耳	中耳	内耳	大脳視覚野へ

1 耳介	3 鼓膜	7 前庭室	11 基底膜
2 外耳道	4 鼓室	8 鼓室窓	12 聴神経
	5 耳小骨	9 三半規管	
	6 耳管	10 蝸牛	

図 2.4.1　耳の構造と音の伝わり方

1.2　可聴範囲と聴力※

　人の聴器で聞き取ることのできる周波数帯は，約20 Hzから約20 kHzの約10オクターブ※の範囲である。人が音として聞こえる最小の音圧レベルを，最小可聴値という。聴力の正常な人では，4000 Hz付近の最小可聴値が，他の周波数の音と比べて鋭敏であり，最小の音圧レベルを示す。最大可聴値とは，これ以上の音圧レベルでは，不快感や痛み等の他の感覚が生ずる閾値（しきいち）である。

1.3　マスキングなど

　一つの音により，他の音が遮蔽（マスク）されて聞こえなくなる現象を音の

音圧レベル（dB）
$= 10 \log$ [（音圧実効値）^{2}]／[（基準音圧）^{2}] ただし，基準音圧 $= 2 \times 10^{-5}$ Pa（パスカル）であり，音の物理的な強弱を表す。

周波数特性
音の一秒間の振動回数を周波数という。周波数は音を周波数成分表示した特性のことである。

時間的変動特性
音はその強弱や周波数成分が時々刻々と変化することが多い。この変動の様相を時間的変動特性という。

▷よく出る

聴力とは各人の最小可聴値のことであり，オージオメータ（聴力検査器）の基準音圧レベルを基準として測定される。基準音圧レベルを0 dBとして各人の最小可聴値の基準音圧レベルからの上昇を聴力レベル（単位 dB）という。プラスの値は基準値からの聴力の低下を，マイナスの値は基準値より聴力が良いことを意味する。

マスキングという。マスキング効果は，マスクする音（雑音等，マスカー）があるときの，マスクされる音の最小可聴値の音圧レベル上昇量で示され，これをマスキング量（dB）という。一般的に，マスキング効果は，低い周波数側よりも高い周波数側において大きい。

オクターブ
2つの周波数（f_1, f_2）の関係が2倍となっていること（$f_1 = 2f_2$）

サウンドアメニティ
近年は快い音環境（サウンドアメニティ）を積極的に実現するための方策が取られている。

第2節　騒音とその影響

2.1　健康影響

ヒトの聴力は一般的に20歳前後が最もよく，加齢によって，高い周波数（8000 Hz付近）から次第に低い周波数域に聴力の低下がみられる。これを加齢性難聴（老人性難聴）という。

大きく高い音に一時的に曝露されていると，聴力は一時的に低下する。これを一過性聴力閾値上昇（TTS：Temporal Threshold Shift）という。この状態が繰り返され，長期間にわたると聴力低下は進行・慢性化し，永久性の聴力低下となる。これを永久性聴力閾値上昇（PTS：Permanent Threshold Shift）という。

騒音職場に長時間にわたり働いていると難聴が起こりやすく，これを騒音性難聴（職業性難聴）という。※

環境騒音等に関する種々の基準は，心理的影響の住民反応やアノイアンス※，聴取妨害，睡眠障害などを参考にして決められている。

日本の騒音に係わる環境基準を表2.4.1に示す。この基準は地域類型別，および，道路に面しない地区と道路に面する地区に区分し決められている。

※厚生労働省の「騒音障害防止のためのガイドライン」による聴力検査では500 Hz，1000 Hz，2000 Hzの聴力レベルの平均値と4000 Hzの聴力レベルが，ともに30 dB未満の人を聴覚正常者としている。

騒音による健康影響
騒音により自律神経系が刺激され，末梢血管の収縮，血圧の上昇，胃の働きの抑制等が起きる。
また，副腎ホルモンの分泌の増加，性ホルモン分泌の変化等が起き，騒音レベルが高くなると，生理的・身体的な影響が大きくなる。

アノイアンス
騒音の総合的な影響の1つにannoyanceがある。迷惑・苦悩等の意味である。

表2.4.1　騒音に係わる環境基準

（a）道路に面する地域以外の地域

地域の類型	基準値	
	昼間	夜間
AA	50 dB以下	40 dB以下
A及びB	55 dB以下	45 dB以下
C	60 dB以下	50 dB以下

注：1）地域の類型
　　AA：療養施設，社会福祉施設等が集合して設置される地域など特に静穏を要する地域
　　A：専ら住居の用に供される地域
　　B：主として住居の用に供される地域
　　C：相当数の住居と併せて商業，工業等の用に供される地域
　2）時間の区分
　昼間：午前6時から午後10時まで
　夜間：午後10時から翌日の午前6時まで

（b）道路に面する地域

地域の区分	基準値	
	昼間	夜間
A 地域のうち 2 車線以上の車線を有する道路に面する地域	60 dB 以下	55 dB 以下
B 地域のうち 2 車線以上の車線を有する道路に面する地域及び C 地域のうち車線を有する道路に面する地域	65 dB 以下	60 dB 以下

この場合において，幹線交通を担う道路に近接する空間については，上表にかかわらず，特例として次表の基準値の欄に掲げるとおりとする。

基準値	
昼間	夜間
70 dB 以下	65 dB 以下

2.2　聴取妨害

　聴取妨害の程度は，明瞭度や了解度で評価される。明瞭度には単音明瞭度，音節明瞭度，語音明瞭度等があり，音声の了解の程度は，文章了解度等により評価される。

　騒音の 500，1000，2000，4000 Hz の各オクターブ・バンド音圧レベルの平均値は，会話妨害レベル（SIL）と呼ばれ，聴取妨害の騒音評価量の 1 つである。聴取妨害の程度は，騒音のみならず，室内の残響時間や反射音の影響を受ける。老人や子どもは聴力が劣るため，聴取妨害を受けやすい。

表 2.4.2　会話妨害レベルと会話可能な距離

会話妨害レベル〔dB〕	95% の了解度が得られる最大距離	
	普通の声〔m〕	大声〔m〕
35	7.5	15
40	4.2	8.4
45	2.3	4.6
50	1.3	2.6
55	0.75	1.5
60	0.42	0.85
65	0.25	0.50
70	0.13	0.26

第3節　振動とその影響

3.1　振動とその知覚

　環境要因として問題になる振動は，人体の全身振動と局所振動に大別される。人体での振動の知覚は皮膚，内臓，関節など，ヒト全身に分布する知覚神経末端受容器によりなされる。全身振動の場合には，内耳の前庭器官，三半規管が加速度の知覚に関係している。

　振動レベルの単位はデシベル〔dB〕である。戸外から侵入伝搬してくる振動には，種々の周波数※の振動成分が含まれているが，ヒトへの振動として通常，周波数範囲 1〜90 Hz の振動が対象となる。振動感覚閾値は地震の震度段階 0（無感）の限界に相当する振動レベル※55 dB である。表 2.4.3 に地震震度階と加速度及び振動レベルを示す。

周波数
周波数は振動数ともいう。一秒間に繰り返す振動回数のこと。単位はヘルツ（Hz）

振動レベル
振動レベル・加速度レベルの定義は我が国独特のものであり，欧米では定義が異なる場合（ISO など）がある。

表 2.4.3　地震震度階と振動レベルの関係

震度階級（気象庁）	加速度〔gal〕	振動レベル〔dB〕
0：無感	0.8 未満	55 未満
Ⅰ：微震	〜2.5	〜65
Ⅱ：軽震	〜8.0	〜75
Ⅲ：弱震	〜25.0	〜85
Ⅳ：中震	〜80.0	〜95
Ⅴ：強震	〜250.0	〜105
Ⅵ：烈震	〜400.0	〜110
Ⅶ：激震	400.0 以上	110 以上

3.2　健康影響

　全身振動により，騒音と同様に不快感や不安感，疲労を覚える。100 dB 以上の強い振動で，呼吸数の増加，血圧増加，胃腸の働きの抑制等，自律神経系や内分泌系への影響がみられる。バスやトラックなどの車両で比較的強い垂直振動により胃下垂などの内臓下垂や腰痛など骨関節の障害を生じやすい。

　局所振動障害の多くは，作業者が長時間にわたり手持ち振動工具等を使用することによって生じる手指などの振動障害として現れる。手腕振動障害には，白ろう病※として知られているレイノー現象※を主とする指の末梢循環障害，手首，ひじの筋肉や関節の障害，そして手や腕の感覚運動神経障害が主なものである。

白ろう病，白指病
手持ち振動工具，振動機器を扱う特定の職業人に起こる指の皮膚の血行障害である。特有の症状が潜伏期間をおいて，一指または数指に発生する傾向がある。

レイノー現象
皮膚の小動脈の発作性収縮による皮膚の蒼白化現象のこと。末梢循環障害の誘因として，寒冷や精神的緊張，情緒的興奮等がある。

第5章　照明と色の影響

学習のポイント

1. 目の構造と光の知覚を学習する。
2. 適正な明るさの量と質について学習する。
3. 色の感覚と効果について学習する。
4. 照度と照度基準について学習する。
5. VDT作業における健康障害について学習する。
6. VDT作業における眼疲労対策について学習する。
7. デスクトップパソコンとノートパソコンの比較について学習する。
8. 適当な眼力矯正と高齢者支援について学習する。

第1節　光の色の知覚と快適性

1.1　目の構造と光の知覚

　光が目に入ると，色，視対象物の形態，物の遠近の距離感，立体感等を知覚することができる。これらはすべて，目の網膜にある視細胞が光を感知し，神経システムの電気的活動に変換して，脳が処理して知覚することになる。視細胞を分類すると，杆体細胞と錐体細胞に分かれる※。杆体細胞は暗いときに働き，明るいときには錐体細胞が働く。杆体はロドプシンを含み，感光度が非常に高く，錐体の約500倍の感度を持つ。錐体の感度はさほど高くないが，解像力に優れていて，色覚に必要ないろいろな化学物質を含んでおり，光の波長に応じて色を感じる。ヒトの網膜には長波長に反応する赤錐体，中波長に反応する緑錐体，短波長に反応する青錐体の3種類がある。暗所視では比較感度は波長の短い青色にずれるので，青みがかった視対象は明るく見え，赤いものは暗く見える。これをプルキンエ現象という。明るいところから暗いところへの順応を暗順応といい，完全に順応するには40分以上かかるといわれている。暗いところから明るいところへの順応は明順応といい，2分程度で順応する。

　視力は明るさによって変化する。照度0.1 lx付近（輝度では0.01 cd/m²）で視力が大きく変化する。これはこのあたりの照度で2種類の視細胞の役割が変わることを示している。一般に視力は加齢によって低下する。

1.2　適正な明るさの量と質

　適切な照明の量としては，JIS Z 9110として照度基準がある。一般的に，事務室では，750〜1500 lxが必要とされ，精密な視覚作業の場合には2000 lxの場合もある。照明の質としては，まずグレア※を防止することが必要である。コントラストが激しい場合や，視野内に高輝度の物がある場合まぶしさを感じる。これがグレアである。グレアには見やすさを損なったり一時的に視力が低下したりする減能グレアと，不快さを感じる不快グレアがある。

※これらの細胞の網膜での分布は，中心窩を中心として600万個の錐体細胞が分布し，その周辺部を1億2,100万個の杆体細胞が占めている。

▷よく出る

グレア
視野内で過度に輝度が高い点や面が見えることによって起きる不快感や見にくさのこと。

　蛍光ランプと白熱電球で，人間に与える明るさの質の影響をまとめると次のようになる。また，近年は発光ダイオード（LED：Light Emitting Diode）が普及している。

蛍光ランプ

1)　拡散型の光源であり，部屋全体を均等に明るくすることができ，どぎつい影がつかない。

2)　白色や昼光色等の高い色温度の蛍光ランプは自然光とマッチする。

白熱電球

1)　光を特定の方向に集めたり，強い影やコントラストをつけられる。

2)　炎の光のように赤色を多く含んでいるので，休息や団らんになじんでいる。

発光ダイオード

1)　高効率・長寿命・小型軽量

2)　指向性が強く拡散光が得にくいことと熱に弱いという性質もある。

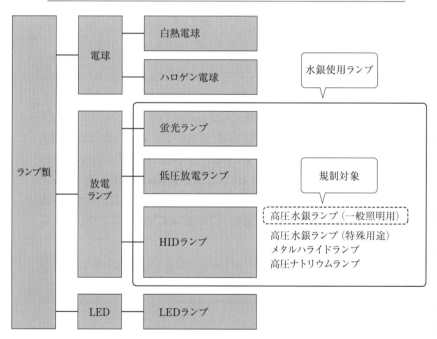

注）水俣条約で水銀使用ランプの使用が規制され，特に高圧水銀ランプが対象になる。

図 2.5.1　ランプの種類

第2節　色の感覚と効果

(1)　光の色とモノの色

　色はもともと光の持っている波長成分，すなわち分光分布によって現れる。モノの色は光が物体に入射し，反射した光の分光分布によって色と見られるものである。色という場合は光の色と物体の色を含む。物体の色を，特に色彩と呼ぶ。

(2)　色彩

　①　表色系

　　色の性質を決める要素が3つあり，これを色の3属性という。色彩の場合，これは色合いを表す色相，明るさを表す明度，鮮やかさを表す彩度である。

　②　環境色の管理

　　色彩の感情効果を表2.5.1に，安全色の一般的意味を表2.5.2に示す。

表2.5.1　色彩の感情効果

属性		感情の性質
色相	暖色	温かい・積極的・活動的
	中間色	中庸・平静・平凡
	寒色	冷たい・消極的・沈静的
明度	明	陽気・明朗
	中	落着き
	暗	陰気・重厚
彩度	高	新鮮・はつらつ
	中	くつろぎ・温和
	低	渋み・落着き

表2.5.2　JIS安全色

色の区分		マンセル記号	意味
安全色	赤	7.5R4/15	防火　禁止　停止
	黄赤	2.5YR6/14	危険　明示
	黄	2.5Y8/14	警告　明示
	緑	10G4/10	安全状態　進行
	青	2.5PB3.5/10	指示　誘導
	赤紫	2.5RP4/12	放射能
対比色	白	N9.5	通路
	黒	N1	

第3節　照度と照度基準

　適切な照度は眼の疲労を少なくするのみならず，作業を効率的に行う上でも重要である。一般に精密な作業になるほど高い照度を必要とする。労働安全衛生法の事務所衛生基準規則では，特殊な作業を除き，室の作業面の照度を表2.5.3のように定めており，さらに，室の採光および照明については，明暗の対照が著しくなく，かつ，まぶしさを生じさせない方法によらなければならないとし，室の照明設備について6カ月以内ごとに一回点検しなければならないとしている。

表2.5.3　事務所衛生基準規則

作業の区分	基準
一般的な事務作業	300 lx 以上
付随的な事務作業	150 lx 以上

建築物の環境衛生

第2編

　JIS照明基準総則（JIS Z　9110　2010）では，さまざまな作業領域または活動領域における推奨照度を示している。表2.5.4 に屋内作業における基本的な照明要件を示す。

　光環境から見た眼の疲労対策としては，①作業にあった照度を確保する。②視野内の輝度が大きく異ならないようにする，ことが重要である。

表2.5.4　屋内作業における基本的な照明要件

領域，作業又は活動の種類	Ēm （lx）	U₀	UGR_L	Ra
ごく粗い視作業，短い訪問，倉庫	100	−	−	40
作業のために連続的に使用しない所	150	−	−	40
粗い視作業，継続的に作業する部屋（最低）	200	−	−	60
やや粗い視作業	300	0.7	22	60
普通の視作業	500	0.7	22	60
やや精密な視作業	750	0.7	19	80
精密な視作業	1000	0.7	19	80
非常に精密な視作業	1500	0.7	16	80
超精密な視作業	2000	0.7	16	80

$\bar{E}$m（維持照度）：基準面における維持照度の推奨値
U_0（照度均斉度）：基準面における照度均斉度の最小値
UGR_L（グレア制限値）
Ra（平均演色評価数）

表2.5.5　グレア制限値（UGR_L）

UGR 段階	グレアの程度
28	ひどすぎると感じ始める
25	不快である
22	不快であると感じ始める
19	気になる
16	気になると感じ始める
13	感じられる
10	感じ始める

表2.5.6　事務所の照明要件の一部

領域，作業又は活動の種類	Ēm （lx）
設計，製図，事務室，玄関ホール（昼）	750
会議室，印刷室，応接室，診療室	500
化粧室，エレベータホール，食堂	300
書庫，更衣室	200
階段	150
廊下，エレベータ，玄関ホール（夜）倉庫，休憩室	100
屋内非常階段	50

第4節　VDT作業※と健康

　VDT作業者の方が，非VDT作業者に比べて眼の疲労や首や肩のこりに関する愁訴率が高く，その割合は作業時間の増大とともに大きくなる傾向が多くの調査で認められている。視作業を長時間続けると，眼疲労を起こすことが知られているが，VDT作業では，さらに様々な要因が絡み合ってこれを増強する。例えば，表示画面を注視することにより，瞬目回数※が減少する。さらに表示画面を見上げる，エアコンからの風が直接眼に当たる等，眼球表面が乾燥しやすい条件により眼乾燥症※（ドライアイ）を引き起こす可能性がある。瞬目回数が減少すると涙が眼球表面に均一に分布することができなくなる。令和元年7月に厚生労働省から出された「情報機器※作業における労働衛生管理のためのガイドライン」では，以下のように記述されている。

(1)　作業環境管理

①　室内での照明および採光は，できるだけ明暗の対照が著しくなくかつ，まぶしさを生じさせないようにすること。

②　ディスプレイを用いる場合はディスプレイ画面上における照度は500 lx以下，書類上およびキーボード上における照度は300 lx以上（水平面照度）とすること。また，ディスプレイ画面の明るさ，書類およびキーボード面における明るさと周辺の明るさの差はなるべく小さくすること。

③　ディスプレイ画面に直接または間接的に太陽光等が入射する場合は，必要に応じて窓にカーテン等を設け，適切な明るさとなるようにすること。

(2)　グレアの防止

①　ディスプレイの画面の位置，前後の傾き，左右の向き等を調整させること（ディスプレイは眼から40 cm以上の距離，画面の上端は眼の高さまで）

②　反射防止型ディスプレイを用いること

③　間接照明等のグレア防止照明器具を用いること

④　その他グレアを防止するための有効な措置を講じること

　その他，近年普及が進むノートパソコンにおいては眼と肩の疲労の訴えが多いとの報告もある。年齢を問わず，VDT作業において最も多い愁訴は眼に関するものであることは多くの調査で共通しているが，これの原因として視力の矯正が適当に行われていない例が知られている。高齢者では，作業に必要な照度も若年者に比べて高くなるが，一方，白内障があると眼球内に入射した光が散乱し不快なグレアを感じやすくなることもあるので，照明等の位置等には配慮が必要である。

VDT作業
Visual Display Terminal（視覚表示装置）を用いた作業のこと

瞬目回数
瞬きの回数。VDT作業では，これがリラックス時の約4分の1まで減少するという報告がある。

眼乾燥症
涙は角膜の汚れを取り除き，栄養を補給する役目があるが，この涙が十分に角膜表面に行き渡らなくなると，痛みや充血，慢性的な疲労感に結びつく。全身性の病気が原因で起こることもあるが，近年はパソコンをはじめとするOA機器の導入による眼の酷使と慢性的な疲労が大きな原因とも言われている。

情報機器の例
・デスクトップ型パソコン
・ノート型パソコン
・タブレット
・スマートフォン

第6章　磁場・電場・電磁場と影響

学習のポイント

1. 電場・磁場・電磁波の概念と単位そして，電磁波の種類と用途を学習する。
2. 静電場・静磁場と健康について学習する。
3. 商用周波電磁場・無線周波電磁場について学習する。
4. 紫外線，赤外線，マイクロ波，レーザ光線と健康への影響について学習する。
5. 放射能・放射線・放射性物質の概念と単位について学習する。
6. 身の回りの放射線被ばくや半減期について学習する。
7. 人体への放射線障害や急性放射線障害について学習する。
8. 放射線障害防止対策と管理および除染電離則について学習する。

第1節　電場・磁場・電磁波

1.1　電場・磁場・電磁場の概念と単位

　電磁場（電磁界も同義）は電場（電界）と磁場（磁界）とが密接に絡み合ったもので，電磁波は，両者が真空中や空気中を光速で伝わる波をいう。電波も光も電磁波で，両者は波長が大きく異なるだけである。波が一秒間に振動する回数を周波数（または振動数）といい，ヘルツ（Hz）という単位で呼ぶ。

　　電磁場の単位

　　電場　　　V/m

　　磁場　　　T（テスラ）または G（ガウス，1 T＝1万 G）あるいは A/M
　　　　　　（1 T＝0.8 A/m）

電波の単位

　　マイクロ波　　W/m^2（電力束密度）

　　赤外線　　　　kW/m^2（電力密度）

　　可視光線　　　W/m^2/ステアジン（放射輝度）

　　紫外線　　　　mW/m^2（放射照度）

1.2　電磁波の種類と用途

　電場と磁場の振動（波）が伝播する波動の総称を電磁波という。電磁波の種類を表 2.6.1 に示す。

表 2.6.1 電磁波の種類

				周波数	波長	主な発生源
電磁波	電離放射線		ガンマ（γ）線	3000 万 THz〜	0.0001 nm〜	科学観測機器
			エックス（x）線	30000〜3000 万 THz	10〜0.001 nm	医療機器(x 線，CT スキャナ)
	非電離放射線	光	紫外線	789〜30000THz	0.38 µm〜10 nm	レーザ
			可視光線	384〜789 THz	0.78〜0.38 µm	光学機器
			赤外線	3000 GHz〜384 THz	0.1 mm〜0.78 µm	工業用（加熱・乾燥）
		電波	サブミリ波	300〜3000 GHz	1〜0.1 mm	光通信システム
			ミリ波（EHF）	30〜300 GHz	1 cm〜1 mm	レーダ
			センチ波（SHF）	3〜30 GHz	10〜1 cm	衛星放送，マイクロウェーブ
			極超短波（UHF）	300〜3000 MHz	1 m〜10 cm	テレビ，電子レンジ，携帯電話
			超短波（VHF）	30〜300 MHz	10〜1 m	テレビ，FM 放送，ポケットベル，業務無線
			短波（HF）	3〜30 MHz	100〜10 m	短波放送，国際放送，アマチュア無線
			中波（MF）	300〜3000 KHz	1000〜100 m	ラジオ放送
			長波（LF）	30〜300 KHz	10〜1 km	
			超長波（VLF）	3〜30 KHz	100〜10 km	電磁調理器
			（VF）	300〜3000 Hz	10^3〜100 km	
			極超長波（ELF）	3〜300 Hz	10^5〜10^3 km	家電製品，高圧送電線

（左欄縦書き）周波数が多くなる　波長が短くなる／周波数が少なくなる　波長が長くなる

第2節　静電場・静磁場と健康

　日常生活環境中では，家庭用電化製品，送電線，変圧器等から発生する電磁場があり，これらはいずれも変動磁場（交流磁場とかパルス磁場）と呼ぶ。一方，時間に関する依存度や強度の変化しないものを定常磁場とか静磁場・静電場・直流磁場と呼ぶ。定常磁場の代表は地球そのものであり，その他永久磁石，核磁気共鳴装置（NMR），リニアモーターカーなどがある。

(1) 静電場

　物質同士の摩擦等で外部から強い力が加わると一方は負，他方は正の電子の移動が起こり，空間に静電場ができる。発生した電気を静電気と呼ぶ。静電気放電が原因で発火を起こすことがあるので，ガソリンや有機溶剤ではアースを取る必要がある。静電場の健康影響としては，皮膚のちりちりといった不快感の域を出るものではない。

(2) 静磁場

　地球磁場（約 50 µT）のように時間で変動しないものをいう。日常生活環境下での静磁場曝露による健康影響はない。（公社）日本産業衛生学会では最大許容値として，頭部躯幹部は 2T，四肢で 5T を提唱している。

第3節　電磁波と健康

電流の流れるところには電流に応じて電磁場が必ず発生する。商用周波電磁場の許容基準値は静電誘導作用防止のため地上 1 m において 3 kV/m 以下に定められている。また，送電線・配電線・変電設備などの電力設備からの商用周波電磁場は，国際非電離放射線防護委員会（ICNIRP）のガイドラインにより 100 µT（50 Hz），83 µT（60 Hz）を採用している。

我が国の無線周波電磁場の許容基準値は，平成 14 年 6 月に総務省より，携帯電話端末等の無線設備は局所 SAR※が 2 W/kg を超えないことが法的に義務付けられている。

▷よく出る

(1)　紫外線

紫外線は，電磁波で波長により，UV-A（315～400 nm），UV-B（280～320 nm）UV-C（200～280 nm）の 3 領域に分けられる。UV-C は地上 1 万 m 上空のオゾン層に吸収され，地上には達しない。UV-B 領域は，最も生物学的影響が強く，特に 280～320 nm の紫外線は保健衛生上，種々の有益作用があることから，ドルノ線と呼ばれ，ビタミン D 形成作用による抗クル作用，鉱物質代謝促進作用等がある。

紫外線への曝露は，屋外作業，アーク溶接・溶断作業，炉前作業，殺菌・検査作業で起こる。

① 皮膚に対する影響：紫外線は皮膚表層（1 mm 以内）で吸収される。UV-B 領域の紫外線曝露で炎症が起こり，1～6 時間後に紅斑が出現し，通常 1～3 日で消失する。重症の場合には水疱形成が起こる。皮膚に最小紅斑を起こす最小紫外線量を最小紅斑量（MED）といい，真夏の海岸で約 20 分間日光の直射を受けた量に相当する。健康のためには毎日 2 分の 1MED の照射が必要とされる。遅発性症状は皮膚癌（悪性黒色腫）と皮膚の老化（弾力性の低下やしみ）の促進である。発癌性波長領域は 290～334 nm といわれる。異常反応として，光化学的活性物質による光線過敏症がある。

② 目に対する影響：急性の障害は角膜炎で，雪眼はスキー場で雪面から反射する紫外線による。溶接作業で発生する電気性眼炎は照射を受けてから早い者で 30 分後から，多くは 6～12 時間後に眼痛，流涙，羞明，充血，浮腫，分泌増加，視力障害等が出現し 48 時間後には消失する。遅発性作用として，白内障を生ずるとの報告もある。

③ 殺菌作用：200～320 nm の波長で，核酸の吸光ピークに一致するため，DNA が障害されることによる。

(2)　赤外線

赤外線は，熱線とも呼ばれ，可視光線より長くマイクロ波より短い電磁波で 770～1400 nm を近赤外線，1400 nm を超えると遠赤外線という。

① 皮膚に対する影響：波長 1400 nm 以下の暗赤色部分は皮膚を最もよく

建築物の環境衛生　第2編

SAR（Specific Absorption Rate）
100 kHz～10 GHz までの無線周波電磁場は，熱的作用が中心なので，その生体曝露量は，単位組織量のエネルギー吸収率（SAR：単位は W/kg）として計算される。

透過し，深部に達し，熱に変ずる。皮膚乳頭部の血管を拡張し，血流を盛んにする一方，血液は加温され，全身を温め代謝を高める。しかし，頭蓋骨を透過し，脳皮質内に達して脳を加温し，熱中症※の原因ともなる。

② 目に対する影響：近赤外線は眼底まで達して網膜に吸収され，遠赤外線は角膜に吸収される。赤外線の慢性曝露は硝子工白内障（潜伏10〜15年）は古くから知られている。

(3) マイクロ波

マイクロ波は，周波数が300 MHz〜300 GHzの電磁波をいう。赤外線より生体組織の深部に達する。特に水分の多い組織の方が熱の発生が大きい。目に対する影響として，強いマイクロ波は水晶体に吸収され熱作用で白内障を起こす。

(4) レーザ光線

レーザ※光線による生体の障害作用の主たるものは，熱凝固作用と組織破壊である。

① 目に対する影響：レーザ光の種類により異なるが，角膜障害，水晶体混濁，網膜浮腫，網膜損傷，視力低下，壊死，失明に至る様々な障害が起こる。

② 皮膚に対する影響：日光皮膚炎に準ずる日焼け，紅斑から色素脱出，火傷，炭化に至るさまざまな熱傷が起こる。

熱中症
脳内温度の上昇で体温中枢の機能低下，さらに体温上昇の悪循環の結果，急激な体温上昇で死に至る。深部温度は41〜43℃に達する。頭重，あくび，めまい，視力障害，四肢運動困難，体温上昇，嗜眠，けいれん，精神錯乱等の症状が起こる。

レーザ
Light Amplification by Stimulated Emission of Radiationの頭文字をとったもの。位相のそろった単一波長で，指向性，集束性の優れた光線。レーザの波長域は，紫外線から可視光線，赤外線まで広範囲に及ぶ。

第4節　電磁放射線と健康

4.1 放射能・放射線・放射性物質の概念と単位

物質をイオン化する作用を持つ高エネルギー放射線を電離放射線といい，電磁波の一種であるエックス線，γ線と，粒子線である電子線，ベータ（β）線，アルファ（α）線，陽子線，中性子線，重粒子線などがある。放射線の種類と透過力を図2.6.1に示す。

ベクレル（Bq）：放射線の強さの単位。放射性物質が一秒間に何個の放射線を出すかを示す。土壌等の濃度ではBq/kg，物品表面なら密度としてBq/cm^2。

グレイ（Gy）：人体が放射線を吸収した総量（吸収線量）を示す単位。受ける放射線の強さで物質1 kg当たりにどれだけのエネルギーを受けているかをいう。

シーベルト（Sv）：放射線の人体に与える影響の単位。吸収線量に放射線荷重係数を掛け合わせて求めた等価線量のこと。

$$1\,\text{Sv} = 10^3\,\text{mSv} = 10^6\,\mu\text{Sv}$$

クーロン毎キログラム（C/kg）：照射量の単位

形態学的にみた細胞の放射線感受性の順序は表2.6.2に示す。

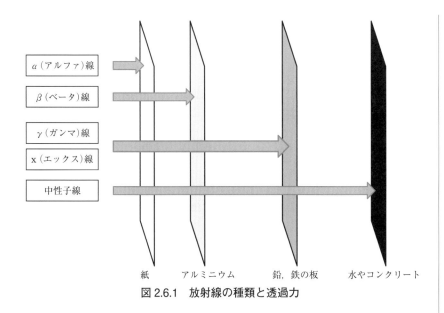

図 2.6.1　放射線の種類と透過力

紙　　　アルミニウム　　　鉛，鉄の板　　　水やコンクリート

表 2.6.2　形態学的にみた細胞の放射線感受性の順序

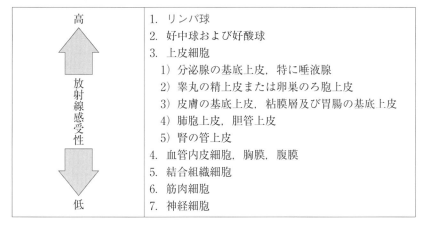

高

放射線感受性

低

1. リンパ球
2. 好中球および好酸球
3. 上皮細胞
　1）分泌腺の基底上皮，特に唾液腺
　2）睾丸の精上皮または卵巣のろ胞上皮
　3）皮膚の基底上皮，粘膜層及び胃腸の基底上皮
　4）肺胞上皮，胆管上皮
　5）腎の管上皮
4. 血管内皮細胞，胸膜，腹膜
5. 結合組織細胞
6. 筋肉細胞
7. 神経細胞

4.2　人体への放射線障害

　人体への放射線障害について，大きく身体的影響と遺伝的影響の2つに分類
され，表 2.6.3 に放射線影響の分類を示す。

表 2.6.3　放射線影響の分類

放射線の影響	身体的影響	早期影響	皮膚紅斑，皮膚潰瘍，白血球減少，脱毛，不妊症	確定的影響
		晩発影響	白内障，胎児の障害	
			悪性腫瘍（白血病，悪性リンパ腫，皮膚癌，甲状腺癌等），寿命短縮	確率的影響
	遺伝的影響		遺伝子・染色体異常，胎児奇形（小頭症など）	

　上表にある，皮膚紅斑等はかなりの放射線に被曝しないと発症しない。この
放射線の量を閾値と呼び，この閾値のある放射線影響を確定的影響という。一

方癌や遺伝子・染色体異常や胎児奇形等の発生に関しては閾値がなく，<u>どんなに少ない線量でも影響が発生する確率</u>が存在するため，確率的影響と呼ばれる。

4.3　急性放射線障害

(1)　急性障害

早期効果は，全身に大量の放射線を一時に被曝したときに出現し（急性放射線障害※），<u>症状から４期に分類される</u>。

(2)　急性放射線熱傷（皮膚障害）

通常の熱傷に比較し，初期には痛みがない。急性放射線熱傷※は<u>５段階に分類される</u>。

(3)　晩発影響

晩発影響は，被曝後数カ月から数十年の潜伏期を経て発症し，<u>癌・白内障・胎児影響，潰瘍等</u>がある。

(4)　<u>妊娠と放射線被曝</u>

<u>胎児の放射線被曝を胎内被曝と称し，次の３つの特徴がある。</u>

・<u>高感受性である</u>

・<u>時期特異性－着床前期，器官形成期，胎児期の各段階でどの時期に被曝したかで症状は異なる。</u>

・<u>妊娠に気付かない時期にも要注意。</u>

4.4　放射線障害防止対策と管理

(1)　線量管理（体内曝露と体外曝露で対策は異なる）

<u>体外被曝に対する防護３原則：a：距離を離す，b：遮蔽，c：被爆時間短縮</u>
<u>体内被曝の防御：a：放射性物質の封じ込め，b：汚染対策</u>

(2)　環境管理

定期的に測定し，管理レベル以下であることを監視する。

　a：管理区域の設定，b：管理区域出入りの管理，c：環境モニタリング

(3)　個人管理

a：<u>外部被爆線量管理</u>：電子式線量計等により被曝量を測定して年間線量以下であることを監視する。

b：<u>内部被爆量管理</u>：ホールボディカウンタによる測定，排泄物の放射性物質の濃度測定，空気中の放射性物質の濃度測定等で評価する。

c：<u>医学的健康管理</u>：作業者の場合には電離放射線障害防止規則により就業前健康診断，定期健康診断，事故時健康診断等で特に障害を受けやすい臓器を中心に監視する。

d：<u>教育訓練</u>：放射線に対する知識，被曝防止方法等の教育を実施する。

4.5　除染電離則

「東日本大震災により生じた放射性物質により汚染した土壌等を除染するた

急性放射線障害
Ⅰ期（前駆症状期）（1〜4日）：悪心，嘔吐等。Ⅱ期（潜伏期）（2〜7日間）無症状期。被曝量が多いほど短くなる。Ⅲ期（臨床症状期）（Ⅱ期以降）：造血器障害（白血球減少，出血，紫斑），消化器障害（下痢，発熱），循環器障害（循環不全，腎不全）中枢神経系障害（けいれん，振戦，嗜眠）Ⅳ期（回復期）（1.5〜6カ月以上）

急性放射線熱傷
第1度：脱毛，軽度発赤，第2度：紅斑，色素沈着，第3度：水疱，ビラン，第4度：潰瘍，壊死，第5度：ケロイド，前癌病変

めの業務等に係る電離放射線障害防止規則」により，従業員の被爆線量限度等
は以下のようになる。

(1)　除染等業務従事者の被爆線量限度

・男性および妊娠可能性のない女性：5 年間で 100 mSv，かつ 1 年間で 50 mSv（実効線量※）

・妊娠可能な女性：3 カ月間で 5 mSv（実効線量）

・妊娠中の女性：内部被爆は 1 mSv（実効線量），腹部表面は 2 mSv（等価線量）

(2)　記録・保存・教育：特定線量下業務※従事者の被爆量を算定し，記録を 30 年間保管する。労働者の採用にあたり，特別教育を行わなければならない。

(3)　健康診断・健康管理：除染等業務※事業者および特定線量下事業者は，従事者に対して雇い入れ時，配置替え等およびその後 6 カ月ごとに一回，定期に医師の診断を受ける。また，被曝線量限度を超えて被曝を受けた場合等では速やかに医師の診察等を受ける。

実効線量

放射線による全身への影響を表すもので，人体の各組織・臓器が受けた等価線量に係数（組織荷重係数）を乗じたものを加算して求める。Sv で表示する。

特定線量下業務

事故由来放射性物質による平均空間線量率が 2.5 μSv/h を超える場所で事業者が行う，除染などの業務以外の業務をいう。

除染等業務

除染特別地域内における業務で以下をいう。

①土壌等の除染等業務
②廃棄物収集等業務
③特定汚染土壌等取扱い業務：セシウム 134 と 137 の濃度が 1 万 Bq/kg を超える汚染土壌取扱い業務

第7章　水と健康

第1節　水と生命

1.1　身体内の水の存在

　水は人間が生命を保つのに不可欠のものである。ヒトは食物がなくとも，水さえあれば数十日は生きることができる。ヒトが生理的に必要とする水分の量は，普通1日約1.5Lである。身体の中の水分である体液は体重の50〜70%である。年齢からみると，幼若であるほど生体内の水分の割合は大きい。小児の身体組織には水分量が多く，小児が必要とする水分量は，体重当たりに換算すると成人の3〜4倍になる。加齢とともに身体中の水分割合は少なくなる。また，女性の方が男性より体内の水分量は少ない。

　体液は細胞内液（体重の約40%）と細胞外液（体重の約20%）に分かれる。細胞外液は血漿（約5%）と組織間液（約15%）に区分される。

　血液成分の40〜45%は赤血球，白血球および血小板等の有形成分であり，残りの55〜60%は血漿の液体成分であり，液体成分の90%は水分である。

1.2　尿と腎臓

　普通の食事，水分摂取の状態で，1日で1〜2Lの尿を排泄する。尿量が少ないと尿に溶解して体外に排泄される老廃物が体内に蓄積され，高窒素血症や尿毒症等の健康被害をきたす。したがって，成人の場合で，1日最低でも，0.4〜0.5Lの尿の排泄が必要であり，これは生理的に最低限度必要な尿量であることから，不可避尿といわれる。

　腎臓機能の基本的な単位構造は，腎臓にある糸球体とそれを包む形のボーマン嚢，それに続く尿細管であり，ネフロンと呼ばれる。1つの腎臓の中には，約100万個のネフロンが存在する。ここで血漿がろ過され，全体で1日に約150Lの原尿がろ過される。この原尿は尿細管を流れ，その間に水分や水分にとけている物質の大部分は尿細管周辺に分布している毛細管により，再吸収され，結局尿として排出される1日の水分は原尿の1%，1.5L程度となる。

1.3　身体内の水平衡

　普通の食事の場合には，成人で1日に約0.3Lの代謝水が生成される。生理的に1日に必要とする水分量，すなわちヒトが生命維持のため摂取しなければならない最低限度の水分量は，成人の場合，約1.5Lである。

　人体の1日の水収支を表2.7.1に示す。

表2.7.1　人体の1日の水収支

損失（mL）		摂取（mL）	
呼吸器	400	食物	1200
皮膚	600	飲料水	1000
糞便	100		
尿	1400	代謝水	300
（合計）	2500	（合計）	2500

　水分の欠乏率と脱水症状を表2.7.2に示す。

表2.7.2　水分の欠乏率と脱水症状

水分の欠乏率（%）（体重に対する概略値）	脱水症状
1%	喉の渇き
2%	強い渇き，ぼんやりする，重苦しい，食欲減退血液濃縮
4%	動きの鈍り，皮膚の紅潮化，いらいらする，疲労及び嗜眠，感情鈍麻，吐気，感情不安定
6%	手足のふるえ，熱性抑うつ症，昏迷，頭痛，熱性こんぱい，体温上昇，脈拍・呼吸数の増加
8%	呼吸困難，めまい，チアノーゼ※，言語不明瞭，疲労増加，精神錯乱
10～12%	筋けいれん，平衡機能失調，失神，舌の腫脹，譫妄および興奮状態，循環不全，血液濃縮及び血液の減少，腎機能不全
15～17%	皮膚目がしなびてくる，飲み込み困難，目の前が暗くなる，目がくぼむ，排尿痛，聴力損失，皮膚の感覚鈍化，舌がしびれる，眼瞼硬直
18%	皮膚のひび割れ，尿生成の停止
20%以上	死亡

第2節　生活と水

2.1　水の用途と水質

　都市部における一般家庭での水使用の内訳は，水洗トイレ，入浴，洗濯，炊事が主なもので，各々の割合は全体の20～25%を占めている。人々の水使用量は都市化の進展につれて増加する傾向にある。飲用水の場合，安全でおいしい上質な水質を必要とする。一方で，炊事や入浴等には安全な水であればよく，トイレ用水等の雑用水は使用目的に適合した水質であればよい。中水道と

してトイレや洗車用水等に雑用水として使用される。こうした中水道再利用の雑用水は，大規模建築物や工場団地等に普及している。

2.2　水質と健康障害

　水道事業では，供給する水の衛生，安全性を確保するため，良質の水源を必要とする。水質に関連する健康障害の原因となる水の汚染は主として，(1) 病原微生物による水の汚染，(2) 化学物質による水の汚染である。

(1)　病原微生物による水の汚染は，給水の水源である上水道水は無菌であっても，建築物内部での，給水，排水設備の経年的な劣化などによる破損やメンテナンスの不備などによって，水道水が汚染される場合もみられる。日本では細菌やウィルス等の微生物による人間への水系感染は少なくなっている。しかし夏になると，食中毒が多くなり，その一因に水系感染症がある。

(2)　化学物質による水質汚染が，人の健康に影響する場合として，有害化学物質を含む水により，健康被害を受けるという場合がある。微量の有害物質が含まれていた水により直接的に人々は影響を受けない場合であっても，米等に含まれた有害カドミウムによるイタイイタイ病※や，工場排水からの有機水銀による水俣病※のような例がある。環境中での濃度がごく低濃度であっても，食物連鎖により生物体内に次第に濃縮，蓄積される。それらを長年摂食した人に健康影響を及ぼす場合もみられる。こうした環境中のある特定の物質が生体内で環境中の濃度より高くなることを生物濃縮という。

第3節　飲料水の水質と健康

3.1　飲料水の汚染

　飲料水の汚染は大きく2つの種類に分けることができる。1つは，細菌，ウィルスなどの病原微生物による生物学的汚染であり，もう1つは，岩石や土壌の構成成分，鉱山廃水，農薬，化学物質など，種々の物質が様々な原因で飲料水中に混入して起こる汚染である。前者にはコレラ菌や赤痢菌などの細菌，ノロウィルス，ロタウィルスなどのウィルス，クリプトスポリジウム（原虫）などによる汚染があり，一般的には，急性の消化器感染症が引き起こされる。このような水系感染は，1980年代以降は大規模なものはほとんど発生していない。後者の例として，鉛やカドミウムなどの金属化合物，フッ素やシアンなどの無機化合物，ベンゼンやトリクロロエチレンなどの有機化合物，農薬などがある。この場合は多量に混入した場合には急性の中毒症状を引き起こすおそれがあるだけでなく，低濃度の慢性曝露によって，その物質が体内に蓄積し，発癌などの慢性影響を引き起こす可能性も，否定できない。

　またその汚染の原因として，水源の原水そのものが汚染されている場合とその後供給されるまでの過程で汚染が生じる場合がある。以前は地下水を原水と

イタイイタイ病
富山県の神通川流域に発生したイタイイタイ病は，鉱山からの排水に含まれていたカドミウムによる公害病である。カドミウムによる水質汚染が広がり，その水を田畑に引いて灌漑用水としていた地域に土壌汚染が広がり，収穫された米麦，穀類にカドミウムの濃縮が生じ，それらを長期間，食したことで腎臓障害や軟骨化症を主とする健康障害が生じた。

水俣病
熊本の水俣湾での水俣病および新潟の阿賀野川流域に発生した新潟水俣病は，工場排水中のメチル水銀による公害病である。河川に流出したメチル水銀が水中生物，プランクトン，それを食する小魚で濃縮され，それらを長年にわたり多くを摂取したことで，運動失調，言語障害，視野の狭窄などの脳神経症状を主とした健康障害が生じた。

して利用されることが多かったが，水需要の増大をまかなう為，河川などの表流水を原水として利用する例が増えており，工場等から事業に伴って排出される排水が流れ込む場合がある。工場や事業場などから排出される排水については，水質汚濁防止法によって排水基準が定められている。(表 2.7.3)

表 2.7.3　健康に係る有害物質についての排水基準

上水の水質基準に含まれるもの	カドミウム及びその化合物，シアン化合物，鉛及びその化合物，六価クロム化合物，砒素及びその化合物，水銀及びアルキル水銀その他の水銀化合物，アルキル水銀化合物　トリクロロエチレン，テトラクロロエチレン，ジクロロメタン，四塩化炭素，1.1－ジクロロエチレン，シス－1.2－ジクロロエチレン，ベンゼン，セレン及びその化合物，ほう素及びその化合物，ふっ素及びその化合物，亜硝酸化合物及び硝酸化合物
それ以外のもの	有機燐化合物（パラチオン，メチルパラチオン，メチルジメトン及び EPN）ポリ塩化ビフェニル（PCB）1.2 ジクロロエタン，1.1.1－トリクロロエタン，1.1.2－トリクロロエタン，1.3－ジクロロプロペン，チウラム，シマジン，チオベンカルブ，アンモニア，アンモニウム化合物

3.2　飲料水の安全とおいしい水

　安全でおいしい水を供給するため水道事業では，水源から採取した原水に対して浄水処理が施される。その原則は沈殿とろ過によるきょう雑物の排除であり，溶解した成分を除去するものではない。また，飲料水の微生物学的安全を図るため，水道事業においては，浄水の最終段階で水の消毒が行われ，我が国では塩素消毒が利用されている。しかし，一般的な塩素消毒では効果がない微生物，例えばクリプトスポリジウムなども存在することに注意する必要がある。

　一方化学物質など水に溶け込んでいる物質に関しては，通常の浄水処理ではこれを取り除くことが困難である。また単に安全性を確保するだけでなく，その風味等からよりおいしい水の供給が求められており，このような目的のために，高度浄水処理が行われることがある。高度浄水処理には，生物処理，オゾン処理，活性炭処理などがあるが，より重要なことは，水源原水の水質を良好に保つことである。

　我が国では，上水の水源やわれわれの日常生活に利用される可能性また魚介類による生物学的濃縮の可能性を考慮して，一般公共水域，地下水に対して，人の健康を保護するための水質汚濁に対する環境基準が表 2.7.4 の項目に対して設定されている。

表 2.7.4　水質汚濁に係る環境基準ヒトの健康の保護に関する主な環境基準事項（公共用水域，地下水）

水質汚濁物	基準値（年間平均値）	水質汚濁物	基準値（年間平均値）
カドミウム	0.003 mg/L 以下	トリクロロエチレン	0.01 mg/L 以下
全シアン	検出されないこと	テトラクロロエチレン	0.01 mg/L 以下
鉛	0.01 mg/L 以下	1.3―ジクロロプロペン	0.002 mg/L 以下
六価クロム	0.02 mg/L 以下	チウラム	0.006 mg/L 以下
砒素	0.01 mg/L 以下	シマジン	0.003 mg/L 以下
総水銀	0.0005 mg/L 以下	チオベンカルプ	0.02 mg/L 以下
アルキル水銀	検出されないこと	ベンゼン	0.01 mg/L 以下
PCB	検出されないこと	セレン	0.01 mg/L 以下
ジクロロエタン	0.02 mg/L 以下	硝酸性窒素及び亜硝酸性窒素	10 mg/L 以下
四塩化炭素	0.002 mg/L 以下	ふっ素	0.8 mg/L 以下
1.2―ジクロロエタン	0.004 mg/L 以下	ほう素	1 mg/L 以下
1.1―ジクロロエチレン	0.1 mg/L 以下	1.4―7 ジオキサン	0.05 mg/L 以下
シス 1.2 ジクロロエチレン	0.04 mg/L 以下		
1.1.1―トリクロロエタン	1 mg/L 以下		
1.1.2―トリクロロエタン	0.006 mg/L 以下		

3.3　飲料水の基準と健康

(1)　水質基準

　水道法では，水道水の水質基準の要件を次のように定めている。

　　1)　病原生物に汚染され，または病原生物に汚染されたことを疑わせるような生物もしくは物質を含むものでないこと。

　　2)　シアン，水銀その他の有害物質を含まないこと。

　　3)　銅，鉄，フッ素，フェノールその他の物質を，その許容量を超えて含まないこと。異常な酸性またはアルカリ性を呈しないこと。

　　4)　異常な臭味がないこと。ただし，塩素による臭味を除く。

　　5)　外観は，ほとんど無色透明であること。

(2)　水質基準と健康とのかかわり

　水質基準項目と健康とのかかわりとして，以下の項目がある。

　　1)　し尿等による汚染を疑わせる項目

　　　　大腸菌が検出されたり，硝酸態窒素，亜硝酸態窒素あるいは塩素イオンが基準以上に含まれている場合，し尿などの混入が疑われる。

　　2)　金属およびその化合物

　　　・カドミウム：経口的に摂取され，体内に吸収されたカドミウムは腎臓と肝臓に蓄積され，特に腎臓では過剰な蓄積により，主に尿細管を中心とした腎障害を起こす。その結果，低分子蛋白尿やアミノ酸尿など

▷よく出る

の症状を示し，またカルシウムやリンの再吸収障害による骨障害を起こす可能性がある。イタイイタイ病は有名である。

- 水銀：金属あるいは無機，有機化合物の種類により曝露の経路が異なり，健康影響の現れ方も異なる。腐食性を有するので，接触した皮膚や粘膜の障害や体内に取り込まれると種々の組織，臓器に障害が生じる。<u>最も重要なのは中枢神経に対する影響</u>で，金属水銀蒸気吸入により，疲労・倦怠感，不眠，過敏・抑うつなどの情緒不安定（中毒性過敏症）を示すことがある。また，メチル水銀に代表される有機水銀は中心性の視野狭窄，構音障害，小脳性失調を中心とした多彩な神経，精神症状を特徴とする特有の障害（ハンターラッセル症候群）を起こす。<u>水俣病※はメチル水銀の環境汚染による慢性中毒である。</u>

<u>水俣病</u>は，アルチル水銀（メタル水銀）が生物学的濃縮（生物濃縮）して引き起こされた事例である。

- セレン：過剰曝露による中毒について，不明な点が少なくないが，急性中毒では曝露の経路にあたる局所の皮膚，粘膜の障害，慢性曝露では頭痛や疲労などの<u>不定愁訴のほか，爪，頭髪の異常や肝機能障害</u>が報告されている。

- 鉛：経気道，経口曝露を受け吸収された鉛は，全身の臓器に分布するが，最も現れやすい影響は<u>造血機能障害と神経障害</u>である。赤血球におけるヘモグロビン合成阻害による貧血，末梢神経障害，また小児では中枢神経の障害（鉛脳症）が報告されている。特に鉛脳症は乳幼児で感受性が高いとされている。

- ヒ素：健康影響の現れ方は曝露の経路によって異なり，経気道曝露では，呼吸器障害が顕著であるが，経口曝露によるものとしては，体重減少，疲労などの全身症状の他，色素沈着，角化，爪変化（Mees線），ボーエン病などの皮膚障害や，末梢神経障害，血液障害，肝障害など<u>種々の臓器障害を起こす。またヒ素とその化合物はヒトに対する発癌性が確認されており</u>，肺，皮膚での悪性腫瘍発生の可能性が報告されている。三価の化合物の方が五価の化合物よりも毒性が強い。

- 六価クロム：粉じんなどが経気道的に吸入されたり皮膚に接触したりすると，皮膚や気道粘膜の障害（炎症，潰瘍，アレルギーなど）を引き起こし，呼吸器に対して，気管支炎や肺炎の他，発がん性を示すことが確認されている。

3) 有機化合物

- 塩素系有機溶剤：動物実験の結果からヒトでの発ガン性が確認されているものがあることから，できるだけ汚染が生じないようにする必要がある。

- ベンゼン：低濃度でも長期暴露によって，骨髄における造血機能が障害され，再生不良性貧血（貧血，白血球減少，血小板減少）の原因となる。また，発ガン作用（白血病）が確認されており，経口曝露によっても起こるものと考えられている。

- 消毒副生物：動物実験の結果から発がん性が疑われているものがあ

第2編　建築物の環境衛生

り，塩基消毒による微生物学的安全の確保とのバランスが問題となる。

4)　無機化合物

・シアン：種々の化学工場で利用されるほか，メッキ廃液に含まれて，排水が河川の水質汚濁の原因になることがある。体液中に溶解したシアンイオンは細胞内の多くの酵素の働きを阻害する。特に呼吸酵素系阻害により酸素を利用したエネルギー代謝を妨げることで，酸素要求量の大きい大脳を中心に強い毒性を発揮する。また，代謝産物が甲状腺に影響を与えることが知られている。

5)　その他の物質

・フッ素は過剰摂取では，斑状歯（主に小児）や骨増殖・靭帯の骨化（主に成人）などの生体影響が知られる。その他，鉄，銅，亜鉛，マンガンなど生体にとっても必須の微量元素である一方，過剰曝露によって，有害性を発揮する物質がある。

(3)　水質管理目標設定項目

　現在は基準を設定する必要はないが，健康の保護を1つの目的として将来にわたり水道水の安全性の確保などに万全を期する見地から水道事業者等において，水質基準にかかわる検査に準じ，体系的組織的な監視により，その検査状況を把握し，水道水質管理上留意すべき項目として示されている。

第 8 章　感染症の予防

> **学習のポイント**
>
> 1. 病原微生物の種類について学習する。
> 2. 感染成立の 3 要件について学習する。
> 3. 感染源対策としての感染症法について学習する。
> 4. 予防対策の基本について学習する。
> 5. 空気媒介感染の結核，レジオネラ症やその他の呼吸器感染症について学習する。
> 6. 水系感染症のクリプトスポリジウム症やその他の消化管感染症について学習する。

第 1 節　感染と伝染

1.1　病原微生物

感染とは，病原体が宿主（ヒト，動物など）に侵入して増殖することである。病原体としては，細菌，ウィルス，リケッチア，スピロヘータ，原虫，真菌等が主なものである。表 2.8.1 参照

表 2.8.1　病原体の種類

分類	大きさ・形態	感染症の例
ウィルス	10〜400 nm 球状の小体	痘瘡，麻疹，B 型肝炎，インフルエンザ
リケッチア	300〜500 nm 球形ないしは桿形の小体	発疹チフス，つつが虫病
細菌	1 μm 前後球形ないしは桿形の単細胞生物	コレラ，ペスト，結核，レジオネラ症
真菌	1〜10 μm 程度のカビの仲間	カンジダ症，白癬症
スピロヘータ	6〜15 μm らせん系の細長い単細胞生物	梅毒，ワイル病
原虫	20〜500 μm 以上の単細胞生物	マラリア，クリプトスポリジウム症

1.2　感染成立の 3 要件

感染症が成立するためには，感染源，感染経路，宿主の感受性の 3 つの要件が必要である。

(1) 感染源

感染源とは，微生物（細菌，ウィルス，真菌，原虫など）を保有し，これをヒトに伝播する感染発症者，保菌者（病原体に感染しているが症状がないヒト），汚染された器具，機械などである。

(2) 感染経路

病原体が宿主に侵入する経路は，ほとんどの場合決まった経路をとる。その伝播形式は，大きく分けて直接伝播と間接伝播に分けられる。

直接伝播は，他人との接触や咬傷等により，病原体が直接体内に侵入する直接接触と，排菌者のくしゃみ，咳，つば等より鼻・口腔分泌物が飛沫

となり病原体が空気中に出て，これが直接あるいは粉じんに付着して経気道感染を引き起こす飛沫感染と，母体から病原体が胎盤，産道，母乳を通じて胎児又は新生児に直接伝播する感染形式である垂直感染がある。

間接伝播は媒介物感染と媒介動物感染と空気感染がある。媒介物感染には，間接接触，食物感染，水系感染がある。媒介動物感染には伝播動物によって，機械的に運搬される経路と生物学的（媒介する動物の体内で病原体が増殖）に伝播する経路がある。空気感染には飛沫核感染と飛塵感染がある。

(3)　宿主の感受性

個人免疫，先天的抵抗力，集団免疫，環境により感染しやすさ，あるいはしにくさが決まる。感染症に関して感受性があることは免疫※がないことを示している。

1.3　感染症と伝染病

感染症とは病原微生物によって起こされる疾患すべてを示す。その中で患者との接触や，空気，飲食物あるいはノミ，シラミ，ダニなどの媒介動物によって他のヒトに広がってくるものを伝染病と称する。

免疫
体内に侵入した病原体に対して食細胞が働き死滅させるか，γ-グロブリンにより不活化されることである。免疫は大きく分けて先天性免疫と後天的免疫に分けられ，後天的免疫はさらに自然免疫と人工免疫に分けられる。人工免疫の代表的なものが予防接種により得られる免疫である。

第2節　感染症の予防対策

2.1　感染症法

国内においては，「感染症の予防及び感染症の患者に対する医療に関する法律（感染症法）」により入院の処置がとられる。（表2.8.2参照）

表 2.8.2　感染症における疾病分類別の主な措置（感染症法）

	1類感染症	2類感染症	3類感染症	4類感染症	5類感染症
疾病名の規定方法	法律	法律	法律	政令	省令
擬似症患者への適用	○	○	×	×	×
無症状病原体保有者への適用	○	×	×	×	×
積極的疫学調査の実施	○	○	○	○	○
医師の届出	○（直ちに）	○（直ちに）	○（直ちに）	○（直ちに）	○（一部を除き7日以内）
獣医師の届出	○	○	○	○	×
健康診断の受診の勧告・実施	○	○	○	×	×
就業制限	○	○	○	×	×
入院の勧告・措置，移送	○	○	×	×	×
汚染された場所の消毒	○	○	○	○	×
ねずみ・昆虫等の駆除	○	○	○	○	×
汚染された物件の廃棄等	○	○	○	○	×

死体の移動制限	○	○	○	×	×
生活用水の使用制限	○	○	○	×	×
建築物の立入制限・封鎖	○	×	×	×	×
交通の制限	○	×	×	×	×
動物の輸入禁止・輸入検疫	○	○	○	○	×

第2編　建築物の環境衛生

表 2.8.3　感染症疾病分類

分類	届出	疾患名
1 類	全ての医師が，すべての患者の発生（全数届出）を直ちに届出	①エボラ出血熱②クリミア・コンゴ熱③痘そう④南米出血熱⑤ペスト⑥マールブルグ熱⑦ラッサ熱
2 類	全数を直ちに届出	①急性灰白髄炎②結核③ジフテリア④重症急性呼吸器症候群（コロナウィルス属 SARS コロナウィルス）⑤中東呼吸器症候群（ベータコロナウィルス属 MERS コロナウィルス）⑥鳥インフルエンザ（H5N1）⑦鳥インフルエンザ（H7N9）
3 類	全数を直ちに届出	①コレラ②細菌性赤痢③腸管出血性大腸菌感染症（O157 等）④腸チフス⑤パラチフス
4 類	全数を直ちに届出	①Ｅ型肝炎②ウェストナイル熱③Ａ型肝炎④エキノコックス症⑤黄熱⑥オウム熱⑦オムクス出血熱⑧回帰熱⑨キャサヌル森林熱⑩Ｑ熱⑪狂犬病⑫コクシジオイデス症⑬サル痘⑭ジカウィルス感染症⑮重症熱性血小板減少症候群（フレボウィルス属 SFTS ウィルス）⑯腎症候性出血熱⑰西部ウマ脳炎⑱ダニ媒介脳炎⑲炭疽⑳チクングニア熱㉑つつが虫病㉒デング熱 ㉓東部ウマ脳炎㉔鳥インフルエンザ（H5N1 及び H7N9 を除く）㉕ニパウィルス感染症㉖日本紅斑熱㉗日本脳炎㉘ハンタウィルス肺症候群㉙Ｂウィルス病㉚鼻疽㉛ブルセラ症㉜ベネゼエラウマ脳炎㉝ヘンドラウィルス感染症㉞発しんチフス㉟ボツリヌス症㊱マラリア㊲野兎病㊳ライム病㊴リッサウィルス感染症㊵リフトバレー熱㊶類鼻疽㊷レジオネラ症㊸レプトスピラ症㊹ロッキー山紅斑熱
5 類	侵襲性髄膜炎菌感染症，麻しん及び風疹は直ちに届出 その他の感染症は 7 日以内に届出	①アメーバ赤痢②ウィルス性肝炎（Ｅ型肝炎及びＡ型肝炎をのぞく）③カルバベネム耐性腸内細菌科細菌感染症④急性弛緩性麻痺（急性灰白髄炎を除く）⑤急性脳炎（ウェストナイル脳炎，西部ウマ脳炎，ダニ媒介脳炎，東部ウマ脳炎，日本脳炎，ベネゼエラウマ脳炎及びリフトバレー熱を除く）⑥クリプトスポリジウム症⑦クロイツフェルト・ヤコブ病⑧劇症型溶血性レンサ球菌感染症⑨後天性免疫不全症候群⑩ジアルジア症⑪侵襲性インフルエンザ菌感染症⑫侵襲性髄膜炎菌感染症⑬侵襲性肺炎球菌感染症⑭水痘（入院例に限る）⑮先天性風しん症候群⑯梅毒⑰播種性クリプトコックス症⑱破傷風⑲バンコマイシン耐性黄色ブドウ球菌感染症⑳バンコマイシン耐性腸球菌感染症㉑百日咳㉒風しん㉓麻しん㉔薬剤耐性アシネトバクター感染症

	小児科定点医療機関（全国約 3000 ヵ所の小児科医療機関）が週単位で届出	① RS ウィルス感染症②咽頭結膜熱③ A 型溶血性レンサ球菌咽頭炎④感染性胃腸炎⑤水痘⑥手足口病⑦伝染性紅斑⑧突発性発しん⑨ヘルパンギーナ⑩流行性耳下腺炎
	インフルエンザ定点医療機関（全国約 5000 ヵ所の内科・小児科医療機関），及び基幹定点医療機関（全国約 500 ヵ所の病床数 300 以上の内科・外科医療機関）が週単位で届出	①インフルエンザ（鳥インフルエンザ及び新型インフルエンザ等感染症を除く）
	眼科定点医療機関（全国約 700 ヵ所の眼科医療機関）が週単位で届出	①急性出血性結膜炎②流行性角結膜炎
	性感染症定点医療機関（全国約 1000 ヵ所の産婦人科等医療機関）が月単位で届出	①性器クラミジア感染症②性器ヘルペスウィルス感染症③尖圭コンジローマ④淋菌感染症
	基幹定点医療機関（全国約 500 ヵ所の病床 300 以上の医療機関）が週単位で届出	①感染性胃腸炎（ロタウィルス）②クラミジア肺炎（オウム病を除く）③細菌性髄膜炎（髄膜炎菌，肺炎球菌，インフルエンザ菌を原因として同定された場合を除く）④マイコプラズマ肺炎⑤無菌性髄膜炎
	基幹定点医療機関（全国約 500 ヵ所の病床 300 以上の医療機関）が月単位で届出	①ペニシリン耐性肺炎球菌感染症②メチシリン耐性黄色ブトウ球菌感染症③薬剤耐性緑膿菌感染症
	疑似症定点医療機関（全国約 700 ヵ所の集中治療を行う医療機関等が直ちに提出	法第 14 条第 1 項に規定する厚生労働省令で定める疑似症
新型インフルエンザ等感染症	全ての医師が，全ての患者の発生（全数届出）を直ちに提出	①新型インフルエンザ②再興型インフルエンザ
指定感染症	全数を直ちに提出	①新型コロナウイルス（2019-nCoV）が 2020.2.1 に指定される。過去に 2003 年 SARS コロナウイルス 2006 年 H5N1 鳥インフルエンザ 2013 年 H7N9 鳥インフルエンザ 2014 年 MERS コロナウイルス が指定されている

2.2　予防対策の基本

　基本対策は感染源の排除，感染経路の遮断および宿主の抵抗力の向上である。感染源の排除と感染経路対策として，消毒は重要な方法である。ある環境中のすべての微生物を死滅させることを滅菌，そのなかの病原体のみを死滅させることを消毒と呼ぶ。化学的方法と物理的方法があり，病原体に合わせた方法を用いることが大切である。（表 2.8.4，表 2.8.5 参照）

▷よく出る

表 2.8.4　消毒，滅菌法の分類

					消毒	滅菌
化学的方法	液体	消毒液			薬液消毒（クレゾール，消毒用エタノール等）	
	気体	オゾン			オゾン消毒	
		酸化エチレン				酸化エチレンガス滅菌
		過酸化水素（プラズマ化）				過酸化水素ガスプラズマ滅菌
物理的方法	熱	乾熱	火災	灼熱		火災滅菌
				焼却		焼却
			高熱空気			乾熱滅菌
		湿熱	煮沸及び熱水		煮沸消毒	
					熱水消毒	
			蒸気	流通蒸気	蒸気消毒	
					間歇消毒	
				高圧蒸気		高圧蒸気滅菌
	照射			放射線		γ 線滅菌
						x 線滅菌
						電子線滅菌
				高周波		高周波滅菌
				紫外線	紫外線消毒	
	濾過					濾過滅菌（ウィルスには無効）

第2編　建築物の環境衛生

表 2.8.5　主な薬液消毒剤の用途と効果

薬品名	用途	効果	備考
クレゾール（3%）	ほとんどの物件（飲食物，食器には不適）	芽胞や多くのウィルスには無効	手の消毒には 1〜2% 消毒液
次亜塩素酸ナトリウム	井戸，水槽，汚水，し尿，その他の廃棄物	細菌やウィルスには有効であるが芽胞には無効	有機物が多いと効果は減退
ホルマリン	衣服，寝具，ガラス器，竹・木・草製品	すべての微生物に有効	皮膚・粘膜を刺激する
逆性石鹸	手指，ガラス器，金属器具	芽胞には無効。真菌や緑膿菌・結核菌や一部ウィルスへの殺菌力は弱い	有機物が多い場合は不適
消毒用エタノール	手指，皮膚，医療機器	芽胞および一部のウィルスには無効	ホルマリンは殺菌力を減少させる。70%が至適濃度

第3節　空気媒介感染

3.1　結核

　結核菌が飛沫・空気感染で肺に病巣を作る（肺結核）だけでなく，全身に血行性あるいはリンパ行性による病巣（粟状結核，肺や肝臓，腎臓等すべての臓器に起こる）を生じたり，喀痰を飲み込むことにより消化管に病巣（腸結核）を作ることもある。症状は感染部位によりさまざまである。平成11年度には患者数が増加し，厚生労働省より，結核非常事態宣言が発せられた。その後，新登録結核患者数は減少傾向にあるが，減少率は低下の傾向があるが，欧米諸国と比較すると未だ，中蔓延国である。特に65歳以上の罹患率が高い。若手には外国生まれの新規登録結核患者の割合が増えている。

3.2　レジオネラ症

　多数の者が利用する公衆浴場，宿泊施設，旅客船舶等の施設または高齢者，新生児及び免疫機能の低下する疾患にかかっているものが多い医療施設，社会施設において，入浴施設，空気調和設備の冷却塔および給湯設備における衛生上の措置を徹底して講ずることが重要である。衛生上の措置としては，①微生物の繁殖及び生物膜等の生成の抑制②設備内に定着する生物膜等の除去③エアロゾルの飛散の抑制の観点から，構造設備および維持管理に係る措置を講ずることが重要である。

　そこで，その危険度を(1)菌の増殖とエアロゾル化の要因(2)環境・吸入危険度状況を点数化することによって，細菌検査等の対応が決まっている。（平成21年：第3版レジオネラ防止指針）

　検査の結果，レジオネラ属菌が検出された場合は，①直ちに設備の使用を中

麻しん：5類感染症，空気感染，飛沫感染，接触感染で人と人に感染。その感染力は非常に強い。免疫を持っていない人が感染すると100%発症し，一度感染して発症すると一生免疫が持続する。

止する。②ろ過装置，消毒装置および温水配管の点検を実施する。③浴槽・ろ過装置等清掃・逆洗・消毒を行い完全換水する。④ ①から③の措置後に，迅速法（PCR 法または LAMP 法）および培養法によって，浴槽水のレジオネラ属菌を再検査する。⑤浴槽の使用再開は，④の迅速法の結果が不検出または陰性であることを判断基準とするが，後日判明する培養法で検出された場合は①から④の措置を再度実施する。

3.3 その他の呼吸器感染症

インフルエンザ：インフルエンザウィルスによりもたらされる感染症である。主な症状としては，高熱（38〜40℃）や頭痛，筋肉痛，全身倦怠感などの全身症状と，喉の痛み，咳や痰などの呼吸器の急性炎症症状などである。A型，B型，C型の3種があり，ヒトで流行を起こすのは，A型とB型である。

マイコプラズマ肺炎：肺炎マイコプラズマという微生物による感染症で，かつては4年周期の大流行がみられたが，最近ではこのような周期性が見られない。主な症状は，発熱と長期間持続する咳である。幼児期から青年期にかけての患者が多く，乳幼児と高齢者に多い通常の細菌性肺炎とは異なっている。

第4節 水系感染症

水は人間生活を営む上でなくてはならないものであり，毎日使用されている。特に，飲料用の水に何らかの原因で病原体，ウィルスおよび原虫が入り込み，水中で死滅しないで，給水末端まで送られ，経口摂取されて消化管に感染した場合を水系感染症と呼ぶ。水源地や貯水槽等への病原体の侵入が原因となることが多いが，以下のような特徴を持つ。

1) 患者の発生が給水範囲と重なる。
2) 発生時期が季節などに左右されることが少ない。
3) 初発患者の発生から数日で爆発的に拡大する。
4) 水で薄められるため潜伏期間が長く，致死率は低く，軽症例が多い。
5) 患者の性別，職業，年齢などに無関係に発症する。
6) 水の汚染が証明または確定されることが多い。

4.1 クリプトスポリジウム症※

現在，飲料水の消毒には，主として塩素が使われているが，塩素に抵抗性を持つ原虫である，クリプトスポリジウムによる感染症が水道を介して発生した事例がある。指標菌※としては大腸菌および嫌気性芽胞菌が，水道原水の糞便による汚染の指標として有効である。地表水である原水より指標菌が検出されるリスクレベルの高いレベル4では予防対策として，施設整備として，ろ過池またはろ過膜の出口の濁度を 0.1 以下に維持することが可能なろ過設備（急速ろ過，緩速ろ過，膜ろ過等）を整備する必要がある。次にリスクレベルの高い伏流水や浅井戸等の原水から指標菌が検出されるレベル3の場合は，レベル4

クリプトスポリジウム症
クリプトスポリジウム原虫という寄生虫に寄生されることによってかかる病気である。病原体による水の汚染を判断する上で，指標菌の検査は有用である。塩素に耐性を持つ原虫が受水槽内で繁殖し，発症した事例が報告されている。発生は急性でおびただしい水様の下痢，腹部けいれんを起こす。症状は一般的に 1〜2 週間続き，その後軽減する。

指標菌
大腸菌および嫌気性芽胞菌は水道原水の糞便による汚染の指標として有効である。また，その感染経路から，糞便により汚染された水源水にはクリプトスポリジウム等が混入するおそれがある。このため，原水にいずれかの指標菌が検出された場合には［原水に耐塩素性病原生物が混入するおそれがある場合］に該当することになる。

と同様のろ過設備かクリプトスポリジウム等を不活化することのできる紫外線処理設備※を設けなければならない。

4.2　その他の消化管感染症

(1)　コレラ：コレラ菌（クラシカル型・エルトール型）または O-139 コレラ菌の経口感染あるいは水系感染によって起こる消化管感染症である。症状は突然の激しい水様性下痢と嘔吐で発症し，急速に脱水，虚脱に陥る。軽症なものも多くワクチンはあるが，あまり効果がない。

(2)　腸チフス，パラチフス：それぞれ腸チフス菌，パラチフス菌の経口，あるいは水系感染によって起こる消化管感染症であり，感染源がヒトに限られている。症状はパラチフスの方が比較的軽い以外はほぼ同様で，39℃ 以上の発熱が持続し，しばしば水様性下痢や腹痛がみられる。典型例では，発疹，脾臓腫大，白血球減少，意識障害などの症状がみられる。

(3)　赤痢：赤痢菌の経口あるいは水系感染によって起こる消化管感染症である。感染力が強く時に大規模な集団発生を起こす。症状は全身の倦怠感，悪寒を伴う急激な発熱，水様性下痢，腹痛，しぶり腹，膿粘血便等であるが，近年は重症例は少なく，数回の下痢や軽度の発熱ですむことが多い。

(4)　ノロウィルス感染症：ノロウィルスにより起こる消化管感染症である。食中毒の原因のみならず，ヒトからヒトへの感染もあり，さらに感染力が強いため大規模な集団発生を生じる。嘔吐，下痢，発熱が主な症状である。他の食中毒と違い冬期に発生する。これは二枚貝（カキなど）を生食することが冬期に多いことが一因になっている。

4.3　その他（溶液計算の参考資料）

次亜塩素酸の水溶液の濃度と密度についての計算問題が出ることが多い。

- ・質量パーセント濃度
    - ＝溶液の質量（g)/水溶液の質量（g）×100（％）
- ・質量体積濃度
    - ＝溶質の質量（mg)/水溶液の体積（L）
    - ＝溶質の質量（mg)/〔希釈水の体積＋元の水溶液の体積（L)〕
- ・水溶液の密度（水溶液は 1 mL 当たり 1 g）
    - ≒水の密度＝1 g（g/mL）

クリプトスポリジウム等を不活化する紫外線処理設備
以下の条件を満たしたものとする

1)　紫外線照射槽を通過する水量の 95 % 以上に対して紫外線（253.7 nm 付近）の照射量を常時 10 mJ/cm² 以上確保できること

2)　処理対象とする水の水質が以下の条件を満たすものであること
- ・濁度 2 度以下であること
- ・色度 5 度以下であること
- ・紫外線（253.7 nm 付近）の透過率が 75% を超えること（紫外線吸光度が 0.125 ABS/10 mm 未満であること）
- ・十分に紫外線が照射されていることを常時確認可能な紫外線強度計を備えていること
- ・原水の濁度の常時測定が可能な濁度計を備えていること

（過去の水質検査結果等から水道の原水の濁度が 2 度に達しないことが明らかである場合を除く）

▷よく出る

確認テスト （正しいものには○，誤っているものには×をつけよ）

(1) 環境の構成要因として気流，温度，湿度，二酸化炭素などは物理的要因である。

(2) 事務室の浮遊粉じん量の環境基準は $0.15\,mg/m^3$ 以下（空気調和有）である。

(3) 室内空気容積が $10\,m^3$ 以上あれば環境基準に合致する。

(4) 熱産生量が熱放散量より大になると体温は低下する。

(5) 女性の快適温度は男性より $1\sim2℃$ 高い。

(6) 過剰な発汗により水分と塩分が失われる。その際水分を大量に摂取すると熱けいれんを起こす場合がある。

(7) 室温と外気温の差は $10℃$ 以下にすることが望ましい。

(8) 酸素濃度 19% は酸素欠乏の状態である。

(9) 血液中の一酸化炭素ヘモグロビン濃度が $50\sim60\%$ になると呼吸中枢の抑制により死亡する。

(10) 浮遊粉じんの基準値は $0.2\,mg/m^3$ 以下と建築物衛生法で決まっている。

(11) 気管支喘息の原因となるアレルゲンは花粉が最も多い。

(12) ノロウィルスへの消毒処理に次亜塩素酸ナトリウムが使われる。

(13) 肺癌に対して喫煙とアスベストの関係は不明である。

(14) アスベストは自然界に存在する繊維状物質である。

(15) ヒトは $30000\,Hz$ の音を聞き分けることができる。

(16) 騒音の環境基準は地域により決まり，昼間と夜間はかわらない。

(17) ヒトへの振動は $100\,Hz$ 以上が問題になる。

(18) 振動感覚閾値は地震の震度段階 0（無感）の限界に相当する $55\,dB$ である。

(19) 視力は明るさによって変化する。照度 $1\,lx$ 付近（輝度では $0.1\,cd/m^2$）で視力が大きく変化する。

(20) 製図に必要な照度は $500\,lx$ である。

(21) ディスプレイを用いる場合はディスプレイ画面上における照度は $500\,lx$ 以下，書類上およびキーボード上における照度は $300\,lx$ 以上（水平面照度）とすることがガイドラインで示されている。

(22) 高齢者では，作業に必要な照度も若年者に比べて高くなる。

(23) 携帯電話端末等の無線設備は，局所 SAR（Specific Absorption Rate）が，$2\,W/kg$ を超えないことが法的に義務付けられている。

(24) 送電線等の電力設備からの商用周波電磁場は，ICNIRP のガイドラインにより $100\,\mu T$（$50\,Hz$），$83\,\mu T$（$60\,Hz$）を採用している。

(25) 放射線の人体に与える影響の単位はシーベルト（Sv）である。

(26) 皮膚紅斑や皮膚潰瘍は放射線の確定的影響である。

(27) がんに対する閾値は存在しない。

(28) 成人の場合 1 日最低 $0.2\,L$ の尿の排泄が必要である。

(29) 最低限度の水分量は成人で約 $3\,L$ である。

(30) カドミウム汚染によりイタイイタイ病が発生した。

(31) シアンは強い発癌性を持つ。

(32) 真菌とは $1\,\mu m$ 前後の単細胞である。

(33) 1〜4 類感染症患者は法律ならびに政令により全数を直ちに届出しなくてはならない。

(34) マイコプラズマ肺炎は幼児期から青年期に多く発生する。

⑶5　次亜塩素酸ナトリウムは有機物が多いと効果が減退する。

⑶6　レジオネラ症は4類感染症である。

⑶7　5%溶液として市販されている次亜塩素酸ナトリウム50mLを水50Lに加えた場合の次亜塩素酸ナトリウムの濃度は50mg/Lである。

⑶8　結核は過去のもので，現在は欧米諸国と同様低蔓延国である。

確認テスト　解答・解説

⑴　×：二酸化炭素は化学的要因である。

⑵　○

⑶　○

⑷　×：熱産生量が熱放散量より大になると体温は上昇する。

⑸　○

⑹　○

⑺　×：室温と外気温の差は7℃以下にすることが望ましい。

⑻　×：18%以下を酸素欠乏と定義されている。

⑼　×：70～80%になると死亡する。

⑽　×：浮遊粉じんの建築物衛生法の基準値は0.15mg/m³以下である。

⑾　×：アレルゲンとして最も多いのはハウスダスト（家屋じん）である。

⑿　○

⒀　×：喫煙とアスベスト曝露の相乗作用が疫学的に示されている。

⒁　○

⒂　×：ヒトの可聴範囲は20～20000Hzである。

⒃　×：昼間と夜間は基準値は異なる。

⒄　×：ヒトへの振動は1～90Hzが問題になる。

⒅　○

⒆　×：視力は照度0.1lx付近（輝度では0.01cd/m²）で大きく変化する。

⒇　×：製図室の照度基準は750lx。

(21)　×：令和3年度に旧ガイドラインは廃止され，ディスプレイを用いる場合の書類上及びキーボード上における照度は300ルックス以上とし，作業しやすい照度とすることとされた。

(22)　○

(23)　○

(24)　○

(25)　○

(26)　○

(27)　○

(28)　×：不可避尿は0.4～0.5Lである。

(29)　×：最低限度水分量は約1.5Lである。

(30)　○

(31)　×：酸素要求量の大きい大脳を中心に強い毒性を発揮する。

(32)　×：真菌とは<u>1〜10 μm 程度</u>の<u>カビの仲間</u>である。

(33)　○

(34)　○

(35)　○

(36)　○

(37)　○：$50 \times 0.05 = 2.5$ g $= 2500$ mg，

　　　　$2500/(50 + 0.05) \fallingdotseq 2500/50 = 50$ mg/L

(38)　×：欧米諸国に比べてまだ高く<u>中蔓延国</u>である。

第3編

執筆担当　加藤豊

空気環境の調整

序　章　用語と単位の問題
第1章　空気環境の基礎知識
第2章　熱の基礎知識
第3章　流体の基礎知識
第4章　湿り空気
第5章　空気調和・換気設備
第6章　空気調和・換気設備の管理
第7章　音・振動環境の管理
第8章　光環境の管理
確認テスト

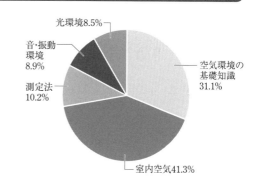

空気環境の調整 第3編

最近の出題傾向

　例年ほぼ出題傾向は変わらない。45問の設問である。
（　）内は最近の出題数。
1. 空調機器・器具に関して　（10〜11問）
2. 室内環境・維持に関して　（2〜5問）
3. 空調負荷計算・空気線図・結露・冷凍サイクルに関して　（6〜8問）
4. 微粒子・微生物・化学物質に関して　（4〜11問）
5. 空調方式に関して　（3〜6問）
6. 気流・換気に関して　（2〜5問）
7. 光・照明に関して　（2〜4問）
8. 音・振動に関して　（3〜5問）
9. 流体・熱力学に関して　（0〜2問）
10. 単位に関して　（0〜2問）
　　また
1. 空気・音・光の基礎に関して（8〜15問）
2. 熱に関して　（3〜8問）
3. 空気質に関して　（6〜8問）
4. 空調機器・器具の詳細に関して（10〜14問）
5. 空調・換気システムに関して（2〜9問）
6. 測定方法に関して（3〜5問）
7. 計算問題（3〜5問）熱貫流率，混合空気比率，音透過損失，点灯源直下に水平照度計算等であった。

序章　用語と単位の問題

学習のポイント

　用語とその単位は，毎年出題されている。以下は過去6年の出題から抜粋したものであるが，用語の単位は，意味が正しければ，単位の表現が同じでなく，例えば長さの単位は m，cm，mm などどれを使ってもよい。このことを頭に入れておくこと。

第1節　用語と単位（＿＿は複数回出題されたもの）

〔熱〕

熱量	J
貫流熱流量	W/m²
熱伝導率	W/(m・K)
熱伝導抵抗	m²・K/W
シュテファン・ボルツマン定数	W/(m²K⁴)

〔流体・圧力〕

レイノルズ数	無名数
動粘性係数	m²/s
圧力の SI 単位	Pa①

〔微粒子・室内汚染物質〕

アスベスト	f/cm³ または，本/L
浮遊細菌	CFU/m³
ダニアレルゲン	ng/m³
二酸化窒素	ppb
二酸化硫黄	ppb
キシレン	μg/m³
パラジクロロベンゼン	μg/m³
エチルベンゼン	μg/m³
放射性物質	Bq
放射能	Bq

〔湿り空気〕

比エンタルピー	kJ/kg（DA）
水蒸気分圧	kPa
比容積	m³/kg（DA）
水蒸気の定圧比熱	kJ/(kg・K)

〔空気調和・換気設備　空調負荷〕

必要外気導入量	m³/h・人
在室者	人/m²
照明負荷	W/m²

① 1パスカルは，1平方メートル（m²）の面積につき1ニュートン（N）の力が作用する圧力または応力

隙間風負荷算定基準	回/h
構造体負荷	$W/(m^2 \cdot K)$

〔音・振動環境〕

音の強さ	W/m^2
音の大きさ（音圧）	Pa
音の高さ（高低：周波数）	Hz
波長	m
音色	波形
音圧レベル	dB
吸音力（等価吸音面積）	m^2
透過損失	dB
振動加速度	m/s^2
振動加速度レベル	dB
振幅	μm

〔光・照明〕

日射量	W/m^2
光束	lm
光度	cd
色温度	K
輝度	cd/m^2
立体角	sr

〔用語と略号〕

ライフサイクルコスト	LCC[2]
発光ダイオード	LED[3]
ビル関連病	BRI[4]
集落形成単位	CFU[5]
平均放射温度	MRT[6]
揮発性有機化合物	VOC_S[7]
成績係数	COP[8]
年間熱負荷係数	PAL*[9]
特定フロン	CFC[10]　HCFC[11]
代替フロン	HFC[12]
オゾン破壊係数	ODP[13]
地球温暖化係数	GWP[14]

[2] **LCC**
Life cycle cost の略語

[3] **LED**
light emitting diode の略語

[4] **BRI**
Building-Related Illnesses の略語

[5] **集落形成単位**
集落とはコロニーのこと。CFU は Colony forming unit の略語

[6] **平均放射温度**
グローブ温度と気流温度の計測値から計算できる。MRT は Mean Radiant Temperature の略語

[7] **VOC_S**
volatile organic compounds の略語

[8] **COP**
Coefficient of Performance の略語

[9] **PAL***
Perimeter Annual Load の略語，PAL＝屋内周囲空間の年間熱負荷（MJ/年）/屋内周囲空間の床面積（m^2）1 部変更があり，旧と区別のため（パルスター）と呼んでいる

[10] **CFC**
Chloro Fluoro Carbon（クロロフルオロカーボン）の略語

[11] **HCFC**
Hydro Chloro Fluoro Carbon（ハイドロクロロフルオロカーボン）の略語

[12] **HFC**
Hydro Fluoro Carbon（ハイドロフルオロカーボン）の略語

[13] **ODP**
Ozone Depletion Potential の略語

[14] **GWP**
Global Warming Potential の略語

第3編　空気環境の調整

第1章 空気環境の基礎知識

学習のポイント

1. エアロゾル粒子の挙動と代表的な微粒子の粒子径を覚えよう。
2. 湿り空気線図について，乾球温度 [℃]，湿球温度 [℃]，露点温度 [℃]，相対湿度 [%]，絶対湿度 [kg/kg (DA)]，水蒸気分圧 [kPa]，比エンタルピ [KJ/kg (DA)]。
3. 湿り空気線図を理解し，冷却，除湿，加湿，加熱の線図上の動きを覚えよう。
4. 流体力学・配管抵抗について，ベルヌーイの連続の式を覚えよう。
5. 建築材料の長波長放射率と日射吸収率の関係を理解しよう。
6. 外断熱の温度勾配図を理解しよう。

第1節 空気の基礎知識

地球を取り巻く空気とは，窒素，酸素，水蒸気，その他のガス状成分からなるが，空気中には微量の粒子状物質，浮遊微生物を含んでいる。また，水蒸気，二酸化炭素，オゾンは場所，時間，高度などによって組成が異なる。なお，微量の粒子状物質，浮遊微生物は空気中に含まれるものではあるが，空気の成分ではない。空気の中から，水蒸気を除いた空気を乾燥空気という。また水蒸気を含む空気を湿り空気という。乾燥空気の組成は，成層圏ではほぼ一定で，体積比で窒素78.10%，酸素20.93%，アルゴン0.93%，二酸化炭素0.041%，その他0.002%である。また乾燥空気には地球温暖化の原因とされる二酸化炭素が含まれ，発生源が人間の活動に拠るところも多い。室内空気は，湿り空気と粒子状物質の混合物である。空気を構成する分子は，ランダムな運動をしている。また，空気の密度は温度と圧力により変化するが，一般空調では $1.2\,\mathrm{kg/m^3}$（約20℃ 基準）を用いる。

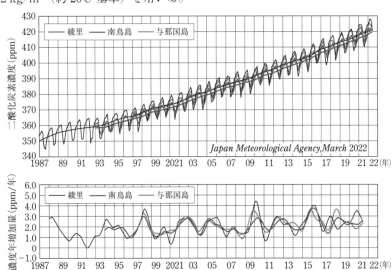

月平均濃度と季節変動を除いた濃度（上図）及び濃度年増加量（下図）。一部の観測地は速報値です。（気象庁ホームページより令和4年12月19日）

図 3.1.1 空気中の二酸化炭素濃度

空気の法則は，気体の法則と同じである。気体の法則について下記に列記する。

① 一定温度において，気体の体積 V は圧力 P に反比例する。この関係を<u>ボイルの法則</u>という。<u>$P_1 \times V_1 = P_2 \times V_2$</u> と覚えておこう。

② 圧力一定のとき，気体の体積 V は絶対温度 T に比例する。この関係を<u>シャルルの法則</u>という。<u>$V/T = $一定</u>と覚えておこう。

③ ボイルの法則とシャルルの法則をまとめると「体積 V の気体は圧力 P に反比例し，絶対温度 T に比例する」となる。

第2節　浮遊粒子とエアロゾル粒子の特性

2.1　エアロゾル粒子と粒径

　室内空気は気体と気体中に含まれる粒子状物質（液体も含む）の混合物である。<u>「エアロゾル粒子」とは，化学用語で，気体中に浮遊している微粒子状の物質をいう</u>。環境問題で扱われる「浮遊粒子状物質」は，「エアロゾル粒子」と同じだが，粒径の違いによって人体への影響が異なるので，<u>10 μm よりも小さい粒径のエアロゾル粒子を浮遊粒子状物質</u>（SPM：suspended particulate matter）と呼び，<u>大きい粒径を含んだ場合を浮遊粉じん（SP：suspended particulate）と呼ぶ。</u>※

　エアロゾル粒子とは，気体とその大気中に浮遊する個体または液体の粒子，砂じん，工場の排煙，光学的生成粒子，海塩粒子，雲などである。これらはすべてエアロゾル粒子の1種である。（雨はエアロゾルではない，雨を形成する核はエアロゾルである）

「浮遊粒子状物質」と「浮遊粒子」の用語は，「エアロゾル粒子」の一種だが，ビル管理士の出題では「エアロゾル粒子」という用語がほとんど使われている。

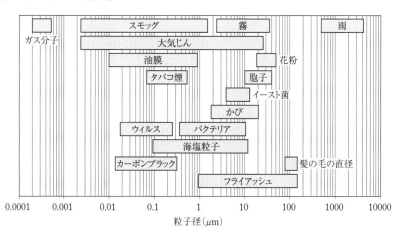

（環境科学フォーラム編，クリーンルーム用語早わかり，オーム社．1999）

図3.1.2　大気中の浮遊粒子・サイズ比較

注：粒径には範囲があるが，この表はビル管理士の試験対応として概略の位置を示したので，それぞれの大小の位置関係を覚える。

最近，中国等における PM2.5 などによる深刻な大気汚染の発生を受け，日本での PM2.5 濃度が上昇し，健康に影響を及ぼすのではないかと心配されている。PM2.5※の環境基準は，環境省告示で，1 年平均値が 15 μg/m³ 以下かつ，1 日平均値が 35 μg/m³ 以下をいう。

PM2.5
粒径 2.5 μm 以下の粒子状物質をいう。

2.2　浮遊粒子の形状と相当径

エアロゾル粒子の形状は，複雑な形状をしているのが普通である。そのため，エアロゾル粒子の特性に関し，非球形粒子を球形と仮定し，相当径※として測定される。

相当径には幾可形状から算出される幾可相当径と，物理的性状や挙動が同等である物理相当径がある。

表 3.1.2　相当径の種類

相当径	幾何相当径	定方向径 円等価径
	物理相当径	空気力学径 ストークス径 光散乱径 電気移動度径

2.3　エアロゾル粒子の挙動

微粒子は，さまざまな力が作用して，空気中を運動する。この挙動には，動き，拡散，沈着する速さがある。

エアロゾル粒子は，気体の衝突で不規則な運動をし，これをブラウン運動という。

(1)　気体からの流体抵抗

エアロゾル粒子の流れは，レイノルズ数（Re）の範囲でその挙動が異なり，その範囲でストークス域（＝層流域），アレン域（＝中間域），ニュートン域（＝乱流域）に区分される。

　　Re<2：ストークス域

　　2<Re<500：アレン域

　　500<Re<10⁵：ニュートン域

粒子が空中を運動する場合は，粒子は気体から流体抵抗を受ける。

エアロゾル粒子の流体抵抗力 Fr は次式で求められる。

$$Fr = \frac{1}{2}\,C_D A \rho_f V_r^2$$

ただし，C_D：抵抗係数

　　　　A：粒子の投影面積

　　　　ρ_f：流体の密度

　　　　V_r：粒子の流体に対する相対速度

この式から，次のことがわかる。

　① 粒子の投影面積に比例して，流体抵抗力 Fr が大きくなる。

　② 流体の密度に比例して，流体抵抗力 Fr が大きくなる。

③　粒子の抵抗は，粒子の流体に対する相対速度の2乗に比例する。

　なお，流体抵抗係数は，球形粒子の場合は粒子径を代表長さとして，レイノルズ数の関数として表される。抵抗係数は，ストークス域ではレイノルズ数※に反比例する。ニュートン域では抵抗係数はレイノルズ数に無関係で，ほぼ定数となる。ストークス域とニュートン域の間をアレン域と呼び，抵抗係数はレイノルズ数の平方根に反比例する。

レイノルズ数
慣性力の粘性力に対する比を表す無次元数。

(2)　球形粒子の拡散

①　粒子の拡散はフィックの第一法則に従う。

②　球形粒子の拡散係数は，粒径に反比例する。

③　拡散係数は，ストークスアインシュタインの式で表される。これは，粒径に反比例し，粒径が大きくなると数値が小さくなる。

(3)　球形粒子の移動速度

①　電界中の電荷を持つ球形粒子の移動速度は，粒径に反比例する。

②　球形粒子が気体から受ける抵抗力は，粒子の流体に対する相対速度の2乗に比例する。

③　エアロゾル粒子の質量分布は，二山型分布を呈することが多い。

④　荷電数が等しい粒子の電気移動度は，電界中の電荷を持つ粒子の移動速度を電界強度で除した値である。

⑤　荷電数が変わらないときは粒径が大きくなると電荷を持つ粒子の移動速度が小さくなるので，電気移動度も小さくなる。

(4)　球形粒子の沈着

　エアロゾル粒子が移動し，壁面に到着し，付着する現象を沈着という。

　以下に沈着の基本を列記する。

①　沈着速度※とは，単位時間の沈着量を気中濃度で割ったもので，流れ場に垂直な面では大粒子径，小粒子径がともに沈着速度が大，流れ場に平行な場合では小粒子径の沈着速度が大である。

②　粒子の表面付着において働く力をファンデルワールス力という。

沈着速度
沈着するときの粒子の速さをいうのではないので注意すること。

(5)　終末沈降速度

　終末沈降速度とは，最終的に等速直線運動をしながら沈んでいるときの速度をいう。

　以下に終末沈降速度の基本を列記する。

①　粒子径の大きな粒子は，終末沈降速度が大きく，小さな粒子はブラウン運動による移動が大きい。1μm程度でこれがほぼ同じになる。

②　球形粒子の終末沈降速度は，ストークスの式に従うので，終末沈降速度は粒径が大きくなると増加し，粒径の2乗に比例する。（つまり粒径が大きくなると数値も大きくなる。）

③　再飛散とは，沈着した粒子が壁面から離れて再び気相に取り込まれる現象である。層流下でストークス領域の粒子の再飛散は，一定室内気流のもとではほとんどない。

④　浮遊粒子の動力学性質のうち，粒径が大きくなると数値が大きくなるも

のは，終末沈降速度がある。

⑤　浮遊粒子の動力学性質のうち，粒径が大きくなると数値が小さくなるも
のは，荷電数が等しい粒子の電気移動度，拡散係数，水平ダクトにおける
鉛直面への沈着速度，ブラウン運動による移動量がある。

第2章　熱の基礎知識

> **学習のポイント**
>
> 1．熱の流れの基礎について学ぶ。
> 2．壁面における結露は，カビの原因となり，室内環境の悪化をもたらす。外壁の熱流と温度勾配を理解し，その仕組みと結露の原理とその防止対策について学ぶ。
> 3．建築材料の長波長放射率と日射吸収率について学習する。

第1節　熱流の基礎

　熱は，温度の高い方から低い方へと流れる。熱の流れのことを熱流といい，熱流は熱移動を伴う。

1.1　熱移動

以下に熱移動の基本を示す。

① 伝導，放射，対流の3態がある。

② 壁や床材のような固体中は伝導により熱が伝わる。

③ 壁から外部空間に対しては放射，対流により熱が伝達される。

④ 対流熱伝達率は，流体の種類，流速，壁面の形状，層流か乱流かなどに影響される。

⑤ 建築物のすき間においては，すき間風を通じて，主として対流により熱が伝わる。

⑥ シュテファン＝ボルツマンの法則とは，温度 T の黒体の単位表面積から単位時間に放出される全エネルギー（すべての振動数を含む）E は T（絶対温度）の4乗に比例するという法則である。

⑦ 蒸気圧縮冷凍サイクルを利用し，温水，温風等を発生させるシステムをヒートポンプという。これは冷媒の断熱圧縮・断熱膨張を利用して，低いところの熱を高いところに移動させるものである。（図 3.5.8 蒸気圧縮冷媒サイクル図，凝縮器の作用部分）

1.2　外壁の貫流熱流※と温度分布図

貫流熱流
壁をはさんで内外に温度差があると，高温側から低温側に向う熱流が生じ，これを貫流熱流という。単位はW/m²である。

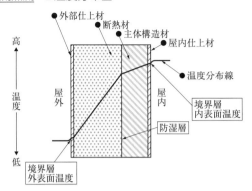

図 3.2.1　外断熱外壁の温度勾配

　図 3.2.1 は外部仕上材，断熱材，主体構造体，屋内仕上材から構成された外壁の冬期の定常状態における温度分布を示している。

⑴　図のように，主体構造体の屋外側に断熱材を設けた構造を外断熱構造という。また，主体構造体の屋内側に断熱材を設けた構造を内断熱構造という。

⑵　壁の厚さを δ（m）壁の表面温度をそれぞれ θ_1（K），θ_2（K）とすると，熱流は次式で求められる。

$$q_t = \lambda \frac{\theta_1 - \theta_2}{\delta}$$

　　ただし　q_t：熱流　（W/m²）
　　　　　　λ：熱伝導率 W/(m・K)

⑶　外部仕上材，断熱材，主体構造体，屋内仕上材のそれぞれの貫流熱流は同じである。

⑷　断熱材と主体構造体では，断熱材の方が熱伝導率は小さいので，温度勾配は大きくなる。
　　従って，断熱材の方が主体構造材より熱伝導抵抗は大きい。

⑸　外壁の屋外側及び室内側の壁表面近傍で温度が急激に変化する部分があるが，この部分を境界層という。これは壁表面の停滞空気によるもので，この伝達率を屋外側は外表面伝達率（α_0 で示す）といい，風速が大きくなるとこの値は小さくなる。同様に，内壁側の表面伝達率を内表面伝達率（α_i で示す）という。

⑹　室内側の壁面温度が室内空気露点温度より低くなると，室内壁面に結露を生じる，これを表面結露という。

⑺　外壁の構成部材（内部仕上げ材，主体構造体および断熱材）に防湿性能が無いと，室内の空気が外壁の内部に侵入し，構成部材温度が室内空気の露点温度以下に低下した部分で結露を生じる。これを内部結露という。

⑻　図 3.2.1 のような外断熱構造において，内部結露を防ぐには，断熱層と主体構造体の間に防湿層を設ける。結露については，第4章 第3節 3.1 外壁の内部結露と表面結露も参照のこと。

⑼　内断熱構造では，木製または鉄製の間柱等の構造体のすき間をグラスウー

ルなどの防湿材で埋める工法が一般的だが，この場合，構造体部分の熱伝導率が高いため，部分的に<u>熱橋（ヒートブリッジ）</u>を生じ，その部分に内部結露を生じるおそれがある。内部結露した水分が断熱材を濡らし，断熱性能を低下させ，結露をさらに伸展させる。内部結露を防止するには，一般に<u>断熱材と主構造体の間に防湿層を設ける</u>。

⑽　断熱材の部分に空気層を設ける場合，これを中空層という。中空層の熱抵抗は，伝導，対流，放射の複合した熱流で，中空層の密閉度，熱流の方向，厚さに影響される。また，その厚さが 2〜5 cm までは厚さが増せば熱抵抗は増加するが，それ以上ではほぼ一定となる。

1.3　「外壁の貫流熱流」の計算問題と考え方

<u>演習 1</u>

【問題】下の図のような A 部材と B 部材からなる外壁がある。いま，A 部材と B 部材の熱伝導抵抗がそれぞれ 0.95 m²・K/W，0.4 m²・K/W であり，室内側熱伝達率と屋外側熱伝達率がそれぞれ 10 W/(m²・K)，20 W/(m²・K) であるとする。

室内と室外の温度差が 15℃ であるとき，この外壁の単位面積当たりの熱流量として，正しいものはどれか。

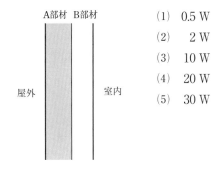

(1)　0.5 W
(2)　　2 W
(3)　 10 W
(4)　 20 W
(5)　 30 W

【考え方】

①　貫流熱流は次の式で求められる。

$$q = \frac{\theta}{R} \ [\text{W/m}^2]$$

　　q：貫流熱流 [W/m²]

　　θ：壁の内外の温度差 [K]

　　R：熱貫流抵抗 [m²・K/W]

$$R = \frac{1}{\text{屋外側熱伝達率}} + \text{A 部材熱伝導抵抗} + \text{B 部材熱伝導抵抗}$$
$$+ \frac{1}{\text{室内側熱伝達率}}$$

②　θ は問題文から 15 [K] と与えられている。

③　この熱貫流抵抗 R は，問題の図で，「屋外側」，「A 部材」，「B 部材」，「室内側」の 4 つに分かれ，それぞれの熱抵抗の和が R となる。

④ A部材とB部材の熱抵抗は問題文で与えられているが，室内側と屋外側の熱抵抗は表面伝達率のみが与えられているので，これを熱貫流抵抗に合わせる必要がある。熱伝達抵抗の逆数は熱伝達率であるので，熱貫流抵抗は，次のように計算できる。

$$R = \frac{1}{10} + 0.95 + 0.4 + \frac{1}{20}$$
$$= 1.5$$

⑤ $q = \dfrac{\theta}{R}$（w/m^2）に $\theta = 15$（K），$R = 1.5$ を代入すると，外壁の単位面積当たりの熱流量は，10（W）となる。

【解答】（3）

演習2

【問題】面積 8 m^2 の外壁の熱貫流（熱通過）抵抗が 2.0 m^2・K/W である場合，外気温度が−5℃ のときに，室温が 20℃ とすると，外壁を通過する熱量（Q）で，正しいものは次のうちどれか。

(1)　60 W

(2)　80 W

(3)　100 W

(4)　400 W

(5)　800 W

【考え方】

① この計算では，外壁の熱貫流抵抗には，外壁の屋外側にある境界層の熱抵抗（Ro）と屋内側の境界層の熱抵抗（Ri）を含んでいるものと考える。

② 一般に，通過熱量(Q)＝面積(m^2)×温度差(K)×熱貫流率（W/m^2・K）で示される，通熱貫流抵抗は，熱貫流率の逆数である。よって，通過熱量(Q)＝面積(m^2)×温度差(K)÷熱貫流抵抗（m^2・K/W）で求められる。

【解答】（3）

通過熱量(Q)＝面積(8 m^2)×温度差(25 K)÷熱貫流抵抗（2.0 m^2・K/W）
　　　　　　＝100W

　なお，この問題の回答では，熱貫流抵抗と熱貫流率を間違えやすい。

通過熱量(Q)＝8(m^2)×25(K)×2.0(W/m^2・K)＝400 W

とした解答にならないよう注意すること。他の計算問題でも同様にならないこと。

演習3

【問題】一辺が 3 m の正方形の壁材料を組み合わせて立方体の室を作り，日

射が当たらない条件で床面を地表面に固定した。

　壁材料の熱貫流抵抗を 0.5（m²・K）/W，隙間換気は無視できるとし，外気温度が 10℃ の条件下で内部を加熱したところ，十分に時間が経過した後の室温度が 30℃ になった。なお，床面は完全に断熱されており，床を通しての貫流熱流はない。

　このとき，室内での発熱量として，最も適当なものは次のうちどれか。

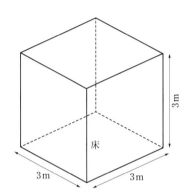

(1)　　 90 W

(2)　　360 W

(3)　　450 W

(4)　　900 W

(5)　1,800 W

【考え方】

① 一辺が 3 m の正方形の壁材料で，床を通しての貫流熱流はないので，貫流熱流が生じるのは側壁および天井面で，面積は 3 m×3 m×5 面＝45 m²。

② 出題文には天井面の記述がないが，天井面も壁面と同じ貫流熱流と考える。

③ 室内での発熱量を求める出題だが，言い換えれば，温度差が 30℃－10℃ で 20 K での貫流熱量を求めることと同じである。

$$q_t = \lambda \frac{\theta_1 - \theta_2}{\delta}$$

　　ただし　q_t：貫流熱流　（W/m²）

　　　　　　　λ：熱伝導率 W/（m・K）

　$q_t = 45（\text{m}^2）×20（\text{K}）÷0.5［（\text{m}^2・\text{K}）/\text{W}］= 1800（\text{W}）$

　　となる。

【解答】　(5)

第2節　建築材料の長波長放射率と日射吸収率

　太陽から放射された<u>太陽放射</u>は，大気層を通って地表に到達する。この太陽放射は波長の短い方から，γ線，エックス線，紫外線，可視光線，赤外線，電波となる。本節ではこのうち主に<u>可視光線</u>と<u>赤外線</u>の分野を扱う。また可視光線については第8章　光環境の管理を参照。

　可視光線，赤外光も，大気圏中での反射・散乱・吸収などによって平均4割強が減衰し，地上に到達する。直接地上に到達する太陽放射を直達日射という。大気圏で反射・散乱した光の一部は地上に到達し一部は天空に放散される。

　全天から到達する太陽からの日射量を全天日射量といい，

全天日射量＝直達日射量（水平面での値に換算したもの）＋散乱日射量

で示される。また，散乱光の全天日射量に占める比率は雲の量に大きく左右さる。

　建築材料では，光や熱を吸収するものと反射するものがあり，これは建物の空調熱負荷に影響する。

　建築材料の長波長放射率と日射吸収率の相対関係を下図に示す。

長波長放射率	1 ↑	白色ペイント	中間色ペイント コンクリート	黒色ペイント アスファルト
				松板
	↓ 0	光ったアルミ箔	新しい亜鉛鉄板	酸化した亜鉛鉄板

0　　　　0 ←　　　　　　　日射吸収率　　　　　　→ 1

図 3.2.2　建築材料の長波長放射率と日射吸収率の相対関係

(1)　すべての光を吸収する物体を「<u>完全黒体</u>」と呼ぶ。完全黒体の長波長放射率＝1，日射吸収率＝1である。

(2)　(1)とは逆に自らはまったく放射せず，周囲からの熱放射を完全に反射する物体を「<u>鏡面体</u>」と呼ぶ。鏡面体の長波長放射率は0，日射吸収率＝0である。

(3)　長波長放射率※の定義は難しいが，簡単にいうと熱の反射率と考えてよい。

(4)　白色は可視光線を反射するので白く見える。つまり，日射吸収率は低い。

(5)　白色ペイントの日射吸収率は約0.2，黒色ペイントの日射吸収率は約0.9である。

(6)　温度が0℃の固体表面からも，熱放射を放出している。

(7)　物体表面の太陽放射の吸収率（日射吸収率）は，必ずしも長波長放射率と等しくない。

(8)　物体表面から放射される単位面積当たりの放射熱流は，<u>絶対温度の4乗に比例する</u>。

(9)　太陽放射は，<u>可視光である0.38 μm〜0.78 μm付近の電磁波の比率が大きい</u>。

(10)　常温物体から放射される電磁波は，波長が10 μm付近の赤外線が主体であり，長放射と呼ばれる。

長波長放射率
日射を除いた赤外線域において，「ある部材表面から発する単位面積当たりの放射エネルギー」を「その部材表面と同一温度の完全黒体から発する単位面積当たりの放射エネルギー」で除した値。

第3章　流体の基礎知識

> **学習のポイント**
>
> 1. ベルヌーイの定理は，理想流体[※]で成立し，実際の流体では適用できない。しかし，ビル管理士の設問では，理想的な流体と断っていない場合も，ベルヌーイの定理に基づいた出題が出される。例えば「流速が2倍になると圧力損失は4倍になる」のようなものも出題される。この場合，理想的な流体と考え，これを正しいとして解答する。
> 2. 層流・乱流・レイノルズ数について，学習する。
> 3. 圧力損失について，学習する。
> 4. 自由噴流・吸い込み気流・室内気流分布について，学習する。

第1節　ベルヌーイの定理

　ベルヌーイの定理は，非圧縮性で，非粘性の流体の定常流におけるエネルギー保存の法則が成立する，すなわち，「定常的に流れている流体の任意の点において，圧力水頭，速度水頭および高さの和は一定である」ということである。ベルヌーイの法則とも呼ばれる。

理想流体
粘性がない非圧縮性流体のことで，粘性がないため摩擦による損失はない。

1.1　ベルヌーイの定理の基本

① 摩擦のない理想流体では，ベルヌーイの定理が成立する。
② ベルヌーイの定理は，気体，液体の両方で適用される。
③ ベルヌーイの定理は，流れの力学的エネルギーの保存の仮定から導かれる。
④ ベルヌーイの定理の式

$$\left(\frac{1}{2}\right)\rho V^2 + P + \rho gh = 一定$$

　ただし，ρ：密度，V：速度，P：圧力（静圧），g：重力加速度，h：高さ　とする。この式の各項の単位は Pa であり，第一項を動圧，第二項を静圧，第三項を位置圧と呼ぶ。
⑤ 気体の場合，第三項は0として考える。

1.2　全圧と動圧と静圧

全圧＝静圧＋動圧

1.3　動圧の求め方（例）

① 動圧はベルヌーイの定理の第一項より，流速から求められる。
② 流体の流れの中で全圧と静圧と動圧の関係は下記で表される。

$$p_T = p + \frac{1}{2}\rho V^2$$

　　ここで p_t：全圧，p：静圧，動圧：$\dfrac{1}{2}\rho V^2$ である。

③　流れの中で，密度と速度がわかると，動圧が求められる。例えば風速
　　5 m/s のダクトの動圧は，空気の密度を 1.2 kg/m³ とすると，

　　$\left(\dfrac{1}{2}\right)\rho V^2 = \left(\dfrac{1}{2}\right)\times 1.2\times 5^2 = 15\cdots 15\ \text{Pa}$ となる。

第2節　層流・乱流・レイノルズ数

気体や液体の流れの層流・乱流・レイノルズ数の基本を以下に列記する。
①　層流とは，流体の各部分が互いに混り合うことなく流れの<u>方向が平行</u>な
　　ものをいう。
②　粘性の作用が大きくレイノルズ数が比較的低いときは，流れは層流の状
　　態に保たれる。
③　レイノルズ数がある臨界値を超えると，流れは不安定になり，流体の各
　　部分が乱雑に混り合う乱流に移行する。
④　乱流とは，無秩序な乱れによる流体塊の混合を伴う流れをいう。

2.1　レイノルズ数

レイノルズ数の基本を以下に列記する。
①　レイノルズ数は，流体の速度と動粘性係数（動粘度ともいう）※に関わ
　　る無名数である。
②　流体の粘性力に対する慣性力の比を表す無次元数がレイノルズ数であ
　　る。
③　<u>層流と乱流</u>はレイノルズ数と密接な関係にあり，水，空気の流体の種類
　　にかかわらず，<u>レイノルズ数が 2,000～4,000 で境界となる</u>。ただし，浮遊
　　粒子の場合は，レイノルズ数が 1 で境界となる。
④　流体の速度が上がるとレイノルズ数は大きくなる。
⑤　レイノルズ数が大きいと乱流になる。
⑥　レイノルズ数は次式で示される。
　　　$\text{Re} = UD/\gamma$
　　ここで　Re：レイノルズ数
　　　　　　U：速度（m/s）
　　　　　　D：流れの代表長さ（m）
　　　　　　γ：動粘性係数（m²/s）
⑦　流れのレイノルズ数は，速度に比例する。

動粘性係数
流体の粘性の度合い。粘性
率を密度で割った値。動粘
度ともいう。

第3編 空気環境の調整

第3節　圧力損失

圧力損失の基本を以下に列記する。

① 摩擦のない理想流体では，ベルヌーイの定理が成立するが，実際の気体または液体の流れには，圧力損失が生じる。

② 摩擦損失を加味した式を「拡張されたベルヌーイの式」という。

$$\left(\frac{1}{2}\right)\rho V_1^2 + P_1 + \rho g h_1 = \left(\frac{1}{2}\right)\rho V_2^2 + P_2 + \rho g h_2 + \varDelta P$$

ここで，$\varDelta P$ は摩擦損失である。

③ 圧力損失とは流れの流体がダクトや配管などを通過する際に失うエネルギー量のことである。

④ 圧力損失の単位は SI 単位で Pa である。

⑤ 流路内で失うエネルギーは主に，「壁面での摩擦損失」と「乱れ（渦や乱流）」に分けられる。

3.1　ダクトと配管の圧力損失の基本

直線ダクトの圧力損失は次式で示される。

$$\varDelta p_T = \frac{\lambda \ell}{d} \cdot \frac{1}{2}\rho v^2$$

$\varDelta p_T$：圧力損失

λ：摩擦抵抗係数

ℓ：長さ

d：直径

ρ：空気の密度

v：流速

摩擦抵抗係数（λ）は，ダクト内の流速や温度によって変化する。しかし，以下の設問は，ほぼ成り立つので，正解とする。

① 直線ダクトの圧力損失は，風速の2乗に比例する。

② 円形ダクトの圧力損失は，ダクト直径に反比例する。

③ 合流，分岐のないダクト中を進む気流の速度は，断面積に反比例する。

④ 開口部の通過流量は，開口部前後の圧力差の平方根に比例する。

⑤ 点源吸込気流の速度は，吸込口に近い領域を除き，吸込口中心からの距離の2乗に反比例する。

⑥ 開口部を通過する風量は，開口部前後の圧力差の平方根に比例して増加する。

⑦ 配管の圧力損失は，管内流速の2乗に比例する。

3.2　「圧力を求める」計算問題と考え方

<u>演習</u>

【問題】ダクト内気流速度が4.0 m/sであったとすると，この気流の動圧（速度圧）の値として，最も適当なものは次のうちどれか。ただし，ダクト内の空気の密度は1.2 kg/m³とする。

(1) 2.4 Pa　　(2) 9.6 Pa　　(3) 19.2 Pa　　(4) 38.4 Pa　　(5) 76.8 Pa

【考え方】

① 流速の測定の問題では，ベルヌーイの定理が適用できる。

$$\frac{1}{2}\rho V_1{}^2+P_1+\rho gh_1=\frac{1}{2}\rho V_2{}^2+P_2+\rho gh_2 \quad （式1）$$

② 第一項は動圧，第二項は静圧，第三項の位置圧，単位はいずれも［Pa］

③ ρは空気の密度で，約1.2［kg/m³］である。今回は問題文に記載されているが，記載されない場合もあるので覚えておくこと。

④ この問題では，静圧P_1，P_2，位置圧ρgh_1，ρgh_2は，気体のため無視し，動圧だけを考える。

⑤ （式1）を変形し，速度Vが4.0 m/sなので，動圧は下記から求められる。

$$\frac{1}{2}\rho V^2=\frac{1}{2}\times 1.2\times 4.0^2=9.6 （Pa）$$

【解答】 (2)

3.3　配管の圧力損失を求める式

配管の圧力損失を求める式は，ダルシ ワイズバッハの式やヘーゼン ウイリアムスの式等で求められる。これらの式は経験式※である。ただし，<mark>これらの式は過去には出題されていない。</mark>

(1)　ダルシ ワイズバッハの式

$$h=\frac{\varDelta p}{\rho g}=\lambda\frac{L}{d}\times\frac{v^2}{2g}$$

ここで　λ：管摩擦係数　　　　　d：円管の直径（m）
　　　　ρ：流体の密度（kg/m³）　$v^2/2g$：速度ヘッド（m）
　　　　L：管の長さ（m）　　　　v：管内流速（m/s）

(2)　ヘーゼン ウイリアムスの式（国交省建築設備設計基準に用いている計算式）

SI単位

$$H_f=0.67\times L\times Q^{1.85}\times C^{-1.85}\times d^{-4.85}$$

ここで　H_f：配管長さL（メートル）での圧力損失，m（圧力水頭）
　　　　L：配管長さ，m（メートル）
　　　　Q：流量，m³/s
　　　　C：流量係数
　　　　d：配管の内径，m（メートル）

経験式
実験や経験によって求められた式で，論理式ではない。

第4節　噴流・吸い込み気流・室内気流分布

4.1　自由噴流

(1)　噴流とは，噴き出すような激しい流れをいう。空気調和や換気では，吹出口やエアコンから，室内に吹き出す気流がこれに当たる。自由噴流とは，周辺の物体面の影響を受けない噴流。壁に沿った流れや，ダクト内の流れはこれに該当しない。吹出口からの噴流は，周囲の空気を巻き込んで広がりながら減速する。

(2)　自由噴流は，中心軸速度の減衰傾向により，吹出口からの距離に対して4つの領域に区分して表される。

①　自由噴流の第1域では，中心軸速度（V_X）は吹出し速度（V_0）が維持される。

②　自由噴流の第2域では，中心軸速度が吹出口からの距離（X）の平方根に反比例して減衰する。（$Vx \propto 1/\sqrt{X}$）

③　自由噴流の第3域では，中心軸速度が吹出口からの距離に反比例して減衰する。（$Vx \propto 1/X$）

④　自由噴流の第4域では，中心軸速度が 0.25 m/s より遅くなり，静穏気流と区別できなくなる。

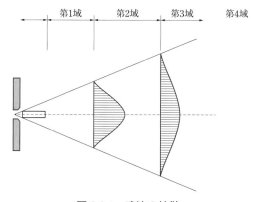

図 3.3.1　噴流の拡散

(3)　吹出口からの噴流はその形状によって流量係数※が異なる。

①　流量係数が最も大きい開口部形状はベルマウスであり，約 1.0 となる。

②　通常の窓の流量係数は 0.6〜0.7 である。

③　ルーバの流量係数は角度によって大きく違い，0.7〜0.3 程度である。

④　スロット型吹出口から広い空間に吹き出された気流の性状は，自由噴流と考えることができる。

⑤　天井面に沿った噴流の到達距離は，自由噴流よりも長くなる。

4.2　吸い込み気流

吹出し気流の影響は遠方まで及ぶのに対し，吸込みの気流の影響は吸込口付近に限定される。

流量係数

流体力学などで，流れを理論的に解析する際に，理論式や実験式の補正係数として用いる無次元数のこと。

4.3　室内気流分布

　室内気流分布は，吹出口の種類，配置位置（天井面，側壁上部，側壁下部，床など），温度（温風，冷風）の相違によって異なる。

① 　室内気流は，建築物衛生法で，0.5 m/s 以下と定められている。これは，不快な冷風気流を考慮して定められたものだが，極端な低速は室内温度や室内汚染物質の不均一な分布を生ずる可能性もある。

② 　天井面に沿った冷気流は，速度が弱いと途中で剥離して降下することがある。

③ 　天井面に沿った噴流の到達距離は，自由噴流よりも長くなる。

④ 　速度が一定速度まで低下する距離を，到達距離と呼ぶ。

⑤ 　吸い込み気流は，吹き出し気流のような強い方向性はない。

⑥ 　温かい空気は上に向かい，冷たい空気は下へ向かう。

⑦ 　ドラフトとは不快な局部気流のことであり，風速，気流変動の大きさ，空気温度の影響を受ける。

⑧ 　コールドドラフト※には，冷たい壁付近などで自然対流によって生じる下降流がある。

⑨ 　側壁上部からの水平吹き出しの空気調和方式では，暖房時に居住域に滞留域が生じて上下温度差が大きくなりやすい。

⑩ 　置換換気とは，床面から空気をゆっくり吹き出し，浮力を利用して，天井面から排気を吸い込む方式で，吹き出し空気と室内空気の混合がほとんどないため，換気効率がよい。

⑪ 　床吹き出し方式は，二重床の空間に空調用空気を給気し，床面設置の床吹出口から室内へ吹き出す方式。天井ダクトに代わって二重床空間を利用するので，ダクトの設備工事コストや空気搬送の圧力損失を減らせる。サーバー室や，OA 機器の集中する部屋などに採用される場合が多い。

⑫ 　天井全面吹き出し方式は，空調空気を天井面から均等に吹き出し，層流によって，室内の気流を乱さないようにした方式。換気回数の多いクリンルームなどに多く利用される。

⑬ 　天井中央付近から下向き吹出しの空気調和方式では，冷房時に冷気が床面付近に拡散し，室上部に停滞域が生じやすい。

コールドドラフト
冷たい壁付近などで，自然対流によって生じる下向気流や，すき間風が原因になって生じるドラフト（不快な気流）をいう。

第4章　湿り空気

学習のポイント

1. 乾き空気，湿り空気，飽和空気，相対湿度，絶対湿度，湿球温度，露点温度，比エンタルピー，水蒸気分圧，比容積，顕熱比，熱水分比，結露の意味を正しく理解する。
2. 湿り空気線図に表される8つの線を正しく理解し，線図上で空調時の空気の動きを確認する。
3. 換気方式：第1種換気・第2種換気・第3種換気を覚える。
4. 外壁の温度分布を理解し，結露の原因と対策を考える。
5. エアフィルタの形式，用途，ろ材，捕集性能等を理解する。
6. 室内空気汚染物質は種類が多いのでそれらを理解する。
7. 空気清浄度の測定について，装置方法を理解する。

第1節　湿り空気線図

　湿り空気線図とは線図上に，乾球温度，湿球温度，露点温度，絶対湿度，相対湿度，比エンタルピー，水蒸気分圧，比容積の8種の線を記入し，その中から2つの値を求めることにより，湿り空気の状態がわかる線図である。これを利用し空気の状態や，その状態変化をわかりやすく表現できる。湿り空気線図を単に空気線図という場合もある。

　湿り空気線図には，作成者の意図によってそれぞれ特徴※があるが，基本的な構成はほとんど同じである。図3.4.6（p.127）をコピーして，この節の学習に利用する。

冷凍用，冷房用，暖房用，冷却塔用など，温度範囲や絶対湿度の範囲を変えた線図がある。

1.1　湿り空気線図の基本

　図3.4.1に湿り空気線図上に，乾球温度26℃相対湿度50%の場合の状態表示を示す。

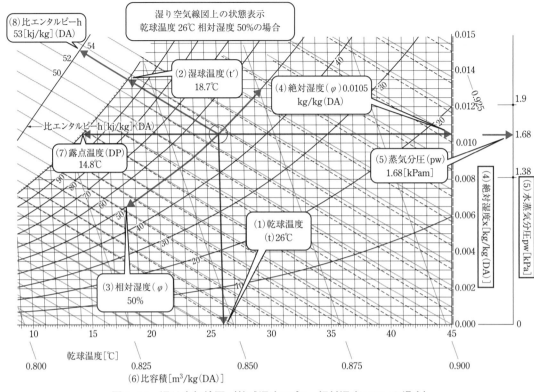

図 3.4.1　湿り空気線図（乾球温度 26℃，相対湿度 50% の場合）

図 3.4.1 の湿り空気線図に表される線は以下の 9 つ線である。

(1)　乾球温度 ── 垂直下に伸びた直線

(2)　湿球温度 ── 僅か左斜め上に伸びた破線

(3)　相対湿度 ── 左斜め下，右斜め上に伸びた曲線

(4)　絶対湿度 ── 右に水平に伸びた直線

(5)　水蒸気分圧 ── 右に水平に伸びた直線

(6)　比容積（または比体積）── 左斜め上に伸びた実線

(7)　露点温度 ── 左に水平に伸びた相対湿度 100% の交点。

(8)　比エンタルピー ── 僅か左斜め上に伸びた実線，湿球温度線（破線）より左傾斜が緩い。

(9)　顕熱比 ── 通常左の欄外にあるが，図 3.4.1 では見えない。（図3.4.6 右上を参照）

(10)　熱水分比 ── 通常左上にあるが，図 3.4.1 では見えない。（図3.4.4, 図3.4.6)

以上の他に，水蒸気分圧を記した線図などもある。

以下に空気線図の基本を列記する。

①　ある空気の乾球温度，湿球温度，露点温度，相対湿度，絶対湿度，比容積，比エンタルピーのうちの 2 つの値がわかれば，他の 5 つの値は湿り空気線図上で求められる。但し等比エンタルピー線と等湿球温度線は，ほとんど平行なので，実用上はその交点を読めない。

② 　乾き空気：水蒸気を含まない空気，乾燥空気という。

③ 　湿り空気：水蒸気を含む空気，一定の圧力では，温度が高いほど多くの水蒸気を含むことができる。

④ 　飽和空気：それ以上水蒸気を含めない状態にある空気，相対湿度 100%の状態。

⑤ 　相対湿度：ある空気の水蒸気分圧とその空気と同一の温度の飽和水蒸気圧の比を 100 分率で表したもの，単位は%。

⑥ 　絶対湿度：ある空気の水蒸気の質量をその空気と同一の温度の飽和水蒸気圧の水蒸気の質量で除したもの。または，湿り空気中の乾燥空気 1kg と共存している水蒸気の質量である。単位は kg/kg（DA）。空気調和では通常は重量絶対湿度を用いるが，容積比で表す場合は容積絶対湿度という。単位は m^3/m^3（DA）。

⑦ 　露点温度：ある湿り空気を圧力一定の状態で温度を下げていくと，相対湿度がだんだん高くなり，それ以上水蒸気を含めない状態になる。そのときの温度を露点温度という。湿り空気線図上では，ある湿り空気の状態点を絶対湿度一定で左に平行移動し，飽和線にぶつかったところの温度。露点温度の空気の相対湿度は 100% である。単位は℃。

⑧ 　比エンタルピー：乾き空気 1 kg 当たりの湿り空気の持っている熱量，単位は kJ/kg（DA）。

⑨ 　飽和度：飽和絶対湿度に対する現在の絶対湿度の割合を示したもの。単位はない。

⑩ 　水蒸気分圧：湿り空気中の水蒸気の圧力をという。単位は kPa。

⑪ 　飽和：水蒸気を限界まで含んだ湿り空気の状態を飽和という。

⑫ 　顕熱比（SHF：Sensible Heat Factor）：顕熱量の変化量と全熱量の変化量の比をいう。SHF ＝ 顕熱量変化/全熱量の変化

⑬ 　湿り空気の温度が一定の状態で絶対湿度を増加させると，比エンタルピーは増加する。

1.2　湿り空気線図上の空気の状態と動き

混合：外気 2,000 m^3/h と還気 8,000 m^3/h を混合した状態を湿り空気線図上で表現する。

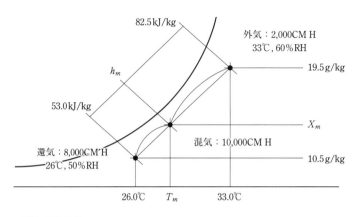

混気の温度計算
$(8000 + 2000) \times T_m = 8000 \times 26.0 + 2000 \times 33.0$ 　　　　　$T_m = 27.4 [℃]$
混気の比エンタルピ計算
$(8000 + 2000) \times h_m = 8000 \times 53.0 + 2000 \times 82.5$ 　　　　　$h_m = 58.9 [kJ/kg]$
混気の絶対湿度計算
$(8000 + 2000) \times X_m = 8000 \times 10.5 + 2000 \times 19.0$ 　　　　　$X_m = 12.3 [g/kg]$

図 3.4.2　空気線図上の混合点図

1.3　空気調和機の冷房と暖房と湿り空気線図上の動き

空調室及び空気調和機の空気の位置：図 3.4.3 の①～⑥は，①室内，②外気，③空気調和機入口，冷水コイル入口，④冷水コイル出口＝空気調和機送風を示す。

冷房時：図 3.4.3 の湿り空気線図。

暖房時：図 3.4.3 の湿り空気線図。

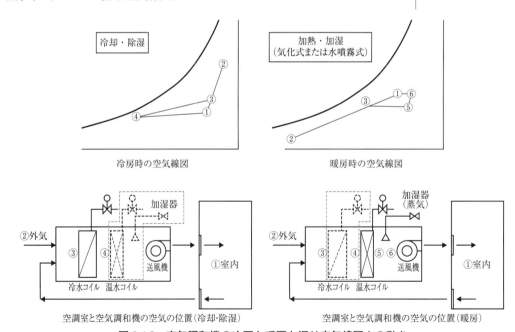

図 3.4.3　空気調和機の冷房と暖房と湿り空気線図上の動き

1.4 加湿方式と湿り空気線図上の動き

　加湿方式には大きく分けて蒸気方式（蒸気スプレー，電極式，電熱式，パン型式），気化式（通風気化式，温水スプレー，水スプレー，遠心式，超音波式）がある。加湿方式を図 3.4.4 に表す。

　　1 は蒸気方式，熱水分比※の勾配線上を移動し，絶対湿度と乾球温度が上昇する。

　　2 は温水噴霧方式を示す。絶対湿度とわずかにエンタルピーが上昇する。

　　3 は水噴霧方式または気化方式で，等エンタルピー変化，等エンタルピー線上を移動する。図の斜線は等エンタルピー線を示す。加湿により乾球温度は下がる。

　超音波方式は，超音波加湿器で水をミスト状にして噴霧し，そのミストが気化する。空気線図上では 3 と同じである。

熱水分比とは文字通り「熱／水分」という比である。加わる熱量（kJ）を加わる水分（kg/kg（DA））で割った値で，湿り空気線図には円弧状のグラフとして図示される。湿り空気線図上のある状態点に，加える水量と熱水分比がわかれば，次の状態点を求めることができる。

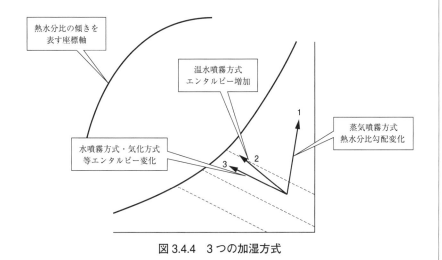

図 3.4.4　3 つの加湿方式

1.5 除湿方式と湿り空気線図上の動き

除湿には，冷却減湿法，化学的減湿法，圧縮減湿法がある。
表 3.4.1 を参照

表 3.4.1　減湿装置の分類

減湿（除湿）の原理	代表的な方式・装置	細分類
冷却減湿法	冷却コイル方式	直膨コイル
		冷水（ブライン）コイル方式
	空気洗浄方式 エアワッシャ方式	井水噴霧方式
		冷水噴霧方式
化学的減湿法	吸収減湿装置	
	吸着減湿装置	
	回転式除湿機	デシカント空調機
圧縮減湿法		エアーコンプレッサー

① 冷却除湿法は，空気調和機の冷水コイルを利用し，空調空気の冷却と同時に減湿を行うもので，4章1節1.3の空気調和機の冷房と暖房と湿り空気線図上の動きの「除湿・冷却」を参照。
② 化学的減湿法は，吸収減湿装置，吸着減湿装置，回転式除湿機がある。
③ 回転式除湿機はデシカント空調機を利用して，空気中の水分を直接除去する化学的除湿法で，吸湿ロータを使用，吸湿剤には塩化リチウム，活性アルミナなどが使われ，湿剤の再生（除湿能力の回復）には，比較的低温の排熱が利用できる。
④ 吸着減湿装置の吸着剤には"高分子収着剤"や，"シリカゲル""ゼオライト"などがあり，再生には電気ヒータなどが使用される。

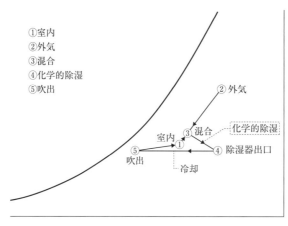

図 3.4.5　化学的除湿

1.6　相対湿度・絶対湿度・比エンタルピーなどと温度の関係
下記の状態を湿り空気線図上で表現し，それぞれの関係を理解する。
① 相対湿度が同じ湿り空気では，乾球温度が高い方・湿球温度が高い方が，比エンタルピーは高い。
② 絶対湿度が一定の状態で，乾球温度が低下すると相対湿度は上昇する。
③ 乾球温度が等しい湿り空気において，絶対湿度が上昇すると，水蒸気分圧[※]は上昇する。
④ 絶対湿度が低下すると，露点温度は低下する。
⑤ 比エンタルピーが等しい湿り空気において，乾球温度が高い空気の絶対湿度は，乾球温度が低い湿り空気の絶対湿度より低い。
⑥ ある状態の湿り空気を絶対湿度一定の状態で冷却していくと，相対湿度が100%状態になり，さらに冷却していくと絶対湿度が下がる。この現象は，結露（除湿）の原理（冷却除湿）と同じである。
⑦ ある状態の湿り空気を同じ温度の吸湿（乾燥）剤で吸湿していくと，絶対湿度と相対湿度が下がり，反応熱で乾球温度が上がる。
⑧ ある状態の空気の乾球温度を上げていく（温めていく）と空気は膨張するため，比容積は大きくなる。

水蒸気分圧
空気中の水蒸気の圧力をいう。絶対湿度が大きいとその空気中の水蒸気分圧も大きい。

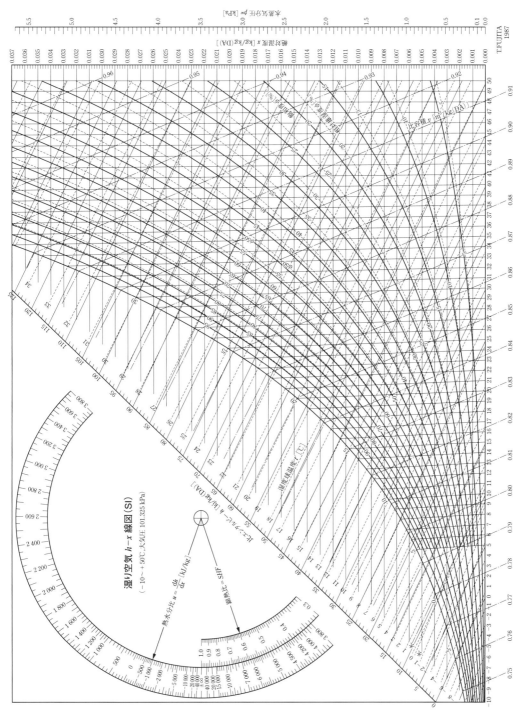

図 3.4.6　湿り空気線図（h-X 線図）

出典：空気調和・衛生工学会

1.7 「空気線図」に関する計算問題と考え方

演習

【問題】下の式に示す，空気Aと空気Bを2：1に混合した後のエンタルピーと絶対湿度の場合の組み合わせとして，最も適当なものは次のうちどれか。

	比エンタルピー〔kj/kg（DA）〕	絶対湿度〔kg/kg（DA）〕
空気A	50	0.010
空気B	68	0.016

	比エンタルピー〔kj/kg（DA）〕	絶対湿度〔kg/kg（DA）〕
(1)	56 ——————————————	0.012
(2)	62 ——————————————	0.012
(3)	56 ——————————————	0.014
(4)	56 ——————————————	0.014
(5)	59 ——————————————	0.013

【考え方】

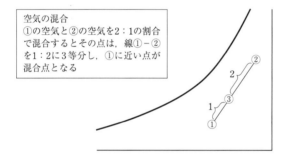

空気の混合
①の空気と②の空気を2：1の割合で混合するとその点は，線①－②を1：2に3等分し，①に近い点が混合点となる

　　湿り空気線図で考えると，空気Aの状態（図の①）と空気Bの状態（図の②）を混合すると，その混合点は線①②上にあり，その点は体積の多いA点（①）側に近くなる。

【解答】(1)

　　比エンタルピー＝（50×2＋68×1）÷3＝56

　　絶対湿度＝（0.010×2＋0.016×1）÷3＝0.012

第2節 空気清浄化と換気

　空気調和の目的には，人間の快適性の向上目的に行う保健空調や，生産，管理，貯蔵といった物品を扱う上での産業空調がある。本テキストでは，ビル管理士をめざす目的なので，建物での空気の温度や湿度，清浄度，気流などを中心に記述するが，本節ではこのうち空気清浄度と換気について記述する。

2.1 空気清浄化の方法

　室内空気の清浄化の基本は，

① 汚染発生量の抑制，つまり汚染物質を出す材料を使用しない，汚染物質

を室内に出さない。

② 発生した汚染物質の室内からの除去，排気等を行う。

③ 新鮮外気と室内空気の入れ替え，換気を行う。

④ 空気清浄機よる汚染物質の除去を行う。
　の 4 つの方法がある。

2.2　換気の基礎

① 室内空気の清浄化にとって，換気は重要な役割を果たす。

② 必要換気量は，人体への影響，燃焼器具への影響，熱・水蒸気発生の影響等から決定される。

③ 単位時間当たりに室内に取り入れる新鮮空気（外気）量を室容積で除し，1 時間あたり室の容積の空気が何回入れ替わったかを表わしたものを換気回数（回／時間）という。

④ 空気交換効率は，室全体の換気効率を表すものである。

⑤ 整流方式は，一方向の流れとなるように室内に供給し，そのまま排気口に押し出す方式である。

⑥ 置換換気方式は，空気の温度差によって生じる密度差を利用して，拡散させることなく排出する方式である。

⑦ 混合方式は，室内に供給する清浄空気と室内の空気を混合・希釈する方式である。

⑧ 局所換気は，汚染物質が発生する場所を局部的に換気する方式である。

⑨ ケミカルエアフィルタは，ガス状物質の除去に利用できる。

2.3　換気効率

換気には，どれだけの時間で，いかに効率よく換気するかが求められる。
以下に換気効率の基本を列記する。

① 換気効率には，考え方によって，2 つの指標が用いられる。1 つは空間内の汚染物質の除去が効率よく行われているかを示す汚染物質除去効率，もう 1 つは空間内の空気がどれだけ速やかに交換されているかを示す空気交換効率である。

② 空気交換効率は，室内にある空気がいかに効率的に新鮮空気と入れ替わるかを示す尺度である。つまり，実際の空気交換時間と理論上の最小空気交換時間との比であり，
　空気交換効率＝最小空気交換時間／実際の空気交換時間で表される。

③ 換気回数とは，単位時間当たりに室内の全空気が入れ替える回数であり，換気回数 $N = Q/V$
　ただし，N：換気回数，Q：換気風量，V：室内容積で表される。

④ 局所平均空気齢とは，新鮮空気の給気口から任意の点に移動するのにかかる平均時間をいう。

2.4 「換気」に関する計算問題と考え方

演習

【問題】室容積 500 m³ の居室において，換気回数 1.0 回/h で換気がされている。汚染物質の定常的発生があり，初期濃度 0.01 mg/m³ が 1 時間後に室内濃度 0.02 mg/m³ に増加した。その時の汚染物質の発生量として，最も近い値は次のうちどれか。

ただし，室内は完全混合（瞬時一様拡散）とし，外気濃度は 0.01 mg/m³，室内濃度は，以下の式で表される。なお，$e = 2.7$ とする。

$$C = C_0 + (C_s - C_0)\frac{1}{e^{nt}} + \frac{M}{Q}\left(1 - \frac{1}{e^{nt}}\right)$$

ただし　C：室内濃度（mg/m³）　　　　Q：換気量（m³/h）
　　　　　C_s：初期濃度（mg/m³）　　　　n：換気回数（回/h）
　　　　　C_0：外気濃度（mg/m³）　　　　t：時間（h）
　　　　　M：汚染物質発生量（mg/h）

(1)　3 mg/h　　　(2)　5 mg/h　　　(3)　8 mg/h　　　(4)　13 mg/h
(5)　16 mg/h

【考え方】
① この問題ではすでに式が与えられているので，基本的には数値の代入で答えが出る。
② 求めるものは汚染物質の発生量なので，式中の M を求めればよい。
③ Q は換気量だが，これは室容積 [m³] に換気回数を掛ければよいので，

　　　$Q = 500 \times 1 = 500$（m³/h）

である。よって，求める M は，

$$C = C_0 + (C_s - C_0)\frac{1}{e^{nt}} + \frac{M}{Q}\left(1 - \frac{1}{e^{nt}}\right)$$

ここで，$C = 0.02$，$C_0 = 0.01$，$C_s = 0.01$，$nt = 1$ を代入すると，

$$0.02 = 0.01 + (0.01 - 0.01)\frac{1}{e^{1 \times 1}} + \frac{M}{500}\left(1 - \frac{1}{e^{1 \times 1}}\right)$$

$$0.01 = \frac{M}{500}\left(1 - \frac{1}{e}\right)$$

$$M = 0.01 \times 500 \times \frac{1}{\left(1 - \dfrac{1}{2.7}\right)} = 7.9$$

【解答】(3)　8 mg/h

　　なおこの計算式を使用する問題は H23 年から H28 年までに 5 回ほど出題されている。また，この問題では初期濃度＝外気濃度なので，解答は簡単に求められる。

2.5　自然換気と機械換気

⑴　換気方法の分類

　換気方式は，自然換気方式と機械換気方式に大別される。

①　自然換気方式は，自然の風による圧力差，建物内外の温度差等を利用して換気する方式。動力が必要ないが，換気量の確保は保証されない。

②　自然換気は，風力や室内外の温度差が原動力となる。

③　機械換気方式は送風機や換気扇等の機械を使用して換気する方法。

④　ハイブリッド換気とは，自然換気と機械換気を組み合わせた換気方式で，自然換気に機械換気や空調設備を補助的に組み合わせたものもある。

⑵　機械換気方式の分類

　機械換気方式は，第1種換気，第2種換気，第3種換気に区分される。表3.4.2に機械換気方式の種類とその特徴を示す。

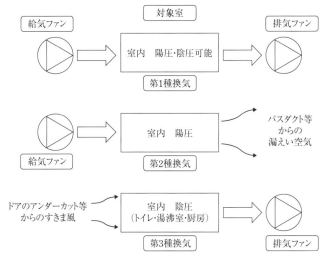

図3.4.7　換気の基本方式

①　第1種換気方式は，給気側と排気側の両方に機械を使用。

②　第2種換気方式は，給気側のみに機械を使用。

③　第3種換気方式は，排気側のみに機械を使用。

④　第1種換気方式は，外気の気流方向や風速，ビルの煙突効果などに影響されることが少なく，確実な換気風量が確保される。

⑤　第2種，第3種では，第1種と比較すると，外気ガラリの方向により，季節風などに影響されることが多い。

⑥　第2種と第3種の両方を使用したビルでは，その階での給気量と排気量のバランス（給排気バランス）を取ることが必要。

⑦　給排気量のバランスが悪いと，出入口のすきま風，階段室での気流など不快な風や音を生じ扉の開閉に支障をきたすことがある。

⑧　暖房時に，暖められた空気は軽くなり上昇し，ビルの吹き抜け空間，階段，エレベータシャフトなどが風の道となり，上昇気流が起きる。これを煙突効果と呼ぶ。高層ビルではこれが顕著にあらわれる。

⑨　煙突効果を少なくするには，エントランス部分に風除室を設け，二重ド
アや，回転ドアを設置する。屋上エレベータ機械室の換気を第1種換気な
どにする。

⑩　汚染物質を含む感染症室・バイオハザード防止施設・放射性物質取扱施
設などでは，第1種換気を採用し，室圧を周囲の部屋より負圧に制御する
とともに，排気側には汚染物質除去用フィルタを用いる。

⑪　バイオクリーンルームやケミカルクリーンルームは取り扱う物によって
様々な規格がある。（＊JISではバイオロジカルクリーンルームとしてる
が便宜上バイオクリンルームと表記することもある）

表3.4.2に機械換気方式の種類とその特徴を示す。

表3.4.2　機械換気方式の種類とその特徴

換気方式	給気方式	排気方式	使用場所	特徴
第1種換気	機械給気	機械排気	駐車場・ボイラ室・電気室・機械室・工場・作業場クリーンルーム，手術室※	室内圧力を正圧にも負圧にも設定できる。外部の風向きなどの影響も受けにくい。取り入れ外気量と排気量の両方を確実に確保できる。
第2種換気	機械給気	自然排気	手術室※	室内圧が正圧に保てるので，部屋の清浄度が確保できる。
第3種換気	自然給気	機械排気	湯沸室・トイレ・浴室・シャワー室・厨房	室内圧が負圧となるので部屋の外部に臭気などが漏れにくい。

手術室では，施術を行っている所で発生した汚染空気を患者や施術者が吸引しないように，局所換気を行うのが望ましく，第1種換気の方が優れている。

2.6　局所換気と分煙

①　健康増進法により多数の者が利用する施設を管理する者は，受動喫煙を
防止するために，必要な措置を講ずるように努めなければならない。

②　受動喫煙により肺がんや小児の呼吸器系疾患，肺気腫のリスクが増加す
るといわれている。

③　妊娠中の喫煙で，低出生体重児や早産の頻度が高くなるといわれてい
る。

④　主流煙よりも副流煙の方が一般的に有害物質を多く含んでいる。

⑤　屋内に設置された空気清浄機は，たばこ煙中のガス状物質より粒子状物
質の除去に有効である。

2.7 空気清浄機器

空気清浄機は，室内空気や導入外気中に含まれる粒子状物質（液体も含む）や特定の気体を除去する設備である。除去する物質の大きさ，性質，によって使用されるエアフィルタの形状，設置方法，交換方法などが異なる。表 3.4.2 にエアフィルタの形式，用途，ろ材，捕集性能等を分類した。

表 3.4.3 エアフィルタの形式，用途，ろ材，捕集性能等の分類

分類	形式	用途	ろ材	捕集性能	
				捕集粉じんの粒度	捕集率（%）
粗じん用エアフィルタ	パネル形エアフィルタ	外気用またはプレフィルタ用	合成繊維 不織布 ガラス繊維	やや粗粒な粉じん	60 以上（質量法）
	かご形エアフィルタ				
	自動巻取形エアフィルタ				
中性能エアフィルタ	折込み形エアフィルタ※	一般空調用またはクリーンルーム用中間フィルタ	ガラス繊維 合成繊維，ろ紙	やや微細な粉じん	0.4 μm30 以上 0.7 μm50 以上（比色法）（計数法）
	袋形エアフィルタ		合成繊維，不織布 ガラス繊維		
高性能エアフィルタ	電気集じん器	一般空調用またはクリーンルーム用中間フィルタ	合成繊維 不織布ガラス繊維（集じん極板はアルミニウム）	極微細な粉じん（0.5〜10 μm）	90 以上（計数法）
	折込み形エアフィルタ		ガラス繊維ろ紙 合成繊維ろ紙	やや微細な粉じん	0.4 μm60 以上 0.7 μm80 以上（計数法）
	袋形エアフィルタ		合成繊維 不織布 ガラス繊維		
HEPA フィルタ	折込み形エアフィルタ	クリーン機器またはクリーンルーム用	ガラス繊維ろ紙	極微細な粉じん（0.3 μm）	99.97 以上（JIS Z 8122）
ULPA フィルタ				極微細な粉じん（0.15 μm）	99.9995 以上（JIS Z 8122）
ガス除去用フィルタ	活性炭フィルタ	有害ガス除去用			
	化学吸着用フィルタ				

（1）　空気浄化装置の基本

① 　除去対象とする空気中の汚染物質によって，粉じん粒子用と有害ガス用に区分される。

② 　粉じん粒子用エアフィルタには，形状により，パネル形エアフィルタ，かご形エアフィルタ，自動巻取形エアフィルタ，中性能エアフィルタには，折込み形エアフィルタ，袋形エアフィルタ，同じく折込み型の高性能フィルタがある。これらはいずれもろ過式エアフィルタである。

③ 　ろ過式エアフィルタのろ材には，合成繊維，ガラス繊維が使用されている。

④ 　粉じん粒子用エアフィルタは，さえぎり・慣性・拡散・静電気等の作用で粉じんをろ材繊維に捕集する。

⑤ 　ろ過式フィルタは適切な時期に交換を行わないと，捕集した粉じんの再飛散を起こす。

⑥ 　ろ過式エアフィルタの性能は，圧力損失・粉じん捕集率・粉じん保持容量で表示される。

⑦ 　ろ過式エアフィルタの圧力損失と厚量損失は低い順に，粗じん用エアフィルタ，中性能エアフィルタ，高性能エアフィルタ，HEPAエアフィルタ，ULPAエアフィルタとなる。

⑧ 　中性能エアフィルタは，居室の一般空調用に用いられる。

⑨ 　高性能エアフィルタは清浄度の高い部屋の空調用に用いられる。

⑩ 　一般空調に用いられる中・高性能エアフィルタの性能試験には，ほとんど光散乱積算法が用いられる。

⑪ 　HEPAエアフィルタ，ULPAエアフィルタはクリーンルームに用いられる。

⑫ 　HEPAフィルタの圧力損失は，一般空調用フィルタと比較して大きい（100〜500 Pa程度）。

⑬ 　ファンフィルタユニット（FFU）は，高性能フィルタ（HEPA，ULPA）と送風機を組み合わせた機器で，クリーンルームなどで使用される。

⑭ 　ガス除去用フィルタには，活性炭フィルタ，化学吸着用フィルタがある。

⑮ 　電気集じん機は，高圧電界により荷電し，静電気力により粉じんを捕集する。

⑯ 　活性炭フィルタは，多種類のガスに適用できる。

⑰ 　ガス除去用フィルタの圧力損失の変化は，一般にエアフィルタと比較して小さい。

⑱ 　ガス除去用フィルタのガス除去容量は，使用限界に至るまでに捕集したガス質量で表す。

⑲ 　空気浄化装置は，放射性物質を取扱う施設，バイオハザード防止施設などでは，有害物質の外部への放出防止に用いられる。

折込み形エアフィルタ
折込み形エアフィルタはろ材の違いにより，中性能なものと高性能なものがある。

2.8　自然換気の換気力

　シックハウス新法ができて，原則としてすべての建築物に機械換気設備の設置が義務付けられたが，自然換気を禁止しているわけではない。自然換気を有効に使うことは，省エネルギー上からも，推奨されるべきことである。自然換気は，生活の知恵として古くから利用されてきた，住居の基本的な技術である。

《自然換気力の基本》
　①　温度差による換気力は，室内外空気の密度差に比例して増加する。
　②　温度差による換気力は，給気口と排気口の高さの差に比例して増加する。
　③　風力による換気力は，風圧係数に比例して増加する。
　④　風力による換気力は，外部風速の 2 乗に比例して増加する。
　⑤　開口部の風圧係数は，正負の値をとる。

換気力
換気力は温度差によるものと風によるものとがある
単位は Pa

2.9　室内空気汚染物質

　室内空気汚染物質には，一酸化炭素（CO），二酸化炭素（CO_2），浮遊粉じん，ホルムアルデヒド（HCHO），クロルピリホス（有機リン酸系殺虫剤），揮発性有機化合物（VOCs），窒素酸化物（NOx），硫黄酸化物（SOx），オゾン（O_3），におい物質，放射性物質，アスベスト（石綿），アレルゲン，微生物（菌類，細菌，ウイルス），たばこ煙，などがある。なお，バクテリアは細菌のラテン語で細菌と同義である。

　以下に室内空気汚染物質の特徴等を記す。なお環境要素の測定法については第 6 章を参照。

　①　一酸化炭素（CO）：燃焼機器の不完全燃焼によって生じる。管理基準値は 6 ppm（令和 4 年 4 月 1 日法令改正），1,600 ppm を超すと 2 時間で死亡する危険がある。
　②　二酸化炭素（CO_2）：二酸化炭素の発生源は，燃焼器具，呼吸，自動車排気，喫煙。個別空調方式の普及が急速に進むにつれ，二酸化炭素濃度と相対湿度の不適が明確に現れている。
　③　浮遊粉じん：浮遊粉じんの発生源は，たばこ，ヒトの活動，外気等である。
　④　揮発性有機化合物（VOCs）：常温常圧で大気中に揮発する有機化学物質の総称。トルエン，ベンゼン，フロン類，ジクロロメタンなど，最近では，ホルムアルデヒドによるシックハウス症候群や化学物質過敏症が問題となっている。
　⑤　窒素酸化物（NOx）：光化学オキシダントと浮遊粒子状物質の主な原因であるとして，2004 年 5 月 26 日，改正大気汚染防止法により主要な排出施設への規制が行われることとなった。発生源にはガスストーブがある。
　⑥　硫黄酸化物（SOx）：発生源には，自動車の排気ガス，発電所の排気，冷暖房用ボイラ排気，などが燃焼する際に含有されている硫黄が酸化されて発生するガス。無色で刺激臭があり，水に溶けやすい。二酸化硫黄（亜

硫酸ガス）が主体である。慢性気管支炎，気管支喘息，喘息性気管支炎，肺気腫などを発病させ，また心臓病，呼吸器疾患を悪化させる。排出規制には，煙突口の濃度規制，低硫黄燃料の使用，総量規制がある。

⑦　オゾン（O_3）：酸化作用があり，殺菌やウイルスの不活化，脱臭・脱色，有機物の除去などに用いられる。また，東京都などでは，おいしい水として塩素に代わって上水の殺菌に使われている。

⑧　におい物質：揮発性，化学反応性に富む比較的低分子の有機化合物である。におい成分を構成する元素として，炭素（C），水素（H），酸素（O），窒素（N），硫黄（S），塩素（Cl）があげられる。臭気強度と臭気物質濃度とは，対数の関係にあり，臭気強度＝比例定数×log 臭気物質濃度の関係が成り立つ。

⑨　放射性物質：放射能の強さを表す単位は［Bq］（ベクレル）。放射線量の単位は［Sv］（シーベルト）。「○○ミリシーベルトの放射線を浴びる」というように使用する。

⑩　アスベスト：アスベスト（石綿）はケイ酸塩の繊維状鉱物で不燃性を有する。建築では断熱材や耐火被覆として多く使われたが発がん性（中皮腫等）があるため使用禁止（2004年）となった。令和4年4月1日より解体，改修工事に関しアスベストの有無の事前調査が義務化された。

⑪　アレルゲン：発生源は，空気中を浮遊しているカビ，花粉やダニなどである。

⑫　微生物：菌類，細菌，ウイルスに区分される。存在場所は，空中では飛沫，浮遊粉じんに付着したもの，冷却塔の冷却水（レジオネラ属菌）に含まれるもの，土中に生息するものなどあらゆる場所。

⑬　たばこ煙：発がん性がある。健康増進法により，オフィスの分煙化が進んでいる。

⑭　石油の燃焼により発生するのは，浮遊粉じん，硫黄酸化物，窒素酸化物，一酸化炭素

⑮　室内空気汚染物質とその発生源：ラドン……土壌，硫黄酸化物……石油ストーブ，浮遊粉じん……たばこ，オゾン……コピー機，微生物……超音波加湿器，臭気……喫煙，キシレン……塗料の溶剤，クリソタイル（白石綿）クロシドライト（青石綿），アモサイト（茶石綿）……断熱材の除去工事，アスペルギルス※……室内空気

⑯　クロルピリホスは，有機リン化合物である。殺虫効果を持つことから農薬やシロアリ駆除などに用いられる。シックハウス対策として，建材への使用が禁止されている。

⑰　室内汚染物質とその発生源（過去問題より）
一酸化炭素・・・・自動車排気，燃焼器具，たばこ等
二酸化炭素・・・・　居室の過密使用
ホルムアルデヒド・・・・複合フローリング材や合板
パラジクロロベンゼン・・・・防虫剤

アスペルギルス：自然界に広く存在する真菌の一種。

窒素酸化物・・・・ガスストーブ

フューム・・・・溶接作業, ガスストーブ

タール・・・・たばこ煙

アスベスト・・・・断熱材, 建材

浮遊粉じん・・・・たばこ, ヒトの活動, 外気等

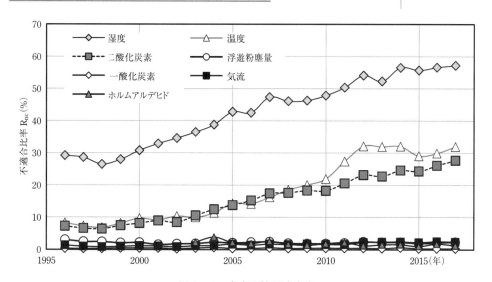

図 3.4.8　室内環境不適合率

特定建築物における空気環境不適率に関する分析

（日本建築学会環境系論文集　第 84 巻　第 765 号より引用）

第 3 節　露点温度と結露

　ある湿り空気を圧力一定の状態で温度を下げていくと, 相対湿度が高くなり, それ以上水蒸気を含めない状態になる。これを飽和といい, その温度を露点温度という。湿り空気線図上では, ある湿り空気の状態点を絶対湿度一定で左に平行移動し, 飽和線にぶつかったところの温度である。この原理を応用して, 空気調和機の冷却コイルで温度をさらに下げて行くと空気中の水分が除去される。これを冷却除湿という。

3.1　外壁の内部結露と表面結露の防止

　冬期に, 北側の外壁の室内側や, 寒い朝は, ガラスの内側表面に水滴がつくことがある。これは, 室内の空気が冷やされて, その表面が露点温度以下となり結露を生じたものである。冷たい水を入れたコップの表面に水滴がつくのと同じ原理である。これを表面結露という。また, 室内の湿分が外壁内に侵入し, 外壁内の露点以下になった部分で結露を生じることがある。これを内部結露という。内部結露は, 壁内の腐食やカビの発生の原因となり, 深刻な問題を生じる。前出の第 3 編, 第 2 章, 第 1 節 1.2 の「外壁の貫流熱流と温度分布図」にこの原理を記したが, これを再確認し, 内部結露と表面結露の防止につい

空気環境の調整
第3編

て，学習すること。

以下に外壁の内部結露と表面結露の防止の基本を列記する。

① 外壁の内部結露の防止には外断熱工法が有効だが，断熱材の室内側に防湿層を設けることも重要である。

② 外壁の表面結露は，北側に面した壁の家具の裏側など，温度が低く，空気の滞留するところに起きやすい。

③ 冬季において戸建住宅では，外気に面した壁の出隅部分の室内側で表面結露しやすい。

④ 外壁で透湿のため断熱材の内部に結露水が生じると，断熱性能が下がり，内部結露がさらに進行する。

⑤ 建築の構造上局部的に断熱が途切れて熱橋（ヒートブリッジ）となった部分は，結露しやすい。

⑥ 壁の内部結露の防止には，壁面の水蒸気分圧の高い室内側に防湿層を設けることが有効である。

⑦ 室内で発生する水蒸気（加湿）の量を必要以上に大きくしないことが，結露防止にとって重要である。

⑧ 材料の平衡含水率は吸湿過程と放湿過程では，一般に放湿過程の方が高い。

⑨ 室内において，温度の空間的分布に対し相対湿度の空間的な分布は比較的小さい。

3.2　室内温度と湿度

建築物衛生法では，温度は，18℃ 以上（令和4年4月1日改正）28℃ 以下かつ居室における温度を外気の温度より低くする場合は，その差を著しくしないこと。また，相対湿度 40% 以上 70% 以下と定められている。この根拠は，今から 50 年以上前の，1966 年 3 月ビルディングの環境衛生基準に関する研究報告書（厚生科学研究）によって，温度，相対湿度，気流，CO_2 の管理基準が研究され，1970 年に「建築物衛生法」が公布された。また，実際の事務所ビルの空調では，夏期 26℃，50%，冬期 22℃，50% という値が長らく用いられてきた。その後，種々の空調方式が出てきて，例えば大温度差送風，低温送風などでは，夏期に湿度が不足し，夏期でも加湿が必要になるなどの問題も起きている。また，地球温暖化防止対策として，冷房の設定温度は，28℃，暖房の設定温度は，20℃ が推奨されている。近年，ワークプレイスプロダクティビティー（室内環境の生産性）に関する研究も進み，ビルの室内環境の人間の生産性に及ぼす影響が注目を集めつつある。50 年前に決められた室内温度と湿度の基準が見直される時期にきているといえよう。

以下に室内温度と湿度の基本を列記する。

① 暖房期における低湿度の改善は，室内空気環境管理にかかわる大きな課題である。

② 同じ室内であっても，室内温度は垂直的にも平面的にも，多少は不均一

である場合が多く，その差が小さければ問題はないが，大きい場合には不快感や生理的障害などの原因になる。

③　近年採用された加湿方式として，気化方式（通風気化式）の割合が，他の方式（蒸気吹出し方式，水噴霧方式）に比べて最も多い。

④　室内における空気中の水分量そのものの空間的な分布は比較的小さい。

⑤　加湿装置は，主に暖房時に用いられる。

⑥　湿度調整は，有害微生物の発生や感染の防止に役立つ。

⑦　加湿装置の維持管理が不十分な場合には，微生物が装置内で増殖することがある。

⑧　気化式，水噴霧式の加湿は，温度降下を生じるが，蒸気吹き出し加湿器は温度降下がない。

⑨　除湿には，冷却減湿法や化学的減湿法がある。

⑩　空気調和機内の冷却コイル表面において結露させ減湿するのは，標準的な冷却減湿法である。

⑪　吸収減湿法では，塩化リチウムや塩化カルシウムなどの水溶液を用いて減湿する。

⑫　空気を圧縮，冷却，結露させることで除湿し，乾燥空気を製造するのは，圧縮減湿法である。

⑬　水噴霧式の加湿装置は，空気が微生物で汚染されることがある。

⑭　近年，事務所ビルは電子機器の増加などより，室内発熱量が増え，冬期でも冷房が必要なケースが増えている。

⑮　冬期に相対湿度が不足する主な原因は，

　1）　室内の温度が高く，空調が冷房運転になるため加湿装置が稼働しない

　2）　加湿装置の点検・清掃の不備による加湿能力の低下

　3）　空調機の老朽化等による加湿能力の不足

　などがあげられる。

⑯　外気導入量の不足の主な原因は，

　1）　個別制御式空調の居室で，利用者が全熱交換器の運転を停止させている。

　2）　省エネ・省コストを目的とした外気導入の抑制

　3）　設計時の外気導入量に対して，在室人員が過密

　4）　CO_2 センサーなど自動制御装置の整備不良，送風機の能力低下

　5）　給気口と排気口の接近による排気混入

　6）　VAV（可変風量制御）により給気量減少に伴い外気導入量の減少

　などがあげられる。

第5章   空気調和・換気設備

空気調和設備の問題は，出題数が多く，その内容も多岐にわたっている。重点的に学習しよう。出題の多い順に以下に関連機器を羅列する。〔ボイラ，冷却塔，フィルタ，冷凍機，全熱交換器，空気調和機，加湿装置〕。それら機器の特徴を覚えよう。

1) 気流・換気に関する問題では，自然換気で，単位時間当たりの換気量を求めてみよう。
2) 室内環境・維持管理・室内空気汚染物質に関する問題では，室内環境の不適合率（図 3.4.8 参照）については，湿度，温度，二酸化炭素が高い。
3) 空気調和方式の分類を理解しよう。
4) 熱源機器については，特に蒸気圧縮冷凍サイクルと吸収冷凍機の冷凍サイクルについて正しく理解しよう。ポンプの特性線図と送風機の特性線図を理解しよう。空気調和機について，それぞれの特徴を理解しよう。気化式加湿器については，気化式のものは，空気温度が低下する。
5) 省エネ対策については，重大な課題であるので，今後出題が増えそう。
6) 最近は室内環境と知的生産性の関係が研究されている。執務空間における知的生産性（ワークプレイスプロダクティビティー）と呼ばれ，執務空間における環境（温度，湿度，視環境，音など）は，職場における人間の知的生産性に影響している。

第1節   空調熱負荷

1.1   空調熱負荷

空調熱負荷とは，空調に要する熱負荷全体のこと。図 3.5.1 に負荷の構成内容とその関係を示す。図 3.5.2 にその構成を示す。

分類には，建物負荷，冷房負荷，暖房負荷，外気負荷，装置負荷，最大負荷，部分負荷，年間負荷，などがある。

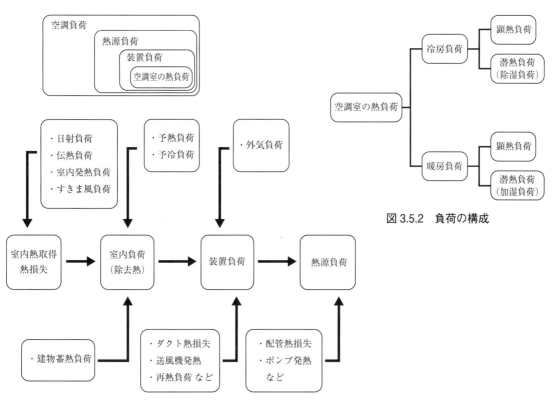

図 3.5.2　負荷の構成

図 3.5.1　負荷の構成内容とその関係

① 顕熱負荷とは，温度変化を伴う熱負荷で，外壁負荷，ガラス面負荷，照明負荷，室内機器からの発熱負荷など。

② 潜熱負荷とは，状態変化のように温度変化のない熱負荷で，夏の除湿負荷，冬期の加湿負荷など。

③ 顕熱負荷と潜熱負荷の両方を含む負荷は，人体負荷，外気負荷，すきま風負荷など。

④ 全熱負荷とは，顕熱負荷と潜熱負荷を合わせたもの。

⑤ 建物負荷とは，建物の外部から入ってくる熱（冷房時負荷）と外に出ていく熱負荷（暖房時負荷）で，躯体負荷という場合もある。すきま風の負荷は建物負荷には含まない。また，夏期の地中からの熱負荷は安全側とみなし無視する。

⑥ 装置負荷とは，室内負荷を除去するために使用される空気調和機などの装置の負荷をいう。空気調和機の負荷には，室内負荷と送風機の発熱，ダクトの熱損失を含む。

⑦ 熱源負荷とは，熱源装置に掛かる負荷で，装置負荷に配管損失，ポンプ発熱などを加えたもの。蓄熱槽を設ける場合は，熱源機の容量を削減できる。

⑧ 外気負荷とは，換気のための負荷とすきま風による負荷がある。外気負荷は，室内負荷に含まれない。

⑨ 1 人当たりの必要外気量
　　理論値は，次式で求められる。

$$必要外気量 = \frac{CO_2\ 発生量}{基準値 - 外気\ CO_2\ 濃度}$$

作業の状態を事務所作業，基準値を 1,000 ppm 外気の CO_2 濃度 400 ppm，とすると約 33 m^3/h・人となる。

⑩　建建築基準法施行令第 20 条の 2 第 2 号に基づいて，<u>事務所の 1 人当たりの必要外気量を求めると，20 m^3/h となる。</u>ただし 1 人当たりの占有面積は 10 m^2 とする。詳細は次頁 1.2 参照。

$$必要換気量 = \frac{20 \times 居室の床面積（m^2）}{1\ 人当たりの専有面積（m^2）}$$

⑪　負荷計算のための設計条件は，外気条件（冷房時の外気温湿度，暖房時の外気温湿度），建物条件（外壁面の大きさ，方位，屋上の大きさ，熱貫流率ほか），室内温湿度条件（夏期条件/冬期条件），換気量（在室人員の外気取り入れ量，機械室・厨厨房等の換気回数），空調時間（日空調時間・年間空調期間ほか），室内負荷（照明・装置負荷・在室人員）がある。

⑫　<u>ゾーニング</u>とは，空調する区域を空調熱負荷の特性に応じて区分けすること。例えば，外壁の面する方位によって，東・西・南・北に分けるとか，外壁に面した部分と内部部分のペリメータゾーンとインテリア部分に区分けすること。

⑬　外壁・屋根面からの熱負荷には，日射の影響や時間遅れなどを考慮した温度差 ETD（実効温度差）で計算される。

⑭　ガラス面の負荷は，透過日射負荷と貫流熱負荷で顕熱負荷である。

⑮　冷房負荷計算において，北面窓ガラスからの透過日射熱負荷を考慮する。

⑯　TAC 温度は，危険率（超過度数率）を設定し求めた外気設計条件であり，国土交通省建築設備設計基準では 2.5% としている。

⑰　予熱（予冷）運転とは，空調開始時間の前に空調装置の運転を開始し，あらかじめ部屋の温湿度条件にしておくこと。この負荷を予熱（予冷）負荷という。

⑱　室内負荷＝構造体負荷＋ガラス面負荷＋室内発生熱負荷（照明負荷＋人体負荷＋機器負荷）＋すきま風負荷

⑲　空調機負荷＝室内負荷＋外気負荷＋送風機負荷＋ダクト負荷

⑳　熱源負荷＝空調機負荷＋ポンプ負荷＋配管負荷

㉑　接地床の構造体負荷は，一般に冷房時には安全側とみなし無視する。

㉒　外気負荷では，顕熱負荷と潜熱負荷がある。

㉓　人体負荷には，顕熱負荷と潜熱負荷がある。

㉔　空調系内の送風機・ポンプによる負荷は，一般に暖房時には安全側とみなし無視する。

㉕　ピーク負荷は夏期最大負荷と冬期最大負荷がある。

㉖　熱源負荷＞空調機負荷＞室内負荷

㉗　すき間風負荷は，外部風や煙突効果などに基づく漏気量に対応した熱負荷である。

1.2　必要換気量

①　必要換気量とは，法規上では，健康面/衛生面で定められた数値である。建築物衛生法における空気環境管理基準で，二酸化炭素の室内許容値 1,000 ppm 以下を確保するためには，外気を導入する必要がある。

②　自然開口面積が不足する場合，機械換気設備を設ける必要がある。

③　建築基準法で，無窓の居室における機械換気設備・中央管理式の空気調和設備の場合，有効換気量は，　$V \geqq 20Af/N$（m^3/時）と決められている。

　　ただし，Af：床面積（m^2）

　　　　　　　　N：実況に応じた 1 人当たりの占有面積　（ただし，特殊建築物の居室にあっては，3 を超えるときは 3，その他の居室にあっては，10 を超えるときは 10 とする。）

つまり，その他の居室にあって N が 10 の場合，1 人当たりの有効換気量は 20 m^3/時となる。

1.3　「必要換気量」を求める計算問題と考え方

演習 1

【問題】ある室において，在室者数 6 人，在室者 1 人当たりの CO_2 発生量 0.022 m^3/h，室内 CO_2 許容値 1,000 ppm，外気 CO_2 濃度 400 ppm のとき，必要換気量〔m^3/h〕として最も近いものは次のうちどれか。ただし，室内は，定常状態で完全混合（瞬時一様拡散）とする。

(1)　40 m^3/h 　　　　　　　(4)　220 m^3/h

(2)　120 m^3/h 　　　　　　(5)　330 m^3/h

(3)　180 m^3/h

【考え方】完全混合（瞬時一様拡散）の場合，室内汚染物質の発生量が一定で，一定量の換気を継続すると，やがて，室内の汚染状態は定常になる。ここでは，その定常状態が室内 CO_2 許容値 1,000 ppm であるので，

$$C = C_0 + \frac{M}{Q_R} \ \text{[mg/m}^3\text{]}$$

　　ここで　C：室内の汚染濃度〔mg/m^3〕＝室内 CO_2 許容値

　　　　　　　C_0：汚染物質発生前の室内汚染物質濃度＝外気 CO_2 濃度〔mg/m^3〕

　　　　　　　M：汚染物質の発生量〔mg/m^3〕

　　　　　　　Q_R：定常状態の換気量〔m^3/h〕＝必要換気量〔m^3/h〕

この式を置き換えると

$$Q_R = M/(C - C_0)$$

となる。つまり，

必要換気量＝在室者 1 人当たりの CO_2 発生量×在室者数÷（室内二酸化炭素許容値－外気 CO_2 濃度）である。

1 ppm＝1×10^{-6}（100 万分の 1）

【解答】⑷　必要換気量〔m³/h〕

$$= 0.022 \text{ m}^3/\text{h} \times 6 \text{ 人} \div (1000 \times 10^{-6} - 400 \times 10^{-6})$$

$$= 220 \text{ m}^3/\text{h}$$

演習2

【問題】喫煙室において，1時間当たり15本のたばこが喫煙されている定常状態の濃度として，最も近いものは次のうちどれか。

　局所換気以外の換気システムはなく局所換気により排出される空気量は200 m³/h で，たばこにより発生した粉じんの80% は直接局所換気で排気されるが，残りは喫煙室全体に一様拡散し喫煙室空気として排気されるとする。

　ただし，たばこ1本当たりの粉じん発生量 10 mg，喫煙室に侵入する空気の粉じん濃度 0.05 mg/m³ とし，たばこ以外の粉じん発生，壁面への吸着などの影響は無視できるものとする。

⑴　0.15 mg/m³ 　　　　　⑷　0.75 mg/m³

⑵　0.20 mg/m³ 　　　　　⑸　0.80 mg/m³

⑶　0.30 mg/m³

【考え方】ここでいう定常状態とは，室内の汚染物質＝たばこの粉じんの発生量が一定で，換気によって室内に排出される粉じんの量とのバランスが取れているということである。

　定常状態においての室内汚染濃度は次式で求められる。

(なおこの出題では以下の式は示されていないので，覚えておくことが必要)

$$C = C_0 + \frac{M}{Q_R} \text{ [mg/m}^3]$$

C：室内の汚染濃度（定常状態）[mg/m³]

C_0：初期の汚染濃度（外気濃度）[mg/m³]

M：汚染物質の発生量 [mg/h]

Q_R：換気量 [m³/h]

　注意することは，たばこからの汚染物質の発生量は，10 mg/本が15本分なので 150 mg だが，このうち80% は局所排気ですぐに排出されるので，部屋に残る汚染物質の量は 150 mg × 20% ＝ 30 mg である。

以上より

$$C = C_0 + \frac{M}{Q_R}$$

$$= 0.05 + \frac{150 \times 0.2}{200}$$

$$= 0.20 \text{ [mg/m}^3]$$

【解答】⑵　0.20 mg/m³

第 2 節　空気調和方式の分類

　空気調和方式は，その方式により，個別方式と中央管理方式に区分される。また，熱搬送媒体により，全空気方式，空気―水方式，全水方式，放射冷暖房方式に区分される。

　以下に空気調和機の分類の基本に関して，列記する。

① 　空気調和方式は，個別方式と中央管理方式に区分されるが，その区分が明確でなく，平成 15 年に改正※された建築物衛生法施行令第 2 条では，「中央管理方式の」という文言が削除された。

　　その理由は，

⑴ 　個別方式の空気調和設備が，比較的大規模な建築物にも採用されるようになった。

⑵ 　個別方式の空気調和設備は，湿度管理が困難で冬期に低湿度状態になりがちである。

⑶ 　空気調和方式の個別方式・中央管理方式にかかわらず，同じ管理基準で適切に維持管理される必要がある。

⑷ 　空気調和方式の個別方式・中央管理方式の区別が明確でなくなってきた状況がある。

② 　個別方式は，室内ユニット（室内機と呼ぶ）と熱源ユニット（屋外機と呼ぶ）を冷媒配管で接続して，運転する方式で，「パッケージ形空気調和機」「ビルマルチ形空気調和機」と呼ぶ方式と，中央熱源を持たずに，熱源と空気調和機とが一体となっているもの「分散置水熱源ヒートポンプ方式」がある。屋外機には，電動式と，ガスエンジンなどによるものがある。

③ 　中央管理方式とは，熱源設備（ボイラ・冷凍機・冷却塔など）と空気調和機（空気調和機・ファンコイルユニットなど）が分離されたシステムをいう。空気調和機側を 2 次側空気調和設備という。

④ 　空気調和方式は，熱搬送媒体により，全空気方式，空気―水方式，全水方式に分類される。それ以外に放射冷暖房方式がある。

⑤ 　全空気方式には，単一ダクト方式，各階ユニット方式などがある。パッケージ方式（機械室などに設置）も全空気方式に分類される。

⑥ 　全空気方式は，定風量可変温度方式と変風量固定温度方式に分類される。

⑦ 　空気―水方式には，ダクト併用ファンコイルユニット方式などがある。

⑧ 　全水方式には，ファンコイルユニット方式，放射冷暖房方式がある。

⑨ 　天井パネルを用いる放射冷暖房方式では，冷房運転時の結露対策に配慮する。

改正以前では，中央管理方式の空気調和設備にのみ空気環境の基準値が設けられていたが，改正後には個別方式の空気調和設備にも空気環境の基準が適用されることになった。

第3節　空気調和方式の特徴

　第2節では空気調和方式の分類について記述したが，方式により，特徴がある。また空調方式や空調機器は，空調を行う場所，その目的，に合わせて空気調和設備を選定される。以下に空気調和方式の特徴に関して，列記する。

　表3.5.1に代表的な空気調和方式の例を示す。

表3.5.1　代表的な空気調和方式の例

方式	熱媒体による分類	方式名称	特徴	多い採用例
中央方式（熱源分離方式）	全空気方式	定風量単一ダクト方式	ゾーンまたは部屋ごとの個別制御に適さない	一般事務所ビル・工場
		天井吹き出し方式	ゾーンまたは部屋ごとの個別制御に適さない	クリンルーム
		床吹き出し方式		電算機室
		変風量単一ダクト方式	ゾーン別制御が可能	一般事務所ビル
	水一空気方式	ダクト併用ファンコイルユニット方式	4管式ファンコイルユニットでは，混合損失を生じることがある	一般事務所ビル
		外調機併用ターミナルエアハンドリングユニット方式	ゾーン別制御が可能	一般事務所ビル
		放射冷暖房＋中央式外調機方式		一般事務所ビル
	全水方式	放射冷暖房方式	大空間の空調が可能	工場・倉庫
個別方式（熱源分散方式）	その他 PAC：パッケージ型空調機	分散設置ヒートポンプPAC＋中央式外調機方式	個別制御が可能	一般事務所ビル
		分散設置水熱源ヒートポンプPAC方式	個別制御が可能	一般事務所ビル
		分散設置空気熱源ヒートポンプPAC方式	個別制御が可能	一般事務所ビル

① 単一ダクト方式：空気調和機からダクトを経て室内に冷風や温風を供給するシステム。歴史上最も古い空調方式，熱負荷の変動に対応して，給気温度を変えて室温をコントロールする。

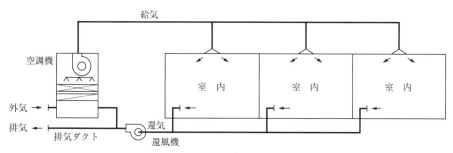

図3.5.3　単一ダクト方式の例

② 各階ユニット方式は，単一ダクト方式の空気調和機を各階に分散設置したシステムで，全館用の外調機を階上階等に設置することが多い。

③ 変風量単一ダクト方式は，給気風量を可変とすることで，熱負荷の変動に対応するものである。給気風量の制御には，VAVユニット（Variable Air Volume（可変風量制御装置））を使用することが多い。

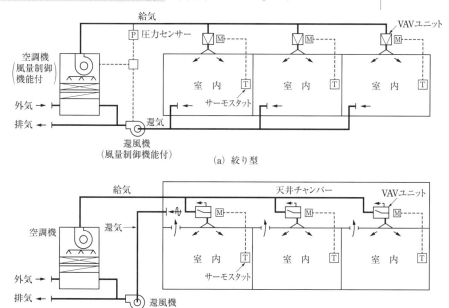

(a) 絞り型

(b) バイパス型

図3.5.4　変風量単一ダクト方式の例

●変風量単一ダクト方式でVAV方式を採用する場合，上流側の圧力変動によって風量が変動するのを避け，常に一定の風量を確保する必要がある場所には，CAVユニット（Constant Air Volume（定風量制御装置））を使用する。

④ 床吹出空調方式は，二重床をダクトスペースとして利用している。

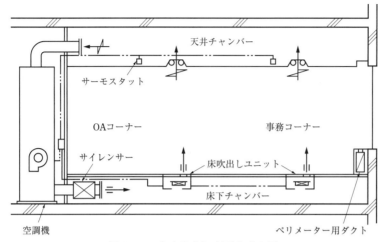

図3.5.5　床吹き出し空調方式の例

⑤　ダクト併用ファンコイルユニット方式は，端末ユニットとしてファンコ
イルユニットを用い，単一ダクト方式と併用するものである。ファンコイ
ルユニットは，ダクト併用ファンコイルユニット方式における端末ユニッ
トとして用いられる。単一ダクト方式にファンコイルユニットを併用する
ことで，個別制御性を高めたシステムである。

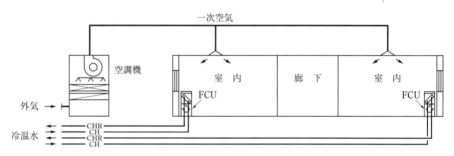

図3.5.6　ダクト併用ファンコイルユニット方式の例

●ファンコイルユニットは，設置方法により床置き型・天吊り型等の種類
があり，個別の発停が可能，熱負荷変動が大きいペリメータゾーンに配
置されることが多い。

●ダクト併用ファンコイルユニット方式は，単一ダクト方式に比べ，空気
調和機及び主ダクトの小容量化・小型化が可能であるが，ダクト吹出空
気と，ファンコイル吹出空気による混合損失が発生する場合がある。

⑥　分散設置水熱源ヒートポンプ方式では天井面等に多数設置された小型の
水熱源ヒートポンプ・パッケージ型空調機を水配管で接続し，屋上などに
密閉型冷却塔と補助温熱源を設置し，冷房運転と暖房運転を混在して運転
できる。

⑦　放射冷暖房方式は，天井面に放射パネルを配置し，放射パネルに冷温水を供給し，パネルの放射熱によって冷房または暖房を行う方式。冷房時の潜熱負荷の処理と外気を供給するためには，外調機が併用されることが多い。天井の高いところでは輻射暖房として蒸気を使用することもある。

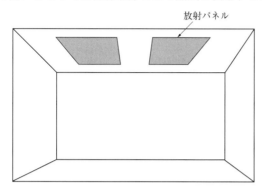

放射パネル

図3.5.7　放射冷暖房システムの例

⑧　ビルマルチ形空気調和方式は，1台の室外機に複数台の室内機が接続され，インバータ制御によって容量制御でき，部屋毎の運転も可能である。

⑨　個別方式の空気調和設備は外気処理能力を持たないため，外調機などの外気処理装置と併用するなどの対策が必要である。

⑩　ヒートポンプ方式には，水熱源方式と空気熱源方式がある。水熱源方式は，空気熱源方式に比べて，一般に成績係数が高い。しかし，空気熱源方式は，冷却塔，冷却水配管が不要，屋上の機械設置スペースが少なくて済むなどの理由で多く採用されていたが，外気温度により効率が左右されるため機種選定には注意が必要である。

省エネルギーの観点から，水熱源として地熱，河川水，下水など未利用エネルギー利用施設もできている。

第3編　空気環境の調整

熱源機器

4.1   熱源機器の組み合わせと特徴

空気調和設備は，熱源設備を構成する冷凍機，ボイラ[※]，冷却塔，熱交換器等の熱源設備，それを供給する搬送設備，空気調和機に分類される。熱源設備には，多くの方式があるがその代表的な例を表3.5.2に示す。

「ボイラ」は，学術用語としては「ボイラ」を，法規上の用語としては「ボイラー」を使用する。

表3.5.2　代表的な熱源方式の例

方式名称	投入する主エネルギー		特徴・注意事項	採用例
	冷熱源	温熱源		
電動冷凍機＋ボイラ方式	電気	ガス・油	年間を通して電力消費量の変化が大きい。ヒートポンプ冷凍機のCPOは吸収冷凍機と比して高い。 ただし，一定規模以上の冷凍機の場合，「高圧ガス製造保安責任者」の資格（第一種から第三種まで）が必要。 また，一定規模以上，一定の圧力以上のボイラには，運転者の資格が必要。（特級ボイラー技士，一級ボイラー技士，二級ボイラー技士）	工場・一般事務所ビル等
直だき冷温水発生器	ガス・油・木質ペレット		受電容量を小さくすることができる。 運転者の資格が要らない。 電動冷凍機＋ボイラ方式と比較して，機械室の面積が小さくできる。	工場・一般事務所ビル等
吸収冷凍機＋蒸気ボイラ方式	ガス・油		吸収冷凍機は運転者の資格は要らないが，一定規模以上，一定の圧力以上のボイラには，運転者の資格が必要。	地域冷暖房施設・病院・ホテル
電動ヒートポンプ方式	電気		夏冬の電力消費の差を小さくすることができる。EHP	中・小規模事務所ビル等
エンジンヒートポンプ方式	ガス・油		エンジンの排熱の有効利用 ガスエンジン：GHP 灯油エンジン：KHP	寒冷地の暖房熱源
空冷モジュール式熱源機器	電気		小型電動圧縮機をモジュール化，複数台搭載し1台の冷熱源機器として構成，この小型電動圧縮機を台数制御することによる，負荷に対応した運転により省エネルギー運転ができる。 この小型電動圧縮機に対応した，冷温水ポンプも搭載した機器もある。	中・大型ビルの冷温水熱源として使用されている。
コージェネレーション方式	ガス・油		発電時の排熱の有効利用，電力需要を主として運転する場合，空気調和その他の熱需要に追従できない場合がある。	地域冷暖房施設・大規模ビル

① 直だき吸収冷温水機は，吸収式冷凍機と温水ボイラを組み合わせた熱源機器で，1 台の機器で冷水又は温水，あるいはこれらを同時に製造することができる。※

② 電力需要を主として運転するコージェネレーション方式では，空気調和その他の熱需要に追従できない場合がある。

③ 熱回収形冷凍機（ダブルバンドル形）は，夏期は冷水専用または，冷・温水同時取出し，冬期および中間期は熱回収ヒートポンプとして，冷・温水または温水専用として使用できる。

④ 吸収冷凍機と蒸気ボイラを組み合わせる方式は，病院・ホテルなど蒸気を使用するところでの採用例が多い。

4.2　蒸気圧縮冷凍機

蒸気圧縮冷凍機は気体の冷媒を利用して，冷水を製造する冷凍機である。以下に蒸気圧縮冷凍機について列記する。

① 蒸気圧縮冷凍機の冷媒には，自然冷媒（アンモニア，CO_2 など）とフロン冷媒がある。

② フロン冷媒はオゾン層破壊効果のある「特定フロン CFC: クロロフルオロカーボン」とその代替として利用される「代替フロン HFC: ハイドロフルオロカーボン」がある。しかし，代替フロンも地球温暖化，オゾン層破壊に影響を与えるので，排出抑制の課題がある。

③ 蒸気圧縮冷凍機には，圧縮機の構造で往復動冷凍機，回転式（ロータリー形，スクリュー形，スクロール形）冷凍機，ターボ冷凍機の 3 種がある。

④ 圧縮機を潤滑するため冷媒となじみのよい冷凍機油が使用される。

⑤ 往復動冷凍機は，シリンダ内のピストンによって冷媒ガスを圧縮する。

⑥ 回転式冷凍機は，圧縮機本体の小型化が可能である。

⑦ 遠心型冷凍機（ターボ冷凍機）は，一般に中・大規模な空気調和設備熱源に用いられる。

⑧ 冷凍機は冷媒の種類及び冷凍能力によって，高圧ガス保安法の規制を受ける場合がある。

⑨ 代替フロンを除くフロン類を使用している，冷凍機，パッケージ型空調機の廃棄は，特定製品に係るフロン類の回収及び破壊の実施の確保等に関する法律の対象となる。

4.3　蒸気圧縮冷凍サイクル

冷媒の流れ：圧縮機⇒凝縮器⇒膨張弁⇒蒸発器⇒圧縮機

冷水の流れ：蒸発器⇒空調機器⇒蒸発器

冷却水の流れ：凝縮器⇒冷却塔⇒凝縮器

圧縮機：低圧ガス冷媒を圧縮し，高圧ガス冷媒とする。比エンタルピーも圧力も上がる

暖房時の温水を取り出す方式は，
①吸収器＋凝縮器から温水を得る。
②別置きの温水熱交換機から温水を得る。
③蒸発器から温水を得る。
の 3 つがある。
現在は③が主流であり，この場合，同時に冷水と温水を製造できる。

第 3 編　空気環境の調整

凝縮器：冷却水（空気）により，高圧ガスの冷媒を低圧液冷媒とする。冷却
　　　　水（空気）に放熱するため，比エンタルピーは下がるが，圧力は変
　　　　化しない（空気）空冷の場合

膨張弁：液化した冷媒を膨張させる。圧力は低下するが，比エンタルピーは
　　　　変化しない

蒸発器：冷媒がガス化（気化）すると同時に，冷水の熱を奪うため，冷媒の
　　　　比エンタルピーが増加する

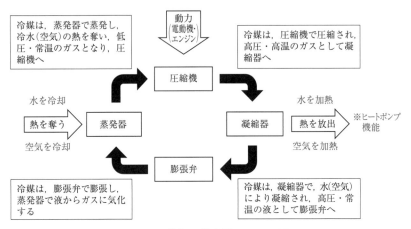

図 3.5.8　蒸気圧縮冷媒サイクル図

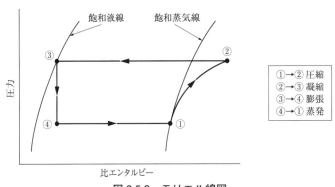

図 3.5.9　モリエル線図

4.4　吸収冷凍機

　吸収冷凍機は冷媒（水）が蒸発する蒸発潜熱を利用して，冷水を造る冷凍機
である。以下に吸収冷凍機について列記する。

　①　水が百分の一気圧下で約0℃近くで蒸発（気化熱）するのを利用してい
　　る。

　②　吸収冷凍機の溶液は，冷媒は水，吸収液として臭化リチウムが用いられ
　　る。

　③　薄くなった吸収液を再生するのに使用する熱源に蒸気を使用するものを
　　蒸気吸収式冷凍機，ガス，油，木質ペレットを直接利用するものを直だき

吸収冷温水機，太陽熱を使用するものをソーラー吸収冷温水機という。

④　二重効用吸収冷凍機は，単効用吸収冷凍機に高温再生機を加えたもので，単効用吸収冷凍機よりもエネルギー効率に優れる。

⑤　直だき吸収冷温水機は，吸収式冷凍機と温水ボイラ機能を組み合わせた熱源機器で，1 台で冷水と温水を製造できる。

⑥　低温排熱を利用する場合は，単効用の吸収式冷凍機を使用する。

⑦　吸収冷凍機の特徴は蒸気圧縮冷凍機と比較して，

・冷凍機内は真空で圧力による破裂の心配がない

・回転部分が少ないので，音や振動が少ない

・吸収剤そのものに毒性はない

・消費電力が少ない

・加熱源の使用範囲が広い，また廃熱の利用が可能

・特別な運転者の資格を必要としない（油を燃料とする場合は，危険物取扱主任者が必要）

吸収冷凍機の欠点は蒸気圧縮冷凍機冷凍機と比較して，

・本体が大きい

・ガス，蒸気油等の熱源を必要とする

・ガス，油を使用する場合，煙道が必要

4.5　吸収冷凍機の冷凍サイクル

凝縮器：再生器で発生した水蒸気を冷却水で凝縮し，蒸発器に戻す

蒸発器：冷媒（＝水）が冷水から熱（気化熱）を奪って蒸発する

吸収器：蒸発した冷媒（＝水蒸気）を吸収液（臭化リチウム溶液）に吸収させ，ポンプによって再生器に送る

再生器：薄くなった吸収液を蒸気等で加熱し水分を蒸発させ，吸収液を濃縮する

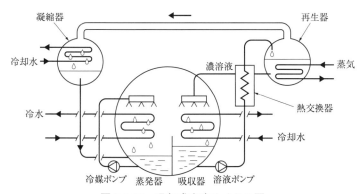

図 3.5.10　吸収式冷凍サイクル図

4.6　冷却塔

　空気調和設備では，蒸気圧縮冷凍機の凝縮器の冷却や吸収冷凍機の凝縮器の冷却に冷却水が使われる。その冷却水の熱を大気に逃がすために冷却塔が使われる。以下に冷却塔について列記する。

① 　空調用途における冷却塔は，主として冷凍機の凝縮熱を大気に放出するためにある。

② 　冷却塔には，開放型冷却塔と，密閉型冷却塔がある。

③ 　密閉型冷却塔は，熱交換器の外面に散布した水の蒸発潜熱を利用して管内の冷却水を冷却する。

④ 　密閉型冷却塔の冷却水は密閉回路である。

⑤ 　開放型冷却塔と密閉型冷却塔の比較（表3.5.3 参照）

表3.5.3　開放型冷却塔と密閉型冷却塔の比較

	開放型冷却塔	密閉型冷却塔
本体の大きさ	小	大
製品価格	小	大
冷却水ポンプの動力 （散布水循環ポンプを含まない）	大	小
冷却塔送風機動力	小	大
冷却水の水質劣化による冷凍機凝縮器の腐食の可能性	大	小

⑥ 　開放型冷却塔において，冷却塔における水の損失は，

・熱を取り除くために要する蒸発分

・ファンによって空気とともに微小水滴として運び去られるキャリーオーバと呼ばれる水

・藻の発生やスケール析出を防ぐために濃縮濃度を下げるためのブローダウンと呼ばれる強制排水がある。失った分の水は塔内のボールタップから自動的に給水される。それらは一般に循環水量の2% 程度である。

4.7　ボイラ

　空気調和設備や衛生設備では，温水または蒸気の製造にボイラが使用される場合がある。表3.5.4 にボイラの種類と主な用途を記す。また，ボイラについて列記する。

表3.5.4　ボイラの種類と主な用途

ボイラの種類	取出す熱媒の種類	蒸気圧力/温水温度	蒸発量または熱出力	ボイラ効率（%）	主な用途
鋳鉄製ボイラ	蒸気	0.1 MPa 以下	0.3〜4 t/h	80〜86	給湯・暖房用
	低温水	120℃ 以下	29〜2,300 kW		

丸ボイラ	立てボイラ	蒸気	0.7 MPa 以下	0.1~0.5 t/h	70~75	暖房・プロセス用
	炉筒煙管ボイラ	蒸気	1.6 MPa 以下	0.5~20 t/h	85~90	給湯・暖房・プロセス用・地域冷暖房用
		中・高温水	170℃ 以下	350~9,300 kW		地域暖房用
貫流ボイラ	単管式小型貫流ボイラ	蒸気	3 MPa 以下	0.1~15 t/h	80~90	曝房・プロセス用
	多管式小型貫流ボイラ	蒸気	1 MPa 以下	0.1~2 t/h	75~90	暖房・プロセス用
	大型貫流ボイラ	蒸気	5 MPa 以上	100 t/h 以上	90	発電用
		高温水	130℃ 以下	5.8 MW 以上		地岐暖房用
水管ボイラ	立て水管ボイラ	蒸気	1 MPa 以下	0.5~2 t/h	85	給湯・暖房プロセス用
	二胴水管ボイラ	蒸気	0.7 MPa 以下	5 t/h 以上	85~90	給湯・プロセス・発電用
電気ボイラ		温水	120℃ 以下	120~93 kW	98	全電気式空調補助熱源用
熱媒ボイラ	気相	200~350℃		1.2~2,300 kW	80~85	プロセス用
	液相					
真空式温水ヒーター		低温水	70℃ 以下	116~1,160 kW	85~90	給湯・暖房用
住宅用小型ボイラ		温水	0.1 MPa 以下	12~41 kW	60~80	給湯・暖房用

① 　鋳鉄製ボイラは，セクション内部の清掃が難しく，スケール防止のため，装置系を密閉で使用し，低温・低圧・小容量の場合に用いられる。

② 　炉筒煙管ボイラは，大きな横型ドラムを特徴とし，大型ビルや地域冷暖房などの高圧蒸気が必要な場合に使用され，洗浄・消毒等の用途に高圧蒸気を必要とする病院・ホテル等でも多く採用されている。

③ 　炉筒煙管ボイラは，横型ドラム本体内の水を煙管で加熱する構造であり，本体とし，燃焼室と煙管群で構成されている。

④ 　貫流ボイラは，水管壁に囲まれた燃焼室および水管群からなる対流伝熱面で構成され，ドラムが小さめなのが特徴である。

⑤ 　真空式温水発生機は，缶体内を大気圧以下（ほぼ真空）とし，水を100℃ 以下の低温で沸騰させ，その蒸気が熱交換器にて水と熱交換をし温水を造る缶内圧力が1気圧以下のため，ボイラには該当しない，中小規模建築物などの給湯や暖房用として使用される，ボイラに関する取扱資格は不要となる。

⑥ 　吸収冷温水機は，1台で冷水と温水を製造できる。但しボイラの適用は

受けない。
　⑦　ボイラー※の区分によりその取扱者には，以下の資格が必要となる。
　　　簡易ボイラー　資格は不要
　　　小型ボイラー　特別教育を受けた者
　　　ボイラー※　ボイラー技士免許者
　　　※一定規模以下のものは小規模ボイラーと呼ばれ，"ボイラー取扱技能
　　　　講習修了者"が取扱うことができる。

ボイラーとボイラの違いはないが，法規上の言葉として，ボイラーを使用する。

4.8　水（蒸気）－水熱交換器

　水－水熱交換器とは，空気調和設備や衛生設備で水質，圧力，および使用目的などが違う2種類の水（または蒸気）を混合することなく温度だけを交換する設備である。以下に水（蒸気）－水熱交換器の種類と主な用途，特徴を記す。
　①　多管式熱交換器には，U字管式・全固定式・フローティングヘッド式等があり，蒸気－水や高温水－水の熱交換に適している。
　②　プレート式熱交換器は，多管式熱交換器と比較して設置面積や荷重が小さくなる。
　③　多管式熱交換器は，内部清掃が比較的容易である。

4.9　地域冷暖房設備

　地域冷暖房はさまざまな利点があり，大都市の自治体では，これを積極的に推し進めている。
　しかし，問題点としてあげられる事項もある。以下に地域冷暖房の利点と欠点について列記する。
　　利点
　①　熱源装置の大型化，集約化により効率的な運用が可能となる。
　②　冷却塔を集約できるので，都市の美観を向上できる。
　③　大気汚染防止などの公害防止対策がし易い。
　④　個別の建築物の機械室スペースを小さくすることができる。
　　欠点
　①　配管の敷設など初期投資が大きい。
　②　管路が長くなると維持管理や熱媒の搬送の費用が増大する。
　③　加熱能力が21［GJ/h］以上の場合，熱供給事業法の適用を受ける。

第5節　ポンプ

5.1　ポンプの種類

　ポンプには，その使用目的，流体の種類，必要とする揚程（圧力），流量，などによっていろいろな種類がある。表 3.5.5 にポンプの種類を記す。

表 3.5.5　ポンプの種類

ポンプ	ターボ型	遠心ポンプ	渦巻きポンプ ディフューザポンプ
		斜流ポンプ	
		軸流ポンプ	
	容積型	往復ポンプ	ピストンポンプ プランジャーポンプ ダイヤフラムポンプ
		回転ポンプ	歯車ポンプ ねじポンプ ベーンポンプ
	特殊型		渦流ポンプ 気泡ポンプ 水撃ポンプ ジェットポンプ 電磁ポンプ 粘性ポンプ

5.2　ポンプの基本事項

（1）　ポンプの性能

　①　ポンプの性能を表す線図に揚程線図がある。

　②　性能曲線の例では，横軸に吐出し量（m^3/min）を取り，左側に，全揚程（m），効率（%），軸動力（kW）を書いたものが多い。

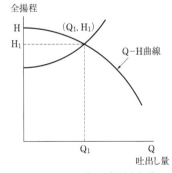

図 3.5.11　ポンプ特性曲線

　③　揚水ポンプにおける全揚程は，損失水頭と実揚程の和である。

　④　ポンプの水量は回転数に比例する，揚程は回転数の 2 乗に比例する，軸動力は回転数の 3 乗に比例する。

⑤　ポンプ動力削減には回転数制御（インバーター制御等）が有効である。

⑥　ポンプの吸込み揚程は，有効吸込みヘッド（NPSH）以下にしなくては
ならない。

⑦　サージングとは渦巻きポンプや送風機またはターボ圧縮機などに起こる
現象で，流量をしぼって運転すると，脈動を起こし，流量，圧力，回転速
度が変動する振動と騒音を起こす現象。

⑧　キャビテーションとは，配管中に圧力の低い部分ができると，水の一部
が蒸発し気泡を作ることがあり，その気泡がつぶれるときに起きる現象
で，配管などに衝撃を与えて配管を損傷することがある。

⑨　キャビテーションの発生を判断するのに，有効吸込みヘッド（NPSH）
が用いられる。

⑩　水撃作用（ウォーターハンマー）はポンプが急停止した際などに起き
る。その防止には，緩閉式逆止弁を用いる方法がある。

⑪　ターボ型ポンプには，遠心ポンプ，斜流ポンプ，軸流ポンプがある。

(2)　渦巻きポンプ

①　渦巻きポンプは，ターボ型に分類される。

②　多段渦巻きポンプは，2枚以上の羽根車を直列に組み込むことで，高揚
程を確保できる。

③　インラインポンプは，渦巻き型ポンプの1つで，配管の途中に取り付け
られる。

(3)　その他のポンプ

①　渦流ポンプは，特殊形ポンプに分類される。渦流と渦巻き文字が似てい
るので注意。

②　渦流ポンプは，小水量で高揚程が特徴である。

③　容積型ポンプの1つに歯車ポンプがある。

④　歯車ポンプは，歯車の歯のかみ合わせを利用して流体を押し出す。

⑤　ダイヤフラムポンプは，容積型に分類される。

⑥　回転ポンプは，ローターや歯車の回転運動により吸込・吐出し作用を行
うポンプ。

⑦　回転ポンプは，歯車ポンプ，ねじポンプ，ベーンポンプがある。

第6節　送風機

6.1　送風機の種類と基本

　送風機には，その使用目的，流体の種類，必要とする圧力，流量，などによっていろいろな種類がある。表 3.5.6 に送風機の種類を記す。

表 3.5.6　送風機の種類

種類	遠心送風機				斜流送風機	軸流送風機			横流送風機
	多翼送風機（シロッコ）	後向き送風機	翼型送風機	チューブラー型遠心送風機		プロペラ型	チューブラー型	ベーン型	
風量（m3/min）	10〜2,000	30〜2,500	30〜2,500	20〜50	10〜300	20〜500	500〜5,000	40〜2,000	3〜20
静圧（Pa）	100〜1,230	1,230〜2,450	1,230〜2,450	100〜490	100〜590	0〜100	50〜150	100〜790	0〜80
効率（%）	35〜70	65〜80	70〜85	40〜50	65〜80	10〜50	55〜65	75〜85	40〜50
比騒音（db）	40	40	35	45	35	40	45	45	30
用途	低速ダクト空調用	高速ダクト空調用	高速ダクト空調用	屋上換気扇	局所通風	換気扇 小型冷却塔	局所通風 大型冷却塔	局所通風 トンネル排気	ファンコイルユニット

注　1)　この一覧は吸い込みを基準にしている。
　　2)　それぞれの値は大体の目安である。
　　3)　比騒音とは，風圧 9.807 Pa で，1 m³/s を送風機の騒音値に換算したものである。

6.2　送風機の基本事項

　下記に送風機の基本事項を列記する。

① 　送風機は，吐出圧力が 9.8 kPa 以下のファンと 9.8 kPa 以上のブロワに分類され，空気調和用・換気用・排煙用の送風機にはファンが用いられる。

② 　軸流式送風機では，空気が軸方向から入り，軸に沿って通り抜ける。

③ 　斜流式送風機では，空気が軸方向から入り，軸に対して傾斜して通り抜ける。

④ 　多翼送風機は，シロッコファンとも呼ばれ，遠心式送風機に分類される。

⑤ 　送風機の特性曲線は，グラフ上の横軸に風量をとり，縦軸に各風量における圧力・効率，軸動力・騒音値をとって表したものである。（図 3.5.12）

⑥ 　送風機の風量は回転数に比例，吐出し圧力は回転数の 2 乗に比例，軸動力は回転数の 3 乗に比例する。

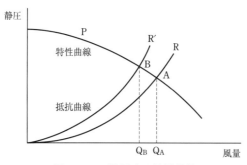

図 3.5.12　送風時の特性曲線

6.3　送風機の振動原因と対応

(1)　サージングが起きていたので，ダンパの開度を開けた。

(2)　基礎ボルトが片締め状態であったため，平均に締め直した。

(3)　V ベルトが張り過ぎであったため，適度に緩めた。

(4)　軸受けの摩耗が進んでいると判断して，交換した。

(5)　羽根車にじんあいが付着していたため，掃除してバランスを調整した。

第7節　空気調和機（エアハンドリングユニット）

7.1　空気調和機

　空気調和機には，エアハンドリングユニット，ファンコイルユニット，パッケージ型空気調和機などがある。図 3.5.13 に空気調和機の分類，図 3.5.14 に空気調和機の構造例を示す。表 3.5.7 に各種空気調和機の特徴を示す。

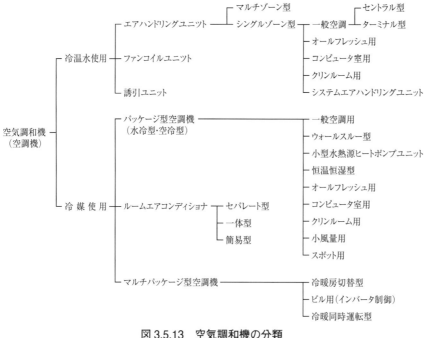

図 3.5.13　空気調和機の分類

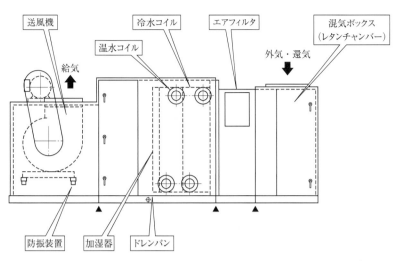

図 3.5.14　エアハンドリングユニットの構造例（図は S 社ホームページより）

空気環境の調整
第 3 編

表 3.5.7　各種空気調和機の特徴

熱媒の種類	種類（大分類）	種類（小分類）	特徴
冷温水	エアハンドリングユニット	一般空調用セントラル型	基本的に床置きが多い
		一般空調用ターミナル型	小型・軽量
		オールフレッシュ型	潜熱処理量が大きい
		コンピュータ室用	下吹き形もある
		クリンルーム用	高性能フィルタ付き
		システム型空調機	小型・軽量
	ファンコイルユニット	床置き露出型，床置き隠ぺい型，天井吊り露出型，天井吊り隠ぺい型	小型・軽量，設置場所に合わせて，露出型・隠ぺい型など種類が多い
冷媒	パッケージ形空調機（水冷型・空冷型）	セパレート型空調機	熱源設備が要らない。
		一体型パッケージ（ウインドクーラー）	工事が簡単で，安価な方式
		ウォールスルー型	外壁に直接セットするため，直に外気を取り込める
		小型水熱源ヒートポンプユニット	同一系統で冷房と暖房が同時に可能
		オールフレッシュ型	潜熱処理量が大きい
		産業用	大型大風量タイプがある
		コンピュータ室用	下吹き形もある
		クリンルーム用	高静圧で高性能フィルタを組み込める

		スポットエアコン	工場，厨房等のスポット空調に使用される
		氷蓄熱エアコン	蓄熱運転が可能
		ガスヒートポンプユニット	受電容量が少なくて済む
	マルチユニット（ビル用マルチ形空調機）	冷暖房切替型	熱源設備が要らない
		ビル用（インバータ制御）	比例制御が可能
		冷暖同時運転型	同一系統で，冷房と暖房が同時に運転可能

① 空気調和機は，空調機と言われる場合が多い。
② 空気調和機とは，エアハンドリングユニット，パッケージ型空気調和機，ファンコイルユニット，ルームエアーコンディショナ，ビル用マルチユニットなどを含めていう場合と，エアハンドリングユニットのことをいう場合がある。
③ エアハンドリングユニットを構成する標準的な機器
　㋐ 冷却コイル
　㋑ 温水コイル/蒸気コイル
　㋒ 加湿器
　㋓ ドレンパン
　㋔ 送風機
　㋕ エアフィルタ
④ エアハンドリングユニットは，使用目的に合わせて構成機器の組み合わせ，設置場所に合わせて屋外形，床置き型，天井吊り型などが可能である。
　また，熱源設備から供給される冷水・温水・蒸気等を用いて空調空気を作り，各ゾーン・各室にダクトにより送風するものであり，冷却・加熱のための熱源は内蔵していない。
⑤ ターミナルエアハンドリングユニットは，小風量タイプで機械室を用いずに天井隠ぺい，パイプシャフト内などに設置可能であり，個別制御性に優れているため，各室や細分されたゾーンの空気調和に特化した小風量タイプの空気調和機である。空気―水方式に分類される。
⑥ 冷却コイルには，フィン付き管型熱交換器が多く使用される。
⑦ ビルマルチという用語は，メーカーによって，マルチ形空調機，ビル用マルチ形空調機，マルチユニット，ビルマルチ形空調機，ビルマルチエアコンなどいろいろな言葉が使われている。

7.2　パッケージ型空気調和機

① パッケージ型空気調和機には凝縮器の冷却方式により，水冷型と空冷型があり，大型のものは業務用エアコンと呼ばれることが多く，熱源機は，標準的な蒸気圧縮冷凍サイクルを用いている。

② パッケージ型空気調和機の圧縮機の駆動源として，電動機のほか，ガスエンジン等があり，GHP（ガスヒートポンプ）は，正式名称を「ガスエンジン・ヒートポンプ・エアコン」と呼ぶ。ガスエンジンで圧縮機を駆動し，ヒートポンプ運転によって冷暖房を行う空調システムで，エンジンの排熱を回収して有効利用でき，寒冷地の暖房熱源に適している。ただし，送風機等に電源も必要なので，停電時は使用できない。

③ パッケージ型空気調和機は，日本国内ではほとんどヒートポンプ方式である。

④ パッケージ型空気調和機に外気を直接取り込むと，冷凍機停止時は，冷房時に温風や暖房時に冷風が出てクレームになることがある。全熱交換機を介して外気を取り入れることが望ましい。

⑤ 空気熱源方式のパッケージ型空気調和機では，室内において水損事故が少ない。

⑥ 一体型ルームエアーコンディショナは，ウインドエアコン（窓用エアコン）と呼ばれ，工事が簡単で，安価な方式である。

7.3　ビル用マルチ型空調機・業務用マルチエアコン

① 当初は屋外機と屋内機の高さの差が限られていたので，高層ビルには使用できなかったが，近年は 90 m の高さにまで対応可能な機種がある。

② ビル用マルチ型空調機は，中央熱源方式の空調システムと比して，室内機ごとに個別の運転費が計算できるため，賃貸建物等では，テナント毎の空調費用を算出できる。

③ 一般的に業務用マルチエアコンは，ビル用マルチ形空調機に比して冷媒配管長が短い。

④ 容量の異なる室内機を個別に運転し，室内機ごとに温度・風量を調整できる。

⑤ 冷房・暖房を個別に調整可能な機種がある。

⑥ 室内機が個別に動くので室外機と電源が分かれている。但し時間外運転等，屋内機が 1 台でも運転すると，屋外機も運転しなくてはならない。

7.4　ファンコイルユニット

① 送風機，熱交換器，エアフィルタおよびケーシングによって構成される室内設置用の小型空気調和機である。

② ホテルの冷暖房用やダクト併用ファンコイルユニット方式における端末ユニットとして幅広く用いられる。

③ 設置方法により，床置き露出型，床置き隠ぺい型，天井吊り露出型，天井吊り隠ぺい型の種類がある。

④ 熱負荷変動が大きい窓付近（ペリメータ）に配置されることが多い。

⑤ 直接外気を取り入れることが難しいので，外気処理用空調機または内周用空調機で外気を取り入れる。

⑥　ダブルコイル型は，冷水コイルと温水コイルの両方を備えていて，冬期に冷房と暖房が同時に必要なペリメータに配置されることがある。但し冷温水配管は 4 管式となる。

第 8 節　加湿器・除湿器

①　加湿方式には，蒸気吹き出し方式，水噴霧方式および気化方式がある。

②　加湿器には蒸気加湿器（電熱式加湿器，電極式加湿器，赤外線式加湿器，パン型加湿器），水噴霧加湿器，超音波加湿器，気化式加湿器，など多くの種類がある。（表 3.5.8）

③　水噴霧方式および気化式加湿装置は，水の蒸発潜熱（気化熱）により，空気の温度降下を生じる，よって空気調和機の暖房用加熱コイルに，その気化熱負荷分能力を見込んでおく。

④　蒸気式加湿装置を使用した場合，空気温度は降下しない。

⑤　近年，居室内における発熱負荷が増加し，冬期でも冷房運転になることがある。その場合，水噴霧方式および気化方式では，加湿機能が働かないで室内湿度が低下することがある。その場合，蒸気加湿器を選択するとよい。

⑥　電極式加湿器は，タンク内の電極間に通電させ，ジュール熱によって蒸気を発生させる。したがって，給水の水質には不純物が溶存している必要がある。（純水は電気を通さないので，使用できない）

⑦　加湿装置は，空気調和設備に必要な管理項目（厚生労働省告示による）に基づいて，当該加湿装置の使用開始時および使用期間中の 1 カ月以内ごとに 1 回定期に汚れの状況を点検し必要に応じ清掃等を行うこと。

⑧　表 3.5.8 に加湿装置の分類を記す。

表 3.5.8　加湿装置の分類

加湿方式	特　徴	基本構造		問題点
		名称	加湿原理	
蒸気吹き出し方式	1）無菌 2）不純物を放出しない 3）温度降下なし	電熱式（パン型）	シーズヒーターにより水を加熱	ヒーターやパンの中に，水中のシリカ等がこびりつくため寿命が短い
		電極式	電極間の水をジュール熱で加熱	電極の寿命は 5,000～8,000 時間 純水水源は使用できない
		赤外線式	赤外線の放射熱により水を加熱	赤外線ランプの寿命は約 6,000 時間
		蒸気拡散管式	ボイラからの蒸気を過熱蒸気として放出	蒸気配管・ドレン配管が必要
		蒸気ノズル式	ボイラからの蒸気を放出	同上

水噴霧方式	1) 温度降下する 2) 不純物を放出する 3) 水槽内のレジオネラ属菌の発生に注意をはらう	遠心式	遠心力により霧化	軸受の寿命は 20,000〜30,000 時間
		超音波式	超音波振動子により霧化	振動子の寿命は 5,000〜10,000 時間
		2 流体スプレー式	高速空気流により霧化	圧縮機が必要
		スプレーノズル式	ノズルにより霧化	
気化方式	1) 温度降下する 2) 不純物を放出しない 3) 飽和湿度以下で放出する 4) 湿度が高くなるほど加湿量が減少する 5) 空気の汚れも影響する 6) 水槽内のレジオネラ属菌の発生に注意をはらう	エアワッシャ式	多量の水を空気と接触させて気化	多量の水を必要とする
		滴下式	上部へ給水し，加湿材をぬらして通風気化	
		透湿膜式	遠湿膜内へ給水し，透過した水分が通風気化	
		回転式	加湿材を回転し，水槽でぬらして通風気化	
		毛細管式	毛細管現象で加湿材をぬらして通風気化	加湿材への不純物の堆積が速い

⑨　除湿器には，回転式除湿器などがある。第 4 章第 1 節 1.5 の表 3.4.1 を参照。

第 9 節　全熱交換器・顕熱交換器

　換気の目的は，外気中の酸素を室内に供給するとともに，室内で発生した二酸化炭素，臭気ガス等の室内汚染物質を屋外に排出することにある。しかし，外気の取り入れには，冷房時も，暖房時も外気負荷が発生する。省エネルギーのために全熱交換器を設置し，外気と排気の顕熱と潜熱の回収を行うことは有効である。

①　全熱交換器は，外気取り入れ時に取入れ外気と排気の顕熱と潜熱の回収が行われ，冷房時も暖房時も省エネに繋がる。

②　夏期の外気エンタルピーが室内空気のエンタルピーよりも低い場合は，全熱交換機をバイパスさせて外気導入を行う方が省エネである。

③　回転型全熱交換器は，吸湿性のあるエレメントから構成され回転によって熱交換を行う。回転時に給気と排気が混合しないようにパージセクターを設けるが，完全に分離できないため，臭気の強い部屋（動物実験室等），危険性ガスを使用する施設などでは使用できない場合がある。

④　静止型全熱交換器は，給排気を隔てる仕切り板が伝熱性と透湿性を有する材料で構成されている。

⑤　空気－空気熱交換器である顕熱交換器における給排気の隔壁には，透湿性のない金属エレメントなどが用いられ，寒冷地における熱回収などに用

いられる。

⑥　空気―空気熱交換器の1つであるヒートパイプは，内部に封入された作動流体が蒸発と凝縮のサイクルを形成することにより熱輸送する。

⑦　ちゅう房や温水プールの換気では，潜熱の回収が要らないため，全熱交換器は不向きである。

第10節　ダクト設備と付属品

10.1　ダクト

ダクトは，空調や換気の利用される空気の通り道で，風道とも呼ばれる。
以下にダクトについて列記する。

①　ダクトの形状としては角ダクトのほか，丸形ダクト，楕円形ダクトがある。

②　丸形ダクトには，鉄板を丸めて，はぜで加工した丸形ダクト，楕円形ダクト，帯状の鉄板をらせん状に丸めて加工したスパイラルダクトがある。

③　はぜで加工した丸形ダクトはスパイラルダクトと比して強度が弱い。

④　丸ダクトは，現在はほとんどスパイラルダクトが使用される。

⑤　ダクト材料には，亜鉛鉄板（溶融亜鉛めっき鋼板），ガルバリウム鋼板，グラスウール板，ステンレス鋼鈑，樹脂被覆鉄板，硬質ポリ塩化ビニル（塩ビ）板などが使用される。

⑥　鋼板製長方形ダクト同士を接合する継手には，アングルフランジ工法・共板フランジ工法等がある。

⑦　排煙ダクトは，フランジダクトが使用される。

⑧　建物に使用されるダクトは不燃材でなければならない。

⑨　グラスウールダクトは，断熱が不要で吸音効果がある。

⑩　ダクト内の粉じん中の細菌・真菌の量は，給気ダクトより還気ダクトの方が多い。

⑪　多湿箇所に設置されるダクトや耐食性を必要とするダクトには，ステンレス鋼板が用いられる。

10.2　ダクト付属品

ダクト設備に使用される部品をダクト付属品という。
以下にダクト付属品について列記する。

①　消音装置には，消音エルボ，消音チャンバー，消音マフラー，がある。

②　フレキシブル継手は，ダクトと吹出口や消音ボックスなどを接続する際に，位置調整のために設けられる。

③　たわみ継手（キャンバス継手）は，送風機とダクトとを接続する際に，振動を遮断するために設けられる。

④　防火ダンパ（FD）は，防火区画貫通部に火炎遮断の目的で設置される。

⑤　防火ダンパは，防火ダンパの羽根およびケーシングは，一般に1.5 mm

以上の鋼板で製作される。また，温度ヒューズ※と連動して流路を遮断する。

⑥　風量調整ダンパー（ボリュームダンパ・VD）は，ダクト内風量を調整する目的で設置される。

⑦　防煙区画を貫通するダクトには，煙感知器と連動して閉鎖する防煙ダンパが設けられる。

⑧　防火ダンパには，点検口を設ける。

⑨　風量調整ダンパには，バタフライ型，多翼型ダンパ（平行翼型），多翼型ダンパ（対向翼型），スリットダンパ，スライドダンパがある。

東京都建築設備行政に関する設計・施工上の指針などで，一般換気設備に設ける防火ダンパーの温度ヒューズの溶解温度は 72℃ のもの，湯沸室，厨房等で，排気温度が 72℃ を超える場合には 120℃ 程度のものを使用する。
排煙ダクトの温度ヒューズの溶解温度は 280℃ を使用する。

10.3　吹出口

表 3.5.9 に吹出口の種類を記す。

表 3.5.9　吹出口の種類

分類	型式名称	風向調整	備考
ふく流吹出口 天井ディフューザ	丸型アネモ型 丸型パン型	固定（ふく流） 可動コーン・パン（ふく流～垂直軸流）	給・排気機能を持ったものもある
	角型アネモ型 角型パン型	固定（天井 4 方向） 可動コーン・パン（天井 4 方向～垂直軸流）	
	角型ルーバ型	固定（天井に沿う気流）	ただし，1～4 方向パターン選択可能
	角型多孔板型	可動ベーン（天井に沿う気流）	ベーン調整により 1～4 方向ふく流を調整可能
軸流吹出口	ノズル型	固定ベーン付き	方向をある程度変更可能
	バンカールーバ型	首振り型	方向をある程度変更可能
	グリル型	固定（多孔板，固定バー［スリット型など］） 可動バー	開閉シャッタのあるものは「レジスタ」と通称するユニバーサル型
線状（スロット型）吹出口	線状型	固定 可動ベーン（天井に沿う気流～下向気流）	ただし固定方向バー付きあり
			システム天井用差し込みディフューザも含む。ラインディフューザーともいわれる
面状吹出口	多孔パネル型	固定（ただし，拡散型のベーン）	ただし，拡散形固定ベーン型のものがある
	天井パネル型	なし	

①　アネモ型は，ふく流吹出口に分類される。
②　天井パネル型は，面状吹出口に分類される。
③　グリル型は，軸流吹出口に分類される。
④　ノズル型は，軸流吹出口に分類される。

⑤ 多孔パネル型は，面状吹出口に分類される。

⑥ ラインディフューザーは線状吹出口に分類される。

⑦ ふく流吹出口は，他の吹出口に比べて誘引効果が高く，均一度の高い温度分布が得られる。

⑧ 軸流吹出口は，誘引比が小さいため到達距離が長いのが特徴である。

⑨ 線状吹出口は，ペリメータ負荷処理用として窓近傍に設置されることが多い。

⑩ 面状吹出口は，天井板に細孔をあけた有孔天井を用い，吹出空気は天井全面から微風速で吹き出す方式が一般的である。

⑪ 吸込口の吸込気流には方向性がない。

第11節 配管設備と附属品

11.1 空調設備の配管材料とその使用区分

配管材料はたくさんあるが，下記は過去に出題されたものを記す。

配管用炭素鋼鋼管（白管）…………冷温水

フランジ付硬質塩化ビニルライニング鋼管………冷却水

硬質ポリ塩化ビニル管………排水管・冷却水

配管用炭素鋼鋼管（黒管）………油

配管用ステンレス鋼管………蒸気還管

11.2 配管の種類とそれに関連する温度※又は圧力

高温水配管…………120～180℃

冷却水配管…………37～32℃

冷水配管……………7～12℃

高圧蒸気配管………0.1～1 MPa

低圧蒸気配管………0.01～0.05 MPa

これらの温度は過去の出題例から記したが，あくまでも一例である。例えば冷却水は，冬期では出来るだけ下げて使うほうが，省エネになる。また，冷水温度も大温度差送水はポンプ動力の削減になる。

これらの温度・圧力は過去の出題から記した一例である。実際の場合は異なる場合が多い。

11.3 配管付属品

① バタフライ弁は，軸の回転によって弁体が開閉する構造である。

② 仕切弁は，くさび状の弁体の上下によってバルブが開閉する構造である。ゲート弁ともいわれる。

③ リフト式逆止弁は，水平配管に取り付けられる。垂直配管には取り付けができない。

④ スイング式逆止弁は，水平配管，および下から上に流れる垂直配管に取り付けられる。

⑤ 玉形弁は，弁体と弁座の隙間を変えて流量を調節するものである。

⑥　ボール弁は，抵抗が少なく，流量調整ができる。

⑦　自動空気抜き弁は，配管中にたまった空気を自動的に排出する。

⑧　蒸気トラップは，蒸気還管の蒸気と凝縮水の分離に用いられ，蒸気還管に蒸気が流入するのを防止する。

⑨　伸縮継手は，ベローズ型とスリーブ型があり，蒸気管や温水管の膨張対策に用いられる。

⑩　可とう継手は，外部から建物の導入部，配管と機器の接続部などの変位の吸収に使用される。

⑪　防振継手は，ゴム製のものと，ステンレス製のものがあり，ポンプなど回転体機器類の配管出入口に取付け，振動の伝達を低減する。

⑫　フレキシブル継手※は，可とう継手のこと。防振継手としては使用できない。

> ※ フレキシブル継手は，ダクト用と配管用の両方がある。

第12節　断熱・保温

　空調用機器，ダクトおよび空調用配管には，断熱（または保温）を施す。その目的と概要を解説する。

12.1　断熱または保温の目的
①　大気中に熱を逃がさない。
②　やけどを防止する。
③　結露を防止する。
④　音や振動を抑える。

12.2　断熱または保温の材料
①　断熱材はグラスウール，ロックウール，ホームポリスチレンが多い。
②　そのほかに，ケイ酸カルシウム・パーライト・セラミック等の断熱材がある。
③　かつてはアスベスト（石綿）も多く使われたが，今は使用禁止である。

第13節　自動制御・省エネ対策

　空調設備や衛生設備では，自動制御設備が設けられる。ビル管理技術者にとって，自動制御とは，中央監視盤といわれていた昔からなじみの深いものである。しかし，近年はIT化の進歩と，ユビキタスコンピュータの時代を迎え，自動制御設備を作る人と使う人が完全に分かれた時代になった。ビルの自動制御の方式，中央監視システムやインターネットテクノロジーの技術もどんどん変わってきている。

　この節では，自動制御と中央監視システムの基本事項とソフト面を中心に説明する。

① 　二位置制御は，ON・OFF 制御ともいわれる。

② 　比例制御は，操作量を動作信号の現在値に比例させる制御である。

③ 　自動制御システムは，検出部・調節部・操作部で構成される。

④ 　電力のデマンド制御は，需要者側でピーク負荷を抑制し，契約値を管理する制御である。

⑤ 　計装とは，計測，制御，警報，監視などの自動制御システムおよびシステムを構成する機器を装備し，運転可能な状態にすること。

⑥ 　空気調和自動制御機器には，電気式・空気式・電子式・DDC 方式がある。

⑦ 　バイメタルは，線膨張係数が異なる2種類の薄い金属板を貼り合わせ，周囲の温度変化による金属の伸縮差を利用し，電気式調節器の二位置制御に利用される。

⑧ 　予冷・予熱運転時に外気取入れ停止（ウォーミングアップ制御）は，省エネになる。

⑨ 　還気空気の二酸化炭素濃度が低い場合は，外気取入れ制御を行うことにより，省エネになる（CO_2 制御）。

⑩ 　冷却水温度管理において，冷却塔ファンを停止するより，冷却水温を低くする方が冷凍機成績係数は上昇し，省エネ運転に繋がる。

⑪ 　外気冷房時は，全熱交換機をバイパスさせて外気導入を行う。

⑫ 　ポンプ動力削減には，回転数制御が有効である。（回転数が 1/2 になると動力は 3 乗に比例するため理論的に 1/8 となる）

⑬ 　冷房時に外気のエンタルピーが室内のエンタルピーより低い場合は外気冷房が可能である。

第6章　空気調和・換気設備の管理

> **学習のポイント**
>
> 　室内環境の管理について，建築物衛生法による空気環境管理基準，建築物環境衛生管理基準項目の測定法を覚えよう。
>
> 　空気環境の測定・温熱要素の測定・環境要素の測定については，なかなか理解が難しいが，専門的な用語を覚えておこう。

第1節　室内環境の管理

　室内環境の管理は，ビル管理技術者の重要用務である。表3.6.1に空気環境管理基準，表3.6.2に建築物環境衛生管理基準項目の測定法を記す。

　空気調和・換気設備の維持管理は，ビル管理技術者の重要用務である。表3.6.1に空気調和設備に必要な管理項目（厚生労働省告示による）を記す。

1.1　室内環境管理の不適合率

　平成28年度東京都のビル管理士講習会資料による不適合率※

《帳簿書類に関する項目別の不適率》

① 年間管理計画：0.8％，空調管理：26.8％，給水・給湯管理：3.7％，雑用水管理：8.9％，排水管理：7.6％，清掃：0.8％，ねずみ等の防除：0.6％，吹付けアスベスト：0，図面類：0.2％である。

② 帳簿書類に不備があると，管理者が維持管理の状況や問題点を把握できず，衛生管理に支障をきたすおそれがある。

③ 立案した年間管理計画に基づき，実施状況を正確に記録できる体制を整える。

《設備管理に関する検査項目別不適率》

① 設備の維持管理について，項目別の不適率は，空調管理：6.4％，給水・給湯管理：22.5％，雑用水管理：14.5％，排水管理：14.4％，清掃等：1.1％，ねずみ等の防除：6.1％，アスベスト：0％である。

② 維持管理が適切に行われないと，設備機器の不具合や故障が発生し，さらには衛生上の事故につながるおそれがある。

③ 日常から設備の点検，整備，改修等，適正な維持管理に努めること。

《室内環境の不適率》

① 東京都の空気環境調査の不適率は相対湿度：30.7％と二酸化炭素：20.5％が多い。事務所における個別空調方式の普及が急速に進むにつれ，二酸化炭素濃度と相対湿度の不適が明確に現れている。

　また，全国的な調査平均値では，相対湿度，温度，二酸化炭素の不適率が高い。

　図3.4.8室内環境不適率を参照。

（欄外）
かつての出題で，不適合率と不適率の両方の用語が使われているが，同義と考える。

数値は東京都健康安全研究センター（平成29年）による

② 空調管理で不適率が高い項目

冷却塔・冷却水管，排水受け・加湿装置等の点検・清掃

平成14年の建築物衛生法政省令改正で新たに規定された検査項目であることから，管理基準としての認識が管理担当者等に十分浸透していないことが考えられる。

設備の省スペース化やビルの利用形態等の多様化により，空調機が天井内に設置されているため維持管理が困難であったり，熱源設備が24時間運転のため冷却水管の清掃が困難であるといったビルが増加している。

《空気環境測定の結果》

① 二酸化炭素濃度や冬期の相対湿度等が基準を満たさないビルが毎年多く発生している。

原因は，二酸化炭素については外気量の不足や過密人員など。

② 相対湿度については，加湿装置の能力不足・整備不良の他，以下がある。

③ 相対湿度不適合の原因は，OA機器の普及により居室内における発熱負荷が増加し，結果として冬期でも冷房運転になってしまうため，加湿装置が十分に機能していないことなどが考えられる。

表 3.6.1　空気調和設備に必要な管理項目（厚生労働省告示による）

設備名	管理項目	点検内容	頻度
加湿装置	清掃		1年以内ごとに1回
	点検	コイル表面，エリミネータ等の汚れ，スプレーノズルの閉塞状況等	使用開始時及び以後1カ月以内に1回点検，必要に応じ清掃
排水受け（ドレンパン）	点検	汚れ，閉塞状況の有無	使用開始時及び以後1カ月以内に1回点検，必要に応じ清掃
フィルタ	点検 交換	汚れの状況，前後の気圧差の異常の有無。必要に応じ交換	定期
冷温水コイル	点検　洗浄 交換	コイル表面の汚れ等の有無	定期
吹出口・吸込口	点検 清掃	汚れの状況等	定期
送風機・排風機	点検	送風量・排風量の測定 作動状況の点検	定期
自動制御装置	点検	隔測温度計の検出部の障害の有無	定期

第2節　空調設備の管理

以下に空調設備の管理に関する項目を列記する。

① 空調用ダクトは，経過年数に応じて内部の清掃を考慮する。

② 空気調和・換気設備に関連する健康障害には，微生物によるものがあり，ビル関連疾患（BRI：Building Related Illnesses）に代表される。

③ 加湿装置は，建築物環境衛生管理基準に基づき，使用開始時および使用期間中の1カ月以内ごとに汚れの状況を点検する。

④ 建築物環境衛生管理基準に基づき，冷却塔，冷却水の水管および加湿装置の清掃を，それぞれ1年以内ごとに1回，定期に行うこと。

⑤ 個別方式の空気調和設備※は，中央管理方式に比べて換気量不足による室内空気汚染の発生が懸念される。

⑥ 個別方式の空気調和設備は，湿度管理が難しく冬期に低湿度状態になりがちである。

⑦ 建築物環境衛生管理基準に基づき，空気調和設備内に設けられた排水受けは，1カ月以内ごとに1回，定期的にその汚れ及び閉塞の状況を点検する。

⑧ 設備の劣化には物理的劣化と，社会的劣化がある。物理的劣化とは運用に伴う経年劣化のことをいう。社会的劣化とは，社会の変化や科学技術の進化などに伴う劣化をいい，物理的劣化がなくても，社会的劣化はあり得る。特定フロンを使用した冷凍機は社会的劣化といえよう。

《冷却塔の管理》

① 冷却塔に供給する水は，水道法第4条に規定する水質基準に適合していることが求められる。

② 冷却塔の強制ブローは，冷却水の濃縮防止に有効である。

③ 冷却塔の使用開始後は，1カ月以内ごとに1回，定期に汚れの状況を点検する。

④ 冷却塔を含む冷却水の水管は，1年以内ごとに1回清掃する。

⑤ 冷却水系のスライム除去は，レジオネラ属菌の増殖防止に有効である。レジオネラ属菌検査を実施し，薬剤による化学的洗浄と冷却塔の使用期間中に冷却水のレジオネラ属菌抑制効果を確認する。

⑥ レジオネラ属菌検出時の対策実施後は，菌数が検出限界未満であることを確認する。

⑦ スケールが発生すると，冷却塔の冷却効率の低下を招く。

⑧ スライム防止やレジオネラ属菌対策として，薬液注入装置を設置し，多機能型薬剤を連続して投入する。冷却水系を化学的に殺菌洗浄するには，過酸化水素や塩素剤などを循環させる。

個別方式の空気調和設備については，第5章第2節を参照。

第3編　空気環境の調整

空気調和設備の節電対策

　地球温暖化問題の解決には省エネルギーが重要な課題である。

　以下に空調設備の節電計画を列記する。

《冷・暖房時》

　①　熱源機の熱交換器を洗浄する。

　②　空気調和機のエアフィルタを清掃する。

　③　予冷時・余熱時に，外気導入を停止する。

　④　室内 CO_2 濃度による外気導入量の削減。

《冷房時》

　①　冷凍機の冷却水入口温度を低下させる。

　②　ヒートポンプ室外機の熱交換器に散水する。（シリカ等の熱交換フィン付着に注意）

　③　空調機の出口空気温度の確保が可能なら，冷凍機の冷水出口温度を上昇させる。

　④　室内設定温度を 26℃ から 28℃ に変更する。

　⑤　冷却塔の送風機の発停制御を中止する。

　⑥　外気のエンタルピーが室内空気のエンタルピーより低い場合は，外気冷房運転を行う。

《暖房時》

　①　室内設定温度を 22℃ から 20℃ に変更する。

　②　空調機の出口空気温度の確保が可能なら，ボイラの温水出口温度を低下させる。

　③　外気のエンタルピーが室内空気のエンタルピーより高い場合は，外気暖房運転を行う。

　④　室内発熱負荷が多く，冷房運転が必要なときは，外気冷房運転を行う。

第4節　**空気環境・温熱要素・環境要素の測定**

　空気環境の測定，温熱要素の測定，環境要素の測定は建築物環境衛生管理技術者の重要な役割であるので，出題数も多い。測定法についてよく学習しよう。

4.1　空気環境の測定

⑴　建築物環境衛生管理基準項目の測定

　①　建築物環境衛生管理技術者は，2カ月以内ごとに各階ごとに測定点を定め，温度，湿度，気流，二酸化炭素濃度，一酸化炭素濃度，浮遊粉じん濃度等の必要な項目の環境測定を実施する。

　②　新規のビルや建築基準法に定める大規模な修繕又は模様替え等が行われた場合の対象室は使用開始後の6月1日～9月30日までの間に1回ホルムアルデヒド濃度の測定を行う必要がある。

③　中央管理方式以外に個別空調方式の空調設備を設けている場合も環境測定の対象となる。

④　測定回数，場所，測定方法，測定器の維持管理等は，基準等に従って適切であること。

⑤　空気環境測定が，次に示す方法で行われていること。

　イ）　外気は最初に測定する（排気ガスの影響を避けるため，なるべく屋上で測定するのが望ましい）。

　ロ）　測定場所は<u>各階ごとに，居室中央部の床上 75 cm 以上 150 cm 以下の位置</u>で測定する。

　ハ）　測定は，1 日の始業後から中間時の間，及び中間時から終業前の間の 2 回を基本として実施する。

　ニ）　空気環境測定結果で不適となった項目について，その原因を調査し，結果を概評に記載する。

　ホ）　環境測定結果書には，測定場所，時刻，実測値以外に，在室者人員，喫煙者数，結果の概評，グラフ，測定器名等も記載する。

　ヘ）　粉じん計が 1 年以内に較正されている（較正記録の控えを保管している）。

⑥　表 3.6.2 に，管理項目と測定法を示す。

表 3.6.2　管理項目と測定法

管理項目	測　定　法
浮遊粉じんの量	グラスファイバろ紙（0.3 µm のステアリン酸粒子を 99.9% 以上捕集する性能を有するものに限る。）を装着して相対沈降径がおおむね 10 µm 以下の浮遊粉じんを質量法により測定する機器または厚生労働大臣の登録を受けた者により当該機器を標準として較正された機器
一酸化炭素の含有率	検知管方式による一酸化炭素検定器
二酸化炭素の含有率	検知管方式による二酸化炭素検定器
温度	0.5℃ 目盛の温度計
相対湿度	0.5℃ 目盛の乾湿球湿度計
気流	0.2 m/s 以上の気流を測定することができる風速計
ホルムアルデヒドの量	2・4ージニトロフェニルヒドラジン捕集ー高速液体クロマトグラフ法により測定する機器。 4ーアミノー3ーヒドラジノー5ーメルカプトー1・2・4ートリアゾール法により測定する機器または厚生労働大臣が別に指定する測定器

4.2　温熱要素の測定

(1)　温度・熱放射

① 建築物における衛生的環境の確保に関する法律に基づく温度の測定器は，0.5度目盛の温度計（これと同程度以上の性能を有する測定器を含む。）を使用する。

② ガラス製温度計は，気象庁の登録検定機関の検定済みのものを使用する。

③ バイメタル温度計は，2種類の金属の膨張率の差を利用するものである。

④ グローブ温度計は，直径15 cmの薄い銅板製で表面に黒のつや消し塗装が施された球の，中心に温度計を内蔵している。

　　イ）　熱放射の測定に用いられるもので，気流の影響を受ける。

　　ロ）　測定値は，平均放射温度（MRT）とほぼ比例する関係にある。

　　ハ）　室内気流速度が小さくなるにつれ，平均放射温度に近づく傾向にある。

　　ニ）　示度が安定するまでに十数分かかるので，気流変動の大きいところの測定には適していない。

(2)　湿度

① 相対湿度の測定器には，毛髪などの伸縮を利用したものや電気抵抗を利用するがある。

　　電気抵抗式湿度計は，感湿部の電気抵抗が吸湿や脱湿により変化することを利用している。

　　0.5度目盛の乾湿球湿度計（これと同程度以上の性能を有する測定器を含む。）を使用する。

② アウグスト乾湿計の湿球における水の蒸発量は，通風速度に影響される，乾球温度は，一般に湿球温度より高い値を示す。

③ アスマン通風乾湿計は，周囲気流および熱放射の影響を防ぐ構造となっている。

④ 自記毛髪湿度計は，振動の多い場所での使用は避けるべきである。

(3)　風速

① 気流の測定には，0.2メートル毎秒以上の気流を測定することのできる風速計（これと同程度以上の性能を有する測定器を含む）を使用する。

② 熱線風速計には，定電圧式と定温度式がある。

③ 熱線風速計は，電流を通じて加熱された白金線などから気流に奪われる熱量が風速に関係する原理を利用している。

④ 超音波風速計は，超音波の伝播時間と気流との関係を利用し，3次元の風速が測定できる。

⑤ ピトー管による風速測定では，ベルヌーイの定理を用いている。

4.3　空気清浄度の測定

室内環境の測定項目，測定法および測定機器の基本

(1)　一酸化炭素

①　一酸化炭素（CO）の測定は，検知管方式による一酸化炭素検定器（これと同程度以上の性能を有する測定器を含む。）を使用する。

②　一酸化炭素（CO）の測定は，定電位電解法，検知管方式，非分散型赤外線吸収法がある。

(2)　二酸化炭素

①　二酸化炭素の含有率の測定は，検知管方式による二酸化炭素検定器（これと同程度以上の性能を有する測定器を含む。）を使用する。

②　二酸化炭素の測定は，非分散型赤外線吸収法がある。

(3)　浮遊粉塵

粉じん計と呼ばれる測定器の原理は「光散乱方式」「光吸収方式」「圧電天秤方式」など数種類の原理があり，その利用方法にはかなり専門的な知識が必要である。以下の記述は過去の出題から記したものである。また，表 3.6.3 に主な浮遊粉塵の測定法を記した。

①　浮遊粉じんの測定法には，捕集測定法と浮遊測定法がある。

②　測定には，粉じんの化学的組成は考慮しない。

③　測定の対象は，相対沈降径がおおむね 10 μm 以下の粒子状物質とする。

④　建築物衛生法で規定された基準値は，質量濃度で 0.15 mg/m³ 以下である。

⑤　空気中の粉じんを捕集するのに，吸引ポンプを使用する捕集測定法（アクティブ法）と，空気の自然拡散力を利用し，浮遊状態のままで測定する浮遊測定法（パッシブサンプリング法）がある。（揮発性有機化合物等の捕集も同じ）

⑥　建築物環境衛生管理基準の標準となる測定法は，ローボリウムエアサンプラ法（LV 法）である。

⑦　建築物環境衛生管理基準に基づきローボリウムエアサンプラ法※を用いる場合には，分粒装置を装着する必要がある。

⑧　簡易測定として，光散乱法があるが，標準測定法ではない。

⑨　アクティブ法は，30 分程度の短時間で測定できるが，パッシブサンプリング法では，8 時間以上の暴露時間が必要となる。（揮発性有機化合物等の捕集も同じ）

⑩　ピエゾバランス粉じん計で測定した値は，質量濃度に比較的近い。

⑪　ピエゾバランス粉じん計※は，圧電天秤の原理に基づくものであり，試料空気中の浮遊粉じんを静電沈着により圧電結晶素子に捕集し，捕集された粉じんの質量により変化する圧電結晶素子の固有周波数の差を利用して，相対濃度として指示値を得る測定器である。

⑫　デジタル粉じん計は，粉じんによる散乱光の量により相対濃度を測定する，受光部などは，経年劣化が生じることから，定期的に較正を行う。

ローボリウムエアサンプラ法
小型携帯型の吸引ポンプを用いてエアーをサンプリングする捕集測定法。

ピエゾバランス粉じん計
圧電天秤法による粉じん測定法によるデジタル粉じん計。短時間で測定が行なえ，粉じん質量濃度が直接デジタル表示で測定出来る。

⑬　測定に使用される機器は1年以内ごとに1回，規定された登録者の較正を受ける。

表3.6.3に浮遊粉じんの測定法を示す。

表3.6.3　浮遊粉じんの測定法

測定法	捕集方法	濃度測定方法	測定方法の説明
捕集測定法	ろ過法	吸光光度法	試料空気をJIS K 0910に規定するろ過材を通して吸引し，ろ過材上に粉じんを捕集する。
		β線吸収法	
		フィルタ振動法	
		計数法	
	衝突式	秤量法	試料空気を衝突板上に衝突させ，粉じんを捕集する。
		圧電天秤法	
		計数法	
	静電式	圧電天秤法	高電圧によって粉じんに帯電させ，静電気力によって粉じんを捕集する。
		計数法	
浮遊測定法	散乱光を測定する方法	散乱光法	単位時間当たりの散乱光量によって測定する。
		粒子計数法	粒子個々の散乱光によって測定する。
	吸光度を測定する方法	吸光光度法	透過光量を吸光光度計によって測定する。
	その他の方法	凝縮核計数法	凝縮成長させた微小粒子を散乱光によって測定する。

4.4　「室内浮遊粉じん」に関する計算問題と考え方

演習

【問題】光散乱式の粉じん計を用いて室内の浮遊粉じんの相対濃度を測定したところ，6分間当たり120カウントであった。

この粉じん計のバックグランド値は1分間当たり6カウントで，標準粒子に対する感度が1分間1カウント当たり0.001 mg/m³，室内浮遊粉じんに対する較正係数が1.3であるとすると，室内浮遊粉じんの濃度として，最も近いものは次のうちどれか。

　(1)　0.010 mg/m³

　(2)　0.013 mg/m³

　(3)　0.018 mg/m³

　(4)　0.020 mg/m³

　(5)　0.026 mg/m³

【考え方】

① 粉じん計の測定値では，室内浮遊粉じんの濃度と，測定器が感応する最低濃度の値（＝バックグランド値）との，合計された値が出てしまう。したがって，測定開始の最初に，このカウントを測定しそれを実測した測定値から差し引く。

② 測定結果は6分間当たり120カウントなので，1分間当たりは20カウントである。バックグランドの値が6カウントなので，真の粉じん濃度は1分間当たり，20－6＝14カウントとなる。

③ 標準粒子に対する感度は1分間当たり1カウント0.001 mg/m^{3}なので，14カウントで0.014 mg/m^{3}となる。これに較正係数の1.3を掛ければ実際の室内浮遊粉じん濃度か求められる。

【解答】　(3)　0.0014×1.3＝0.018

(4) ホルムアルデヒド

① ホルムアルデヒド（HCHO）：ホルムアルデヒドの測定法には，分析機器を用いて正確に測定値が得られる精密測定法と，現場で簡便に測定値が得られる簡易測定法がある。表3.6.4にホルムアルデヒドの測定法を表す。

表3.6.4　ホルムアルデヒド測定法の分類

精密測定法*	アクティブ法**	DNPH※カートリッジ捕集−HPLC法
		ほう酸溶液捕集−AHMT法
		TFBA※カートリッジ捕集−GC/MS法
		CNET※カートリッジ捕集−HPLC法
	パッシブ法**	DNPH含侵チューブ−HPLC法
		TEA※含侵チューブ−吸光光度法
簡易測定法*	アクティブ法**	検知管法（電動ポンプ式）
		定電位電解法（DNPH干渉フィルタ法）
		光電光度法（試験紙）
		燃料電池法
		光電光度法（AHMT試験紙）
		化学発光法
		吸光光度法（拡散スクラバー法）

＊精密測定法は，試料を持ち帰って分析機器を使用し，正確に分析する。簡易測定法は現場で測定値が得られる。
＊＊アクティブ法とは試料の採集にポンプを用いる方法，パッシブ法とはポンプを用いない方法。

(5) VOCs

① 揮発性有機化合物（VOCs）VOCsの測定には，基本的にガスクロマトグラフ質量分析計を用いる。

② 加熱脱着法は，溶媒抽出法と比較して測定感度が高い。VOCsのパッシ

DNPH, TFBA, CNET, TEA
これらは誘導体化試薬の種類である。

　ブサンプリング法は，アクティブ法とパッシブ法がある。

③　TVOCの簡易な定量には，トルエン換算法がある。

④　簡易測定法は，妨害ガスの影響を受けることがある。

⑤　市販のTVOCモニタは，定期的に標準ガスによる較正が欠かせない。

⑥　化学発光法も使える。

⑦　VOCsのパッシブサンプリング法は，空気の自然拡散力を利用している。

⑧　DNPHカートリッジは，冷蔵保管が必要である。

⑨　DNPH－HPLC法によるパッシブ法の試料は，空気の自然拡散によるサンプリングを用いて採取する。

⑩　検知管法においては，サンプリングに電動ポンプを使用する。

(6)　窒素酸化物（NOx）・硫黄酸化物（SOx）

①　窒素酸化物（NOx）の測定法には，化学発光法，ザルツマン法，フィルタバッチ法がある。

②　硫黄酸化物（SOx）の測定法には，溶液導電率法，紫外線蛍光法がある。

(7)　酸素

①　酸素の測定法には，酸素濃度計，ガルバニ電池法がある。

(8)　オゾン

①　オゾン（O_3）の測定法には，紫外線吸収法，半導体法，吸光光度法，化学発光法，検知管法，CT法がある。表3.6.5にその概要を記す。

表3.6.5　主なオゾン測定法

方法	測定原理	特徴
紫外線吸収法	紫外線領域に固有な吸収波長である254 nm付近における吸光度を測定する。	プロセス用リーク監視として精度・信頼性が高いため，最も普及している。連続測定可。
半導体法	オゾンにより半導体の幕表面を酸化させ，薄膜の抵抗変化により検出する。	高感度，干渉ガスの影響あり。小型・軽量，連続測定可。
吸光光度法	オゾンを，ヨウ化カリウム溶液を吸収液とした液中での反応により，遊離したヨウ素の色を分光光度計で吸光度を測定し，定量する。	化学分析の基準 ・試薬の補充が必要 ・連続測定可
化学発光法	エチレン，一酸化窒素，硫化水素，イソブチレンジメチルブテン，トリメチルアミンなどがオゾンと反応するときに発生する化学発光量を測定し定量する。	・高感度 ・排気処理が必要 ・連続測定可
検知管法	検知材との反応によって指示層の色の変化の長さから濃度を読み取る。	変色層を肉眼で見るため，個人差がある。
CT法	オゾン濃度と接触時間（分）の積で変色または消色する程度を肉眼で確認する方法。	・積算値のため瞬時値がわからない

⑼　臭気・たばこ煙

①　におい物質の測定法には，分析機器のほか，臭気判定士による官能試験がある。

②　臭気の測定には，官能試験法，オルファクトメータ法がある。

③　オルファクトメータ法とは，空気を希釈して，嗅覚によって臭気濃度を測定するためのいわゆる。「オルファクトメータ」という希釈装置によって濃度を調整して「におい」の有無を判定する官能試験法の１つ。

④　三点比較式臭袋法とは，官能試験法の一種。無臭空気を詰めた３つの袋を希釈し，においがなくなる希釈倍率（臭気濃度）を求める方法。

⑤　たばこ煙：測定には，デジタル粉じん計，風速計を用いる。

⑽　放射線

①　放射性物質：放射線の空間線量の測定には，シンチレーション検出器が用いられる。

⑾　アスベスト

①　アスベストの測定には，位相差顕微鏡法，分析透過電子顕微鏡法がある。

⑿　アレルゲン

①　花粉アレルゲンの測定法には，免疫学的な方法，表面プラズモン共鳴法がある。

②　ダニアレルゲンの測定には，エライザ（ELISA）法がある。

⒀　微生物（菌類，細菌，ウイルス）

①　微生物の測定法として，培地法がある。

②　空気調和・換気設備に関連する健康障害は，微生物によるものがあり，ビル関連病（BRI）に代表される。

4.5　空気環境把握のための関連要素の測定

⑴　静圧測定法

①　静圧測定には，マノメータを使用，フィルタの圧力損失，室内外の圧力差の測定などに使われる。

⑵　風量測定法

①　風量の測定は，風速に測定面の面積を乗じて求められる。

②　ダクト内の風量測定は，ダクトに風量測定口を設けて，熱線風速計を使用してダクト内の風速を直接測る方法がある。

⑶　換気量測定法

①　換気量の測定は，熱線風速計を使用してダクト内，送風機，吹き出し口などの風速を直接測る方法がある。

②　室内の換気量の風量測定は，炭酸ガスなどのトレーサーガスを一定量投入し，換気実施前後の濃度の差から，換気量を計算で求める方法がある。

4.6　空気環境の把握

(1)　測定計画

　空気環境把握のための関連要素の測定は，定期的に行うものと，問題解決のために行う測定がある。

(2)　測定結果の整理と評価

　ビル管理技術者は，測定結果を，建築物環境衛生管理基準項目に従って整理し，評価する。必要に応じて，問題点の解決を行う。

第7章　音・振動環境の管理

第1節　音環境の管理

1.1　音に関する基礎知識

音とは

音を出す物体が振動すると，その振動が空気に伝わり，空気中を伝わる。糸電話では音が伝わるが，糸を伝わるのは振動であり，これは音とはいわない。空気の振動だけを音という。したがって，真空中は音が伝わらない。しかし，一般に音は水中や固体の中も伝わる。この節では「音は空気の振動である。」騒音レベルと音圧レベルはともに単位はデシベル（dB）で，同値としてよい。よく問題で出される「騒音レベル」「音圧レベル」を覚えておく。

(1)　3音の3要素

3音の3要素とは，大きさ，高さ，音色，をいう。これらを振動波形で示すと，

大きさ（大小）＝波形の振幅，大きな音は振幅が大きくなる

高さ（高低）＝波形の波長に反比例し，波形の周波数に比例する。

音色＝波形の形，純音（音叉の音）は正弦波を示す。

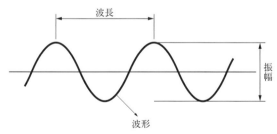

図3.7.1　振動波形（本図は正弦波の例）

(2)　音の大きさと音の強さ

音には，強さと大きさがある。

音の強さ：単位面積を通して伝わる音響パワーである。単位は W/m²。

音の大きさ（ラウドネス：loudness）：ヒトの聴覚が感じる音の強さであり感覚量（心理量）の1つである。基準値との比の常用対数によって表現した量，単位はデシベル（dB）。基準値は最小可聴音で 10^{-12} W/m²，音圧レベルが 10 dB 上昇することにより，音の大きさ（ラウドネス）は約2倍となる。

音の大きさ＝感覚的な音の大きさ＝音の大小

音の強さ＝物理的な音の大きさ＝音の強弱

と覚えよう

音響インテンシティ：単位面積を単位時間あたり通過するエネルギーの流れ，測定単位は W/m²。

音圧レベル（Sound Pressure level）：音響インテンシティのこと。略号はSPL

騒音レベル：JIS に規定される指示型の騒音計による A 特性を用いて測定して得られる dB（デシベル）数であり，騒音の大きさを表す。単位はデシベル（dB）。

音響パワー：音源から単位時間に放射される音の全エネルギーをいい，単位は W（ワット）

音響パワーレベル（Sound Power Level）：ある指定された面を通って1秒間に通過する音響エネルギー，単位は dB，Sound Power Level は，略号でPWL と書く。

⑶　音の速さ

音速：音の速さを音速といい，大気中での音速は1気圧14℃で 340 m/s である。

常温の範囲では近似式として，音速＝331.5＋0.61 t ［m/s］，t：℃ で表す。

液体，固体中の音は，縦波と横波が存在し，棒状や板状など物体の形状により異なるが，おおよそ水（25℃）で，約 1,500 m/s，軟鉄で，約 6,000 m/s 空気中の速度と比してはるかに早い。

1.2　音の計算

音の大きさは，dB で表されるが，その単位である dB は，人間の感覚量に対応した尺度で表されている。したがって音の計算は，dB を音エネルギー量 ［W/m²］ に換算して行う。計算を行うには常用対数が欠かせない。$10 \log_{10} 2 \fallingdotseq 3$，$10 \log_{10} 3 \fallingdotseq 4.8$，$10 \log_{10} 5 \fallingdotseq 7.0$，$10 \log_{10} 10 = 10$，を覚えておこう。

基準の音の強さ：10^{-12}（W/m²）：最小可聴音

音の基本式：ある音の強さを A ［W/m²］ とすると，その音の大きさ Li：デシベル ［dB］ は次式で求められる。

$$L_i = 10 \log_{10}\left(\frac{A}{A_0}\right) \quad 式-1$$

L_i：音圧レベル ［dB］

A_0：基準の音の強さ ［W/m²］※

A：音の強さ ［W/m²］

音の加算・減算

音の加算・減算は音のエネルギー量で行う。

L_1［dB］ と L_2［dB］ の音を加えた場合の音の大きさ L_3［dB］ は下記で求

通常の聴力の人が聞くことのできる最小可聴値として，10^{-12}（W/m²）を用いる。

められる。

$$L_3 = 10 \log_{10}\left(\frac{I_1 + I_2}{I_0}\right) = 10 \log_{10}\left(10^{\frac{L_1}{10}} + 10^{\frac{L_2}{10}}\right)$$

I_1：音の強さ〔W/m²〕

I_2：音の強さ〔W/m²〕

I_0：音の強さの基準値〔10^{-12} W/m²〕

同様 L_3 から L_2 を減算した値は下記となる

$$L_1 = 10 \log_{10}\left(\frac{I_3 - I_2}{I_0}\right) = 10 \log_{10}\left(10^{\frac{L_3}{10}} - 10^{\frac{L_2}{10}}\right)$$

知識として覚えておきたいこと　その1

同じ強さの音（B〔W/m²〕）を加えたときは

$$L_B = 10 \log_{10}\frac{B \times 2}{A_0}$$

$$= 10 \log_{10}\frac{B}{A_0} + 10 \log_{10} 2$$

B：〔W/m²〕

A_0：〔10^{-12} W/m²〕

となり，$\log_{10} 2 = 0.3010$ なので，

$$L_B = 10 \log_{10}\frac{B}{A_0} + 3.010$$

結論：同じ騒音レベルの音を2つ合わせると元の騒音レベルに + 3.010 dB 加算される。

知識として覚えておきたいこと　その2

同じ騒音レベルを3つ合わせると

$$L_2 = L_1 + 10 \log_{10} 3 = L_1 + 4.8$$

結論：同じ騒音レベルを3つ合わせると元の騒音レベルに + 4.8 dB 加算される。

同じ騒音レベルを4つ合わせると

$$L_2 = L_1 + 10 \log_{10} 4 = L_1 + 2 \times 10 \log_{10} 2 \fallingdotseq L_1 + 6$$

結論：同じ騒音レベルを4つ合わせると元の騒音レベルに + 6 dB 加算される。

同じ騒音レベルを8つ合わせると

$$L_2 = L_1 + 10 \log_{10}(2^3) = L_1 + 30 \log_{10} 2 \fallingdotseq L_1 + 9$$

結論：同じ騒音レベルを8つ合わせると元の騒音レベルに + 9 dB 加算される。

同じ騒音レベルを9つ合わせると

$$L_2 = L_1 + 10 \log10(3^2) = L_1 + 20 \log_{10} 3 \fallingdotseq L_1 + 9.6$$

結論：同じ騒音レベルを9つ合わせると元の騒音レベルに + 9.6 dB 加算される。

第3編　空気環境の調整

1.3　「騒音」に関する計算問題と考え方

演習1

【問題】騒音レベル83 dB と 92 dB の騒音を合成した場合の騒音レベルはどうなるか，最も近いものは次のうちどれか。

ただし，$\log_{10} 2 = 0.3010$，$\log_{10} 3 = 0.4771$ とする。

　(1)　85.0 dB　　(2)　87.5 dB　　(3)　90.0 dB　　(4)　92.5 dB

　(5)　95.0 dB

【考え方】この問題では83［dB］と92［dB］を掛け合わせる問題だが，この2つの差は9［dB］であり，92［dB］というのは，83［dB］を8（＝2^3）個分，重ねあわせたものと同じになる。つまり，83［dB］の騒音の9倍の大きさとなる。

　L_B：合成後の音圧レベル［dB］

　A：基準の音の強さ［W/m^2］

　B：騒音83［dB］の音の強さ［W/m^2］

計算式によって

$$L_B = 10 \log_{10} \frac{B \times 9}{A}$$

$$= 10 \log_{10} \frac{B}{A} + 10 \log_{10} 9$$

$$= 10 \log_{10} \frac{B}{A} + 10 \log_{10} 3^2$$

$$= 10 \log_{10} \frac{B}{A} + 20 \times 0.4771$$

$$= 83 + 9.542$$

$$\cong 92.5 \text{［dB］}$$

【解答】　(4)　92.5 dB

ところで，この問題では，計算式が与えられていない。しかし，$\log_{10} 2$ と $\log_{10} 3$ が与えられているので，どちらかを使えば答えが推測できると思われる。

【計算によらない考え方】

・考え方その1：92 dB に，92 dB より9 dB も低い83 dB の音を加えた場合，答えは 92 dB より少し上がる。

・考え方その2：92 dB に仮に92 dB の音を加えた場合は $10 \log 10^2 = 3$ dB 大きな95 dB となるので，92 dB に83 dB を加えた場合は95 dB までは上がらない。つまり 95 dB 未満である。

・考え方その3：以上より，答えは⇒92.5 dB が容易に選択できるので，計算は不要。

1.4　音の距離減衰

音の距離減衰は，点音源，面音源，線音源，などその発生源の形状と，自由空間，1/2自由空間などその広がる面積で考える。

点音源では，音源からの距離が 2 倍になったとき，音のエネルギーは 1/4 になるので，減衰量は，$10\log_{10}4 = 10\log_{10}2 + 10\log_{10}2 ≒ 6$，したがって 6 dB 減衰する。

線音源では，音源からの距離が 2 倍になったとき，音のエネルギーは 1/2 になるので，減衰量は，$10\log_{10}2 ≒ 3$，したがって 3 dB 減衰する。

面音源では，面積は変わらないので距離減衰なし。

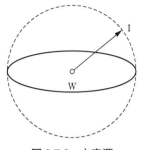

図 3.7.2　点音源

音の距離減衰（知識として覚えること）

点音源：音源が点である場合や音源からある程度離れている場合

減衰量 A（dB）$= 20×\log_{10}(r/r_0)$

距離 2 倍で約 6 dB 減衰，距離 3 倍で 9.6 dB，距離 10 倍で 20 dB 減衰。

線音源の場合（音源が列車や道路などの直線である場合）

減衰量 A（dB）$= 10×\log_{10}(r_1/r_0)$

r1≦線音源の長さ/3 の場合

減衰量 B（dB）$= 20×\log_{10}(r_2/r_0)$

r2≧線音源の長さ/3 の場合

線音源が相当長い場合，距離 2 倍で約 3 dB 減衰，距離 3 倍で 4.8 dB，距離 10 倍で 10 dB 減衰。

面音源の場合（音源が工場の壁面などの面である場合）

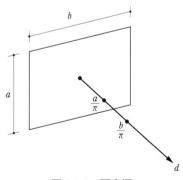

図 3.7.3　面音源

$r_1≦a/\pi$ の場合　　減衰量 A（dB）$= 0$
面音源の特性を示し，減衰はない。

$a/\pi ≦ r_2 ≦ b/\pi$ の場合　　減衰量 B（dB）$= 10×\log_{10}(r_2/r_0)$
線音源に対応する減衰特性を示す。

$r_3 ≧ b/\pi$ の場合　　減衰量 C（dB）$= 20×\log_{10}(r_3/r_0)$
点音源の特性を示す。

<u>演習２</u>

【問題】音圧レベル 70 dB の音源室と面積 10 m² の隔壁で仕切られた等価吸音面積（吸音力）20 m² の受音室の平均音圧レベルを 40 dB にしたい。このとき，隔壁の音響透過損失として確保すべき値に最も近いものは次のうちどれか。

　なお，音源室と受音室の音圧レベルには以下の関係がある。

$$L_1 - L_2 = TL + 10 \log_{10} \frac{A2}{Sw}$$

　ただし，L_1，L_2 は，音源室，受音室の平均音圧レベル〔dB〕，$A2$ は，受音室の等価吸音面積〔m²〕，Sw は，音の透過する隔壁の面積〔m²〕，TL は，隔壁の音響透過損失〔dB〕である。

　ただし，$\log_{10}2 = 0.3010$，$\log_{10}3 = 0.4771$ とする。

　(1)　24 dB
　(2)　27 dB
　(3)　30 dB
　(4)　33 dB
　(5)　43 dB

【考え方】

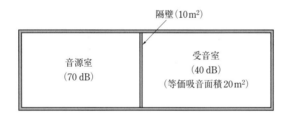

間違った考え方は，
　透過騒音損失＝音源室の騒音（70 dB）−受音室の騒音（40 dB）＝30 dB と思えるが，下記①〜③の通りである。

①　隔壁（10 m²）を通過した音は，受音室（等価吸音面積 20 m²）で吸音されて小さくなる。

②　したがって，隔壁の透過騒音損失は，30 dB より小さい。

③　計算式に与えられた数値を代入すれば，

$$L_1 - L_2 = TL + 10 \log \frac{A2}{Sw}$$

$$70 - 40 = TL + 10 \log \frac{20}{10}$$

$$30 = TL + 10 \times 0.3010$$

$$TL = 30 - 3.010 = 27 \ \text{〔dB〕}$$

【解答】(2)

1.5　音に関する過去の出題事項

(1)　音の大きさ・強さ

① 音の強さとは，音の進行方向に対して垂直な単位断面を単位時間に通過する音のエネルギーである。

② 音圧レベルは，人間の感覚量に対応するよう定義された尺度で，人間の最小可聴値の音圧 2×10^{-5} Pa を基準として定義される。

③ 音に対する人間の感覚量は，音の強さの対数で表される。

④ 空気密度，音速が一定であれば，音の強さは音圧の二乗に比例する。

(2)　音の速さ

① 音速は，15℃ で 340 m/s，温度が 1℃ 上昇するごとに約 0.6 m/s 速くなる。

② 音速＝波長×周波数

(3)　音の高さ・周波数

① 1 オクターブ幅とは，周波数が 2 倍になる間隔である。

② 媒質が 1 回振動している間に進む距離を波長という。

③ 純音とは，一つの周波数からなる音波のこと。正弦波を示す。

④ 純音の瞬時音圧は，単一の正弦関数で表される。

(4)　音の伝達と減衰

① 騒音の伝わり方は，「空気伝搬音」と「固体伝搬音」に分類できる。

② 吸音率は，入射した音のエネルギーに対する反射されてこない音のエネルギーの比率，反射されてこない音のエネルギーは入射音エネルギーから，吸収音エネルギーと透過音エネルギーを減じたものとなる。

$$吸音率 \alpha = \frac{（入射音のエネルギー） － （反射音のエネルギー）}{入射音のエネルギー}$$

③ 一般に部屋の容積が大きいほど，残響時間が長くなる。

④ 拡散音場とは，空間に音のエネルギーが一様に分布し，音があらゆる方向に伝搬している状態のこと。

⑤ 面音源であっても，音源から十分離れた場所では，点音源に対する減衰特性を示す。

(5)　騒音の測定・評価

① 音環境評価で対象とする周波数範囲は，通常 16 Hz〜16,000 Hz である。

② 騒音は，周波数によって体感上の感覚の大きさが違う。建築物での振動の評価では周波数分析した振動の値を NC 曲線上にプロットし評価する。

③ 対象騒音が暗騒音より 10 dB 以上大きい場合は，測定音を対象騒音と判断してよい。

④ 風・地震等により建築物の層間変位が起こり，壁や床に隙間が生じ，遮音性能が低下することがある。

第2節　振動環境の管理

2.1　振動に関する基礎知識

振動とは

音と振動はどちらも振動である。振動は固体，気体，液体の中でも伝達するが，音は空気中のみを伝わる。したがって，この節では固体中の振動を中心に記述する。振動レベルも騒音レベルもその大きさはともにデシベル（dB）で表される。

2.2　振動の基礎

① 固体伝搬音問題には振動が関与する。

② 固体伝搬音を低減するためには，振動源の発生振動低減や防振対策が重要となる。

③ 振動の大きさを表すのには，変位，速度，加速度の3つの尺度がある。

④ 人間は，一般に低周波数域に対して感覚が鋭く，周波数の増加とともに感覚が鈍くなってくる。

⑤ 時間率レベルとは，あるレベル以上の振動に対する曝露（ばくろ）時間が観測時間内に占める割合のことをいう。

2.3　振動測定・評価

① 振動環境評価で対象とする周波数範囲暗振動は，通常 63 Hz〜4000 Hzである。

② 暗振動は対象となる振動の大きさより，10 dB 以上小さいのが望ましい。

③ 設備機器などの振動が建築躯体（くたい）内を伝搬して居室の内装材から放射される音は，固体伝搬音である。

④ 振動は，騒音と同じように周波数によって体感上の感覚が違う。建築物での振動の評価では周波数分析した振動の値を VL 曲線上にプロットし評価する。

⑤ 振動規制法で不規則かつ大幅に変動する振動指示値が不規則かつ大幅に変動する場合は，5秒間隔100個または準ずる測定値の80% レンジの上端の数値とする。

⑥ 対象振動が正弦波の場合，振動加速度の実効値は，最大振幅の $1/\sqrt{2}$ で求められる。

⑦ 道路交通振動に対する振動規制は，昼間より夜間の方が厳しい。

⑧ 高周波数の全身振動よりも低周波数の全身振動の方が感じやすい。

⑨ 床衝撃音の測定は，JIS に定められている方法により測定する。

⑩ 重量床衝撃音は，人が床上で飛び跳ねたりしたときなどに発生し，低周波数域に主な成分を含む。

⑪ 軽量床衝撃音は，食器を落としたときなどに発生し，重量床衝撃音と比べて，衝撃源が硬いことが多い。

⑫　軽量床衝撃音は重量床衝撃音と比べて，床仕上げ材の弾性が大きく影響する。

⑬　空気調和設備による振動は，連続的かつ周期的に発生する。

2.4　振動対策

①　人体に対する振動を扱う場合は，振幅と同時に振動の方向を明確にしなければならない。

②　重量床衝撃音対策としては床躯体構造の質量増加が効果的である。

③　カーペットや畳などを敷いても，重量床衝撃音はほとんど軽減できない。

④　床仕上げ材は，柔らかくなるほど，軽量床衝撃音の減衰性能が向上する。

⑤　防振溝は，道路交通振動など建築物外からの振動対策として設けられる，回折減衰効果を利用した振動対策の方法であり，溝が深いほど，効果的な道路交通振動を防止することができる。

第 8 章　光環境の管理

第 1 節　光に関する基礎知識

　太陽から放射された電磁波は，大気層を通って地表に到達する。この電磁波は波長の短い方から，γ 線，エックス線，紫外線，可視光線，赤外線，電波となる。本節ではこのうち主に可視光線の分野を扱う。建築材料の長波長放射率と日射吸収率建築材料については第 2 章第 2 節を参照。

1.1　光の基礎

(1)　光と放射

　光　　　：光とは目に対して明るさを感じさせる放射である

　放射　　：人間に感じられる放射は，波長 380 mm〜780 mm の範囲であり，これを放射という

　紫外放射：可視放射より波長が短い放射

　赤外放射：可視放射より波長が長い放射

　光放射　：放射，紫外放射，赤外放射，を合わせて広義にこれを光放射と呼ぶことがある

　色温度　：光のスペクトルには色がある。色温度とは，これを絶対温度で数値的に示したもので，単位はケルビン（K）

(2)　光の強さ・明るさ

　照度　　：<u>単位面積当たりに入射する光束，単位はルクス（lx）</u>

　光度　　：光源から特定の方向へ照射される光の強さのこと。単位はカンデラ（cd）

　光束　　：ある面を通過する光の明るさを表す物理量のこと。単位はルーメン（lm）。1 ルーメンは「すべての方向に対して 1 カンデラの光度を持つ標準の点光源が 1 ステラジアンの立体角内に放出する光束」と定義されている

　輝度　　：観測方向から見た見かけの面積当たりの光度，単位は cd/m² である

　　　　　　法線照度：ある点と光源とを結ぶ直線の照度。ある点と光源とを結ぶ直角面の照度ではない

水平面照度：ある点を含む水平面上の面に垂直方向の照度で，例えば机上面の
　　　　　　照度などがこれに相当する

法線面照度：入射光に直角な面の受ける照度

(3) 太陽光

全天空照度：直射光を除いた空からの光による水平面照度を言う。太陽の位置
　　　　　　や天空透過率によって変わる。一般に快晴時より薄曇りのときの
　　　　　　ほうが明るい

昼光率　　：全天空照度に対する室内のある点の昼光による照度の比率

色温度　　：晴天の青空の色温度は，10,000 K 以上となる場合がある

グローバル照度（全天照度）：直射照度と全天空照度の合計値である

設計用全天空照度：設計用としては 15,000 lx が使用される。快晴よりも薄
　　　　　　曇りの方が高い

　窓面からの採光は，同じ面積であれば，側窓より天窓の方が多く昼光を採り
入れられる。

　間接昼光率は，室内の反射率の影響を受ける。

　昼光率は，窓ガラスの透過率の影響を受ける。

(4) 照明設計

1) 照明設計の基本

　照明設計とは，その施設の利用目的，立地条件，使用時間などに応じて，
そこで人が行う活動が，安全・快適に行えるような照明要件を備える光環境
を，合理的・経済的な手段で実現する計画および過程をいう。特に近年は省
エネルギー性を目的とした昼光利用や，ブラインド制御，高効率照明機器，
タスク・アンビエント照明，光ダクトなどがもり込まれることがある。ま
た，ワークプレイスプロダクティビティー（執務空間の生産性）に関して適
切な光環境の快適性を求めることが研究されている。特にビル管理士にとっ
ては，ライフサイクルに要するコストは，建設時のコストよりもはるかに大
きく，維持管理に要するコストの最小化を図ることが大切である。青色ダイ
オードの発明は，LED 照明の普及とともに，省エネルギー性と維持管理コ
ストの削減に大きな貢献をしている。これにより，今までの照明設計の考え
方が変わりつつある。

2) 人工光源の発光原理と照明器具の種類

　表 3.8.1 に，人工光源の発光原理と照明器具の種類を示す。

表 3.8.1 人工光源の発光原理と照明器具の種類

光源	温度放射	白熱発光	高輝度放電ランプ	白熱電球
				ハロゲン電球
	ルミネセンス	放電発光	低圧放電ランプ	水銀ランプ
				メタルハイドランプ
				高圧ナトリウムランプ

			蛍光ランプ
			低圧ナトリウムランプ
			ネオンランプ
		電界発光	エレクトロルミネセンス
			発光ダイオード（LED）

3）　人工光源の基礎

①　演色性とは，基準光で照らした場合の色を，どの程度忠実に再現しているかを判定する指標。

②　不快グレアとは，視野における照度の分布が不均等なために，対象がみえにくくなったり，一過性の盲目状態になったりする現象。

③　保守率とは，一定期間使用した後の作業面上の平均照度と初期平均照度との比。

④　照度均斉度とは，部屋の中の最高照度と最低照度との比。

⑤　照明率とは，照明器具内の光源から出るすべての光束のうち，被照面に達する光束の割合のこと。照明率は，室内表面の反射率の影響を受ける。

⑥　設計光束維持率とは，点灯時間の経過に伴う光源自体の光束減退などによる照度低下を補償するための係数。図3.8.1（1）（2）に人工光源の点灯時間と設計光束維持率のグラフを記す。設計光束維持率は，高い順に，(0) 白熱電球，(1) 高圧ナトリウムランプ，(2) 蛍光水銀ランプ，(3) 蛍光ランプ，(4) メタルハライドランプ，(5) メタルハライドランプ（低始動電圧形）となる。また，LED光源は図3.8.1（2）より白熱電球に次ぐ設計光束維持率である。

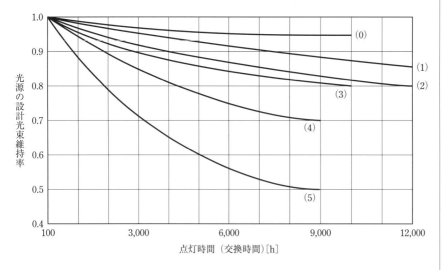

(0) 白熱電球　(1) 高圧ナトリウムランプ　(2) 蛍光水銀ランプ，
(3) 蛍光ランプ　(4) メタルハライドランプ
(5) メタルハライドランプ（低始動電圧形）

図 3.8.1（1）　人工光源の点灯時間と設計光束維持率

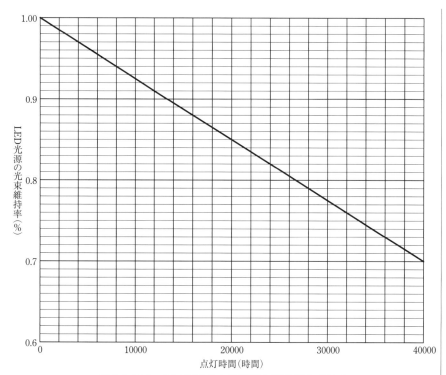

図 3.8.1⑵　人工光源の点灯時間と設計光束維持率

⑦　白熱電球の色温度は，2,800 K 程度で寿命は，1,000 時間くらいであり，光束維持は高く，設計上は光束維持率を考慮しない。

⑧　蛍光ランプの発光効率は，一般に 50〜100 lm/W。

⑨　高圧ナトリウムランプは，点灯姿勢による影響を受けにくい。

⑩　ハロゲン電球は，一般に蛍光ランプより寿命が短い。

⑪　LED 光源の寿命は 40,000 時間程度である。

⑫　ブラケットは，壁，柱に取り付ける照明器具である。

4)　照明器具の維持管理

照明器具の維持方式は，次の 4 種類がある。

①　個別交換方式：不点灯になった光源をその都度交換する小規模な照明施設や光源の交換が容易な場所には適しているが，光源の不点時期が一定でないため，光源の交換頻度が多くなり，人件費がかさむことになる。日本の事務所建築では光源の交換方式として，集団交換方式より個別交換方式が多い。

②　集団交換方式：大規模な照明施設で光源の交換が比較的困難な場所では，あらかじめ定めていた交換時期に達したときに光源の全数を交換する方法。

③　個別的集団方式：不点灯になった光源は個々に取り替え，それに加え，ある一定期間後に一斉に交換する方法。

④　集団的個別方式：不点灯になった光源があってもそのままし，ある一定期間後に不点灯になっている光源だけをまとめて交換する方法。人件

費が少なくてすむ。
5) 照明器具に関するその他の事項
① 周辺環境の清浄度が同じ場合，下面開放形照明器具よりも，完全密閉形照明器具の方が設計光束維持率が高い。
② 蛍光ランプは，白熱電球や HID ランプ（高輝度放電ランプ）と比べ，周辺温度による光束変動が大きい。
③ 水銀ランプやメタルハライドランプの光束は，白熱電球や蛍光ランプ，高圧ナトリウムランプよりも点灯姿勢による影響を受けやすい。
④ 照明器具の清掃間隔は，汚れによる照度低下によって損失する照明費をちょうど1回分の清掃費で相殺できる期間が，最も経済的な清掃間隔である。
⑤ 蛍光ランプの発光効率は，一般に 50〜100 lm/W である。
⑥ 照明率は，室内表面の反射率の影響を受ける。
⑦ ブラケットは，壁，柱に取り付ける照明器具である。

①この傾向は周辺環境の清浄度に影響されず同じ傾向である。

1.2 「光環境」に関する計算問題と考え方

演習1 必要照度の問題

【問題】ある部屋の作業面の必要照度が 500 lx であった。ランプ1灯当たりの光束が2,500 lm のランプの灯数として，最も近いものは次のうちどれか。ただし，その部屋の床面積は 50 m²，照明率を 0.6，保守率を 0.7 とする。
(1) 6灯 (2) 9灯 (3) 12灯 (4) 17灯 (5) 24灯

【考え方】ランプ1灯当たりの光束が 2500 [lm] で，面積が 50 [m²] なので，ランプ1灯分の純粋な照度は，$2500 \div 50 = 50$ [lx] となる。
それに，照明率と保守率を考慮すると，ランプ1灯分の照度は，
$$50 \times 0.6 \times 0.7 = 21 \ [lx]$$
と考える。
必要な灯数は，$500 \div 21 = 23.8$ [灯] となり，必要個数は 24 灯である。
【解答】(5)

演習2 直射日光による照度の計算

【問題】地表における直射日光による法線面照度が 80,000 lx のとき，直射日光による水平面照度として，最も近いものは次のうちどれか。ただし，この時の太陽高度は 60 度とする。
(1) 35,000 lx
(2) 40,000 lx
(3) 55,000 lx
(4) 70,000 lx
(5) 80,000 lx

【考え方】

①　法線面照度とは，入射光に直角な面（面の法線と入射光の方向とが同一の面）の受ける照度である。したがって，水平照度は，60 度の直角三角形の斜面の辺の長さ/底辺の長さ割合に従って求められる。

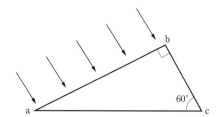

②　太陽高度が 60 度なので，法線照度と水平面照度の比は，

法線照度：水平面照度＝辺 ac：辺 ab＝sin 60°＝2：$\sqrt{3}$＝0.866

【解答】⑷　水平面照度＝法線照度×sin 60°

$$= 80{,}000 \times 0.866 = 69{,}280 ≒ 70{,}000 \ [\text{lx}]$$

演習 3　水平面照度の問題

【問題】地表における直射日光による法線照度が 90,000 lx のとき，直射日光による水平面照度として最も近いものは次のうちどれか。ただし，このときの太陽高度は 30 度とする。

　⑴　23,000 lx

　⑵　30,000 lx

　⑶　39,000 lx

　⑷　45,000 lx

　⑸　78,000 lx

【考え方】

①　地表における直射日光による法線照度が 90,000 lx であり，太陽高度が 30 度なので，以下のような直角三角形が書ける。

②　太陽高度が 30 度なので，水平面照度（x）は

$x = 90{,}000 \times \sin 30$ 度 $= 90{,}000 \times 1/2 = 45{,}000 \ [\text{lx}]$

間違いやすい答え

水平面照度という言葉に惑わされて，図の底面の長さを求めないこと。

$x = 90{,}000 \times \cos 30$ 度 $= 90{,}000 \times \dfrac{\sqrt{3}}{2} = 77{,}940 ≒ 78{,}000 \ [\text{lx}]$・・・・間違い

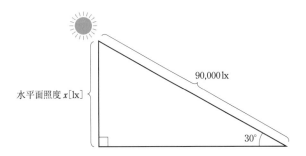

【解答】 (4) 45,000 lx

<u>演習4 点光源直下の照度</u>

【問題】 点光源直下 2.0 m の水平面照度が 300 lx である場合，点光源直下 3.0 m の水平面照度として，最も近いものは次のうちどれか。

    (1) 100 lx

    (2) 130 lx

    (3) 200 lx

    (4) 450 lx

    (5) 670 lx

【考え方】 照度は距離の2乗に反比例する。（または，光のあたる面積に比例する。）

  距離が 2.0 m のときに 300 lx であれば，距離が 3.0 m のときの照度は以下となる。

$$x = 300 \times \left(\frac{2.0}{3.0}\right)^2 = 133 \cong 130 \ [\text{lx}]$$

【解答】 (2) 130 lx

確認テスト （正しいものには〇，誤っているものには×をつけよ）

(1) 熱伝導率の単位は $W/(m^2 \cdot K)$ である。

(2) 輝度の単位は cd/m^2 である。

(3) 音の強さの単位は W である。

(4) 熱伝導抵抗の単位は $m \cdot K/W$ である。

(5) シュテファン・ボルツマン定数の単位は $W/(m^2 K^4)$ である。

(6) 壁体における熱移動での熱流は，局所的な温度勾配に熱伝達率を乗じて求められる。

(7) 壁表面から射出される単位面積当たりの放射熱流量は，壁表面の絶対温度の 2 乗に比例する。

(8) 外壁の壁内結露の防止のためには，外部仕上材と断熱材の間に防湿層を設ける。

(9) 熱放射を計測するには，グローブ温度計を使用する。

(10) 層流と乱流はレイノルズ数と密接な関係にあり，レイノルズ数が 2,000～4,000 で境界となる。

(11) ベルヌーイの定理の式

$$\left(\frac{1}{2}\right)\rho V^2 + P + \rho gh = 一定$$

の式の第一項を動圧，第二項を静圧，第三項を全圧と呼ぶ。

(12) 側壁上部からの水平吹出しの空気調和方式では，暖房時に滞留域が生じて上下温度差が大きくなりやすい。

(13) 東京都における建築物環境衛生管理基準に関する空気環境の測定結果に関する不適合率の高いのは，湿度と温度である。

(14) エアロゾル粒子の相当径は幾何相当径と物理相当径に分類される。

(15) エアロゾル粒子の幾何相当径には，「定方向径」と「円等価径」が，物理相当径には，「空気力学径」，「ストークス径」，「光散乱径」，「電気移動度径」がある。

(16) 浮遊粒子の流体抵抗係数は，ストークス域ではレイノルズ数に比例する。

(17) 換換気方式で，一方向流方式は，清浄空気を，一方向から排気口に向かって送気し，ピストン流で室内の汚染された空気を押し出すように換気する方式。

(18) 一人当たりの必要換気量は，燃焼器具の影響，空気汚染物質・熱・水蒸気発生の影響等から決定される。

(19) ダニアレルゲンの大部分は，マイクロサイズの粒子である。

(20) 湿り空気を温水コイルで加熱すると，比エンタルピーは上昇し相対湿度は下降する。

(21) 空調熱負荷の人体負荷には，顕熱負荷と潜熱負荷がある。

(22) ターミナルエアハンドリングユニット方式は，空気方式に分類される。

(23) 個別方式の空気調和設備は，中央管理方式に比べて換気量不足による室内空気汚染の発生が懸念される。

(24) 定風量単一ダクト方式は，風量調整によって，ゾーンごとの個別制御が可能である。

(25) コージェネレーション方式は，発電時の排熱の有効利用が図れ，空気調和その他の熱需要に追従できる。

(26) 吸収冷凍機の溶液には，冷媒は水，吸収液として臭化リチウムが用いられる。

(27) 貫流ボイラは，ドラムが小さめなのが特徴で，運転には資格者が不要である。

(28) エアハンドリングユニットのドレンパンは，1 カ月に 1 回，汚れおよび閉塞の状況を点検し必要に

応じ清掃等を行う。

㉙　パッケージ形空気調和機のセパレート型は，一般に圧縮機と膨張弁を収めた室外機と，蒸発器，凝縮器と送風機を収めた室内機から構成される。

㉚　開放型冷却塔では，蒸発によってのみ冷却水が失われるため，その分の給水量を見込んでおく必要がある。

㉛　水噴霧方式および気化式加湿装置は，水の蒸発潜熱により，空気の温度降下を生じる。

㉜　キャビテーションとは渦巻ポンプや送風機またはターボ圧縮機などに起こる現象で，流量をしぼって運転すると，脈動を起こし，流量，圧力，回転速度が変動する振動と騒音を現象。

㉝　送風機の風量は回転数に比例，吐出し圧力は回転数の2乗に比例，軸動力は回転数の3乗に比例する。

㉞　防火ダンパに使用される温度ヒューズの溶解温度は，湯沸室，厨房等の火気使用室で72℃である。

㉟　ふく流吹出口は，誘引効果が高く，均一度の高い温度分布が得られる。

㊱　HEPAフィルタは，中央方式空気調和機内に設置される一般的な粒子用エアフィルタである。

㊲　可とう継手は，蒸気管や温水管の膨張対策に用いられる。

㊳　グローブ温度計は，熱放射の測定に用いられるもので，気流変動の大きなところでは安定しないので，向いていない。

㊴　浮遊微生物の補集法には，化学発光法がある。

㊵　空気調和設備の節電対策で，夏期に，冷却水温が一定になるように冷却塔の送風機を発停制御する。

㊶　点音源で，音のエネルギーが1/4になると，音圧レベルは約3dB減少する。

㊷　騒音は，人の聴覚の周波数特性で補正したA特性音圧レベルで測定・評価される。

㊸　グローバル照度とは，直射照度と全天照度の合計値である。

㊹　照明器具の光源の交換方式には，個別交換方式と集団交換方式の2方式がある。

確認テスト　解答・解説

⑴　×：熱伝導率の<u>単位は W/(m・K)</u> である。

⑵　○

⑶　×：<u>音の強さの単位は W/m²</u> である。

⑷　×：熱伝導抵抗の単位は m²・K/W である。

⑸　○

⑹　○

⑺　×：単位面積当たりの放射熱流量は，<u>壁表面の絶対温度の4乗に比例する。</u>

⑻　×：外壁の壁内結露の防止のためには，<u>主体構造材と断熱材の間に防湿層</u>を設ける。

⑼　○

⑽　×：層流と乱流は，<u>水と空気の場合，レイノルズ数が2,000～4,000で境界となるが，浮遊粒子の場合は，レイノルズ数が1で境界となる。</u>

⑾　×：ベルヌーイの定理の式の第一項を動圧，第二項を静圧，<u>第三項を位置圧</u>と呼ぶ。

⑿　○

⒀　×：東京都の空気環境調査の不適率は相対湿度と二酸化炭素が多い。全国的には相対湿度，温度，二酸化炭素の不適率が高い。

⒁　○

⒂　○

⒃　×：抵抗係数は，ストークス域ではレイノルズ数に<u>反比例</u>する。

⒄　○

⒅　×：一人当たりの必要換気量は，<u>呼吸による二酸化炭素の発生量</u>を基準として求めることが多い。

⒆　○

⒇　○

(21)　○

(22)　×：ターミナルエアハンドリングユニット方式は，<u>空気－水方式</u>に分類される。

(23)　○

(24)　×：定風量単一ダクト方式は，<u>部屋ごとの個別制御に適さない。</u>

(25)　×：コージェネレーション方式は，電力需要を主として運転する場合，空気調和その他の熱需要に<u>追従できない場合がある。</u>

(26)　○

(27)　×：貫流ボイラはドラムが小さめなのが特徴であるが，貫流ボイラは，簡易ボイラや小型ボイラには該当しないので，ボイラー技士免許者の資格を要する。ただし，一定規模以下のものは小規模ボイラと呼ばれ，"ボイラー取扱技能講習修了者" が取り扱う。

(28)　×：1カ月に1回⇒<u>1カ月以内ごとに1回</u>

(29)　×：一般に室外機は圧縮機・凝縮器，室内機は，膨張弁・蒸発器・送風機で構成される。

(30)　×：開放型冷却塔の水の損失は<u>蒸発分，キャリーオーバ分と，ブローダウン分がある。</u>

(31)　○

(32)　×：<u>本文はサージングの説明である。</u>サージング，キャビテーション，ウォータハンマの違いをしっかり覚える。

(33) ○

(34) ×：一般換気設備に設ける防火ダンパーの温度ヒューズの溶解温度は72℃，湯沸室，厨房等の火気使用室で排気温度が72℃を超える場合には，120℃程度のものを使用している。

(35) ○

(36) ×：HEPAフィルタは，クリンルームなどに使用される極微細な粉じん用エアフィルタである。

(37) ×：可とう継手は，外部から建物の導入部，配管と機器の接続部などの変位の吸収に使用される。蒸気管や温水管の膨張対策に用いられるのは伸縮継手である。

(38) ○

(39) ×：浮遊微生物の補集法には，フィルタ法，衝突法がある。化学発光法は，硫化水素，イソブチレンジメチルブテン，トリメチルアミンなどを測定し定量する。

(40) ×：冷却水温度は可能な限り下げて運転する方が，冷凍機の効率が上がり省エネとなる。

(41) ×：点音源で，音のエネルギーが1/4になると，音圧レベルは約6dB減少する。

(42) ○

(43) ×：グローバル照度とは，全天照度のことで，全天照度＝直射照度＋全天空照度

(44) ×：照明器具の光源の交換方式には，個別交換方式，集団交換方式，個別的集団方式，集団的個別方式の4方式がある。

資 料 編

1．法律の体系と関連法規 ……………………… *204*

2．建築物における衛生的環境の確保に関する
   法律（抜粋）……………………………………… *204*

3．建築物における衛生的環境の確保に関する
   法律施行令（抜粋）……………………………… *207*

4．建築物における衛生的環境の確保に関する
   法律施行規則（抜粋）…………………………… *208*

5．建築物における衛生的環境の維持管理につ
   いて（健発第 0125001 号）（抜粋）……… *218*

   建築物環境衛生維持管理要領 ……………… *218*

1. 法律の体系と関連法規

⑴ 法律・政令・省令・条例の関係

人間が相互に守るべき約束には，道義的に守るべき道徳と，強制的に国家権力によって守るべき法規がある。

法規の構成は重層構造となっていて，上位の法規内に限り，下位の法規内容が定められる。例えば，水道法を例にとると，次のような構成をしている。

法律の内容が，憲法に違反するものは無効
政令の内容が，法律に違反するものは無効
省令の内容が，政令に違反するものは無効
条例の内容が，省令に違反するものは無効

のような関係にあり，法全体を法規という。

⑵ 条・項・号・号の細分

法律は，まず，箇条書きにすることが必要とされている。その箇条書きの一項目が「条」ということになる。そして，一つの条を規定の内容に従って更に区分する必要がある場合に，行を改めて書き始められた段落のことを，「項」と呼んでいる。

こうした条や項の使い方や書き方には，最近の法律は，口語体・平仮名書きになっており，行の初めの字を一字下げて項をはっきりさせることになり，さらに，昭和23年頃からは，第1項は，「1」を省略して，第2項以下の項には「2，3…」と算用数字で「項番号」と呼ばれる番号を付けて，第何項かがすぐに分かるようにしてある。

次に，「号」は，条又は項の中でいくつかの事項を列記する必要がある場合に「一，二，三…」と漢字の番号を付けて列記したものである。号の中で更に細かくいくつかの列記事項を設ける必要がある場合には，「イ，ロ，ハ…」を用いることになっている。

2. 建築物における衛生的環境の確保に関する法律（抜粋）

制定　昭和45年4月14日　法律20号
最終改正　令和4年6月17日　法律68号

第一章　総則

（目的）

第一条　この法律は，多数の者が使用し，又は利用する建築物の維持管理に関し環境衛生上必要な事項等を定めることにより，その建築物における衛生的な環境の確保を図り，もつて公衆衛生の向上及び増進に資することを目的とする。

（定義）

第二条　この法律において「特定建築物」とは，興行場，百貨店，店舗，事務所，学校，共同住宅等の用に供される相当程度の規模を有する建築物（建築基準法（昭和25年法律第201号）第二条第一号に掲げる建築物をいう。以下同じ。）で，多数の者が使用し，又は利用し，かつ，その維持管理について環境衛生上特に配慮が必要なものとして政令で定めるものをいう。

2　前項の政令においては，建築物の用途，延べ面積等により特定建築物を定めるものとする。

（保健所の業務）

第三条　保健所は，この法律の施行に関し，次の業務を行なうものとする。

一　多数の者が使用し，又は利用する建築物の維持管理について，環境衛生上の正しい知識の普及を図ること。

二　多数の者が使用し，又は利用する建築物の維持管理について，環境衛生上の相談に応じ，及び環境衛生上必要な指導を行なうこと。

第二章　特定建築物等の維持管理

（建築物環境衛生管理基準）

第四条　特定建築物の所有者，占有者その他の者で当該特定建築物の維持管理について権原を有するものは，政令で定める基準（以下「建築物環境衛生管理基準」という。）に従って当該特定建築物の維持をしなければならない。

2　建築物環境衛生管理基準は，空気環境の調整，給水及び排水の管理，清掃，ねずみ，昆虫等の防除その他環境衛生上良好な状態を維持するのに必要な措置について定めるものとする。

3　特定建築物以外の建築物で多数の者が使用し，又は利用するものの所有者，占有者その他の者で当該建築物の維持管理について権原を有するものは，建築物環境衛生管理基準に従って当該建築物の維持管理をするように努めなければならない。

（特定建築物についての届出）

第五条　特定建築物の所有者（所有者以外に当該特定建築物の全部の管理について権原を有する者があるときは，当該権原を有する者）（以下「特定建築物所有者等」という。）は，当該特定建築物が使用されるに至つたときは，その日から1ヵ月以内に，厚生労働省令の定めるところにより，当該特定建築物の所在場所，用途，延べ面積及び構造設備の概要，建築物環境衛生管理技術者の氏名その他厚生労働省令で定める事項を都道府県知事（保健所を設置する市又は特別区にあつては，市長又は区長。以下この章並びに第十三条第2項及び第3項において同じ。）に届け出なければならない。

2　前項の規定は，現に使用されている建築物が，第二条第1項の政令を改正する政令の施行に伴い，又は用途の変更，増築による延べ面積の増加等により，新たに特定建築物に該当することとなった場合について準用する。この場合において，前項中「当該特定建築物が使用されるに至つたとき」とあるのは，「建築物が特定建築物に該当することとなったとき」と読み替えるものとする。

3　特定建築物所有者等は，前2項の規定による届出事項に変更があつたとき，又は当該特定建築物が用途の変更等により特定建築物に該当しないこととなつたときは，その日から1ヵ月以内に，その旨を都道府県知事に届け出なければならない。

（建築物環境衛生管理技術者の選任）

第六条　特定建築物所有者等は，当該特定建築物の維持管理が環境衛生上適正に行なわれるように監督をさせるため，厚生労働省令の定めるところにより，建築物環境衛生管理技術者免状を有する者のうちから建築物環境衛生管理技術者を選任しなければならない。

2　建築物環境衛生管理技術者は，当該特定建築物の維持管理が建築物環境衛生管理基準に従つて行なわれるようにするため必要があると認めるときは，当該特定建築物の所有者，占有者その他の者で当該特定建築物の維持管理について権原を有するものに対し，意見を述べることができる。この場合においては，当該権原を有する者は，その意見を尊重しなければならない。

（建築物環境衛生管理技術者免状）

第七条　建築物環境衛生管理技術者免状は，次の各号のいずれかに該当する者に対し，厚生労働大臣が交付する。

一　厚生労働省令で定める学歴及び実務の経験を有する者又は厚生労働省令の定めるところによりこれと同等以上の知識及び技能を有すると認められる者で，厚生労働大臣の登録を受けた者が行う講習会（以下「講習会」という。）の課程を修了したもの

二　建築物環境衛生管理技術者試験に合格した者

2　厚生労働大臣は，次の各号のいずれかに該当する者に対しては，建築物環境衛生管理技術者免状の交付を行なわないことができる。

一　第3項の規定により建築物環境衛生管理技術者免状の返納を命ぜられ，その日から起算して1年を経過しない者

二　この法律又はこの法律に基づく処分に違反して罰金の刑に処せられた者で，その執行を終わり，又は執行を受けることがなくなつた日から起算して2年を経過しないもの

3　厚生労働大臣は，建築物環境衛生管理技術者免状の交付を受けている者が，この法律又はこの法律に基づく処分に違反したときは，その建築物環境衛生管理技術者免状の返納を命ずることができる。

4　都道府県知事は，建築物環境衛生管理技術者免状の交付を受けている者について，前項の処分が行なわれる必要があると認めるときは，その旨を厚生労働大臣に申し出なければならない。

5　建築物環境衛生管理技術者免状の交付又は再交付の手数料は政令で，建築物環境衛生管理技術者免状の交付，再交付その他建築物環境衛生管理技術者免状に関する手続的事項は厚生労働省令で定める。

（欠格条項）

第七条の三　次の各号のいずれかに該当する者は，第七条第1項第一号の登録を受けることができない。

一　この法律又はこの法律に基づく命令に違反し，罰金以上の刑に処せられ，その執行を終わり，又は執行を受けることがなくなつた日から2年を経過しない者

二　第七条の十三の規定により登録を取り消され，その取消しの日から2年を経過しない者

三　法人であつて，その業務を行う役員のうちに前二号のいずれかに該当する者があるもの

（登録基準）

第七条の四　厚生労働大臣は，第七条の二の規定により登録を申請した者が次に掲げる要件のすべてに適合しているときは，その登録をしなければならない。

一　別表の上欄に掲げる科目を教授し，その時間数が同表の下欄に掲げる時間数以上であること。

二　次に掲げるいずれかの条件に適合する知識経験を有する者が前号の科目を教授するものであること。

イ　学校教育法（昭和22年法律第26号）に基づく大学若しくは高等専門学校において建築物の環境衛生に関する科目を担当する教授，准教授若しくは講師の職にある者又はこれらの職にあつた者

ロ　学校教育法に基づく大学又は高等専門学校において理科系統の正規の課程を修めて卒業した者で，その後十年以上建築物の環境衛生上の維持管理に関する実務に従事した経験を有するもの

ハ　イ又はロに掲げる者と同等以上の知識経験を有する者

2　登録は，講習機関登録簿に登録を受ける者の氏名又は名称，住所，登録の年月日及び登録番号を記載してするものとする。

（登録の更新）

第七条の五　第七条第1項第一号の登録は，5年以上10年以内において政令で定める期間ごとにその更新を受けなければ，その期間の経過によつて，その効力を失う。

2　前三条の規定は，前項の登録の更新について準用する。

（建築物環境衛生管理技術者試験）

第八条　建築物環境衛生管理技術者試験は，建築物の維持管理に関する環境衛生上必要な知識について行なう。

2　建築物環境衛生管理技術者試験は，厚生労働大臣が行なう。

3　厚生労働大臣は，厚生労働省令で定めるところにより，その指定する者（以下「指定試験機関」という。）に，建築物環境衛生管理技術者試験の実施に関する事務（以下「試験事務」という。）の全部又は一部を行わせることができる。

4　厚生労働大臣は，前項の規定により指定試験機関に試験事務の全部又は一部を行わせることとしたとき

は，当該試験事務の全部又は一部を行わないものとする。

5　建築物環境衛生管理技術者試験は，2年以上厚生労働省令で定める実務に従事した者でなければ，受けることができない。

6　建築物環境衛生管理技術者試験の科目，受験手続その他建築物環境衛生管理技術者試験に関し必要な事項は，厚生労働省令で定める。

（帳簿書類の備付け）

第十条　特定建築物所有者等は，厚生労働省令の定めるところにより，当該特定建築物の維持管理に関し環境衛生上必要な事項を記載した帳簿書類を備えておかなければならない。

（報告，検査等）

第十一条　都道府県知事は，厚生労働省令で定める場合において，この法律の施行に関し必要があると認めるときは，特定建築物所有者等に対し，必要な報告をさせ，又はその職員に，特定建築物に立ち入り，その設備，帳簿書類その他の物件若しくはその維持管理の状況を検査させ，若しくは関係者に質問させることができる。ただし，住居に立ち入る場合においては，その居住者の承諾を得なければならない。

2　第七条の十五第2項及び第3項の規定は，前項の規定による立入検査について準用する。

（改善命令等）

第十二条　都道府県知事は，厚生労働省令で定める場合において，特定建築物の維持管理が建築物環境衛生管理基準に従って行なわれておらず，かつ，当該特定建築物内における人の健康をそこない，又はそこなうおそれのある事態その他環境衛生上著しく不適当な事態が存すると認めるときは，当該特定建築物の所有者，占有者その他の者で当該特定建築物の維持管理について権原を有するものに対し，当該維持管理の方法の改善その他の必要な措置をとるべきことを命じ，又は当該事態がなくなるまでの間，当該特定建築物の一部の使用若しくは関係設備の使用を停止し，若しくは制限することができる。

第三章　建築物における衛生的環境の確保に関する事業の登録

（登録）

第十二条の二　次の各号に掲げる事業を営んでいる者は，当該各号に掲げる事業の区分に従い，その営業所ごとに，その所在地を管轄する都道府県知事の登録を受けることができる。

一　建築物における清掃を行う事業
二　建築物における空気環境の測定を行う事業
三　建築物の空気調和用ダクトの清掃を行う事業
四　建築物における飲料水の水質検査を行う事業
五　建築物の飲料水の貯水槽の清掃を行う事業
六　建築物の排水管の清掃を行う事業

七　建築物におけるねずみその他の人の健康を損なう事態を生じさせるおそれのある動物として厚生労働省令で定める動物の防除を行う事業
八　建築物における清掃，空気環境の調整及び測定，給水及び排水の管理並びに飲料水の水質検査であって，建築物における衛生的環境の総合的管理に必要な厚生労働省令で定める程度のものを行う事業

2　都道府県知事は，前項の登録の申請があつた場合において，その申請に係る営業所のその登録に係る事業を行うための機械器具その他の設備，その事業に従事する者の資格その他の事項が厚生労働省令で定める基準に適合すると認めるときは，登録をしなければならない。

3　前項の基準は，多数の者が使用し，又は利用する建築物について第1項各号に掲げる事業の業務を行うのに必要かつ十分なものでなければならない。

4　登録の有効期間は，6年とする。

5　前各項に規定するもののほか，登録の申請その他登録に関し必要な事項は，厚生労働省令で定める。

（登録の表示）

第十二条の三　前条第1項の登録を受けた者（以下「登録業者」という。）は，同項の登録に係る営業所（以下「登録営業所」という。）について，同項第一号に掲げる事業に係るものにあっては登録建築物清掃業と，同項第二号に掲げる事業に係るものにあっては登録建築物空気環境測定業と，同項第三号に掲げる事業に係るものにあっては登録建築物空気調和用ダクト清掃業と，同項第四号に掲げる事業に係るものにあっては登録建築物飲料水水質検査業と，同項第五号に掲げる事業に係るものにあっては登録建築物飲料水貯水槽清掃業と，同項第六号に掲げる事業に係るものにあっては登録建築物排水管清掃業と，同項第七号に掲げる事業に係るものにあっては登録建築物ねずみ昆虫等防除業と，同項第八号に掲げる事業に係るものにあっては登録建築物環境衛生総合管理業と表示することができる。

（登録の取消し）

第十二条の四　都道府県知事は，登録営業所が，第十二条の二第2項の基準に適合しなくなったときは，その登録を取り消すことができる。

（報告，検査等）

第十二条の五　都道府県知事は，この法律の施行に関し必要があると認めるときは，登録業者に対し，その業務に関して必要な報告をさせ，又はその職員に，登録営業所に立ち入り，その設備，帳簿書類その他の物件を検査させ，若しくは関係者に質問させることができる。

2　第七条の十五第2項及び第3項の規定は，前項の規定による立入検査について準用する。

3. 建築物における衛生的環境の確保に関する法律施行令（抜粋）

制定　　　昭和45年　政令304号

最終改正　令和3年12月24日　政令347号

内閣は，建築物における衛生的環境の確保に関する法律（昭和45年法律第20号）第二条第1項，第四条第1項，第七条第5項，第八条第4項及び第九条第3項の規定に基づき，この政令を制定する。

（特定建築物）

第一条　建築物における衛生的環境の確保に関する法律（以下「法」という。）第二条第1項の政令で定める建築物は，次に掲げる用途に供される部分の延べ面積（建築基準法施行令（昭和25年政令第338号）第二条第1項第三号に規定する床面積の合計をいう。以下同じ。）が3000 m² 以上の建築物及び専ら学校教育法（昭和22年法律第26号）第一条に規定する学校又は就学前の子どもに関する教育，保育等の総合的な提供の推進に関する法律（平成18年法律第77号）第二条第7項に規定する幼保連携型認定こども園（第三号において「第一条学校等」という。）の用途に供される建築物で延べ面積が8000 m² 以上のものとする。

一　興行場，百貨店，集会場，図書館，博物館，美術館又は遊技場
二　店舗又は事務所
三　第一条学校等以外の学校（研修所を含む。）
四　旅館

（建築物環境衛生管理基準）

第二条　法第四条第1項の政令で定める基準は，次のとおりとする。

一　空気環境の調整は，次に掲げるところによること。

イ　空気調和設備（空気を浄化し，その温度，湿度及び流量を調節して供給（排出を含む。以下この号において同じ。）をすることができる設備をいう。ニにおいて同じ。）を設けている場合は，厚生労働省令で定めるところにより，居室における次の表の各号の上欄に掲げる事項がおおむね当該各号の下欄に掲げる基準に適合するように空気を浄化し，その温度，湿度又は流量を調節して供給をすること。

一	浮遊粉じんの量	空気1 m³につき0.15 mg以下
二	一酸化炭素の含有率	100万分の6
三	二酸化炭素の含有率	100万分の1000以下
四	温度	一　18℃以上28度以下 二　居室における温度を外気の温度より低くする場合は，その差を著しくしないこと。
五	相対湿度	40%以上70%以下
六	気流	0.5 m/s以下
七	ホルムアルデヒドの量	空気1 m³につき0.1 mg以下

ロ　機械換気設備（空気を浄化し，その流量を調節して供給をすることができる設備をいう。）を設けている場合は，厚生労働省令で定めるところにより，居室におけるイの表の第一号から第三号まで，第六号及び第七号の上欄に掲げる事項がおおむね当該各号の下欄に掲げる基準に適合するように空気を浄化し，その流量を調節して供給をすること。

ハ　イの表の各号の下欄に掲げる基準を適用する場合における当該各号の上欄に掲げる事項についての測定の方法は，厚生労働省令で定めるところによること。

ニ　空気調和設備を設けている場合は，厚生労働省令で定めるところにより，病原体によって居室の内部の空気が汚染されることを防止するための措置を講ずること。

二　給水及び排水の管理は，次に掲げるところによること。

イ　給水に関する設備（水道法（昭和32年法律第177号）第三条第9項に規定する給水装置を除く。ロにおいて同じ。）を設けて人の飲用その他の厚生労働省令で定める目的のために水を供給する場合は，厚生労働省令で定めるところにより，同法第四条の規定による水質基準に適合する水を供給すること。

ロ　給水に関する設備を設けてイに規定する目的以外の目的のために水を供給する場合は，厚生労働省令で定めるところにより，人の健康に係る被害が生ずることを防止するための措置を講ずること。

ハ　排水に関する設備の正常な機能が阻害されることにより汚水の漏出等が生じないように，当該設備の補修及び掃除を行うこと。

三　清掃及びねずみその他の厚生労働省令で定める動物（ロにおいて「ねずみ等」という。）の防除は，次に掲げるところによること。

イ　厚生労働省令で定めるところにより，掃除を行い，廃棄物を処理すること。

ロ　厚生労働省令で定めるところにより，ねずみ等

の発生及び侵入の防止並びに駆除を行うこと。

4. 建築物における衛生的環境の確保に関する法律施行規則（抜粋）

制定　　　昭和46年　厚生省令第2号
最終改定　令和3年12月24日　厚生労働省令第199号
　建築物における衛生的環境の確保に関する法律（昭和45年法律第20号）第五条第1項，第六条第1項，第七条第1項第一号及び同条第5項，第八条第3項及び第4項，第十条，第十一条第1項及び第十二条並びに建築物における衛生的環境の確保に関する法律施行令（昭和45年政令第304号）第二条第一号イの表の第二号及び同条同号ハの規定に基づき，並びに同法を実施するため，建築物における衛生的環境の確保に関する法律施行規則を次のように定める。

第一章　特定建築物の維持管理

（特定建築物についての届出）
第一条　建築物における衛生的環境の確保に関する法律（昭和45年法律第20号。以下「法」という。）第五条第1項（同条第2項において準用する場合を含む。）の規定による届出は，次の各号に掲げる事項を記載した届書を当該特定建築物（法第二条第1項に規定する特定建築物をいう。以下同じ。）の所在場所を管轄する都道府県知事（保健所を設置する市又は特別区にあっては，市長又は区長。以下この章において同じ。）に提出して行うものとする。
一　特定建築物の名称
二　特定建築物の所在場所
三　特定建築物の用途
四　建築物における衛生的環境の確保に関する法律施行令（昭和45年政令第304号。以下「令」という。）第一条各号に掲げる用途に供される部分の延べ面積（建築基準法施行令（昭和25年政令第338号）第二条第1項第三号に規定する床面積の合計をいう。以下同じ。）
五　特定建築物の構造設備の概要
六　特定建築物の所有者，占有者その他の者で当該特定建築物の維持管理について権原を有するもの（以下「特定建築物維持管理権原者」という。）の氏名及び住所（法人にあっては，その名称，主たる事務所の所在地及び代表者の氏名）
七　特定建築物の所有者（所有者以外に当該特定建築物の全部の管理について権原を有する者があるときは，当該権原を有する者）（以下「特定建築物所有者等」という。）の氏名及び住所（法人にあっては，その名称，主たる事務所の所在地及び代表者の氏名）
八　建築物環境衛生管理技術者の氏名，住所及び免状番号並びにその者が他の特定建築物の建築物環境衛生管理技術者である場合にあっては，当該特定建築物の名称及び所在場所
九　特定建築物が使用されるに至った年月日
2　法第五条第2項において準用する同条第1項の規定による届出については，前項第九号中「特定建築物が使用される」とあるのは，「特定建築物に該当する」と読み替えるものとする。
3　第1項（前項の規定により読み替える場合を含む。）の届書には，次の各号に掲げる場合の区分に応じ，当該各号に定める書類を添付しなければならない。
一　特定建築物の所有者以外に特定建築物維持管理権原者がある場合（次号に掲げる場合を除く。）　当該特定建築物維持管理権原者が当該特定建築物の維持管理について権原を有することを証する書類
二　特定建築物の所有者以外に当該特定建築物の全部の管理について権原を有する者がある場合　当該者が当該特定建築物について当該権原を有することを証する書類
4　法第五条第3項の規定による届出は，第1項若しくは第2項の規定による届出事項に変更があつた旨又は当該特定建築物が特定建築物に該当しないこととなった旨を記載した届書を当該特定建築物の所在場所を管轄する都道府県知事に提出して行うものとする。この場合において，当該変更が前項各号の権原を有する者の変更を伴うときは，当該変更後の当該各号に定める書類を添付しなければならない。

（空気調和設備又は機械換気設備の維持管理）
第三条　令第二条第一号イ又はロの規定により空気調和設備又は機械換気設備を設けて空気を供給する場合は，同号イ又はロに定める基準に適合する空気を供給するため，厚生労働大臣が別に定める技術上の基準に従い，これらの設備の維持管理に努めなければならない。

（空気環境の測定方法）
第三条の二　令第二条第一号ハの規定による測定の方法は，次の各号の定めるところによる。
一　当該特定建築物の通常の使用時間中に，各階ごとに，居室の中央部の床上75cm以上150cm以下の位置において，次の表の各号の上欄に掲げる事項について当該各号の下欄に掲げる測定器（次の表の第二号から第六号までの下欄に掲げる測定器についてはこれと同程度以上の性能を有する測定器を含む。）を用いて行うこと。

一 浮遊粉じんの量	グラスファイバーろ紙（$0.3\,\mu\mathrm{m}$ のステアリン酸粒子を 99.9％ 以上捕集する性能を有するものに限る。）を装着して相対沈降径がおおむね $10\,\mu\mathrm{m}$ 以下の浮遊粉じんを重量法により測定する機器又は厚生労働大臣の登録を受けた者により当該機器を標準として較正された機器
二 一酸化炭素の含有率	検知管方式による一酸化炭素検定器
三 二酸化炭素の含有率	検知管方式による二酸化炭素検定器
四 温度	$0.5\,℃$ 目盛の温度計
五 相対湿度	$0.5\,℃$ 目盛の乾湿球湿度計
六 気流	$1.2\,\mathrm{m/s}$ 以上の気流を測定することができる風速計
七 ホルムアルデヒドの量	二・四―ジニトロフェニルヒドラジン捕集―高速液体クロマトグラフ法により測定する機器，四―アミノ―三―ヒドラジノ―五―メルカプト―一・二・四―トリアゾール法により測定する機器又は厚生労働大臣が別に指定する測定器

二 令第二条第一号イの表の第一号から第三号までの上欄に掲げる事項について，当該各号の下欄に掲げる数値と比較すべき数値は，1 日の使用時間中の平均値とすること。

三 次に掲げる区分に従い，それぞれ次に定める事項について，2 月以内ごとに 1 回，定期に，測定すること。

　イ 空気調和設備を設けている場合　令第二条イの表の第一号から第六号までの上欄に掲げる事項

　ロ 機械換気設備を設けている場合　令第二条イの表の第一号から第三号まで及び第六号の上欄に掲げる事項

四 特定建築物の建築（建築基準法（昭和 25 年法律第 201 号）第二条第十三号に規定する建築をいう。），大規模の修繕（同条第十四号に規定する大規模の修繕をいう。）又は大規模の模様替（同条第十五号に規定する大規模の模様替をいう。）（以下「建築等」と総称する。）を行ったときは，当該建築等を行った階層の居室における令第二条第一号イの表の第七号の上欄に掲げる事項について，当該建築等を完了し，その使用を開始した日以後最初に到来する測定期間（6 月 1 日から 9 月 30 日までの期間をいう。以下同じ。）中に 1 回，測定すること。

（空気調和設備に関する衛生上必要な措置）

第三条の十八　令第二条第一号ニに規定する措置は，次の各号に掲げるものとする。

一 冷却塔及び加湿装置に供給する水を水道法（昭和 32 年法律第 177 号）第四条に規定する水質基準に適合させるため必要な措置

二 冷却塔及び冷却水について，当該冷却塔の使用開始時及び使用を開始した後，1 月以内ごとに 1 回，定期に，その汚れの状況を点検し，必要に応じ，その清掃及び換水等を行うこと。ただし，1 月を超える期間使用しない冷却塔に係る当該使用しない期間においては，この限りでない。

三 加湿装置について，当該加湿装置の使用開始時及び使用を開始した後，1 月以内ごとに 1 回，定期に，その汚れの状況を点検し，必要に応じ，その清掃等を行うこと。ただし，1 月を超える期間使用しない加湿装置に係る当該使用しない期間においては，この限りでない。

四 空気調和設備内に設けられた排水受けについて，当該排水受けの使用開始時及び使用を開始した後，1 月以内ごとに 1 回，定期に，その汚れ及び閉塞の状況を点検し，必要に応じ，その清掃等を行うこと。ただし，1 月を超える期間使用しない排水受けに係る当該使用しない期間においては，この限りでない。

五 冷却塔，冷却水の水管及び加湿装置の清掃を，それぞれ 1 年以内ごとに 1 回，定期に行うこと。

（令第二条第二号イの厚生労働省令で定める目的）

第三条の十九　令第二条第二号イの厚生労働省令で定める目的は，人の飲用，炊事用，浴用その他人の生活の用（旅館業法（昭和 23 年法律第 138 号）第三条第 1 項の規定による許可を受けた者が経営する施設（第四条の二において「旅館」という。）における浴用を除く。）に供することとする。

（飲料水に関する衛生上必要な措置等）

第四条　令第二条第二号イに規定する水の供給は，次の各号の定めるところによる。

一 給水栓における水に含まれる遊離残留塩素の含有率を 100 万分の 0.1（結合残留塩素の場合は，100 万分の 0.4）以上に保持するようにすること。ただし，供給する水が病原生物に著しく汚染されるおそれがある場合又は病原生物に汚染されたことを疑わせるような生物若しくは物質を多量に含むおそれがある場合の給水栓における水に含まれる遊離残留塩素の含有率は，100 万分の 0.2（結合残留塩素の場合は，100 万分の 1.5）以上とすること。

二 貯水槽の点検等有害物，汚水等によって水が汚染されるのを防止するため必要な措置

三 水道法第三条第 2 項に規定する水道事業の用に供する水道又は同条第 6 項に規定する専用水道から供給を受ける水のみを水源として前条に規定する目的のための水（以下「飲料水」という。）を供給する場合は，当該飲料水の水質検査を次に掲げるところにより行うこと。

　イ 水質基準に関する省令（平成 15 年厚生労働省令第 101 号。以下「水質基準省令」という。）の表中一の項，二の項，六の項，九の項，十一の項，三十二の項，三十四の項，三十五の項，三十

資料編

八の項，四十の項及び四十六の項から五十一の項までの項の上欄に掲げる事項について，6月以内ごとに1回，定期に，行うこと。

ロ　水質基準省令の表中十の項，二十一の項から三十一の項までの項の上欄に掲げる事項について，毎年，測定期間中に1回，行うこと。

四　地下水その他の前号に掲げる水以外の水を水源の全部又は一部として飲料水を供給する場合は，当該飲料水の水質検査を次に掲げるところにより行うこと。

イ　給水を開始する前に，水質基準省令の表の上欄に掲げるすべての事項について行うこと。

ロ　水質基準省令の表中一の項，二の項，六の項，九の項，十一の項，三十二の項，三十四の項，三十五の項，三十八の項，四十の項及び四十六の項から五十一の項までの項の上欄に掲げる事項について，6月以内ごとに1回，定期に，行うこと。

ハ　水質基準省令の表中十の項，二十一の項から三十一の項までの項の上欄に掲げる事項について，毎年，測定期間中に1回，行うこと。

ニ　水質基準省令の表中十四の項，十六の項から二十の項までの項及び四十五の項の上欄に掲げる事項について，3年以内ごとに1回，定期に，行うこと。

五　給水栓における水の色，濁り，臭い，味その他の状態により供給する水に異常を認めたときは，水質基準省令の表の上欄に掲げる事項のうち必要なものについて検査を行うこと。

六　第四号に掲げる場合においては，特定建築物の周辺の井戸等における水質の変化その他の事情から判断して，当該飲料水について水質基準省令の表の上欄に掲げる事項が同表の下欄に掲げる基準に適合しないおそれがあるときは，同表の上欄に掲げる事項のうち必要なものについて検査を行うこと。

七　遊離残留塩素の検査及び貯水槽の清掃を，それぞれ7日以内，1年以内ごとに1回，定期に，行うこと。

八　供給する水が人の健康を害するおそれがあることを知つたときは，直ちに給水を停止し，かつ，その水を使用することが危険である旨を関係者に周知させること。

2　令第二条第二号イの規定により給水に関する設備を設けて飲料水を供給する場合は，同号イに定める基準に適合する水を供給するため，厚生労働大臣が別に定める技術上の基準に従い，これらの設備の維持管理に努めなければならない。

（雑用水に関する衛生上必要な措置等）

第四条の二　令第二条第二号ロに規定する措置は，次の各号に掲げるものとする。ただし，旅館における浴用に供する水を供給する場合又は第三条の十九に規定する目的以外の目的のための水（旅館における浴用に供

する水を除く。以下「雑用水」という。）を水道法第三条第2項に規定する水道事業の用に供する水道若しくは同条第6項に規定する専用水道から供給を受ける水のみを水源として供給する場合は，この限りでない。

一　給水栓における水に含まれる遊離残留塩素の含有率を100万分の0.1（結合残留塩素の場合は，100万分の0.4）以上に保持するようにすること。ただし，供給する水が病原生物に著しく汚染されるおそれがある場合又は病原生物に汚染されたことを疑わせるような生物若しくは物質を多量に含むおそれがある場合の給水栓における水に含まれる遊離残留塩素の含有率は，100万分の0.2（結合残留塩素の場合は，100万分の1.5）以上とすること。

二　雑用水の水槽の点検等有害物，汚水等によって水が汚染されるのを防止するため必要な措置

三　散水，修景又は清掃の用に供する水にあっては，次に掲げるところにより維持管理を行うこと。

イ　し尿を含む水を原水として用いないこと。

ロ　次の表の各号の上欄に掲げる事項が当該各号の下欄に掲げる基準に適合するものであること。

一　pH 値	5.8 以上 8.6 以下であること。
二　臭気	異常でないこと。
三　外観	ほとんど無色透明であること。
四　大腸菌	検出されないこと。
五　濁度	2 度以下であること。

ハ　ロの表の第一号から第三号までの上欄に掲げる事項の検査を7日以内ごとに一回，第四号及び第五号の上欄に掲げる事項の検査を2月以内ごとに1回，定期に，行うこと。

四　水洗便所の用に供する水にあっては，次に掲げるところにより維持管理を行うこと。

イ　前号ロの表の第一号から第四号までの上欄に掲げる事項が当該各号の下欄に掲げる基準に適合するものであること。

ロ　前号ロの表の第一号から第三号の上欄に掲げる事項の検査を7日以内ごとに1回，第四号の上欄に掲げる事項の検査を2月以内ごとに1回，定期に，行うこと。

五　遊離残留塩素の検査を，7日以内ごとに1回，定期に，行うこと。

六　供給する水が人の健康を害するおそれがあることを知つたときは，直ちに供給を停止し，かつ，その水を使用することが危険である旨を使用者又は利用者に周知すること。

2　令第二条第二号ロの規定により給水に関する設備を設けて雑用水を供給する場合は，人の健康に係る被害が生ずることを防止するため，厚生労働大臣が別に定める技術上の基準に従い，これらの設備の維持管理に

努めなければならない。ただし，旅館における浴用に供する水を供給する場合又は雑用水を水道法第三条第2項に規定する水道事業の用に供する水道若しくは同条第6項に規定する専用水道から供給を受ける水のみを水源として供給する場合は，この限りでない。

（排水に関する設備の掃除等）

第四条の三　特定建築物維持管理権原者は，排水に関する設備の掃除を，6月以内ごとに1回，定期に，行わなければならない。

2　特定建築物維持管理権原者は，厚生労働大臣が別に定める技術上の基準に従い，排水に関する設備の補修，掃除その他当該設備の維持管理に努めなければならない。

（防除を行う動物）

第四条の四　令第二条第三号の厚生労働省令で定める動物は，ねずみ，昆虫その他の人の健康を損なう事態を生じさせるおそれのある動物（以下「ねずみ等」という。）とする。

（清掃等及びねずみ等の防除）

第四条の五　令第二条第三号イに規定する掃除は，日常行うもののほか，大掃除を，6月以内ごとに1回，定期に，統一的に行うものとする。

2　令第二条第三号ロに規定するねずみ等の発生及び侵入の防止並びに駆除は，次の各号の定めるところによる。

一　ねずみ等の発生場所，生息場所及び侵入経路並びにねずみ等による被害の状況について，6月以内ごとに1回，定期に，統一的に調査を実施し，当該調査の結果に基づき，ねずみ等の発生を防止するため必要な措置を講ずること。

二　ねずみ等の防除のため殺そ剤又は殺虫剤を使用する場合は，医薬品，医療機器等の品質，有効性及び安全性の確保等に関する法律（昭和三十五年法律第百四十五号）第十四条又は第十九条の二の規定による承認を受けた医薬品又は医薬部外品を用いること。

3　令第二条第三号イ及びロの規定により掃除，廃棄物の処理，ねずみ等の発生及び侵入の防止並びに駆除を行う場合は，厚生労働大臣が別に定める技術上の基準に従い，掃除及びねずみ等の防除並びに掃除用機器等及び廃棄物処理設備の維持管理に努めなければならない。

（建築物環境衛生管理技術者の選任）

第五条　特定建築物所有者等は，特定建築物ごとに建築物環境衛生管理技術者を選任しなければならない。

2　特定建築物所有者等は，前項の規定による選任を行う場合において，選任しようとする者が同時に二以上の特定建築物の建築物環境衛生管理技術者を兼ねることとなるときには，当該二以上の特定建築物の建築物環境衛生管理技術者となつてもその業務の遂行に支障がないことを確認しなければならない。

3　前項の規定は，特定建築物所有者等が現に選任している建築物環境衛生管理技術者が，新たに他の特定建築物の建築物環境衛生管理技術者を兼ねようとする場合について準用する。

4　特定建築物所有者等は，第2項（前項において準用する場合を含む。第二十条第1項第三号において同じ。）の規定による確認を行う場合において，当該特定建築物について当該特定建築物所有者等以外に特定建築物維持管理権原者があるときは，あらかじめ，当該特定建築物維持管理権原者の意見を聴かなければならない。

（受講資格）

第六条　法第七条第1項第一号の厚生労働省令で定める学歴及び実務の経験を有する者は，次に掲げる者とする。

一　学校教育法に基づく大学（短期大学を除く。）又は旧大学令に基づく大学において理学，医学，歯学，薬学，保健学，衛生学，工学，農学又は獣医学の正規の課程を修めて卒業した後，1年以上建築物の維持管理に関する実務に従事した経験又は1年以上第二十一条第2項に規定する環境衛生監視員（以下この条及び次条において「環境衛生監視員」という。）として勤務した経験を有する者

二　防衛省設置法（昭和29年法律第164号）による防衛大学校において本科における理工学の正規の課程を修めて卒業した後，1年以上建築物の維持管理に関する実務に従事した経験又は1年以上環境衛生監視員として勤務した経験を有する者

三　国土交通省組織令（平成12年政令第255号）による海上保安大学校を卒業した後，1年以上建築物の維持管理に関する実務に従事した経験又は1年以上環境衛生監視員として勤務した経験を有する者

四　学校教育法に基づく短期大学若しくは高等専門学校又は旧専門学校令に基づく専門学校において理学，医学，歯学，薬学，保健学，衛生学，工学，農学又は獣医学の正規の課程を修めて卒業した後，3年以上建築物の維持管理に関する実務に従事した経験又は3年以上環境衛生監視員として勤務した経験を有する者

五　学校教育法に基づく高等学校若しくは中等教育学校又は旧中等学校令（昭和18年勅令第36号）に基づく中等学校（以下「高等学校等」という。）において工業に関する学科を修めて卒業した後，5年以上建築物の維持管理に関する実務に従事した経験又は5年以上環境衛生監視員として勤務した経験を有する者

六　学校教育法第九十条の規定により大学に入学することができる者又は旧中等学校令に基づく中等学校を卒業した者で，5年以上建築物の維持管理に関する実務に従事する者を指導監督した経験又は5年以上環境衛生監視員として勤務した経験を有するもの

七　厚生労働大臣が前各号と同等以上の学歴及び実務の経験を有すると認める者

第七条　法第七条第1項第一号の規定により前条各号に掲げる者と同等以上の知識及び技能を有すると認められる者は，次に掲げる者とする。

一　医師

二　建築士法（昭和25年法律第202号）第四条第1項に規定する一級建築士の免許を受けた者

三　技術士法（昭和58年法律第25号）第三十二条第1項の規定により登録を受けた技術士（機械部門，電気・電子部門，水道部門又は衛生工学部門に係る登録を受けた者に限る。）

四　高圧ガス保安法（昭和26年法律第204号）第二十九条第1項に規定する第一種冷凍機械責任者免状の交付を受けた後1年以上建築物の維持管理に関する実務に従事した経験若しくは1年以上環境衛生監視員として勤務した経験を有する者又は同項に規定する第二種冷凍機械責任者免状の交付を受けた後2年以上建築物の維持管理に関する実務に従事した経験若しくは2年以上環境衛生監視員として勤務した経験を有する者

五　臨床検査技師等に関する法律（昭和33年法律第76号）第二条に規定する臨床検査技師の免許を受けた後2年以上建築物の維持管理に関する実務に従事した経験又は2年以上環境衛生監視員として勤務した経験を有する者

六　電気事業法（昭和39年法律第170号）第四十四条第1項に規定する第一種電気主任技術者免状若しくは第二種電気主任技術者免状の交付を受けた後1年以上建築物の維持管理に関する実務に従事した経験若しくは1年以上環境衛生監視員として勤務した経験を有する者又は同項に規定する第三種電気主任技術者免状の交付を受けた後2年以上建築物の維持管理に関する実務に従事した経験若しくは2年以上環境衛生監視員として勤務した経験を有する者

七　労働安全衛生法（昭和47年法律第57号）第十二条の規定により衛生管理者の免許を受けた後，労働安全衛生規則（昭和47年労働省令第32号）第七条第1項第五号イに掲げる事業場において専任の衛生管理者として5年以上建築物の維持管理に関する実務に従事した経験又は5年以上環境衛生監視員として勤務した経験を有する者（学校教育法第九十条の規定により大学に入学することができる者又は旧中等学校令に基づく中等学校を卒業した者に限る。）

八　ボイラー及び圧力容器安全規則（昭和47年労働省令第33号）第九十七条第一号に規定する特級ボイラー技士免許を受けた後1年以上建築物の維持管理に関する実務に従事した経験若しくは1年以上環境衛生監視員として勤務した経験を有する者又は同条第二号に規定する一級ボイラー技士免許を受けた後4年以上建築物の維持管理に関する実務に従事し

た経験若しくは4年以上環境衛生監視員として勤務した経験を有する者

九　厚生労働大臣が前各号と同等以上の知識及び技能を有すると認める者

第八条　第六条第一号から第六号まで及び前条第四号から第八号までの各号にいう建築物の維持管理に関する実務は，令第一条各号に掲げる用途その他これに類する用途に供される部分の延べ面積がおおむね3000m²を超える建築物の当該用途に供される部分において業として行う環境衛生上の維持管理に関する実務とし，当該実務（第六条第六号にいう建築物の維持管理に関する実務を除く。）には，掃除その他これに類する単純な労務を含まないものとする。

（免状の申請手続）

第九条　法第七条第1項の規定により建築物環境衛生管理技術者免状（以下「免状」という。）の交付を受けようとする者は，様式第一号による申請書に次に掲げる書類を添えて，これを厚生労働大臣に提出しなければならない。

一　戸籍の謄本若しくは抄本又は住民票の写し（住民基本台帳法（昭和42年法律第81号）第七条第五号に掲げる事項（出入国管理及び難民認定法（昭和26年政令第319号）第十九条の三に規定する中長期在留者及び日本国との平和条約に基づき日本の国籍を離脱した者等の出入国管理に関する特例法（平成3年法律第71号）に定める特別永住者にあっては，住民基本台帳法第三十条の四十五に規定する国籍等）を記載したものに限る。）（出入国管理及び難民認定法第十九条の三各号に掲げる者にあっては，旅券その他の身分を証する書類の写し）

二　法第七条第1項第一号の規定により厚生労働大臣の登録を受けた者が行う講習会の課程を修了した者にあっては，当該講習会の課程を修了したことを証する書類及び第六条各号又は第七条各号のいずれかに該当する者であることを証する書類

2　第1項の申請書には，令第三条第一号に規定する手数料の額に相当する収入印紙をはらなければならない。

（免状の様式）

第十条　法第七条第1項の規定により交付する免状の様式は，様式第二号による。

（免状の書換え交付）

第十一条　免状の交付を受けている者は，免状の記載事項に変更を生じたときは，免状に第九条第1項第一号に掲げる書類を添えて，厚生労働大臣に免状の書換え交付を申請することができる。

2　前項の免状の書換え交付の申請書の様式は，様式第三号による。

（免状の再交付）

第十二条　免状の交付を受けている者は，免状を破り，よごし，又は失ったときは，厚生労働大臣に免状の再

交付を申請することができる。

2　前項の免状の再交付の申請書の様式は，様式第四号による。

3　前項の申請書には，令第三条第二号に規定する手数料の額に相当する収入印紙をはらなければならない。

4　免状を破り，又はよごした者が第一項の申請をする場合には，申請書にその免状を添えなければならない。

5　免状の交付を受けている者は，免状の再交付を受けた後，失った免状を発見したときは，5日以内に，これを厚生労働大臣に返還するものとする。

（免状の返還）

第十三条　免状の交付を受けている者が死亡し，又は失踪の宣告を受けたときは，戸籍法（昭和22年法律第224号）に規定する届出義務者は，1ヵ月以内に，厚生労働大臣に免状を返還するものとする。

（登録の申請）

（受験資格）

第十五条　法第八条第5項の厚生労働省令で定める実務は，令第一条各号に掲げる用途その他これに類する用途に供される建築物の当該用途に供される部分において業として行う環境衛生上の維持管理に関する実務とする。

（試験の公示）

第十六条　試験を施行する期日及び場所並びに受験願書の提出期限は，あらかじめ，官報で公示する。

（試験科目）

第十七条　試験の科目は，次のとおりとする。

一　建築物衛生行政概論

二　建築物の構造概論

三　建築物の環境衛生

四　空気環境の調整

五　給水及び排水の管理

六　清掃

七　ねずみ，昆虫等の防除

（受験の申請）

第十八条　試験を受けようとする者は，様式第五号による受験願書に次に掲げる書類を添えて，これを厚生労働大臣（指定試験機関が受験手続に関する試験事務を行う場合にあっては，指定試験機関）に提出しなければならない。

一　法第八条第5項に該当する者であることを証する書類

二　写真（出願前6月以内に脱帽して正面から撮影した縦4.5cm横3.5cmのもので，その裏面には撮影年月日及び氏名を記載すること。）

（帳簿書類）

第二十条　特定建築物所有者等は，次の各号に掲げる帳簿書類を備えておかなければならない。

一　空気環境の調整，給水及び排水の管理，清掃並びにねずみ等の防除の状況（これらの措置に関する測定又は検査の結果並びに当該措置に関する設備の点検及び整備の状況を含む。）を記載した帳簿書類

二　当該特定建築物の平面図及び断面図並びに当該特定建築物の維持管理に関する設備の配置及び系統を明らかにした図面

三　第五条第2項の規定による確認の結果（同条第四項の規定による意見の聴取を行つた場合は当該意見の内容を含む。）を記載した書面

四　その他当該特定建築物の維持管理に関し環境衛生上必要な事項を記載した帳簿書類

2　前項第一号及び第四号の帳簿書類は，5年間保存しなければならない。

（報告，検査等）

第二十一条　法第十一条第1項の厚生労働省令で定める場合は，都道府県知事が必要と認める場合とする。

2　法第十一条第1項及び第十二条の五第1項の職権を行う者を環境衛生監視員と称し，法第十一条第2項において準用する法第七条の十五第2項及び法第十二条の五第2項において準用する法第七条の十五第2項の規定によりその携帯する証明書は，別に定める。

（改善命令）

第二十二条　法第十二条の厚生労働省令で定める場合は，法第十一条第1項の規定による権限を行使した場合とする。

第二章　建築物における衛生的環境の確保に関する事業の登録

（人の健康を損なう事態を生じさせるおそれのある動物）

第二十三条　法第十二条の二第1項第七号の厚生労働省令で定める動物は，第四条の四に規定する動物とする。

（建築物における衛生的環境の総合的管理に必要な程度）

第二十四条　法第十二条の二第1項第八号の厚生労働省令で定める程度のものは，清掃，空気調和設備及び機械換気設備の運転，日常的な点検及び補修（以下この条において「運転等」という。）並びに空気環境の測定，給水及び排水に関する設備の運転等並びに給水栓における水に含まれる遊離残留塩素の検査並びに給水栓における水の色，濁り，臭い及び味の検査であって，特定建築物の衛生的環境の維持管理に必要な程度のものとする。

（建築物清掃業の登録基準）

第二十五条　法第十二条の二第2項の規定による同条第1項第一号に掲げる事業に係る機械器具その他の設備（以下この条において「清掃用機械器具等」という。），その事業に従事する者の資格その他の事項に関する基準は，次のとおりとする。

一　次の機械器具を有すること。

イ　真空掃除機

ロ　床みがき機

二　清掃作業の監督を行う者が，職業能力開発促進法

（昭和44年法律第64号）第四十四条第1項に規定する技能検定であってビルクリーニングの職種（等級の区分が一級のものに限る。）に係るものに合格した者又は免状の交付を受けている者であって，次のいずれかに該当するものであること。

イ　厚生労働大臣の登録を受けた者が行う清掃作業の監督を行う者のための講習の課程を修了し，修了した日から6年を経過しない者

ロ　イの講習の課程を修了した者であって，厚生労働大臣の登録を受けた者が行う清掃作業の監督を行う者のための再講習の課程を修了し，修了した日から6年を経過しないもの

三　清掃作業に従事する者が次の要件に該当する研修を修了したものであること。

イ　清掃作業に従事する者のすべてが受講できるものであること。

ロ　登録を受けようとする者又は厚生労働大臣の登録を受けた者が実施主体となって定期的に行われるものであること。

ハ　その内容が，清掃用機械器具等及び清掃作業に用いる資材の使用方法並びに清掃作業の安全及び衛生に関するものであること。

ニ　その指導に当たる者が，ハの内容を指導するのに適当と認められる者であること。

四　清掃作業及び清掃用機械器具等の維持管理の方法が，厚生労働大臣が別に定める基準に適合していること。

（建築物空気環境測定業の登録基準）

第二十六条　法第十二条の二第2項の規定による同条第1項第二号に掲げる事業に係る機械器具その他の設備，その事業に従事する者の資格その他の事項に関する基準は，次のとおりとする。

一　第三条の二第一号の表の第一号から第六号の下欄に掲げる測定器（同表第二号から第六号までの下欄に掲げる測定器については，これと同程度以上の性能を有する測定器を含む。）及び空気環境の測定作業に必要な器具を有すること。

二　空気環境の測定を行う者が次のいずれかに該当するものであること。

イ　厚生労働大臣の登録を受けた者が行う空気環境の測定を行う者のための講習の課程を修了し，修了した日から6年を経過しない者

ロ　イの講習の課程を修了した者であって，厚生労働大臣の登録を受けた者が行う空気環境の測定を行う者のための再講習の課程を修了し，修了した日から6年を経過しないもの

ハ　イ又はロに掲げる者と同等以上の知識及び技能を有すると認められる者

三　空気環境の測定及び空気環境の測定に用いる機械器具その他の設備の維持管理の方法が，厚生労働大臣が別に定める基準に適合していること。

（建築物空気調和用ダクト清掃業の登録基準）

第二十六条の三　法第十二条の二第2項の規定による同条第1項第三号に掲げる事業に係る機械器具その他の設備，その事業に従事する者の資格その他の事項に関する基準は，次のとおりとする。

一　次の機械器具を有すること。

イ　電気ドリル及びシャー又はニブラ

ロ　内視鏡（写真を撮影することができるものに限る。）

ハ　電子天びん又は化学天びん

ニ　コンプレッサー

ホ　集じん機

ヘ　真空掃除機

二　空気調和用ダクトの清掃作業の監督を行う者が次のいずれかに該当するものであること。

イ　厚生労働大臣の登録を受けた者が行う空気調和用ダクトの清掃作業の監督を行う者のための講習の課程を修了し，修了した日から六年を経過しない者

ロ　イの講習の課程を修了した者であって，厚生労働大臣の登録を受けた者が行う空気調和用ダクトの清掃作業の監督を行う者のための再講習の課程を修了し，修了した日から六年を経過しないもの

ハ　イ又はロに掲げる者と同等以上の知識及び技能を有すると認められる者

三　空気調和用ダクトの清掃作業に従事する者が次の要件に該当する研修を修了したものであること。

イ　空気調和用ダクトの清掃作業に従事する者のすべてが受講できるものであること。

ロ　登録を受けようとする者又は厚生労働大臣の登録を受けた者が実施主体となって定期的に行われるものであること。

ハ　その内容が，空気調和用ダクトの清掃作業に用いる機械器具の使用方法並びに空気調和用ダクトの清掃作業の安全及び衛生に関するものであること

ニ　その指導に当たる者が，ハの内容を指導するのに適当と認められる者であること。

四　空気調和用ダクトの清掃作業及び空気調和用ダクトの清掃作業に用いる機械器具その他の設備の維持管理の方法が，厚生労働大臣が別に定める基準に適合していること。

（建築物飲料水水質検査業の登録基準）

第二十七条　法第十二条の二第2項の規定による同条第1項第四号に掲げる事業に係る機械器具その他の設備，その事業に従事する者の資格その他の事項に関する基準は，次のとおりとする。

一　次の機械器具を有すること。

イ　高圧蒸気滅菌器及び恒温器

ロ　フレームレス一原子吸光光度計，誘導結合プラズマ発光分光分析装置又は誘導結合プラズマ一質

量分析装置
ハ　イオンクロマトグラフ
ニ　乾燥器
ホ　全有機炭素定量装置
ヘ　pH 計
ト　分光光度計又は光電光度計
チ　ガスクロマトグラフ─質量分析計
リ　電子天びん又は化学天びん
二　水質検査を適確に行うことのできる検査室を有すること。
三　水質検査を行う者が次のいずれかに該当するものであること。
　　イ　学校教育法に基づく大学（短期大学を除く。），旧大学令に基づく大学又は旧専門学校令に基づく専門学校において，理学，医学，歯学，薬学，保健学，衛生学，工学，農学若しくは獣医学の課程又はこれに相当する課程を修めて卒業した後，1年以上水質検査又はその他の理化学的若しくは細菌学的検査の実務に従事した経験を有する者
　　ロ　臨床検査技師であって，1 年以上水質検査又はその他の理化学的若しくは細菌学的検査の実務に従事した経験を有する者
　　ハ　学校教育法に基づく短期大学又は高等専門学校において，生物学若しくは工業化学の課程又はこれに相当する課程を修めて卒業した後，2 年以上水質検査又はその他の理化学的若しくは細菌学的検査の実務に従事した経験を有する者
　　ニ　イ，ロ又はハに掲げる者と同等以上の知識及び技能を有すると認められる者
四　水質検査及び水質検査に用いる機械器具その他の設備の維持管理の方法が，厚生労働大臣が別に定める基準に適合していること。

（建築物飲料水貯水槽清掃業の登録基準）

第二十八条　法第十二条の二第 2 項の規定による同条第 1 項第五号に掲げる事業に係る機械器具その他の設備，その事業に従事する者の資格その他の事項に関する基準は，次のとおりとする。
一　次の機械器具を有すること。
　　イ　揚水ポンプ
　　ロ　高圧洗浄機
　　ハ　残水処理機
　　ニ　換気ファン
　　ホ　防爆型照明器具
　　ヘ　色度計，濁度計及び残留塩素測定器
二　前号の機械器具を適切に保管することのできる専用の保管庫を有すること。
三　第一号の機械器具は，飲料水の貯水槽の清掃に専用のものであること。
四　飲料水の貯水槽の清掃作業の監督を行う者が次のいずれかに該当するものであること。
　　イ　厚生労働大臣の登録を受けた者が行う貯水槽の

清掃作業の監督を行う者のための講習の課程を修了し，修了した日から六年を経過しない者
　　ロ　イの講習の課程を修了した者であって，厚生労働大臣の登録を受けた者が行う貯水槽の清掃作業の監督を行う者のための再講習の課程を修了し，修了した日から 6 年を経過しないもの
　　ハ　イ又はロに掲げる者と同等以上の知識及び技能を有すると認められる者
五　飲料水の貯水槽の清掃作業に従事する者が次の要件に該当する研修を修了したものであること。
　　イ　貯水槽の清掃作業に従事する者のすべてが受講できるものであること。
　　ロ　登録を受けようとする者又は厚生労働大臣の登録を受けた者が実施主体となって定期的に行われるものであること。
　　ハ　その内容が，貯水槽の清掃方法，塗装方法及び消毒方法並びに貯水槽の清掃作業の安全及び衛生に関するものであること。
　　ニ　その指導に当たる者が，ハの内容を指導するのに適当と認められる者であること。
六　飲料水の貯水槽の清掃作業及び飲料水の貯水槽の清掃作業に用いる機械器具その他の設備の維持管理の方法が，厚生労働大臣が別に定める基準に適合していること。

（建築物排水管清掃業の登録基準）

第二十八条の三　法第十二条の二第 2 項の規定による同条第一項第六号に掲げる事業に係る機械器具その他の設備，その事業に従事する者の資格その他の事項に関する基準は，次のとおりとする。
一　次の機械器具を有すること。
　　イ　内視鏡（写真を撮影することができるものに限る。）
　　ロ　高圧洗浄機，高圧ホース及び洗浄ノズル
　　ハ　ワイヤ式管清掃機
　　ニ　空圧式管清掃機
　　ホ　排水ポンプ
二　前号の機械器具を適切に保管することのできる専用の保管庫を有すること。
三　第一号の機械器具は，排水管の清掃に専用のものであること。
四　排水管の清掃作業の監督を行う者が次のいずれかに該当するものであること。
　　イ　厚生労働大臣の登録を受けた者が行う排水管の清掃作業の監督を行う者のための講習の課程を修了し，修了した日から 6 年を経過しない者
　　ロ　イの講習の課程を修了した者であって，厚生労働大臣の登録を受けた者が行う排水管の清掃作業の監督を行う者のための再講習の課程を修了し，修了した日から 6 年を経過しないもの
　　ハ　イ又はロに掲げる者と同等以上の知識及び技能を有すると認められる者

資料編

五　排水管の清掃作業に従事する者が次の要件に該当する研修を修了したものであること。
　　イ　排水管の清掃作業に従事する者のすべてが受講できるものであること。
　　ロ　登録を受けようとする者又は厚生労働大臣の登録を受けた者が実施主体となって定期的に行われるものであること。
　　ハ　その内容が，排水管の清掃作業に用いる機械器具の使用方法並びに排水管の清掃作業の安全及び衛生に関するものであること。
　　ニ　その指導に当たる者が，ハの内容を指導するのに適当と認められる者であること。
六　排水管の清掃作業及び排水管の清掃作業に用いる機械器具その他の設備の維持管理の方法が，厚生労働大臣が別に定める基準に適合していること。

（建築物ねずみ昆虫等防除業の登録基準）
第二十九条　法第十二条の二第2項の規定による同条第1項第七号に掲げる事業に係る機械器具その他の設備，その事業に従事する者の資格その他の事項に関する基準は，次のとおりとする。
一　次の機械器具を有すること。
　　イ　照明器具，調査用トラップ及び実体顕微鏡
　　ロ　毒じ皿，毒じ箱及び捕そ器
　　ハ　噴霧機及び散粉機
　　ニ　真空掃除機
　　ホ　防毒マスク及び消火器
二　前号の機械器具及び防除作業に用いる薬剤を適切に保管することのできる専用の保管庫を有すること。
三　ねずみ等の防除作業の監督を行う者が次のいずれかに該当するものであること。
　　イ　厚生労働大臣の登録を受けた者が行うねずみ等の防除作業の監督を行う者のための講習の課程を修了し，修了した日から6年を経過しない者
　　ロ　イの講習の課程を修了した者であって，厚生労働大臣の登録を受けた者が行うねずみ等の防除作業の監督を行う者のための再講習の課程を修了し，修了した日から6年を経過しないもの
　　ハ　イ又はロに掲げる者と同等以上の知識及び技能を有すると認められる者
四　ねずみ等の防除作業に従事する者が次の要件に該当する研修を修了したものであること。
　　イ　ねずみ等の防除作業に従事する者のすべてが受講できるものであること。
　　ロ　登録を受けようとする者又は厚生労働大臣の登録を受けた者が実施主体となって定期的に行われるものであること。
　　ハ　その内容が，ねずみ等の防除作業に用いられる機械器具及び薬剤の種類及び使用方法並びに防除作業の安全及び衛生に関するものであること。
　　ニ　その指導に当たる者が，ハの内容を指導するの

に適当と認められる者であること。
五　ねずみ等の防除作業及びねずみ等の防除作業に用いる機械器具その他の設備の維持管理の方法が，厚生労働大臣が別に定める基準に適合していること。

（建築物環境衛生総合管理業の登録基準）
第三十条　法第十二条の二第2項の規定による同条第1項第八号に掲げる事業に係る機械器具その他の設備，その事業に従事する者の資格その他の事項に関する基準は，次のとおりとする。
一　次の機械器具を有すること。
　　イ　真空掃除機
　　ロ　床みがき機
　　ハ　第二十六条第一号の測定器及び器具
　　ニ　残留塩素測定器
二　業務全般を統括する者が，免状の交付を受けている者であって，次のいずれかに該当するものであること。
　　イ　厚生労働大臣の登録を受けた者が行う業務全般を統括する者のための講習の課程を修了し，修了した日から6年を経過しない者
　　ロ　イの講習の課程を修了した者であって，厚生労働大臣の登録を受けた者が行う業務全般を統括する者のための再講習の課程を修了し，修了した日から6年を経過しないもの
三　清掃作業の監督を行う者が第二十五条第二号に規定する要件に該当するものであること。
四　清掃作業に従事する者が第二十五条第三号に規定する要件に該当するものであること。
五　空気環境の調整，給水及び排水の管理並びに飲料水の水質検査の監督を行う者が，職業能力開発促進法第四十四条第1項に規定する技能検定であってビル設備管理の職種に係るものに合格した者又は免状の交付を受けている者であって，次のいずれかに該当するものであること。
　　イ　厚生労働大臣の登録を受けた者が行う空気環境の調整，給水及び排水の管理並びに飲料水の水質検査の監督を行う者のための講習の課程を修了し，修了した日から6年を経過しない者
　　ロ　イの講習の課程を修了した者であって，厚生労働大臣の登録を受けた者が行う空気環境の調整，給水及び排水の管理並びに飲料水の水質検査の監督を行う者のための再講習の課程を修了し，修了した日から6年を経過しないもの
六　空気環境の測定を行う者が第二十六条第二号に規定する要件に該当するものであること。
七　空気環境の調整，給水及び排水の管理並びに飲料水の水質検査に従事する者が次の要件に該当する研修を修了したものであること。
　　イ　空気環境の調整，給水及び排水の管理並びに飲料水の水質検査に従事する者のすべてが受講できるものであること

ロ　その運営が適切で，かつ，定期的に行われるものであること

八　清掃，空気環境の調整及び測定，給水及び排水の管理並びに飲料水の水質検査並びにこれらの業務に用いる機械器具その他の設備の維持管理の方法が，厚生労働大臣が別に定める基準に適合していること。

（登録の申請）

第三十一条　法第十二条の二第1項の規定により登録を受けようとする者は，次に掲げる事項を記載した申請書を都道府県知事に提出しなければならない。

一　氏名又は名称及び住所並びに法人にあっては，その代表者の氏名及び住所

二　登録に係る営業所の名称及び所在地並びに責任者の氏名

三　登録を受けようとする事業の区分

2　法第十二条の二第1項第一号の事業に関し登録を受けようとする場合には，前項の申請書に次の書類を添付しなければならない。

一　清掃作業に用いる機械器具の概要を記載した書面

二　清掃作業の監督を行う者の氏名を記載した書面及びその者が第二十五条第二号に規定する者であることを証する書類

三　第二十五条第三号に規定する研修の実施状況を記載した書面

四　清掃作業及び清掃作業に用いる機械器具その他の設備の維持管理の方法を記載した書面

3　法第十二条の二第1項第二号の事業に関し登録を受けようとする場合には，第一項の申請書に次の書類を添付しなければならない。

一　空気環境の測定に用いる機械器具の概要を記載した書面

二　空気環境の測定を行う者の氏名を記載した書面及びその者が第二十六条第二号に規定する者であることを証する書類

三　空気環境の測定及び空気環境の測定に用いる機械器具その他の設備の維持管理の方法を記載した書面

4　法第十二条の二第1項第三号の事業に関し登録を受けようとする場合には，第1項の申請書に次の書類を添付しなければならない。

一　空気調和用ダクトの清掃に用いる機械器具の概要を記載した書面

二　空気調和用ダクトの清掃作業の監督を行う者の氏名を記載した書面及びその者が第二十六条の三第二号に規定する者であることを証

三　第二十六条の三第三号に規定する研修の実施状況を記載した書面

四　空気調和用ダクトの清掃作業及び空気調和用ダクトの清掃作業に用いる機械器具その他の設備の維持管理の方法を記載した書面

5　法第十二条の二第1項第四号の事業に関し登録を受

けようとする場合には，第1項の申請書に次の書類を添付しなければならない。

一　飲料水の水質検査に用いる機械器具の概要を記載した書面

二　飲料水の水質検査を行う検査室の設置場所，構造及び機械器具の配置を明らかにする図面

三　飲料水の水質検査を行う者の氏名を記載した書面及びその者が第二十七条第三号に規定する者であることを証する書類

四　飲料水の水質検査及び飲料水の水質検査に用いる機械器具その他の設備の維持管理の方法を記載した書面

6　法第十二条の二第1項第五号の事業に関し登録を受けようとする場合には，第1項の申請書に次の書類を添付しなければならない。

一　飲料水の貯水槽の清掃に用いる機械器具の概要を記載した書面

二　前号の機械器具の保管庫の設置場所及び構造並びに保管状態を明らかにする図面

三　飲料水の貯水槽の清掃作業の監督を行う者の氏名を記載した書面及びその者が第二十八条第四号に規定する者であることを証する書類

四　第二十八条第五号に規定する研修の実施状況を記載した書面

五　飲料水の貯水槽の清掃作業及び飲料水の貯水槽の清掃作業に用いる機械器具その他の設備の維持管理の方法を記載した書面

7　法第十二条の二第1項第六号の事業に関し登録を受けようとする場合には，第1項の申請書に次の書類を添付しなければならない。

一　排水管の清掃に用いる機械器具の概要を記載した書面

二　前号の機械器具の保管庫の設置場所及び構造並びに保管状態を明らかにする図面

三　排水管の清掃作業の監督を行う者の氏名を記載した書面及びその者が第二十八条の三第四号に規定する者であることを証する書類

四　第二十八条の三第五号に規定する研修の実施状況を記載した書面

五　排水管の清掃作業及び排水管の清掃作業に用いる機械器具その他の設備の維持管理の方法を記載した書面

8　法第十二条の二第1項第七号の事業に関し登録を受けようとする場合には，第1項の申請書に次の書類を添付しなければならない。

一　ねずみ等の防除作業に用いる機械器具の概要を記載した書面

二　前号の機械器具及び防除作業に用いる薬剤の保管庫の設置場所及び構造並びに保管状態を明らかにする図面

三　ねずみ等の防除作業の監督を行う者の氏名を記載

資料編

した書面及びその者が第二十九条第三号に規定する者であることを証する書類

四 第二十九条第四号に規定する研修の実施状況を記載した書面

五 ねずみ等の防除作業及びねずみ等の防除作業に用いる機械器具その他の設備の維持管理の方法を記載した書面

9 法第十二条の二第1項第八号の事業に関し登録を受けようとする場合には，第1項の申請書に次の書類を添付しなければならない。

一 清掃，空気環境の調整及び測定，給水及び排水の管理並びに飲料水の水質検査に用いる機械器具の概要を記載した書面

二 業務全般を統括する者の氏名を記載した書面及びその者が第三十条第二号に規定する者であることを証する書類

三 清掃作業の監督を行う者の氏名を記載した書面及びその者が第三十条第三号に規定する者であることを証する書類

四 第三十条第四号に規定する研修の実施状況を記載した書面

五 空気環境の調整，給水及び排水の管理並びに飲料水の水質検査の監督を行う者の氏名を記載した書面並びにその者が第三十条第五号に規定する者であることを証する書類

六 空気環境の測定を行う者の氏名を記載した書面及びその者が第三十条第六号に規定する者であることを証する書類

七 第三十条第七号に規定する研修の実施状況を記載した書面

八 清掃，空気環境の調整及び測定，給水及び排水の管理並びに飲料水の水質検査並びにこれらの業務に用いる機械器具その他の設備の維持管理の方法を記載した書面

（登録証明書）

第三十二条 都道府県知事は，法第十二条の二第1項の登録をしたときは，申請者に様式第六号による登録証明書を交付するものとする。

（変更の届出等）

第三十三条 法第十二条の二第1項の登録を受けた者（以下「登録業者」という。）は，次に掲げる事項に変更があつたとき又は登録に係る事業を廃止したときは，その日から30日以内に，その旨を都道府県知事に届け出なければならない。

一 氏名又は名称及び住所並びに法人にあっては，その代表者の氏名

二 登録に係る営業所の名称及び所在地並びに責任者の氏名

三 事業の用に供する主要な機械器具その他の設備

四 第三十一条第2項第二号若しくは第四号，第3項第二号若しくは第三号，第4項第二号若しくは第四

号，第5項第三号若しくは第四号，第6項第三号若しくは第五号，第7項第三号若しくは第五号，第8項第三号若しくは第五号又は第9項第二号，第三号，第五号，第六号若しくは第八号に規定する書面に記載された事項

2 前項第三号又は第四号の事項に変更があつたときは，変更後においても第二十五条から第三十条までに規定する基準に適合することを証する書類を添付しなければならない。

5. 建築物における衛生的環境の維持管理について（健発第0125001号）（抜粋）

健発第 0125001 号
平成 20 年 1 月 25 日

都道府県知事
各 政令市市長 殿
特別区区長

厚生労働省健康局長

建築物における衛生的環境の維持管理について

建築物における衛生的環境の確保に関する法律施行令等において，建築物環境衛生管理基準が定められているところであるが，これまでの建築物の維持管理に関する知見の集積等を踏まえ，今般，別添のとおり「建築物環境衛生維持管理要領」を改定したので，御了知の上，建築物維持管理権原者等に対する指導の指針として活用されたい。これに伴い，「建築物の衛生的環境の維持管理について」（昭和 58 年 3 月 18 日環企第 28 号厚生省環境衛生局長通知）は廃止する。

建築物環境衛生維持管理要領

制定 平成 20 年 1 月 25 日健発第 0125001 号
一部改正 平成 21 年 3 月 30 日健発第 0330017 号
最終改正 平成 26 年 3 月 31 日健発 0331 第 30 号

第 1 空気環境の調整

1 空気調和設備等の運転操作

空気調和設備等（空気調和設備又は機械換気設備をいう。）の運転操作については，気象条件，各居室の使用状況，過去における空気環境の測定結果等を勘案し，次の点に留意すること。

⑴ 建築物環境衛生管理基準に規定する温度（17℃以上 28℃ 以下）の範囲内で適切な温度を設定し，過冷房，過暖房が生じないよう十分配慮すること。

⑵ 建築物環境衛生管理基準に規定する相対湿度（40% 以上 70% 以下）の範囲内で適切な相対湿度を設定するとともに，冬季における低湿度が生じないよう加湿装置を適切に運転管理すること。

⑶ 居室内における温度，相対湿度，気流の空間分布を建築物環境衛生管理基準の範囲に保つよう十分配慮すること。

(4) 居室内の空気が建築物環境衛生管理基準に規定する二酸化炭素の含有率（100万分の1000以下）に保たれるよう，換気に十分配慮すること。個別方式の空気調和設備にあっては，換気装置等（全熱交換機を含む。）の停止による外気量不足を生じないよう，利用者へ正しい使用方法を周知すること。

2 空気清浄装置の維持管理

(1) エアフィルタや静電式空気清浄装置（分煙用を含む。）等の空気清浄装置については，ろ材やフィルタチャンバ内部の汚染状況，イオン化部及び集じんユニット部の汚染状況，ろ材の変形，空気漏れ等について定期的に点検を行い，必要に応じ，整備・補修その他の措置を講じること。

(2) 空気清浄装置の維持管理を行っているにもかかわらず，居室における浮遊粉じんの量が令第二条に定める基準に適合しない場合には，ろ材又は集じん部の性能，必要な外気量，喫煙状況等について調査を行い，必要な措置を講じること。

3 加湿装置の維持管理

加湿装置の点検，清掃については，次の要領に従って，実施すること。

(1) スプレノズルの閉そくの状況を点検し，必要に応じ，清掃，部品の取替えを行うこと。

(2) エリミネータにあっては，さびや損傷の有無を点検し，必要に応じ，洗浄，部品の取替えを行うこと。

(3) 噴霧状態を点検し，適正な水圧，蒸気圧を維持するようポンプ類を調節すること。

(4) 水系路又は蒸気路の蒸発残留物の堆積の状況を点検し，必要に応じ，清掃すること。

(5) 排水受け等については，必要に応じて清掃し，清潔に保つとともに，ドレン水の流出が妨げられないようにすること。

(6) 加湿水の補給水槽がある場合には，定期的に清掃すること。

(7) 気化式加湿器については，加湿材の汚れ及び加湿能力を点検し，必要に応じて洗浄又は交換を行うこと。

(8) 超音波式加湿器については，振動子を清掃し，貯留水を清潔に保つこと。

4 ダクトの維持管理

ダクトについては，定期的に吹出口，吸込口及びそれらの周辺を掃除するほか，次の要領に従って点検すること。

(1) 漏気の原因となるダクトのき裂，ボルトの緩み，パッキン，リベットの状態等を点検し，必要に応じ，部品の取替え，補修等を行うこと。

(2) ダンパの作動状態を点検し，必要に応じ，整備，補修等を行うこと。

(3) ちゅう房ダクト・フード，グリス・フィルタは，随時これらを点検し，油脂，汚れを十分に除去すること。

(4) ダクトの内部についても可能な限り清掃すること。

5 送風機等の維持管理

送風機，排風機，冷却塔，自動制御装置その他の維持管理を行うに当たっては，次の点に留意して行うこと。

(1) 送風量，排風量の確認は，風量測定口における測定等，当該送風機，排風機に応じた方法で行うこと。

(2) 全熱交換器については，定期的にフィルターやエレメントの汚れを点検し，必要に応じ，清掃，交換その他必要な措置を講じること。

(3) 冷却水には，必要に応じ，殺菌剤等を加えて微生物や藻類の繁殖を抑制すること。また，冷却塔と外気取り入れ口や窓等との位置関係を調べるなど，冷却水の飛散による細菌感染などの健康被害が生じることの無いよう留意すること。

(4) 自動制御装置については，経年変化に対する調整及び設定温湿度と室内の温湿度との差の点検も行うこと。また，適切な外気導入量を確保するため，定期に風量の点検を行うこと。なお，実測値との差が認められた場合には，センサー等の調整を実施すること。

6 その他

(1) 測定機器については，定期的に点検整備し，浮遊粉じん量の測定に使用される較正機器にあっては1年以内ごとに1回，施行規則第三条の二第1項の規定に基づく厚生労働大臣の登録を受けた者の較正を受けること。

(2) 施行規則第二十条の帳簿書類には，空気環境の測定，設備の点検，整備を実施した年月日，場所，実施者名，測定結果（測定器に関する事項を含む。）作業内容等を記載すること。

第2 飲料水の管理

1 貯水槽（貯湯槽を含む）の清掃

(1) 貯水槽の清掃を行うに当たっては次の点に留意すること。

ア 高置水槽又は圧力水槽の清掃は原則として受水槽の清掃と同じ日に行うこと。

イ 作業者は常に健康状態に留意するとともに，おおむね6箇月ごとに，病原体がし尿に排せつされる感染症の罹患の有無（又は病原体の保有の有無）に関して，健康診断を受けること。また，健康状態の不良なものは作業に従事しないこと。

ウ 作業衣及び使用器具は，貯水槽の清掃専用のものとすること。また，作業に当たっては，作業衣及び使用器具の消毒を行い，作業が衛生的に行われるようにすること。

エ 貯水槽内の照明，換気等に注意して事故防止を図ること。

220　資料編

オ　壁面等に付着した物質の除去は，貯水槽の材質に応じ，適切な方法で行うこと。
カ　水張りを行う際，水道引込管内等の停滞水や管内のもらいさび等が貯水槽内に流入しないようにすること。
(2)　貯水槽内の消毒は原則として次の要領に従い行うこと。
　ア　消毒薬は有効塩素 50〜100 mg／L の濃度の次亜塩素酸ナトリウム溶液又はこれと同等以上の消毒能力を有する塩素剤を用いること。
　イ　消毒は，貯水槽内の天井の下面，壁面及び床面について，消毒薬を高圧洗浄機等を利用して噴霧により吹き付けるか，ブラシ等を利用して行うこと。
　ウ　前記の方法により 2 回以上消毒を行い，消毒後は 30 分以上時間をおくこと。
　エ　消毒作業が終了した後，洗浄し，洗浄水を排水した後，貯水槽内への水張りを行うこと。
(3)　貯水槽の水張り終了後，「空気調和設備等の維持管理及び清掃等に係る技術上の基準」（平成 15 年厚生労働省告示第 119 号）で示した基準に従い，給水栓及び貯水槽における水について，水質検査及び残留塩素の測定を行うこと。
2　給湯設備の維持管理
(1)　循環式の中央式給湯設備は，湯槽内の湯温が 60 ℃ 以上，末端の給湯栓でも 55℃ 以上となるように維持管理すること。
(2)　循環式の中央式給湯設備では，設備全体に湯水が均一に循環するように排水弁，循環ポンプや流量弁を適切に調整すること。
3　貯水槽等飲料水に関する設備の点検及び補修等
　貯水槽の水漏れ，外壁の損傷，さび及び腐食の有無，マンホールの密閉状態，水抜管及びオーバフロー管の排水口空間並びにオーバフロー管及び通気管等に取り付けられた防虫網の点検は，定期的に次の点に留意して行うこと。
(1)　貯水槽等飲料水に関する設備の損傷，き裂及び水漏れの有無の点検は，地震等水質に影響を与えるおそれのある事態が発生した場合にも速やかに行うこと。
(2)　マンホールについては，防水パッキン及び施錠の状態等を点検し，必要に応じ，取替え等を行うこと。
(3)　水抜管及びオーバフロー管の排水口空間が管径の 2 倍以上（ただし，最小は 150 mm）あることを確認すること。
(4)　オーバフロー管及び通気管等に取り付けられた防虫網については，詰まり及び損傷の有無を点検し，必要に応じ，掃除，補修等を行うこと。
4　飲料水系統配管の維持管理
(1)　飲料水系統配管の維持管理は，次の点に留意して行うこと。

ア　管の損傷，さび及び水漏れについては，目視のほか，残留塩素量及び給水量の推移等を参考として点検し，必要に応じ，管の補修等を行うこと。
イ　他系統配管との連結がないこと，衛生器具の吐水口空間が適正に保たれていること，吐水口空間がとれない場合には，バキュームブレーカが取り付けられており，適正に作動していること等を点検し，飲料水の汚染防止を図ること。
ウ　給水栓において残留塩素が検出されない場合若しくは残留塩素量の変動が著しい場合はクロスコネクション等の疑いがあるので，速やかに原因を解明し，適切な措置を講じること。また，その措置が講じられるまでの間毎日，残留塩素の測定を行うこと。なお，人の健康を害する恐れのある場合は，直ちに給水を停止すること。
(2)　管洗浄については，次の点に留意して行うこと。
ア　作業を行う前に赤水の状況，管の老朽度，建築物の用途等を考慮して作業計画をたてること。
イ　作業に当たっては，著しい騒音及び振動の発生により周囲の生活環境を損わないようにすること。
ウ　作業期間中に仮設配管による給水を行う場合は，飲料水の汚染が起こらぬように注意すること。
エ　管洗浄に用いた水，砂，薬品等については，2 回以上通水洗浄を行い，完全に排除すること。
オ　管洗浄終了後，給水を開始しようとするときは，「空気調和設備等の維持管理及び清掃等に係る技術上の基準」（平成 15 年厚生労働省告示第 119 号）に従い，給水栓における水について，水質検査及び残留塩素の測定を行うこと。
5　防せい剤の使用上の留意点
(1)　防せい剤の使用は，赤水等の応急対策とし，平成 15 年 4 月 15 日付健衛発第 0415001 号厚生労働省健康局生活衛生課長通知で示した品質規格に適合するものを使用すること。給水栓における水に含まれる防せい剤の含有率（以下「防せい剤の濃度」という。）が基準に適合しているかどうか判断するため，定常時においては 2 月以内ごとに 1 回防せい剤の濃度を検査すること。また，注入初期においては 7 日以内ごとに 1 回検査すること。その方法は，社団法人日本水道協会の「上水試験方法」又はこれと同程度以上の精度を有する方法によること。
(2)　防せい剤の注入装置は，濃度を安定して維持できる性能を有するもので，かつ，水質の汚染をきたさない材質のものを使用すること。また，運転状況及び性能を定期的に点検し，必要に応じ，整備，補修等を行うこと。
(3)　飲料水用の防せい剤の使用について十分な知識及び技能を有する防せい剤管理に係る責任者（以下

「防錆剤管理責任者」という。）を選任すること。防錆剤管理責任者は，防せい剤の注入及び管理に関する一切の業務を行うものであること。

(4) 防せい剤の使用を開始した日から1月以内に，使用開始年月日，当該特定建築物の名称及び所在場所，使用する防せい剤の種類，防錆剤管理責任者の氏名及び住所を当該特定建築物の所在場所を管轄する保健所長を経由して都道府県知事又は政令市長に届け出ること。また，使用する防せい剤の種類又は防錆剤管理責任者に関する届出事項を変更したときは，その日から1月以内にその旨同様に届け出ること。

(5) 施行規則第二十条の帳簿書類には，防せい剤の濃度の検査に関しては，採水の日時及び場所，検査日時，検査結果，検査の実施者及び方法等を，注入装置に関しては，点検，整備，補修等を実施した年月日，実施者名，作業内容等をそれぞれ記載すること。

6 その他

(1) 施行規則第四条第1項及び第2項に規定する飲料水の水質検査及び残留塩素の測定は，次の点に留意して行うこと。なお，中央式給湯設備による給湯についても同様に水質検査等を行うこと。

　ア　水質検査は，「水質基準に関する省令の規定に基づき厚生労働大臣が定める方法」（平成15年厚生労働省告示第261号）に定める方法又はこれと同等以上の精度を有する方法により行うこと。

　イ　水質基準に関する省令（平成15年厚生労働省令第101号）の表中第6の項，32の項，34の項，35の項及び40の項の上欄に掲げる事項については，水質検査の結果水質基準に適合していた場合には，その次の回の水質検査においては省略しても差し支えないこと。

　ウ　水質基準に関する省令の表中10の項，21の項から31の項までの項の上欄に掲げる事項の検査については，6月1日から9月30日までの間の水温の高い期間に行うこと。

　エ　残留塩素の測定はDPD法又はこれと同等以上の精度を有する方法により行うこと。

　オ　水質検査及び残留塩素の測定は飲料水を供給する給水栓で採取した水について行うこと。

(2) 水量及び水圧は，衛生器具の機能が十分発揮できるように調節管理すること。

(3) 給水栓における水に含まれる残留塩素の含有率が所定の濃度に保持できない場合には，次亜塩素酸ナトリウム等の塩素剤の点滴注入設備等を用いて消毒を行い，その適正な管理を図ること。

(4) 施行規則第二十条の帳簿書類には次の事項を記載すること。

　ア　飲料水の水質検査及び残留塩素の測定に関しては，採水の日時及び場所，検査（又は測定）の日

時，検査（又は測定）結果，実施者名及び方法等

　イ　貯水槽の清掃及び管洗浄に関しては，清掃等を実施した年月日，実施者名，作業内容，点検及び補修状況，使用消毒剤名等

第3　雑用水の管理

1　雑用水槽等雑用水に関する設備の維持管理

(1) 誤飲・誤使用防止のため，使用箇所にステッカーやラベルなどで雑用水であることを表示し，定期的に表示の確認を行うこと。

(2) 設備の変更・増設工事などが行われた場合は，雑用水に着色して通水試験を行い，飲料水の器具に着色水が出ないことを確認する方法等により，誤接合・誤配管がないことを確認すること。

(3) 用途に応じて定められた水質検査及び残留塩素の測定を行うこと。

(4) 雑用水槽の清掃は，次の点に留意すること。

　ア　壁面等に付着した物質の除去は，雑用水槽の材質に応じ，適切な方法で行うこと。

　イ　洗浄に用いた水は，槽内から完全に除去するとともに，水槽周辺の清掃を行うこと。

　ウ　清掃終了後，末端給水栓で残留塩素の検査を行うこと。基準を満たしていない場合は，その原因を調査し，必要な措置を講ずること。

(5) 雑用水槽等雑用水に関する設備の点検を行うに当たっては次の点に留意して行うこと。

　ア　水道水の補給は間接給水とし，十分な吐水口空間が確保されていることを確認すること。

　イ　水抜管及びオーバフロー管は，間接排水として，排水口空間の確保又は排水口への開放を確認すること。

　ウ　水抜管及びオーバフロー管並びにオーバフロー管及び通気管等に取り付けられた防虫網については，定期的に損傷，さび，腐食，詰まり及び漏水の有無を点検し，機能が阻害されていないことを確認すること。

2　雑用水系統配管等の維持管理

　管洗浄については，次の点に留意して行うこと。

(1) さび，スケールがある場合は，管内洗浄を行うこと。また，スライムがある場合は，雑用水の残留塩素濃度を高めて洗浄すること。

(2) 管洗浄後，給水を開始するときに，給水栓において所定の残留塩素が確保されていることを確認すること。

3　施行規則第四条の二第1項及び第2項に規定する雑用水の水質検査及び残留塩素の測定は，次の点に留意して行うこと。

(1) 残留塩素の測定はDPD法又はこれと同等以上の精度を有する方法により行うこと。

(2) 水質検査及び残留塩素の測定は雑用水を供給する給水栓で採取した水について行うこと。

資料編

4　帳簿書類の記載

施行規則第二十条の帳簿書類には次の事項を記載すること。

(1)　雑用水の水質検査及び残留塩素の測定に関しては，採水の日時及び場所，検査（又は測定）の日時，検査（又は測定）結果，実施者名及び方法等

(2)　雑用水槽の清掃及び管洗浄に関しては，掃除等を実施した年月日，実施者名，作業内容，点検及び補修状況等

第4　排水の管理

1　排水に関する設備の清掃

排水に関する設備の清掃については，次の点に留意して行うこと。

(1)　排水の状況は建築物の用途等によって異なるので，排水の質と量及び排水槽の容量等に応じて清掃の頻度を増すこと。

(2)　除去物質の飛散防止，悪臭発散の防止，消毒等に配慮するとともに，作業中の事故防止に留意すること。

(3)　蚊，ハエ等の発生の防止に努め，排水に関する設備の清潔を保持すること。

(4)　排水槽の清掃を行うに当たっては，次の点に留意すること。

ア　清掃に用いる照明器具は防爆型で，作業に十分な照度が確保できるものであること。

イ　排水槽には，爆発性のあるメタンガスや有毒な硫化水素等が充満していることがあるので，火気に注意するとともに，換気を十分行い，安全を確認してから槽内に立ち入ること。また，換気は作業が完全に終了するまで継続して行うこと。

ウ　清掃終了後，水張りを行い，水位の低下の有無を調べ，漏水がないか確認すること。

(5)　阻集器にあっては，油脂分，汚泥等を除去するとともに，清掃後は内部の仕切板等を正しく装着し，機能の維持を図ること。

2　排水に関する設備の点検及び補修等

(1)　排水管及び通気管並びにこれらに取り付けられた防虫網については，定期的に損傷，さび，腐食，詰まり及び漏水の有無を点検し，機能が阻害されていないことを確認すること。寒冷地については，凍結又は積雪によるベントキャップの閉塞等に留意すること。

(2)　トラップの維持管理については，封水深が適切に保たれていること及びトラップ内の沈殿物等による臭気の発生，スケールの有無等を点検し，機能が阻害されていないことを確認すること。

(3)　排水ポンプについては，臭気の発生原因となる貯留水の腐敗等を防止するため，適正に運転すること。

3　帳簿書類の記載

施行規則第二十条の帳簿書類には，清掃，点検及び整備を実施した年月日，作業内容，実施者名等を記載すること。

第5　清掃等

1　清掃における留意点

(1)　建築物の清掃は当該建築物の用途，使用状況並びに劣化状況，建築資材等を考慮した年間作業計画及び作業手順書を作成し，その計画及び手順書に基づき実施すること。また，実施状況について定期に点検し，必要に応じ，適切な措置を講じること。

(2)　日常行う清掃については，当該建築物内の清潔の保持に努めるとともに，関係法令の規定に従い，清掃によって生じた廃棄物を適切に処理すること。

(3)　清掃に用いる洗剤，床維持剤の使用にあっては，利用者や清掃従事者等の健康及び環境に配慮したもの並びに床仕上材等の建築資材の特性に適合したものを用い，その使用及び管理を適切に行うこと。また，真空掃除機，床みがき機その他の清掃用機械及びほうき，モップその他の清掃用器具の使用に当たっては，清潔なものを用い，汚染度を考慮して区域毎に使い分ける等，その使用及び管理を適切に行うこと。

(4)　日常行う清掃のほか，6月以内ごとに1回，定期に行う清掃（大掃除）においては，天井等日常の清掃の及びにくい箇所及び照明器具，給排気口，ブラインド，カーテン等の汚れの状況を点検し，必要に応じ，除じん，洗浄を行うこと。

(5)　建築物内で発生する廃棄物の分別，収集，運搬及び貯留について，安全で衛生的かつ効率的な方法により，速やかに処理すること。所有者等は，分別ができるような環境を整備し，利用者へ分別を促すこと。また，収集・運搬用具は安全で衛生的に管理すること。

(6)　廃棄物は，ねずみ等の侵入を防止するため，密閉区画された保管場所に整理，整頓し，清潔に保管すること。また，厨芥類については密閉保管すること。

2　清掃用機械・器具及び保管庫の点検における留意点

清掃用機械及び清掃用器具並びに清掃用資材（洗剤，床維持剤等）の保管庫については，6月以内ごとに1回，定期に，次の点に留意して点検し，必要に応じ，整備，取替え等を行うこと。

(1)　機械器具の機能が著しく劣化していないこと。

(2)　洗剤タンク，汚水タンクの漏れがないこと。

(3)　保管庫内が整とんされ，清潔で，ねずみ，こん虫等が生息あるいは出入していないこと。

3　廃棄物処理設備の点検における留意点

収集・運搬設備，貯留設備その他の廃棄物処理設備については，6月以内ごとに1回，定期に，次の点に留意して点検し，必要に応じ，補修，消毒等の措置を講じる

こと。

 ⑴ 収集・運搬設備，貯留設備その他の廃棄物処理設備が清潔に保たれ，かつ，当該建築物において発生する廃棄物を適正に処理する能力を維持していること。

 ⑵ 著しい臭気，ほこり及び排煙等の発生がないこと。

 ⑶ ねずみ，こん虫等が生息あるいは出入していないこと。

4 帳簿書類の記載

 施行規則第二十条の帳簿書類には，清掃，点検及び整備を実施した年月日，作業内容，実施者名等を記載すること。

第6　ねずみ等の防除

1 総合的有害生物管理に基づく防除

 ねずみ等の防除を行うに当たっては，建築物において考えられる有効・適切な技術を組み合わせて利用しながら，人の健康に対するリスクと環境への負荷を最小限にとどめるような方法で，有害生物を制御し，その水準を維持する有害生物の管理対策である総合的有害生物管理の考え方を取り入れた防除体系に基づき実施すること。

2 総合的有害生物管理の実施にあたっての留意点

 ⑴ 生息調査について

  的確に発生の実態を把握するため，適切な生息密度調査法に基づき生息実態調査を実施すること。

 ⑵ 目標設定について

  生息調査の結果に基づき，目標水準を設定し，対策の目標とすること。

 ⑶ 防除法について

  ア 人や環境に対する影響を可能な限り少なくするよう配慮すること。特に，薬剤を用いる場合にあっては，薬剤の種類，薬量，処理法，処理区域について十分な検討を行い，日時，作業方法等を建築物の利用者に周知徹底させること。

  イ まずは，発生源対策，侵入防止対策等を行うこと。発生源対策のうち，環境整備等については，発生を防止する観点から，建築物維持管理権原者の責任のもとで日常的に実施すること。

  ウ 有効かつ適切な防除法を組み合わせて実施すること。当該区域の状況に応じて薬剤やトラップの利用，侵入場所の閉鎖などの防虫・防鼠工事を組み合わせて実施すること。

  エ 食毒剤（毒餌剤）の使用に当たっては，誤食防止を図るとともに，防除作業終了後，直ちに回収すること。

  オ 薬剤散布後，一定時間入室を禁じて，換気を行う等利用者の安全を確保すること。

 ⑷ 評価について

  対策の評価を実施すること。評価は有害生物の密度と防除効果等の観点から実施すること。

3 帳簿書類の記載

 施行規則第二十条の帳簿書類には，防除作業を実施した日時，場所，実施者，調査の方法と結果，決定した基準，措置の手段，実施場所，使用薬剤，評価結果等を記載すること。

資料編

索　　　　　引

数字・時計数字

1級建築士……………………Ⅱ-11
2級建築士……………………Ⅱ-11
2次側空気調和設備………Ⅰ-145
3R………………………Ⅱ-4, Ⅱ-246
3ピン支持形式………………Ⅱ-24

A

A型肝炎………………………Ⅰ-32
AE剤…………………………Ⅱ-28

B

BEMS…………………………Ⅱ-37
BOD…………………………Ⅱ-144
BOD容積負荷………………Ⅱ-191
Bq……………………………Ⅰ-78
BRI……………………………Ⅰ-103

C

CASBEE………………………Ⅱ-9
CAVユニット………………Ⅰ-147
CFC…………………………Ⅰ-103
CLT………………………Ⅱ-26, Ⅱ-27
CNET…………………………Ⅰ-180
CO……………………………Ⅰ-135
CO_2……………………………Ⅰ-135
COD…………………………Ⅱ-142
COP…………………Ⅰ-103, Ⅱ-39
COP3…………………………Ⅱ-2
CT値…………………………Ⅱ-87

D

DNPH…………………………Ⅰ-180
DO……………………………Ⅱ-143
DPD法………………………Ⅱ-87

E

E型肝炎………………………Ⅰ-32
EはT（絶対温度）の4乗に比例
　する………………………Ⅰ-109
ESCO…………………………Ⅱ-37
ETD（実効温度差）………Ⅰ-142

F

FD……………………………Ⅰ-167
FM……………………………Ⅱ-3
FRP製高置水槽……………Ⅱ-91

G

GHP…………………………Ⅰ-163
GWP…………………………Ⅰ-103
Gy……………………………Ⅰ-78

H

HCHO…………………………Ⅰ-135

I

IC50…………………………Ⅱ-286
IGR…………………………Ⅱ-285
IPM…………………………Ⅱ-268

J

JIS……………………………Ⅱ-36
JIS安全色……………………Ⅰ-72

K

KT_{50}…………………………Ⅱ-28

L

LAN…………………………Ⅱ-41
LC50…………………………Ⅱ-286
LCC………………Ⅰ-103, Ⅱ-3
LCM…………………………Ⅱ-3
LD50…………………………Ⅱ-286
LED…………………………Ⅰ-103
LNG…………………………Ⅱ-41
Low-Eガラス………………Ⅱ-31
LPガス………………………Ⅱ-43
LPG…………………………Ⅱ-43

M

MLSS…………………………Ⅱ-143

N

NOx…………………………Ⅰ-135
NPSH…………………………Ⅰ-158

O

O_3……………………………Ⅰ-135
OA……………………………Ⅱ-40
ODP…………………………Ⅰ-103

P

PAL…………………………Ⅰ-103
PCa…………………………Ⅱ-16
PM2.5………………………Ⅰ-106
PTS：Permanent Threshold
　Shift………………………Ⅰ-67

Q

Q熱…………………………Ⅰ-32

R

RC……………………………Ⅱ-16

S

SAR……………………………Ⅰ-77
SI………………………………Ⅱ-24
SOx……………………………Ⅰ-135
Sv………………………………Ⅰ-78

T

TAC 温度…………………Ⅰ-142
TEA……………………………Ⅰ-180
TFBA…………………………Ⅰ-180
TIG 溶接……………………Ⅱ-94
TS 接合………………………Ⅱ-94

U

ULV 機………………………Ⅱ-283

V

VAV ユニット………………Ⅰ-147
VD………………………………Ⅰ-167
VOCs…………………………Ⅰ-135
Volatile Organic Compounds,
　VOCs…………………………Ⅰ-60

あ

アイソレーター……………Ⅱ-20
青い水……………………………Ⅱ-102
アカイエカ………………………Ⅱ-277
アスファルト系床材………Ⅱ-238
アスファルト防水…………Ⅱ-29
アスベスト……………………Ⅰ-135
アスベスト（石綿）…………Ⅰ-64
アスペルギルス………………Ⅰ-136
アーチ構造……………………Ⅱ-13
圧縮機…………………Ⅰ-151, Ⅱ-258

圧縮減湿法……………………Ⅰ-138
アップライト型……………Ⅱ-230
圧密沈下………………………Ⅱ-15
圧力水槽方式…………………Ⅱ-81
圧力損失………………………Ⅰ-117
アネモ型………………………Ⅰ-168
あばら筋………………………Ⅱ-17
あふれ縁………………Ⅱ-78, Ⅱ-153
雨水浸透方式…………………Ⅱ-161
雨水ます………………………Ⅱ-163
雨水利用率……………Ⅱ-115, Ⅱ-161
アルミニウム…………………Ⅱ-29
アレルゲン……………Ⅰ-64, Ⅰ-135
アレン域（＝中間域）………Ⅰ-106
泡消火設備……………Ⅱ-55, Ⅱ-56
合わせガラス…………………Ⅱ-31
アングルフランジ工法……Ⅰ-167
安全衛生管理体制……………Ⅰ-24

い

イエダニ………………………Ⅱ-281
硫黄酸化物……………………Ⅰ-135
イオン化式スポット型……Ⅱ-57
イオンクロマトグラフ……Ⅰ-19
異形棒鋼………………………Ⅱ-17
維持管理………………………Ⅰ-15
維持管理水準…………………Ⅱ-269
維持保全………………………Ⅱ-3
異種金属接触腐食…………Ⅱ-101
石綿……………………………Ⅰ-170
イタイイタイ病………………Ⅰ-84
板ガラス………………………Ⅱ-31
一酸化炭素……………………Ⅰ-135
一体型…………………………Ⅰ-163
一般廃棄物……………Ⅰ-26, Ⅱ-248
一般用洗剤……………………Ⅱ-235
遺伝的影響……………………Ⅰ-79
移動端…………………………Ⅱ-23
色温度…………………………Ⅰ-193
インテリア部分………………Ⅰ-142
インバーター………………Ⅱ-40
インバータ制御………………Ⅱ-93
インバートます………………Ⅱ-194

インフルエンザ………………Ⅰ-32

う

ウィルス………………………Ⅰ-89
ウイルス性肝炎………………Ⅰ-32
ウイルトンカーペット……Ⅱ-232
ウィンスロー…………………Ⅰ-2
ウェット型……………………Ⅱ-230
ウォーターハンマー
　………………………Ⅰ-158, Ⅱ-97
請負方式………………………Ⅱ-34
渦巻きポンプ…………………Ⅰ-158

え

エアハンドリングユニット
　………………………………Ⅰ-160
エアロゾル……………………Ⅰ-105
永久性聴力閾値上昇…………Ⅰ-67
衛生委員会……………………Ⅰ-24
衛生管理者……………………Ⅰ-24
液化石油ガス…………………Ⅱ-43
液状化現象……………………Ⅱ-15
エクストラクタ……………Ⅱ-232
エスカレーター………………Ⅱ-48
エボラ出血熱…………………Ⅰ-32
塩化ビニル系床材…………Ⅱ-238
炎感知器………………………Ⅱ-57
演色性…………………………Ⅰ-195
遠心式送風機…………………Ⅰ-159
塩素消毒………………………Ⅱ-84
鉛直荷重………………………Ⅱ-12
煙突効果………………………Ⅰ-132
煙霧機…………………………Ⅱ-283

お

黄熱……………………………Ⅰ-32
往復動冷凍機…………………Ⅰ-151
応力……………………………Ⅱ-13
応力-ひずみ曲線……………Ⅱ-28
屋外消火栓設備………Ⅱ-55, Ⅱ-56
屋上緑化………………………Ⅱ-4

屋内消火栓設備‥‥‥‥Ⅱ-55, Ⅱ-56
汚染質除去効率‥‥‥‥‥‥‥Ⅰ-129
オゾン‥‥‥‥‥‥‥‥‥‥‥Ⅰ-135
オゾン層‥‥‥‥‥‥‥‥‥‥Ⅰ-151
オーバフロー管‥‥‥‥‥‥‥Ⅱ-90
帯筋‥‥‥‥‥‥‥‥‥‥‥‥Ⅱ-17
オフィスオートメーション‥Ⅱ-41
オフセット‥‥‥‥‥‥‥‥‥Ⅱ-149
折込み形エアフィルタ‥‥‥Ⅰ-134
温室効果ガス‥‥‥‥‥‥‥‥Ⅱ-2
温冷感‥‥‥‥‥‥‥‥‥‥‥Ⅰ-49

か

加圧防排煙方式‥‥‥‥‥‥‥Ⅱ-54
外気負荷‥‥‥‥‥‥‥‥‥‥Ⅰ-141
潰食‥‥‥‥‥‥‥‥‥‥‥‥Ⅱ-101
改善命令‥‥‥‥‥‥‥‥‥‥Ⅰ-16
改善（良）保全‥‥‥‥‥‥‥Ⅱ-3
回転板接触法‥‥‥‥‥‥‥‥Ⅱ-113
回転型全熱交換器‥‥‥‥‥‥Ⅰ-166
回転式（ロータリー形）冷凍機
　‥‥‥‥‥‥‥‥‥‥‥‥‥Ⅰ-151
回転端‥‥‥‥‥‥‥‥‥‥‥Ⅱ-23
外表面伝達率‥‥‥‥‥‥‥‥Ⅰ-110
外部電源式電気防食法‥‥‥‥Ⅱ-135
開閉ねじ‥‥‥‥‥‥‥‥‥‥Ⅱ-182
開放型冷却塔‥‥‥‥‥‥‥‥Ⅰ-153
界面活性剤‥‥‥‥‥‥‥‥‥Ⅱ-234
化学的減湿法‥‥‥‥‥‥‥‥Ⅰ-138
化学的酸素要求量‥‥‥‥‥‥Ⅱ-143
化学的要因‥‥‥‥‥‥‥‥‥Ⅰ-40
化学天びん‥‥‥‥‥‥‥‥‥Ⅰ-19
夏期最大負荷‥‥‥‥‥‥‥‥Ⅰ-142
各階ユニット方式‥‥‥‥‥‥Ⅰ-145
角ダクト‥‥‥‥‥‥‥‥‥‥Ⅰ-166
確認済証‥‥‥‥‥‥‥‥‥‥Ⅱ-64
花崗岩‥‥‥‥‥‥‥‥‥‥‥Ⅱ-241
火災荷重‥‥‥‥‥‥‥‥‥‥Ⅱ-51
火災時管制運転装置‥‥‥‥‥Ⅱ-47
かさ高固着物‥‥‥‥‥‥‥‥Ⅱ-224
可視光線‥‥‥‥‥‥‥‥‥‥Ⅰ-114
ガスクロマトグラフ‥‥‥‥‥Ⅰ-19
ガス消費機器‥‥‥‥‥‥‥‥Ⅱ-45

ガス設備‥‥‥‥‥‥‥‥‥‥Ⅱ-36
ガスヒートポンプ‥‥‥‥‥‥Ⅰ-163
仮設工事‥‥‥‥‥‥‥‥‥‥Ⅱ-34
風道‥‥‥‥‥‥‥‥‥‥‥‥Ⅰ-166
型板ガラス‥‥‥‥‥‥‥‥‥Ⅱ-31
学校医‥‥‥‥‥‥‥‥‥‥‥Ⅰ-23
学校歯科医‥‥‥‥‥‥‥‥‥Ⅰ-23
学校保健安全法‥‥‥‥‥‥‥Ⅰ-22
学校保健技師‥‥‥‥‥‥‥‥Ⅰ-23
学校保健行政‥‥‥‥‥‥‥‥Ⅰ-34
学校薬剤師‥‥‥‥‥‥‥‥‥Ⅰ-23
各個通気方式‥‥‥‥‥‥‥‥Ⅱ-153
活性汚泥浮遊物質‥‥‥‥‥‥Ⅱ-143
活性汚泥法‥‥‥‥‥‥‥‥‥Ⅱ-190
活性炭処理法‥‥‥‥‥‥‥‥Ⅱ-113
カーテンウォール‥‥‥‥‥‥Ⅱ-29
可とう継手‥‥‥‥‥Ⅰ-169, Ⅱ-99
カドミウム‥‥‥‥‥‥‥‥‥Ⅰ-31
矩計図‥‥‥‥‥‥‥‥‥‥‥Ⅱ-10
過敏性肺炎‥‥‥‥‥‥‥‥‥Ⅰ-64
かぶり厚さ‥‥‥‥‥‥‥‥‥Ⅱ-18
カベアナタカラダニ‥‥‥‥‥Ⅱ-281
壁式構造‥‥‥‥‥‥‥‥‥‥Ⅱ-13
壁式鉄筋コンクリート構造‥Ⅱ-13
カーペット用洗剤‥‥‥‥‥‥Ⅱ-235
蚊類‥‥‥‥‥‥‥‥‥‥‥‥Ⅱ-264
加齢性難聴（老人性難聴）‥Ⅰ-67
簡易専用水道‥‥‥‥‥‥‥‥Ⅱ-73
換気回数‥‥‥‥‥‥‥‥‥‥Ⅰ 129
換気効率‥‥‥‥‥‥‥‥‥‥Ⅰ-129
換気方式‥‥‥‥‥‥‥‥‥‥Ⅰ-131
換気力‥‥‥‥‥‥‥‥‥‥‥Ⅰ-135
乾球温度‥‥‥‥‥‥‥‥‥‥Ⅰ-122
環境衛生監視員‥‥‥‥‥‥‥Ⅰ-34
環境基準‥‥‥‥‥‥‥‥‥‥Ⅰ-40
環境省‥Ⅰ-26, Ⅰ-28, Ⅰ-30, Ⅰ-31
環境的対策‥‥‥‥‥‥‥‥‥Ⅱ-270
環境要因‥‥‥‥‥‥‥‥‥‥Ⅰ-41
間接排水‥‥‥‥‥‥Ⅱ-89, Ⅱ-150
完全黒体‥‥‥‥‥‥‥‥‥‥Ⅰ-114
感染症‥‥‥‥‥‥‥Ⅱ-266, Ⅱ-267
感染症法‥‥‥‥‥‥‥‥‥‥Ⅰ-31
乾燥空気‥‥‥‥‥‥‥‥‥‥Ⅰ-104
緩速ろ過法‥‥‥‥‥‥‥‥‥Ⅱ-74

杆体細胞‥‥‥‥‥‥‥‥‥‥Ⅰ-70
管端防食継手‥‥‥‥‥‥‥‥Ⅱ-94
貫流ボイラ‥‥‥‥‥‥‥‥‥Ⅰ-155
貫流熱流‥‥‥‥‥‥‥‥‥‥Ⅰ-110
完了検査‥‥‥‥‥‥‥‥‥‥Ⅱ-63

き

機械換気方式‥‥‥‥‥‥‥‥Ⅰ-131
器械・器具の利用‥‥‥‥‥‥Ⅱ-270
機械排煙‥‥‥‥‥‥‥‥‥‥Ⅱ-54
規格型エレベーター‥‥‥‥‥Ⅱ-46
気化式加湿器‥‥‥‥‥‥‥‥Ⅰ-164
気化方式‥‥‥‥‥Ⅰ-125, Ⅰ-164
機器点検‥‥‥‥‥‥‥‥‥‥Ⅱ-201
気象庁震度階級‥‥‥‥‥‥‥Ⅱ-58
基礎スラブ‥‥‥‥‥‥‥‥‥Ⅱ-14
基礎代謝‥‥‥‥‥‥‥‥‥‥Ⅰ-47
輝度‥‥‥‥‥‥‥‥‥‥‥‥Ⅰ-193
揮発性有機化合物‥‥Ⅰ-60, Ⅰ-135
忌避性‥‥‥‥‥‥‥‥‥‥‥Ⅱ-286
基本的人権‥‥‥‥‥‥‥‥‥Ⅰ-2
逆サイホン作用‥‥‥‥‥‥‥Ⅱ-77
逆性石鹸‥‥‥‥‥‥‥‥‥‥Ⅰ-94
キャビテーション‥‥‥‥‥‥Ⅰ-158
キャリーオーバ‥‥‥‥‥‥‥Ⅰ-154
キャンバス継手‥‥‥‥‥‥‥Ⅰ-167
吸収器‥‥‥‥‥‥‥‥‥‥‥Ⅰ-153
吸収減湿法‥‥‥‥‥‥‥‥‥Ⅰ-138
吸収冷凍機‥‥‥‥‥‥‥‥‥Ⅰ-152
給水タンク‥‥‥‥‥‥‥‥‥Ⅱ-89
急性灰白髄炎‥‥‥‥‥‥‥‥Ⅰ-32
急速ろ過法‥‥‥‥‥‥‥‥‥Ⅱ-74
給排気バランス‥‥‥‥‥‥‥Ⅰ-131
給排水衛生設備‥‥‥‥‥‥‥Ⅱ-36
強アルカリ性洗剤‥‥‥‥‥‥Ⅱ-236
境界層‥‥‥‥‥‥‥‥‥‥‥Ⅰ-110
強化ガラス‥‥‥‥‥‥‥‥‥Ⅱ-31
狂犬病‥‥‥‥‥‥‥‥‥‥‥Ⅰ-32
凝縮器‥‥‥‥‥‥Ⅰ-151, Ⅰ-153
鏡面体‥‥‥‥‥‥‥‥‥‥‥Ⅰ-114
局所式給湯方式‥‥‥‥‥‥‥Ⅱ-119
許容応力度‥‥‥‥‥‥‥‥‥Ⅱ-13
許容支持力‥‥‥‥‥‥‥‥‥Ⅱ-15

許容水準……………………………Ⅱ-269
許容地耐力…………………………Ⅱ-15
許容沈下量…………………………Ⅱ-15
緊急ガス遮断装置…………………Ⅱ-45
金属火災……………………………Ⅱ-56

く

杭基礎………………………………Ⅱ-14
空気環境の測定……………………Ⅰ-9
空気交換効率………………………Ⅰ-131
空気調和機…………………………Ⅰ-145
空気調和設備………………………Ⅱ-36
空気調和設備の図示記号…………Ⅱ-36
空気熱源方式………………………Ⅰ-149
空気膜構造…………………………Ⅱ-14
空気-水方式………………………Ⅰ-145
空調熱負荷…………………………Ⅰ-140
躯体工事……………………………Ⅱ-34
クマねずみ…………………………Ⅱ-273
グラスウール………………………Ⅰ-170
グラスウールダクト………………Ⅰ-167
クリプトスポリジウム症……Ⅰ-32
クリープ劣化………Ⅱ-20, Ⅱ-131
クリミア・コンゴ出血熱……Ⅰ-32
グリル型……………………………Ⅰ-168
グレイ………………………………Ⅰ-78
クレゾール…………………………Ⅰ-94
クロゴキブリ………………………Ⅱ-275
クロスコネクション………………Ⅱ-77
グローバル照度……………………Ⅰ-194
クロラミン…………………………Ⅱ-85
燻焼…………………………………Ⅱ-57

け

警戒水準……………………………Ⅱ-270
経験式………………………………Ⅰ-118
契約電力……………………………Ⅱ-39
軽量コンクリート…………………Ⅱ-27
ゲージ圧力…………………………Ⅱ-80
下水道の終末処理…………………Ⅰ-29
下水道法……………………………Ⅰ-29
結核…………………………………Ⅰ-32

結合残留塩素………………………Ⅱ-84
ケミカルクリンルーム……Ⅰ-132
煙感知器……………………………Ⅱ-57
減光係数……………………………Ⅱ-54
検査済証……………………………Ⅱ-64
原子吸光光度計……………………Ⅰ-19
建築基準法…………………………Ⅱ-60
建築主事……………………………Ⅱ-64
建築物衛生法………………………Ⅰ-4
建築物環境衛生管理技術者
　　　　　　　　　　　　　Ⅰ-15
建築物環境衛生管理基準……Ⅰ-8
建築物清掃業………………………Ⅱ-215
建築面積……………………………Ⅱ-67
原虫…………………………………Ⅰ-89
顕熱交換器…………………………Ⅰ-166
顕熱負荷……………………………Ⅰ-141
建蔽率………………………………Ⅱ-67
研磨剤入り洗剤……………………Ⅱ-236

こ

コアタイプ…………………………Ⅱ-11
高圧…………………………………Ⅱ-38
高圧ガス保安法……………………Ⅰ-150
高圧蒸気滅菌器及び恒温器
　　　　　　　　　　　　　Ⅰ-19
高圧洗浄法…………………………Ⅱ-170
広域循環方式………………………Ⅱ-109
交換方式……………………………Ⅰ-196
高強度コンクリート………………Ⅱ-27
工事監理……………………………Ⅱ-7
硬質ポリ塩化ビニル管……Ⅰ-169
恒常性（ホメオスタシス）…Ⅰ-43
孔食…………………………………Ⅱ-101
光触媒酸化チタンコーティング
　　　　　　　　　　　　　Ⅱ-244
号数…………………………………Ⅱ-127
合成梁………………………………Ⅱ-20
合成梁構造…………………………Ⅱ-20
硬性床材……………………………Ⅱ-240
剛性率………………………………Ⅱ-12
厚生労働省………………Ⅰ-27, Ⅰ-31
洪積層………………………………Ⅱ-15

構造計画……………………………Ⅱ-12
構造計算……………………………Ⅱ-12
構造計算書…………………………Ⅱ-10
構造図………………………………Ⅱ-10
構造設計……………………………Ⅱ-12
構造耐力上主要な部分……Ⅱ-61
光束…………………………………Ⅰ-193
高速床磨き機………………………Ⅱ-231
高置水槽方式………………………Ⅱ-81
後天性免疫不全症候群……Ⅰ-32
光度…………………………………Ⅰ-193
高度浄水処理………………………Ⅰ-85
勾配…………………………………Ⅱ-148
合板…………………………………Ⅱ-26
降伏強度……………………………Ⅱ-17
交流…………………………………Ⅱ-38
交流エレベーター…………………Ⅱ-46
合流式………………………………Ⅱ-138
交流電動機…………………………Ⅱ-39
高流動コンクリート………………Ⅱ-27
高力ボルト接合……………………Ⅱ-18
コガタアカイエカ…………………Ⅱ-277
ゴキブリ指数………………………Ⅱ-276
ゴキブリ類…………………………Ⅱ-274
国土交通省…………………………Ⅰ-29
コージェネレーション……Ⅱ-4
コージェネレーション方式
　　　　　　　　　　　　　Ⅰ-150
コッホ………………………………Ⅰ-3
固定端………………………………Ⅱ-23
粉状物質……………………………Ⅱ-224
コナダニ類…………………………Ⅱ-281
個別交換方式………………………Ⅰ-196
個別循環方式………………………Ⅱ-108
個別的集団方式……………………Ⅰ-196
個別方式……………………………Ⅰ-145
ゴム系床材…………………………Ⅱ-239
コールドドラフト…………………Ⅰ-120
コレラ………………………………Ⅰ-32
混合構造……………………………Ⅱ-19
混合方式……………………………Ⅰ-129
コンシステンシー…………………Ⅱ-28
昆虫成長抑制剤……………………Ⅱ-285

228

コンパクタ・コンテナ方式
　……………………………Ⅱ-260
コンペティション……………Ⅱ-7
梱包機……………………………Ⅱ-258
混和材料………………………Ⅱ-28

さ

細菌………………………………Ⅰ-89
細菌性赤痢……………………Ⅰ-32
細骨材…………………………Ⅱ-28
再生器…………………………Ⅰ-153
彩度………………………………Ⅰ-72
再熱式誘引ユニット方式…Ⅰ-145
サイホントラップ……………Ⅱ-157
先止め式ガス瞬間式湯沸器
　……………………………Ⅱ-127
作業主任者……………………Ⅰ-24
作業手順書……………………Ⅱ-221
作業標準時間…………………Ⅱ-220
座屈………………………………Ⅱ-16
サージング……………………Ⅰ-158
サスティナブル………………Ⅱ-2
サスペンション構造………Ⅱ-14
殺鼠剤…………………………Ⅱ-274
雑用水…………………………Ⅰ-13
差動式…………………………Ⅱ-57
酸化保護皮膜…………………Ⅱ-100
産業空調………………………Ⅰ 128
産業廃棄物‥Ⅰ-26, Ⅱ-170, Ⅱ-248
サンクンガーデン……………Ⅱ-58
残効性…………………………Ⅱ-286
散水ろ床法……………………Ⅱ-113
酸性洗剤………………………Ⅱ-236
酸素欠乏（酸欠）……………Ⅰ-55

し

次亜塩素酸ナトリウム
　…………………Ⅰ-94, Ⅱ-84
仕上げ工事……………………Ⅱ-34
シアン化合物…………………Ⅰ-31
シェル構造……………………Ⅱ-13
紫外放射………………………Ⅰ-193

直だき吸収冷温水機
　………………Ⅰ-150, Ⅰ-152
自家発電設備…………………Ⅱ-53
閾値………………………………Ⅰ-40
色相………………………………Ⅰ-72
敷地面積………………………Ⅱ-66
事業の登録……………………Ⅰ-17
軸方向力………………Ⅱ-13, Ⅱ-23
軸流式送風機…………………Ⅰ-159
軸流吹出口……………………Ⅰ-168
自浄作用………………………Ⅱ-158
自然エネルギー………………Ⅱ-4
自然換気方式…………………Ⅰ-131
自然排煙………………………Ⅱ-54
自然冷媒………………………Ⅰ-151
磁束密度………………………Ⅱ-38
下請負業者……………………Ⅱ-34
湿球温度………………………Ⅰ-122
湿球黒球温度…………………Ⅰ-48
シックビル症候群……………Ⅰ-62
実効値…………………………Ⅱ-38
室内気流分布…………………Ⅰ-120
指定確認検査機関……………Ⅱ-64
自動火災報知設備
　………………Ⅱ-51, Ⅱ-57
自動空気抜き弁………………Ⅰ-169
自動床洗浄機…………………Ⅱ-231
シート防水……………………Ⅱ-29
シナハマダラカ………………Ⅱ-277
地盤面…………………………Ⅱ-67
ジフテリア……………………Ⅰ-32
シーベルト……………………Ⅰ-78
しみ………………………………Ⅱ-22
事務室における環境の基準‥Ⅰ-45
湿り空気線図…………………Ⅰ-121
社会的要因……………………Ⅰ-40
弱アルカリ性洗剤……………Ⅱ-235
斜流式送風機…………………Ⅰ-159
シャルルの法則………………Ⅰ-105
集合フェロモン………………Ⅱ-275
住戸ヘッダ方式………………Ⅱ-98
重症急性呼吸器症候群………Ⅰ-32
集成材…………………………Ⅱ-26
集団規定………………………Ⅱ-60

集団交換方式…………………Ⅰ-196
集団的個別方式………………Ⅰ-196
自由噴流………………………Ⅰ-119
集落形成単位…………………Ⅰ-103
手術室…………………………Ⅰ-132
取水施設………………………Ⅱ-74
出火危険温度…………………Ⅱ-26
シュテファン＝ボルツマンの法則
　……………………………Ⅰ-109
受変電設備……………………Ⅱ-39
主要構造部……………………Ⅱ-61
主流煙…………………………Ⅰ-61
省エネルギー化………………Ⅱ-4
消音エルボ……………………Ⅰ-167
消音装置………………………Ⅰ-167
消音チャンバー………………Ⅰ-167
消音マフラー…………………Ⅰ-167
消火器…………………………Ⅱ-56
浄化槽の構造および工事…Ⅰ-29
浄化槽法………………………Ⅰ-29
蒸気圧縮冷凍機………………Ⅰ-151
蒸気加湿器……………………Ⅰ-164
蒸気トラップ…………………Ⅰ-169
蒸気吹き出し方式……………Ⅰ-165
詳細図…………………………Ⅱ-10
仕様書…………………………Ⅱ-9
ショウジョウバエ類…………Ⅱ-280
浄水施設………………………Ⅱ-74
上水代替率……………………Ⅱ-116
照度………………………………Ⅰ-193
照度均斉度……………………Ⅰ-195
消毒用エタノール……………Ⅰ-94
消毒力…………………………Ⅱ-85
蒸発器…………………Ⅰ-152, Ⅰ-153
蒸発潜熱………………………Ⅱ-37
蒸発分…………………………Ⅰ-154
情報通信設備…………………Ⅱ-36
照明設備………………………Ⅱ-36
照明率…………………………Ⅰ-195
除害施設………………………Ⅱ-164
食品衛生監視員………………Ⅰ-34
シロアリ………………………Ⅱ-26
シロッコファン………………Ⅰ-159
真菌………………………………Ⅰ-89

真空式温水発生機………… Ⅰ-156
真空掃除機………………… Ⅱ-230
真空輸送方式……………… Ⅱ-260
伸縮（管）継手…… Ⅰ-169, Ⅱ-132
じん性……………………… Ⅱ-18
身体的影響………………… Ⅰ-79
人体負荷…………………… Ⅰ-141
伸頂通気管………………… Ⅱ-155
伸頂通気方式…… Ⅱ-149, Ⅱ-154
震度階級…………………… Ⅱ-58
新有効温度………………… Ⅰ-48

す

水銀及びアルキル水銀その他の水
　銀化合物………………… Ⅰ-31
水系感染症………………… Ⅰ-95
水撃作用…………………… Ⅰ-158
水質汚濁防止法…………… Ⅰ-30
水質基準…………………… Ⅱ-83
水質基準省令……………… Ⅰ-11
水蒸気分圧……… Ⅰ-123, Ⅰ-126
水槽照度率………………… Ⅱ-91
錐体細胞…………………… Ⅰ-70
水道法……………………… Ⅰ-28
水道直結方式……………… Ⅰ-10
スイーパー………………… Ⅱ-23
水平荷重…………………… Ⅱ-12
水平ブレース……………… Ⅱ-12
水密性……………………… Ⅱ-28
水溶性物質………………… Ⅱ-224
水量調節ねじ……………… Ⅱ-182
スイング式逆止弁………… Ⅰ-169
スカム……………………… Ⅱ-195
すきま風負荷……………… Ⅰ-141
スクイジー………………… Ⅱ-234
スクラバー方式…………… Ⅱ-232
スクラバーマシン………… Ⅱ-231
スケール…………………… Ⅱ-112
スケルトンインフィル建築物
　………………………… Ⅱ-24
筋かい……………………… Ⅱ-12
錫…………………………… Ⅱ-29
スタッドボルト…………… Ⅱ-20

スターデルタ起動方式……… Ⅱ-40
スチーム洗浄機…………… Ⅱ-232
捨てコンクリート………… Ⅱ-14
ステンレス鋼……………… Ⅱ-29
ステンレスシート防水層…… Ⅱ-30
ストークス域（＝層流域）
　………………………… Ⅰ-106
ストリートキャニオン……… Ⅱ-2
ストレッサ………………… Ⅰ-43
砂ろ過法…………………… Ⅱ-113
スネークワイヤ法………… Ⅱ-171
スノー………………………… Ⅰ-3
スパイラルダクト………… Ⅰ-166
スパン……………………… Ⅱ-13
スピロヘータ……………… Ⅰ-89
スプリンクラー設備
　…………………… Ⅱ-51, Ⅱ-56
スプレークリーニング法… Ⅱ-241
スプレーパフ法…………… Ⅱ-241
スプロール………………… Ⅱ-2
スポットクーリング……… Ⅱ-240
すみ肉溶接………………… Ⅱ-19
スライム………… Ⅱ-112, Ⅱ-169
スラブ……………………… Ⅱ-17
スランプ試験……………… Ⅱ-28
スリーブ型伸縮管継手…… Ⅱ-133

せ

整圧器（ガバナー）……… Ⅱ-42
生活衛生関係営業………… Ⅰ-27
性器クラミジア感染症…… Ⅰ-32
静止型全熱交換器………… Ⅰ-166
制振構造…………………… Ⅱ-21
制振装置…………………… Ⅱ-21
成績係数…………………… Ⅱ-39
清掃………………………… Ⅱ-104
清掃管理仕様書…………… Ⅱ-218
清掃作業基準表…………… Ⅱ-218
成虫対策…………………… Ⅱ-278
生物化学的酸素要求量…… Ⅱ-142
生物学的汚染……………… Ⅰ-84
生物的要因………………… Ⅰ-40
生物模……………………… Ⅱ-20

生物膜法…………………… Ⅱ-190
整流方式…………………… Ⅰ-129
世界保健機関……………… Ⅰ-2
赤外線式加湿器…………… Ⅰ-164
赤外放射…………………… Ⅰ-193
石材………………………… Ⅱ-240
積層ゴム支承……………… Ⅱ-20
施工計画…………………… Ⅱ-34
設計………………………… Ⅱ-7
設計光束維持率…………… Ⅰ-195
設計図書…………………… Ⅱ-9
接触ばっ気法……………… Ⅱ-113
節水形大便器……………… Ⅱ-176
絶対湿度…………………… Ⅰ-122
折板構造…………………… Ⅱ-14
設備図……………………… Ⅱ-10
セパレート型……………… Ⅰ-163
セメントペースト………… Ⅱ-28
繊維性床材………………… Ⅱ-239
全空気方式………………… Ⅰ-145
洗剤供給式床磨き機……… Ⅱ-231
線状吹出口………………… Ⅰ-168
全水方式…………………… Ⅰ-145
選択毒性…………………… Ⅱ-287
せん断破壊………………… Ⅱ-25
せん断力………… Ⅱ-13, Ⅱ-23
全天空照度………………… Ⅰ-194
全天日射量………………… Ⅰ-114
全熱交換器………………… Ⅰ-166
潜熱負荷…………………… Ⅰ-141
全熱負荷…………………… Ⅰ-141
線膨張係数……… Ⅱ-16, Ⅱ-131
全面クリーニング………… Ⅱ-240
専用水道…………………… Ⅱ-73

そ

騒音性難聴（職業性難聴）… Ⅰ-67
総括安全衛生管理者……… Ⅰ-25
層間変形角………………… Ⅱ-12
早期影響…………………… Ⅰ-79
総合点検…………………… Ⅱ-201
掃除口……………………… Ⅱ-162
送水施設…………………… Ⅱ-74

230

相対湿度⋯⋯⋯⋯⋯⋯⋯Ⅰ-122
装置負荷⋯⋯⋯⋯⋯⋯⋯Ⅰ-141
相当径⋯⋯⋯⋯⋯⋯⋯⋯Ⅰ-106
送風機⋯⋯⋯⋯⋯⋯⋯⋯Ⅰ-159
層流⋯⋯⋯⋯⋯⋯⋯⋯⋯Ⅰ-116
即時排水型ビルピット設備
　⋯⋯⋯⋯⋯⋯⋯⋯⋯Ⅱ-146
粗骨材⋯⋯⋯⋯⋯⋯⋯⋯Ⅱ-28
阻集器⋯⋯⋯⋯⋯⋯⋯⋯Ⅱ-159
塑性⋯⋯⋯⋯⋯⋯⋯⋯⋯Ⅱ-20
措置水準⋯⋯⋯⋯⋯⋯⋯Ⅱ-270
速効性⋯⋯⋯⋯⋯⋯⋯⋯Ⅱ-286
外断熱構造⋯⋯⋯⋯⋯⋯Ⅰ-110
ゾーニング⋯⋯⋯Ⅰ-142, Ⅱ-82

た

第1種換気⋯⋯⋯⋯⋯⋯Ⅰ-131
第2種換気⋯⋯⋯⋯⋯⋯Ⅰ-131
第3紀層⋯⋯⋯⋯⋯⋯⋯Ⅱ-15
第3種換気⋯⋯⋯⋯⋯⋯Ⅰ-131
体温⋯⋯⋯⋯⋯⋯⋯⋯⋯Ⅰ-46
耐火建築物⋯⋯⋯⋯⋯⋯Ⅱ-62
耐火構造⋯⋯⋯⋯⋯⋯⋯Ⅱ-62
耐火被覆⋯⋯⋯⋯⋯⋯⋯Ⅱ-18
大気汚染防止法⋯⋯⋯⋯Ⅰ-28
耐震改修⋯⋯⋯⋯⋯⋯⋯Ⅱ-25
耐震診断⋯⋯⋯⋯⋯⋯⋯Ⅱ-25
耐震壁⋯⋯⋯⋯⋯⋯⋯⋯Ⅱ-17
体積弾性係数⋯⋯⋯⋯⋯Ⅱ-120
代替フロン⋯⋯⋯⋯⋯⋯Ⅰ-151
ダイヤフラムポンプ⋯⋯Ⅰ-158
太陽光発電システム⋯⋯Ⅱ-40
耐用年数⋯⋯⋯⋯⋯⋯⋯Ⅱ-24
大理石⋯⋯⋯⋯⋯⋯⋯⋯Ⅱ-240
対流⋯⋯⋯⋯⋯⋯Ⅰ-109, Ⅱ-5
耐力壁⋯⋯⋯⋯⋯⋯⋯⋯Ⅱ-12
ダウンドラフト⋯⋯⋯⋯Ⅱ-2
楕円形ダクト⋯⋯⋯⋯⋯Ⅰ-166
高さ制限⋯⋯⋯⋯⋯⋯⋯Ⅱ-67
多管式熱交換器⋯⋯⋯⋯Ⅰ-156
ダクト⋯⋯⋯⋯⋯⋯⋯⋯Ⅰ-166
ダクト併用ファンコイルユニット
　方式⋯⋯⋯⋯⋯⋯⋯Ⅰ-145

多孔パネル型⋯⋯⋯⋯⋯Ⅰ-168
ダストクロス法⋯⋯⋯⋯Ⅱ-226
ダストコントロール法⋯⋯Ⅱ-226
立入検査⋯⋯⋯⋯⋯⋯⋯Ⅰ-16
建物内中間処理⋯⋯⋯⋯Ⅱ-259
建物負荷⋯⋯⋯⋯⋯⋯⋯Ⅰ-141
ダニ類⋯⋯⋯⋯⋯⋯⋯⋯Ⅱ-280
タフテッドカーペット⋯⋯Ⅱ-232
ターボ冷凍機⋯⋯⋯⋯⋯Ⅰ-151
玉形弁⋯⋯⋯⋯⋯⋯⋯⋯Ⅰ-169
ターミナルエアハンドリングユ
　ニット方式⋯⋯⋯⋯⋯Ⅰ-162
多翼型ダンパ⋯⋯⋯⋯⋯Ⅰ-167
多翼送風機⋯⋯⋯⋯⋯⋯Ⅰ-159
たわみ継手⋯⋯⋯⋯⋯⋯Ⅰ-167
単一ダクト方式⋯⋯⋯⋯Ⅰ-145
単効用吸収式冷凍機⋯⋯Ⅰ-152
単純支持形式⋯⋯⋯⋯⋯Ⅱ-24
弾性床材⋯⋯⋯⋯⋯⋯⋯Ⅱ-239
炭疽⋯⋯⋯⋯⋯⋯⋯⋯⋯Ⅰ-32
単体規定⋯⋯⋯⋯⋯⋯⋯Ⅱ-60
断熱材⋯⋯⋯⋯⋯⋯⋯⋯Ⅰ-110
断熱材と主構造体の間に防湿層を
　設ける⋯⋯⋯⋯⋯⋯Ⅰ-111
ダンパー⋯⋯⋯⋯⋯⋯⋯Ⅱ-20
暖房⋯⋯⋯⋯⋯⋯⋯⋯⋯Ⅰ-124
断面図⋯⋯⋯⋯⋯⋯⋯⋯Ⅱ-10

ち

地域保健法⋯⋯⋯⋯⋯⋯Ⅰ-22
チカイエカ⋯⋯⋯Ⅱ-168, Ⅱ-277
置換換気⋯⋯⋯⋯Ⅰ-120, Ⅰ-129
地球温暖化⋯⋯⋯⋯⋯⋯Ⅱ-2
地業⋯⋯⋯⋯⋯⋯⋯⋯⋯Ⅱ-14
蓄煙方式⋯⋯⋯⋯⋯⋯⋯Ⅱ-54
地区循環方式⋯⋯⋯⋯⋯Ⅱ-109
窒素酸化物⋯⋯⋯Ⅰ-57, Ⅰ-135
着色障害⋯⋯⋯⋯⋯⋯⋯Ⅱ-102
着火性⋯⋯⋯⋯⋯⋯⋯⋯Ⅱ-51
着火点⋯⋯⋯⋯⋯⋯⋯⋯Ⅱ-26
チャバネゴキブリ⋯⋯⋯Ⅱ-275
中央管理方式⋯⋯⋯⋯⋯Ⅰ-145
中央式給湯方式⋯⋯⋯⋯Ⅱ-118

中間検査⋯⋯⋯⋯⋯⋯⋯Ⅱ-64
中間検査合格証⋯⋯⋯⋯Ⅱ-64
中空層⋯⋯⋯⋯⋯⋯⋯⋯Ⅰ-111
昼光率⋯⋯⋯⋯⋯⋯⋯⋯Ⅰ-194
駐車場設備⋯⋯⋯⋯Ⅱ-36, Ⅱ-49
中性化⋯⋯⋯⋯⋯⋯Ⅱ-24, Ⅱ-27
中性洗剤⋯⋯⋯⋯⋯⋯⋯Ⅱ-235
沖積層⋯⋯⋯⋯⋯⋯⋯⋯Ⅱ-15
鋳鉄製ボイラ⋯⋯⋯⋯⋯Ⅰ-154
中東呼吸器症候群⋯⋯⋯Ⅰ-32
超音波加湿器⋯⋯⋯⋯⋯Ⅰ-164
腸管出血性大腸菌感染症⋯⋯Ⅰ-32
調光制御⋯⋯⋯⋯⋯⋯⋯Ⅱ-40
腸チフス⋯⋯⋯⋯⋯⋯⋯Ⅰ-32
長波長放射率⋯⋯⋯⋯⋯Ⅰ-114
チョウバエ類⋯⋯⋯⋯⋯Ⅱ-280
帳簿書類⋯⋯⋯⋯⋯⋯⋯Ⅰ-16
聴力⋯⋯⋯⋯⋯⋯⋯⋯⋯Ⅰ-66
直射照度⋯⋯⋯⋯⋯⋯⋯Ⅰ-194
直達日射⋯⋯⋯⋯Ⅰ-114, Ⅱ-4
直流⋯⋯⋯⋯⋯⋯⋯⋯⋯Ⅱ-39
直流エレベーター⋯⋯⋯Ⅱ-46
貯水槽⋯⋯⋯⋯⋯⋯⋯⋯Ⅱ-88
貯水槽水道⋯⋯⋯⋯⋯⋯Ⅱ-73
貯水タンク⋯⋯⋯⋯⋯⋯Ⅱ-89
貯蔵式湯沸器⋯⋯⋯⋯⋯Ⅱ-128
直結直圧方式⋯⋯⋯⋯⋯Ⅱ-81
貯湯式湯沸器⋯⋯⋯⋯⋯Ⅱ-128
貯湯槽⋯⋯⋯⋯⋯⋯⋯⋯Ⅱ-128
貯留・排出機⋯⋯⋯⋯⋯Ⅱ-258
貯留排出機方式⋯⋯⋯⋯Ⅱ-260
沈着速度⋯⋯⋯⋯⋯⋯⋯Ⅰ-107

つ

通気弁⋯⋯⋯⋯⋯⋯⋯⋯Ⅱ-156
突合せ溶接⋯⋯⋯⋯⋯⋯Ⅱ-19
ツメダニ類⋯⋯⋯⋯⋯⋯Ⅱ-281
吊り構造⋯⋯⋯⋯⋯⋯⋯Ⅱ-14

て

低圧⋯⋯⋯⋯⋯⋯⋯⋯⋯Ⅱ-37
定温式⋯⋯⋯⋯⋯⋯⋯⋯Ⅱ-57

定期的な調査……………………Ⅱ-269
抵抗………………………………Ⅱ-37
ディスポーザ排水………………Ⅱ-141
定風量可変温度方式……………Ⅰ-145
定風量制御装置…………………Ⅰ-147
テクスチャー……………………Ⅱ-30
デッキプレート…………………Ⅱ-19
テトラクロロエチレン…………Ⅰ-31
テラゾ………………………Ⅱ-30, Ⅱ-240
照り返し…………………………Ⅱ-4
電圧………………………………Ⅱ-38
展炎性……………………………Ⅱ-51
展開図……………………………Ⅱ-10
電気融着式接合…………………Ⅱ-95
電極式加湿器……………………Ⅰ-164
天空散乱日射……………………Ⅱ-4
典型7公害………………………Ⅱ-2
電撃式殺虫機……………………Ⅱ-279
点検口……………………………Ⅰ-167
電磁波……………………………Ⅰ-193
電磁誘導…………………………Ⅱ-38
天井パネル型……………………Ⅰ-168
天井伏図…………………………Ⅱ-10
伝達………………………………Ⅱ-6
伝導…………………………Ⅰ-109, Ⅱ-6
伝熱………………………………Ⅱ-6
電熱式加湿器……………………Ⅰ-164
電流………………………………Ⅱ-38
電力………………………………Ⅱ-38
電力設備…………………………Ⅱ-36
電力量……………………………Ⅱ-38

と

銅…………………………………Ⅱ-29
冬期最大負荷……………………Ⅰ-142
透視図……………………………Ⅱ-10
導水施設…………………………Ⅱ-74
痘そう……………………………Ⅰ-32
到達距離…………………………Ⅰ-120
特殊建築物………………………Ⅱ-61
特殊継手排水システム…………Ⅱ-150
特定行政庁…………………Ⅰ-30, Ⅱ-65
特定建築物………………………Ⅰ-4

特定建築物の届出………………Ⅰ-7
特定工程…………………………Ⅱ-64
特定フロン………………………Ⅰ-151
特定防火設備……………………Ⅱ-51
特定防火対象物…………………Ⅱ-57
特別高圧…………………………Ⅱ-39
土工事……………………………Ⅱ-34
土工地業工事……………………Ⅱ-34
都市ガス…………………………Ⅱ-42
吐水口空間………………………Ⅱ-78
トタン……………………………Ⅱ-29
土丹層……………………………Ⅱ-15
届出事項…………………………Ⅰ-7
トビイロゴキブリ………………Ⅱ-275
ドブねずみ………………………Ⅱ-273
塗膜防水…………………………Ⅱ-29
共板フランジ工法………………Ⅰ-167
ドライ型…………………………Ⅱ-230
ドライバフ法……………………Ⅱ-241
ドライメンテナンス法…………Ⅱ-241
ドライメンテナンス作業………Ⅱ-231
トラス構造………………………Ⅱ-13
トラロープ………………………Ⅱ-222
鳥インフルエンザ………………Ⅰ-32
トリクロロエチレン……………Ⅰ-31
トリサシダニ……………………Ⅱ-281
トリハロメタン…………………Ⅱ-88
ドルノ線…………………………Ⅰ-77
ドレネージ継手…………………Ⅱ-148

な

ナイトパージ……………………Ⅱ-37
ナイチンゲール…………………Ⅰ-2
内表面伝達率……………………Ⅰ-110
内部結露…………………………Ⅰ-137
ナイフゲートバルブ……………Ⅱ-116
鉛…………………………………Ⅰ-31
南米出血熱………………………Ⅰ-32

に

におい物質………………………Ⅰ-135
二酸化炭素…………………Ⅰ-56, Ⅰ-135

二重効用吸収冷凍機……………Ⅰ-152
二重ダクト方式…………………Ⅰ-145
日影図……………………………Ⅱ-10
日積算日射量……………………Ⅱ-5
日射遮蔽…………………………Ⅱ-4
日射受熱量………………………Ⅱ-4
日射病……………………………Ⅰ-52
二方向避難………………………Ⅱ-52
日本国憲法第25条………………Ⅰ-2
ニュートン域（＝乱流域）
　…………………………………Ⅰ-107

ぬ

布基礎……………………………Ⅱ-14

ね

ねじれ……………………………Ⅱ-12
ねずみ類…………………………Ⅱ-272
熱回収形冷凍機（ダブルバンドル
　形）……………………………Ⅰ-150
熱感知器…………………………Ⅱ-57
熱橋（ヒートブリッジ）
　……………………………Ⅰ-111, Ⅰ-137
熱けいれん………………………Ⅰ-51
熱源設備…………………………Ⅰ-145
熱源負荷…………………………Ⅰ-141
熱失神（熱虚脱）………………Ⅰ-51
熱射病……………………………Ⅰ-51
熱水分比…………………………Ⅰ-125
熱線吸収板ガラス………………Ⅱ-31
熱線反射ガラス…………………Ⅱ-31
ネッタイイエカ…………………Ⅱ-277
熱伝導抵抗………………………Ⅰ-110
熱伝導率…………………………Ⅱ-26
熱疲労……………………………Ⅰ-51
熱放射……………………………Ⅱ-5
熱融着式接合……………………Ⅱ-95

の

ノズル型…………………………Ⅰ-168
延べ面積…………………………Ⅱ-62

232

ノミバエ類……………………Ⅱ-280
ノルマルヘキサン抽出物質
　……………………………Ⅱ-112

は

排煙方式………………………Ⅱ-54
バイオクリンルーム…………Ⅰ-132
バイオフィルム………………Ⅱ-102
排水口…………………………Ⅱ-205
配管用ステンレス鋼管………Ⅰ-169
配管用炭素鋼鋼管（黒管）
　……………………………Ⅰ-169
配管用炭素鋼鋼管（白管）
　……………………………Ⅰ-169
廃棄物処理設備………………Ⅱ-36
廃棄物の処理…………………Ⅰ-26
廃棄物の処理及び清掃に関する法
　律…………………………Ⅱ-246
廃棄物の保管場所……………Ⅱ-260
廃棄物発生原単位……………Ⅱ-254
倍強度ガラス…………………Ⅱ-31
排水口開放……………………Ⅱ-150
排水口空間………Ⅱ-89, Ⅱ-150
排水槽…………………………Ⅱ-145
排水トラップ…………………Ⅱ-156
排水ます………………………Ⅱ-162
配置図…………………………Ⅱ-9
梅毒……………………………Ⅰ-32
排熱回収型ガス給湯器………Ⅱ-127
ハイブリッド換気……………Ⅰ-131
ハエ・コバエ類………………Ⅱ-279
バキュームクリーニング……Ⅱ-226
バキュームブレーカ…………Ⅱ-78
剝離剤…………………………Ⅱ-236
歯車ポンプ……………………Ⅰ-157
破砕機…………………………Ⅱ-258
パスツール……………………Ⅰ-3
ハダニ類………………………Ⅱ-281
バタフライ型…………………Ⅰ-167
バタフライ弁…………………Ⅰ-169
ハツカネズミ…………………Ⅱ-273
パッケージ形空気調和機
　………………Ⅰ-145, Ⅰ-160

発熱量…………………………Ⅱ-41
パラチフス……………………Ⅰ-32
バルキング……………………Ⅱ-144
ハロゲン化物消火設備………Ⅱ-56
晩発影響………………………Ⅰ-79

ひ

ピエゾバランス粉じん計……Ⅰ-178
比エンタルピー………………Ⅰ-122
非構造部材……………………Ⅱ-12
非サイホントラップ…………Ⅱ-157
非常コンセント設備…………Ⅱ-57
非常用エレベーター…………Ⅱ-47
非常用照明器具………………Ⅱ-53
非常用進入口…………………Ⅱ-53
ヒゼンダニ……………………Ⅱ-281
ひ素……………………………Ⅰ-31
比体積…………………………Ⅱ-120
引張強度………………………Ⅱ-18
ヒートアイランド現象………Ⅱ-2
ヒトスジシマカ………………Ⅱ-277
ヒートパイプ…………………Ⅰ-166
ヒートポンプ…………………Ⅰ-109
ヒートポンプ給湯機…………Ⅱ-128
避難安全検証法………………Ⅱ-52
比熱……………………………Ⅱ-120
ヒポクラテス…………………Ⅰ-2
病原体汚染防止…………………Ⅰ 10
標準貫入試験…………………Ⅱ-15
標準新有効温度………………Ⅰ-48
比容積…………………………Ⅰ-122
ヒョウヒダニ類………………Ⅱ-280
表面結露………………………Ⅰ-110
表面洗剤………………………Ⅱ-235
避雷設備………………………Ⅱ-40
ビルマルチ形空気調和機……Ⅰ-145
ビル用マルチ型空調機………Ⅰ-163
ピレスロイド剤………………Ⅱ-284
ピン…………………Ⅱ-13, Ⅱ-23
品質評価………………………Ⅱ-222

ふ

ファージ………………………Ⅱ-86
ファシリティマネジメント…Ⅱ-3
ファン…………………………Ⅰ-159
ファンコイルユニット………Ⅰ-160
ファンデルワールス力………Ⅰ-107
封水強度………………………Ⅱ-158
封水深…………………………Ⅱ-158
風量調整ダンパ………………Ⅰ-167
風力発電システム……………Ⅱ-40
不快グレア……………………Ⅰ-195
不快指数………………………Ⅰ-48
不活性ガス消火設備…………Ⅱ-56
不可避尿………………………Ⅰ-82
不完全燃焼……………………Ⅱ-43
不完全変態……………………Ⅱ-274
吹きだまり……………………Ⅱ-12
複筋梁…………………………Ⅱ-17
複層ガラス……………………Ⅱ-31
副流炎…………………………Ⅰ-61
ふく流吹出口…………………Ⅰ-168
付臭剤…………………………Ⅱ-43
腐食速度………………………Ⅱ-100
負触媒効果……………………Ⅱ-56
フーチング……………………Ⅱ-14
普通コンクリート……………Ⅱ-27
物理的要因……………………Ⅰ-40
不同沈下……………Ⅱ-12, Ⅱ-15
不燃材料………………………Ⅱ-62
部分溶込み溶接………………Ⅱ-19
浮遊物質………………………Ⅱ-44
浮遊粉じん…………Ⅰ-8, Ⅰ-136
ブラウン運動…………………Ⅰ-107
プラスター……………………Ⅱ-30
プラスチック溶融機…………Ⅱ-2
フラッシュオーバー…………Ⅱ-51
フラッシング効果……………Ⅱ-286
フランジ付硬質塩化ビニルライニ
　ング鋼管…………………Ⅰ-169
ブランチ間隔…………………Ⅱ-155
ブリキ…………………………Ⅱ-29
ブリージング…………………Ⅱ-28

フレキシブル継手‥Ⅰ-167, Ⅰ-169
プレキャスト……………………Ⅱ-16
プレストレス……………………Ⅱ-20
プレストレストコンクリート構造
　…………………………………Ⅱ-20
プレハブ…………………………Ⅱ-20
フレミング………………………Ⅰ-3
フロアオイル…………………Ⅱ-236
フロアシーラ…………………Ⅱ-236
フロアフィニッシュ…………Ⅱ-236
フロアポリッシュ……………Ⅱ-236
ブローダウン…………………Ⅰ-154
フロート板ガラス………………Ⅱ-31
フロートスイッチ……………Ⅱ-168
プロポーザル……………………Ⅱ-7
ブロワ…………………………Ⅰ-159
フロン冷媒……………………Ⅰ-151
分散設置水熱源ヒートポンプ方式
　…………………………………Ⅰ-145
噴射吸引式機械………………Ⅱ-232
粉末消火設備……………………Ⅱ-56
噴霧器…………………………Ⅱ-283
分流式…………………………Ⅱ-138

へ

平衡含水率……………………Ⅰ-137
平均放射温度…………………Ⅰ-103
平行翼型………………………Ⅰ-167
平板載荷試験……………………Ⅱ-15
平面図……………………………Ⅱ-9
ベクレル…………………………Ⅰ-78
ペスト……………………………Ⅰ-32
べた基礎…………………………Ⅱ-14
ペニシリン………………………Ⅰ-3
ペリメータゾーン……………Ⅰ-142
ベルヌーイの定理……………Ⅰ-115
ベローズ型伸縮管継手………Ⅱ-133
ベーン型………………………Ⅰ-159
片持支持形式……………………Ⅱ-24
偏心率……………………………Ⅱ-12
変風量固定温度方式…………Ⅰ-145

ほ

ボイルの法則…………………Ⅰ-105
防煙ダンパ……………………Ⅰ-167
防炎物品…………………………Ⅱ-51
防火区画…………………………Ⅱ-51
防火性能…………………………Ⅱ-62
防火ダンパ……………………Ⅰ-167
防災設備…………………………Ⅱ-36
防湿層…………………………Ⅰ-137
放射……………………………Ⅰ-109
放射空調…………………………Ⅱ-37
放射性物質……………………Ⅰ-136
放射冷暖房方式………………Ⅰ-145
防振継手………………………Ⅰ-169
防せい剤………………………Ⅱ-105
法線面照度……………………Ⅰ-194
防虫・防鼠対策………………Ⅱ-270
膨張弁…………………………Ⅰ-151
防犯設備…………………………Ⅱ-36
飽和度…………………………Ⅰ-123
補強コンクリートブロック造
　…………………………………Ⅱ-13
保健空調………………………Ⅰ-128
保健所……………………………Ⅰ-27
保護膜…………………………Ⅱ-228
保守率…………………………Ⅰ-195
ボツリヌス症……………………Ⅰ-32
ホームポリスチレン…………Ⅰ-170
保有水平耐力……………………Ⅱ-13
ポリ塩化ビフェニル……………Ⅰ-31
ポリッシャー…………………Ⅱ-231
ボリュームダンパ……………Ⅰ-167
ポルトランドセメント…………Ⅱ-28
ボール弁………………………Ⅰ-169
ホルマリン………………………Ⅰ-94
ホルムアルデヒド……Ⅰ-8, Ⅰ-136
ポンプ直送方式…………………Ⅱ-82

ま

マイクログリッドシステム
　…………………………………Ⅱ-40

マイコンメーター………………Ⅱ-45
巻上電動機………………………Ⅱ-45
マグニチュード…………………Ⅱ-58
膜分離活性汚泥処理装置…Ⅰ-113
曲げモーメント………Ⅱ-13, Ⅱ-23
麻しん………………Ⅰ-32, Ⅰ-94
マダニ類………………………Ⅱ-281
マニフェスト…………………Ⅱ-250
マラリア…………………………Ⅰ-32
丸ダクト………………………Ⅰ-166
マールブルグ病…………………Ⅰ-32

み

水セメント比……………………Ⅱ-28
ミスト機………………………Ⅱ-283
水熱源方式……………………Ⅰ-149
水噴霧加湿器…………………Ⅰ-164
水噴霧方式………Ⅰ-125, Ⅰ-164
水-水熱交換器…………………Ⅰ-156
密閉型冷却塔…………………Ⅰ-153
密閉式膨張水槽………………Ⅱ-129
密閉方式…………………………Ⅱ-54
みなし浄化槽…………………Ⅱ-187
水俣病………………Ⅰ-84, Ⅰ-87

め

明度………………………………Ⅰ-72
メカニカルシール………………Ⅱ-94
メチシリン耐性黄色ブドウ球菌感
　染症……………………………Ⅰ-32
面状吹出口……………………Ⅰ-168
免震構造…………………………Ⅱ-20

も

木製水槽…………………………Ⅱ-92
モルタル…………………………Ⅱ-28
モルタル防水……………………Ⅱ-29

や

薬剤（殺虫剤）抵抗性……Ⅱ-286

234

薬剤による対策…………………Ⅱ-270
薬事監視員………………………Ⅰ-34
野兎病……………………………Ⅰ-32
ヤマトゴキブリ…………………Ⅱ-275
山止め工事………………………Ⅱ-34

ゆ

油圧式エレベーター……………Ⅱ-46
誘引ユニット方式………………Ⅰ-145
有機りん化合物…………………Ⅰ-31
有機リン剤………………………Ⅱ-284
有効温度…………………………Ⅰ-48
有効吸込みヘッド………………Ⅰ-158
誘導結合プラズマ発光分光分析装
　置………………………………Ⅰ-19
誘導灯……………………………Ⅱ-52
誘導標識…………………………Ⅱ-53
遊離残留塩素……………………Ⅰ-12
床維持剤…………………………Ⅱ-236
床吹出空調方式…………………Ⅰ-147
床吹き出し方式…………………Ⅰ-120
輸送設備…………………………Ⅱ-36
湯待ち時間………………………Ⅱ-125
油溶性物質………………………Ⅱ-224

よ

容器方式…………………………Ⅱ-260
養生………………………………Ⅱ-16
揚水ポンプ………………………Ⅰ-157
容積型ポンプ……………………Ⅰ-158
容積質量値………………………Ⅱ-247
容積率……………………………Ⅱ-66
溶接接合…………………………Ⅱ-18
溶存酸素…………Ⅱ-120, Ⅱ-143
幼虫対策…………………………Ⅱ-278
擁壁………………………………Ⅱ-22
予測平均温冷感申告……………Ⅰ-49
予熱（予冷）負荷………………Ⅰ-142

ら

ライトシェルフ…………………Ⅱ-6

ライフサイクル…………………Ⅱ-3
ライフサイクルコスト…………Ⅱ-3
ライフサイクルマネジメント
　………………………………Ⅱ-3
ライフライン……………………Ⅱ-59
ラインディフューザー…………Ⅰ-168
ラッサ熱…………………………Ⅰ-32
ラットサイン……………………Ⅱ-273
ラーメン構造……………………Ⅱ-13
乱流………………………………Ⅰ-116

り

リケッチア………………………Ⅰ-89
リサイクル法……………………Ⅱ-252
理想流体…………………………Ⅰ-115
立面図……………………………Ⅱ-9
リノベーション…………………Ⅱ-4
リノリウム系床材………………Ⅱ-238
リバースリターン方式…………Ⅱ-132
リフォーム………………………Ⅱ-4
リフト式逆止弁…………………Ⅰ-169
硫化水素…………………………Ⅱ-166
流電陽極式電気防食法…………Ⅱ-135
流量係数…………………………Ⅰ-119
理論空気量………………………Ⅱ-44

る

ルーバー…………………………Ⅱ-29
ループ通気方式…………………Ⅱ-153

れ

冷却減湿法………………………Ⅰ-138
冷却塔……………………………Ⅰ-138
レイタンス………………………Ⅱ-28
レイノルズ数……Ⅰ-107, Ⅰ-116
冷房………………………………Ⅰ-124
レジオネラ症……………………Ⅰ-94
レジオネラ属菌…………………Ⅱ-122
連結散水設備……………………Ⅱ-56
連結送水管…………Ⅱ-55, Ⅱ-57
レンタブル比……………………Ⅱ-11

ろ

労働安全衛生法………Ⅰ-22, Ⅰ-24
労働衛生指導医…………………Ⅰ-25
労働衛生専門官…………………Ⅰ-25
労働基準監督官…………………Ⅰ-25
労働基準監督署長………………Ⅰ-25
ローカルエリアネットワーク
　………………………………Ⅱ-40
陸屋根……………………………Ⅱ-29
ローチスポット…………………Ⅱ-276
六価クロム化合物………………Ⅰ-31
ロックウール……………………Ⅰ-170
露点温度…………………………Ⅰ-123
炉筒煙管ボイラ…………………Ⅰ-155
ロープ式エレベーター…………Ⅱ-46
ローボリウムエアサンプラ法
　………………………………Ⅰ-178
ローラー…………………………Ⅱ-23
ローラブラシ方式………………Ⅱ-232
ローリングタワー………………Ⅱ-221

わ

ワモンゴキブリ…………………Ⅱ-276
割ぐり石…………………………Ⅱ-14

建築物環境衛生管理技術者試験
ビル管理士　要点テキストI

2024 年 3 月 29 日　初 版 印 刷
2024 年 4 月 10 日　初 版 発 行

執 筆 者　長 澤　　泰（ほか上記7名）
発 行 者　澤 崎 明 治

（印刷製本）　大日本法令印刷（株）
（装　丁）　加藤 三喜

発 行 所　株式会社　市ヶ谷出版社
　　　　　東京都千代田区五番町 5
　　　　　電話　03-3265-3711(代)
　　　　　FAX　03-3265-4008
　　　　　http://www.ichigayashuppan.co.jp

ⓒ 2024　　ISBN 978-4-86797-391-2

市ケ谷出版社　新刊発売
ビル管理士
（建築物環境衛生管理技術者）

資格試験用教材
要点テキスト＆科目別問題集

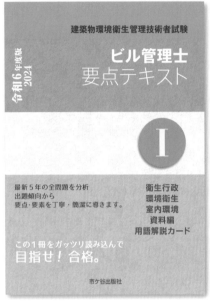

建築物環境衛生管理技術者試験

令和6年度版 2024

ビル管理士
要点テキスト

Ⅰ

最新5年の全問題を分析
出題傾向から
要点・要素を丁寧・簡潔に導きます。

衛生行政
環境衛生
室内環境
資料編
用語解説カード

この1冊をガッツリ読み込んで
目指せ！合格。

市ケ谷出版社

ISBN978-4-86797-391-2
用語解説カード付き
定価3,300円（本体3,000＋税10％）

建築物環境衛生管理技術者試験

令和6年度版 2024

ビル管理士
要点テキスト

Ⅱ

最新5年の全問題を分析
出題傾向から
要点・要素を丁寧・簡潔に導きます。

構造概論
給水・排水
清掃
ねずみ・昆虫等の防除

この1冊をガッツリ読み込んで
目指せ！合格。

市ケ谷出版社

ISBN978-4-86797-392-9
定価3,300円（本体3,000＋税10％）

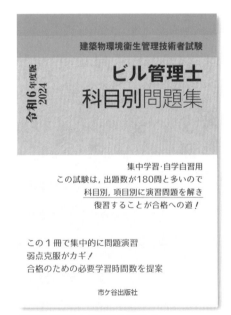

建築物環境衛生管理技術者試験

令和6年度版 2024

ビル管理士
科目別問題集

集中学習・自学自習用
この試験は、出題数が180問と多いので
科目別、項目別に演習問題を解き
復習することが合格への道！

この1冊で集中的に問題演習
弱点克服がカギ！
合格のための必要学習時間数を提案

市ケ谷出版社

ISBN978-4-86797-393-6
定価3,300円（本体3,000＋税10％）

編集委員長：長澤　　泰
副 委 員 長：横手 幸伸
委　　　　員：西川 豊宏
　　　　　　　竹倉 雅夫
　　　　　　　加藤　　豊
　　　　　　　宮下 真一
　　　　　　　安蘇 秀徳
　　　　　　　山野 裕美

市ケ谷出版社ホームページ
をご覧ください

建築物環境衛生管理技術者試験

ビル管理士
要点テキスト

用語解説カード

用語解説カードの使い方については
本書の「試験の内容と本書の構成・利用法」
を参照してください。
皆さんの学習時間を補うことができれば幸いです。
ご健闘をお祈りします。

＊カード項目の①〜⑦は要点テキストの「編」を表しています。

市ケ谷出版社

カード No.	項目名	出典（初学者のための建築設備）
1 − 4	アネモ型	図 3・73（145）
3 − 3	全熱交換器：固定式	図 3・91(a)
3 − 3	全熱交換器：回転式	図 3・91(b)
13 − 2	冷凍サイクル	図 3・60
13 − 2	排水処理方法	図 2・69
13 − 3	エレベータの構造別の種類と特徴	図 5・1
13 − 3	エレベータ：昇降路の断面寸法	表 5・1
13 − 4	エスカレータの構造	図 5・3
15 − 3	コージェネレーションシステム	図 3・57(a)(b)
17 − 1	吸収式冷凍機の原理	図 3・63
18 − 3	蒸気圧縮式冷凍機の原理	図 3・59
19 − 1	照明器具	図 4・17
19 − 3	温熱環境評価指数：要素	表 3・2
19 − 3	温熱環境評価指数：PMV 予測温冷感申告	図 3・10
19 − 4	冷却塔の役割	図 3・64
20 − 1	SET 線図と快適温度の範囲	図 3・9
20 − 1	有効温度 ET 線図	図 3・8
20 − 2	冷却塔の種類と役割	図 3・65
20 − 3	建築化照明方式	表 4・11
20 − 4	送風機の種類と特徴	図 3・70
21 − 4	各種光源の種類と要点	表 4・8：左半分
22 − 1	スプリンクラーヘッド	図 2・97
22 − 2	各種光源の種類と要点	表 4・8：右半分
22 − 3	配管：逆止弁	図 3・76
22 − 3	ストレーナーの種類	図 3・77
25 − 2	吹出口・吸込口の種類と概要	表 3・22：上半分
26 − 3	活性汚泥法と生物膜の種類と特徴	図 2・70
26 − 4	吹出口・吸込口の種類と概要	表 3・22：下半分
33 − 1	VAV 装置ユニットの形式と特徴	表 3・18：左 2 項目
33 − 2	熱源方式の種類，冷凍機（電動式）＋ボイラ方式	図 3・47
33 − 3	熱源方式の種類，吸収式冷温水発生機方式	図 3・49
33 − 4	熱媒体の違いによる空調方式	図 3・33：右半分
34 − 1	熱源方式の種類，ヒートポンプ方式	図 3・50
34 − 2	熱媒体の違いによる空調方式	図 3・33：左半分
34 − 3	VAV 装置ユニットの形式と特徴	表 3・18：右 1 項目
34 − 4	熱源方式の種類，冷凍機（吸収式＋ボイラ方式	図 3・48
35 − 1	給水及び排水の管理に関する用語とその単位	図 5・5・2
35 − 3	スプリット型ルームエアコン	図 3・40：左 b のみ
35 − 4	空調負荷削減のための空調方式	図 3・46
36 − 1	空調方式の分類	表 3・17
36 − 2	建物用途と空調方式	表 3・19

AE 剤（Air Entraining）④

コンクリートの性質を改良するもので，高強度化，高耐久性化を図ることができる。モルタルやコンクリートに混和させ，多数の微少な空気泡を均一に分布させるために用いる。

BEMS（Building and Energy Management System）④（ビルエネルギーマネジメントシステム）

「ビル・エネルギー管理システム」室内環境とエネルギー性能の最適化を図るためのビル管理システム

BEMS は，IT を利用して業務用ビルの照明や空調などを制御し，最適なエネルギー管理を行う。技術としては人や温度センサーと制御装置を組み合わせたもの。

今後も導入増加が予測されることから，BEMS は温暖化に対する有効な対策である。BEMS は低炭素社会を作るために不可欠な技術として多くのビルへの採用が期待され，多くの CO_2 排出量削減策にも取り上げられている。

DPD 法（N, N-diethyl-p-phenylenediamine. ジエチルパラフェニレンジアミン法）⑤

残留塩素測定法　簡易測定器は 3 種（ブロック型，スライド型，ダイヤル型）

発色試薬に水を加え 1 分以内の測定が遊残留塩素濃度，次にヨウ化カリウム 0.1 g 加え 2 分後の色で測定するのが総残留塩素。すなわち結合残留塩素よりも遊離残留塩素野甫が先に発色する。この検査方法は公定法（公定試験機関の指定の方法）である。

TAC（Technical Advisory Committee）温度 ③

空調設計の基本条件は「室内の設定温度と外気温度の差」である。TAC 温度は危険率（設計値を超える確率）を設定して求めた設計用の外気温度のことで，全国の主要都市の気象データを統計処理した数値が使われる。

BOD（Biochemical Oxygen Demand）生物化学的酸素要求量（せいぶつかがくてきさんそようきゅうりょう）⑤

水中の酸化可能性物質，主として有機物質が好気性微生物によって分解される際に消費される酸素量を表す。20℃，普通 5 日間暗所で培養したときの溶存酸素消費量を指す。一般的な水質指標の 1 つ，生物化学的酸素消費量とも呼ばれる。

VAV/CAV ⑤　風速センサーで風量変化を検知し，目的の風量にダンパーやシャッターで自動調整する。

VAV（Variable Air Volume）ユニット ③

可変風量制御装置
室内条件に合わせるように風量を調整する装置

CAV（Constant Air Volume）ユニット ③

定風量制御装置

アスファルト防水 ④

アスファルト層を不透質膜とし，ルーフィングを数層重ねて密着し，厚さ 10〜15 mm の防水層とする全体で 7〜10 層に積層される。性能が安定している。作業工程が多く完成まで時間がかかる。アスファルト溶融に火を使用するため，大都市内では使用ができない場合がある。

アスファルト床材（弾性床材）④

耐水性があるが耐油性がない，強アルカリ性洗剤や溶剤に弱く，変色を起こすことがある。

アネモ型（分類：ふく流吹出口）④

天井に設置した羽根つき吹出口の呼称（アネモ吹出口，シーリング吹出口）。丸型，四角型があり，他の吹出口に比べて誘引効果が高く，均一な温度分布が得やすい。

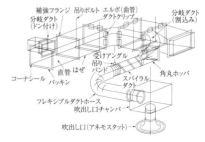

ダクトフランジ

・アングルフランジ工法　③

　　金属でフランジをダクトの端に溶接で固定し，フランジ同士をボルト・ナットで接続する。強度はあるが施工に時間がかかる。

・共板フランジ工法

　　ダクトの端を折り曲げてフランジを作りボルト・ナットでつなぎ，金具クリップをはめる工法。アングルフランジ工法より強度は落ちるが施工時間が短い。

インバータ（Inverter）　④

　直流・交流から周波数を変えた交流を発生させる回路を持つ装置

請負方式（うけおいほうしき）

　　施工方式（直営・請負・実費生産・委託契約）では一般に多い方式で請負方式には，一式請負（一括）・分割請負（分離）・ジョイントベンチャー（共同企業体）がある。

渦巻ポンプ（分類：ターボ型）　④

　　多段渦巻きポンプは直列の2枚以上の羽根車で高揚程を確保

　　配管の途中につけるインラインポンプも渦巻き型ポンプの1つである。

エアロゾル粒子　③

　　化学用語で，気体中に浮遊している微粒子状の物質。SPM（浮遊粒子状物質）は $10\,\mu m$ より小。SP（浮遊粉じん）は $10\,\mu m$ より大。

ウイルトンカーペット（Wilton carpet）　⑥

　　径糸2種類，緯糸1種類の糸を交差させて，そこにパイル糸を織り込んだ絨毯。

弾力性・耐久性が有り，仕上げた表面はしわ，形くずれが少なく施工性も優れている。床暖房にも対応できる。

タフテットカーペット　⑥

　　ポリプロピレン等の基布にミシン針でパイル糸を刺し，裏をラテックスゴムを塗布したもの，緻密度と耐摩耗性・耐久性がある。安価多く使用されるが通気性が悪く，接着剤のラテックスの劣化が生じる

ビルクリーニング用機械・器具

カーペット洗浄機　⑥

①洗剤供給式床みがき機（スクライバー方式）

　洗浄効果は大。化学繊維に適している。

②ローラブラシ方式

　洗浄力は①に劣る。ウール繊維に適している

③噴射吸引式（エクストラクタ）

　ノズルから洗浄液を噴射し，スリットから吸引し洗浄する。多量の液に耐える化学繊維に適している。すすぎ洗いにも使用される。

④スチーム洗浄機

　エクストラクタと同じ構造だが，ノズルから高温の水蒸気を噴射する。ダニの殺菌効果もある。

エクストラクタ

帯筋（おびきん） ④

柱主筋に直角に配筋，間隔は 10 cm 以下。

フープともいう。柱に入れるせん断補強筋。建築に粘りを持たせ耐震性を確保に有効。

あばら筋 ④

梁に入れたせん断補強筋スターラップともいう。梁の主筋は曲げモーメントに対し配筋し（複筋梁），設備配管の径は梁成の 1/3 以下

潰食（かいしょく） ④

給湯用銅管で発生しやすい局部腐食で管の表面の保護皮膜が馬蹄形に破壊し，銅の溶出が起こる。配管のエルボ（曲がり部分）後の負圧で気化した溶存酸素で潰食する。流速 1.2 m/s で防ぐ。

全熱交換器（熱とともに湿度を交換する） ③

・固定式：給気と排気の流路の仕切りで熱伝導と透湿を行う。効率約 70%

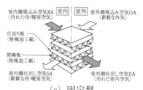

(a) 固定型

・回転式：不燃性アルミニウムローターの回転（最低速度 20 回転/分以下）で夏期取入れは外気を冷却・減湿。排気は加熱・加湿。効率は約 75%

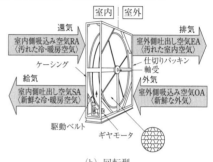

(b) 回転型

煙制御の 4 方式 ④

「排煙方式」，「蓄煙方式」，「加圧防排煙方式」，「密閉方式」

1. 排煙方式　3 種（自然排煙，機械排煙，押し出し排煙＝第二種排煙）がある。
2. 蓄煙方式　室内上部に蓄煙空間を設けて煙降下を遅らせる。
3. 加圧防排煙方式　避難経路や消火活動拠点として使用。特別避難階段の附室等にファンで給気することで部屋の圧力を高め，隣接室との圧力差で煙の流入を防止する。
4. 密閉方式　発生した煙を閉じ込める。

電気防食法

・流電陽極式電気防食法 ④

SUS304（最も流通しているステンレス鋼）製貯湯槽で使用され，銅よりイオン化傾向の大きい（＝錆びやすい）金属（＝犠牲陽極＝マグネシウム等）を接続しておくと，そちらが先に錆び，銅が守られる。

・外部電源式電気防食法

貯湯槽内に白金ワイヤーを張り，これに外部から電気を流し（防食電流），銅の電位を下げて防食する。（調整が難しい）

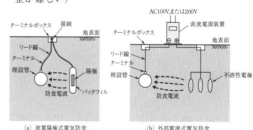

(a) 流電陽極式電気防食　　　(b) 外部電源式電気防食

土中埋設管における電気防食の概念図

閾値（しきいち） ②

　最少の刺激量としての物質量と定義，医学的な有害性の判断の根拠となる「基準値」。
安全度とは安全性を考慮し，閾値に10分の1～100分の1を乗じたものをさす。

異種金属接触腐食（ガルバニック腐食） ④

　自然電位が高い金属と低い金属が水中で接触すると電位の低い金属が腐食する。電位差が大きいほど腐食電流が大きくなり腐食速度が増大する。

演色性（えんしょくせい） ③

　標準光での色の再現性の指標

忌避性（きひせい） ⑦

　虫が避ける効果を持つ成分
（忌避剤のシクロヘキシミドには処理区域からねずみを追い出す効果はない。）

吸収式冷凍機（運転者の資格は必要ない） ③

・吸収式冷凍機は吸収液（臭化リチウム）が冷媒（水）蒸気を吸収する時の蒸発潜熱を利用して冷水を作る冷凍機
・3種①，蒸気吸収冷凍機，②，直だき吸収冷温水機，③，ソーラー吸収冷温水機の吸収液は熱（蒸気，ボイラ熱，太陽熱）で再生させる。
・直炊き吸収冷温水機は吸収式冷凍機と温水ボイラを持つ熱源機器で冷温水を製造できる。
・吸収式冷凍機の特徴は，
　真空圧による破壊の心配がない
　回転部が少なく騒音・振動が小さい。
　吸収剤に毒性はない
　消費電力が少ない
　加熱源の使用範囲が広い
　排熱の利用が可能
・短所は
　本体が大きく，熱源（ガス，蒸気等）が必要
　ガス使用の場合，煙道が必要

遠心送風機 ③

・多翼送風機（シロッコファン）・低速ダクト空調用
・後向き送風機・・・高速ダクト空調用
・翼型送風機・・・・高速ダクト空調用
・チューブラ型遠心送風機・・屋上換気扇

蒸気圧縮冷凍機 ③

・自然冷媒（アンモニア等）とフロン冷媒がある。
　＊フロン冷媒は（特定フロン＝オゾン層破壊効果）と
　　（代替フロン＝温暖化に影響するので排出抑制）
・圧縮機の構造で1，往復動冷凍機。2，回転式（ロータリー形，スクリュー形，スクロール形）冷凍機。3，ターボ冷凍機の3種がある。
・遠心型冷凍機・・中・大規模の空気調和
・回転式冷凍機・・圧縮機本体の小型化が可能
・往復動冷凍機・・シリンダ内のピストンで冷媒ガスを圧縮
・冷媒には「高圧ガス保安法」の規制を受けるものがある。
・代替フロンを除くフロン類において，業務用冷凍空調機の破棄は，特定製品にかかわるフロン類の回収および破壊の実施の確保等に関する法律の対象となる。

応力－ひずみ曲線 ④

　急激にひずみだけが増加し始めたA点を上降伏点という。その後応力はB点まで降下し，これを下降伏点という。更に，一定の応力を保持したまま，ひずみが進行し，C点で応力は最大となり，これを引張強度という。引張強度を超えたD点で破断する。高強度鋼は，一般に軟鋼より伸びが小さい。

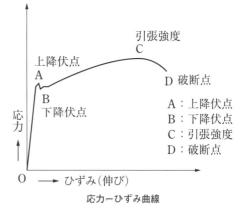

応力－ひずみ曲線

除湿方法　③

・冷却式除湿

　空気を冷やし相対湿度を高くして，飽和状態（100％RH）になったとき，水蒸気が凝縮して水になることを利用。除湿後温度が低くなる。低い温度での除湿は難しい。

・吸着式除湿（乾式除湿）

　乾燥剤（シリカゲル・ゼオライト）で水分を吸着する。吸着剤は再生できる。デシカント（除湿剤）方式とも呼ぶ，低温度域でも除湿能力が低下しない。

・吸収式除湿（湿式除湿＝吸収剤：液体）

　吸収剤（塩化リチウム，トリエチレングリコールなど）が空気中の水分を吸収する。除湿で温度が上がる吸収剤は熱で再生する。塩化リチウムはさびの発生源となる。

・圧縮式除湿

　空気を加圧・圧縮すると飽和水蒸気量が低下する原理で除湿。圧縮の動力が大きいので，一般の除湿や空調にはほとんど使用しない。

空気調和方式　③

1. 単一ダクト方式
　ダクトを使い冷温の風を送る歴史的に最も古い空調方式
2. 各階ユニット方式
　単一ダクトで分散，室外機は最上階
3. 変風量単一ダクト方式
　風量可変（VAVユニット使用）
　＊風量変動を避け，定風量に必要があれば（CAVユニット）を使用
4. 床吹出空調方式
　二重床をダクトスペースとして利用
5. ダクト併用ファンコイルユニット方式
　併用することで個別制御性を高めた。
6. 分散設置水熱源ヒートポンプ式
　冷暖房で同一配管を利用する。
7. 放射冷暖房方式
　パネル放射熱で冷暖房を行う。
8. ビルマルチ形空気調和方式
　一台の室外機で複数の室内に接続

給水方式（裏面に説明図）　⑤

・直結直圧方式

　配水管の圧力で給水，水質汚染の可能性がなく，経済的，配水管の圧力により給水の高さが制限される。

・直結増圧方式

　給水管の途中で加圧ポンプを使って給水，中低層の建物に採用

・高置水槽方式

　高置水槽に揚水ポンプで汲み上げ，自然流下で給水経路で汚染のリスクが高い，使用階で水圧が異なる10階程度までさらに高層は多段設置となる。

・圧力水槽方式

　圧力水槽内の圧力での水を給水，使用箇所で給水圧力が不安定，高置水槽を必要としない。最近は採用されていない。

ポンプ直送方式

　受水槽に貯留した水をインバータ制御の加圧ポンプで直接給水（ポンプ停止時の上階での負圧に注意）

空気調和機の分類　③

空気調和機の分類

給水方式：図（裏面に解説） ⑤

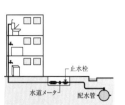

(a) 直結直圧方式

(b) 直結増圧方式

(c) 高置水槽方式

(d) 圧力水槽方式

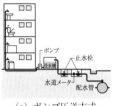

(e) ポンプ圧送方式

かさ高固着物　⑥

　建材表面に立体的に付着した汚れ。チューインガムのかみかすなどが代表的。削るなど物理的な力を用いる場合が多い。

ガスクロマトグラフ質量分析計（GC-MS）

（飲料水水質検査の機械器具）

　成分をガスクロマトグラフでイオン化し質量分離し対象を検出・測定する。揮発性化合物などを高感度に分析できる。

ガス消費機器

　都市ガスを消費するための機械または器具であって，接続具，ガス燃焼器，吸排気設備等をいう。

ガスヒートポンプ（GHP）

（ガスエンジン・ヒートポンプ・エアコン）

　ガスエンジンでコンプレッサーを回し，ヒートポンプ円転によって冷暖房を行う空調システム。

　電源も必要なので停電時は使用できない。

各種空気調和機の特徴　③

熱媒の種類	種類（大分類）	種類（小分類）	特徴
冷温水	エアハンドリングユニット	一般空調用セントラル型	基本的に床置きが多い
		一般空調用ターミナル型	小型・軽量
		オールフレッシュ型	潜熱処理量が大きい
		コンピュータ室用	下吹き形もある
		クリンルーム用	高性能フィルター付き
		システム型空調機	小型・軽量
	ファンコイルユニット	床置き露出型，床置き隠ぺい型，天井吊り露出型，天井吊り隠ぺい型	小型・軽量，設置場所に合わせて，露出型・隠ぺい型など種類が多い
冷媒	パッケージ形空調機（水冷型・空冷型）	セパレート型空調機	熱源設備が要らない。
		一体型パッケージ（ウインドクーラー）	工事が簡単で，安価な方式
		ウォールスルー型	外壁に直接セットするため，直に外気を取り込める
		小型水熱源ヒートポンプユニット	同一系統で冷房と暖房が同時に可能
		オールフレッシュ型	潜熱処理量が大きい
		産業用	大型大風量タイプがある
		コンピュータ室用	下吹き形もある
		クリンルーム用	高静圧で高性能フィルタを組み込める
		スポットエアコン	工場，厨房等のスポット空調に使用される
		氷蓄熱エアコン	蓄熱運転が可能
		ガスヒートポンプユニット	受電容量が少なくて済む
	マルチユニット（ビル用マルチ形空調機）	冷暖房切替型	熱源設備が要らない
		ビル用（インバータ制御）	比例制御が可能
		冷暖同時運転型	同一系統で，冷房と暖房が同時に運転可能

活性汚泥浮遊物質（MLSS）⑤

　ばっ気槽混合液の浮遊物質のこと。活性汚泥中の微生物量の指標の1つ。直径2mm以下の粒子状物質。粘土鉱物の微粒子，プランクトンなど

活性汚泥

　好気的条件下で生息する各種細菌や原生動物等の微生物の集合体。細菌は汚水中の有機物質の低分子化を基質としての利用を行い，原生動物等は，浮遊物質や細菌を摂取する。

活性汚泥法

　ばっ気槽内に形成されて浮遊している微生物フロックが汚水と空気を混合・攪拌する間に，汚水中の有機物を微生物の代謝作用で吸着・酸化し，次の沈殿槽で活性汚泥が沈殿分離する。上澄み水を処理水として消毒槽へ送る。沈殿した活性汚泥はばっ気槽へ戻される。

活性炭処理法（廃水処理法）

　排水処理法：多孔性に富んだ活性炭を用い，気相中の臭気物質の除去のほか，ろ過などで除去できない色度や臭気を取り除くことができる。

可とう継手（フレキシブル継手）⑤

　建物の揺れ，配管の微振動等による変位を吸収するため，鋼鉄製タンク及びステンレス鋼鉄製タンクにあっては可とう継ぎ手（ベローズ形フレキシブルジョイント）を，FRP製タンクにあっては可とう継ぎ手（合成ゴム製フレキシブルジョイント）をつける。

（a）ベローズ形フレキシブルジョイント

（b）合成ゴム製フレキシブルジョイント

換気回数 ③

　単位時間当たりに室内の全空気が入れ替わる回数。
（N：換気回数，Q：換気風量，V：室内容積）
　　N＝Q/V
＊住宅居室，換気回数 0.5/h（非住居 0.3/h）

換気効率（2つの指標）
1. 空間内の汚染物質の除去が効率よく行われているかを示す汚染物質除去効率。
2. 空間内の空気がどれだけ早く交換されているかを示す。空気交換効率

換気方式
1. 自然換気方式
　風の圧力差，室内外の温度差
2. 機械換気方式（3種類）
　第1種機械換気：給排気両方に機械使用
　第2種機械換気：給気側に機械使用
　第3種機械換気：排気側に機械使用

加齢性難聴（老人性難聴：音，騒音と影響）②

　人間の聴力は二十歳前後が最もよく，加齢によって，高い周波数（8000 Hz 付近）から次第に低い周波数域に聴力の低下がみられること。

一過性難聴（TTS）②

　大きい高い音に一時的に曝露されると聴力が一時的に低下すること。

永久性聴力閾値上昇（PTS）②

　長期間にわたる聴力低下は進行し慢性化し永久性の聴力低下となる

湿り空気線図 ③

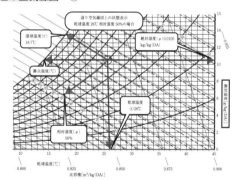

湿り空気線図（乾球温度 26℃，相対湿度 50% の場合）

1. 乾球温度：垂直に伸びた直線
2. 湿球温度：わずか左斜め上に伸びた破線
3. 相対湿度：右斜め上に伸びた曲線
4. 絶対温度：水平に伸びた直線
5. 比容積（比体積）：左斜めに伸びた実線
6. 比エンタルピー：左斜め上に伸びた実戦
7. 顕熱比：（通常左欄外に記載：上記表にはない）
8. 熱水分比：（通常左上に記載：上記表にはない）
9. 露点温度：左に水平に伸びた相対湿度 100% の交点

緩速ろ過法（かんそくろかほう）：浄水施設　⑤

原水を普通沈殿処理させたのち，4～5 m/日のろ過速度で砂ろ過を行う。

ろ過池の砂層に繁殖した好気性微生物の作用で水を浄化させるので，消毒のための塩素剤は砂ろ過を行ったのちに注入する。

急速ろ過：浄水施設

凝集剤を加えて沈殿処理したのち，120～150 m/日のろ過速度で砂ろ過を行う。

凝集フロック（floc：かたまり）を物理的に除去する処理方法。溶解性の鉄やマンガンは塩素による酸化析出作用で除去する。

基礎代謝（温熱環境）

早朝覚醒後の空腹時で仰臥の姿勢の姿勢におけるエネルギー代謝。日本人の30歳の平均的基礎代謝量は，男子は約1,452 kcal/日，女子は約1,167 kcal/日である。

8-1　ビル管理士 用語カード　市ヶ谷出版社

光の基礎　③

・光：電磁波で波長1 nm～1 mmをいう。

・可視光線：下限 360 nm～400 nm，上限 760 nm～830 nm（単位ナノメートル）

・不可視光線
　紫外線：波長が約1nm～可視下限
　赤外線：波長が可視上限～1mm

・色温度：様々な光源からの光の色を表す数値。単位はケルビン（K）数値が低いと暖色系。高いと寒色系の色を発する

・照度：単位面積あたりに入射する光束。単位ルクス（lx）

・光度：光源から特定の方向へ照射される光束。単位カンデラ（cd）

・光束：ある面を通過する光の明るさを表す物理量（人間に光と感じる）のこと。単位ルーメン（lm）

・輝度：光源の明るさを表す。単位面積当たりの明るさ。単位カンデラ毎平方メートル（cd/m^2）

8-3　ビル管理士 用語カード　市ヶ谷出版社

管継手と接合方法　⑤

管種	管継手	接合方法
硬質塩化ビニルライニング鋼管・ポリ粉体ライニング鋼管	管端防食継手（埋設は外面被覆継手）	ねじ込み接合
ステンレス鋼鋼管	プレス式継手，圧縮式継手，拡管式継手，溶接継手	メカニカル接合®，TIG溶接®
硬質ポリ塩化ビニル管	硬質ポリ塩化ビニル製継手（TS継手・ゴム輪継手），鋳鉄製継手（ゴム輪継手）	TS接合®（冷間接着接合），ゴム輪接合
銅管	はんだ付け用継手，プレス式継手	はんだ付け接合・ろう付け接合，プレス接合
ポリブテン管	メカニカル継手，熱融着式継手	メカニカル接合，熱融着式接合
架橋ポリエチレン管	電気熱融着式継手，メカニカル継手	電気熱融着式接合，メカニカル接合

(注) ステンレス鋼管のすきま腐食で酸化保護被膜が破壊されないように，フランジ接合の場合のガスケットは，ふっ素樹脂（PTFE：テフロン）被覆ガスケットを使用する

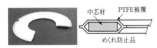

ふっ素樹脂被覆ガスケット
（中芯材はノンアスベストジョイントシート）

・給水管には亜鉛めっき鋼管は使用しない。
・合成樹脂管に熱応力が長時間継続してかかると，材料変形が時間とともに進み機械的特性を失った状態となるクリープ劣化が顕在化する。

8-2　ビル管理士 用語カード　市ヶ谷出版社

ポンプ用語（空気調和）　⑤

キャビテーション：配管中の流れで圧力差により短時間に気泡の発生と消滅が起こる現象で配管等に衝撃を与えて配管を損傷すること。

サージング：渦巻ポンプや送風機，ターボ圧縮機等に起こる現象。流量をしぼって運転すると，脈動を起こし，流量，圧力，回転速度が変動する振動と騒音を起こす現象。

ウォータハンマ Water hammer（水撃作業）：ポンプが急停止した際，バルブの急速な開閉など，配管内を流れる液体のスピードが急激に変化し，配管内の圧力が上昇・下降して大きな衝撃が発生する現象。発生源直近に防止器や揚水ポンプにはスモレンスキー逆弁を設ける。

8-4　ビル管理士 用語カード　市ヶ谷出版社

感染症 （裏面に分類と定義） ⑦

感染症と媒介種

病原体	病名	主な媒介・伝播種	国内での発生状況
ウィルス	日本脳炎	コガタアカイエカ	近年は毎年 10 人以上
ウィルス	デング熱	ネッタイシマカ，ヒトスジシマカ	2014 年に流行。
ウィルス	重症熱性血小板減少症候群（SFTS）	マダニ	西日本を中心に発生。年間数十名程度。
ウィルス	チクングニア熱	ネッタイシマカ，ヒトスジシマカ	輸入症例はあるが，いままでに日本国内での感染，流行はない
リッチケア	日本紅斑熱	マダニ	年間 100 名以上感染し，感染者数，感染地域が拡大中
リケッチア	発疹チフス ※腸チフスと異なる	シラミ	戦後直後に流行したが，ここ数十年は発生していない。
スピロヘータ（細菌の一種）	レプトスピラ症	ネズミ類や家畜，ペット（保菌動物の尿，あるいはその尿で汚染された水・土壌に触れることで感染する）	年間十数～数十名程度。
細菌（O157 など）	腸管出血性大腸菌感染症	菌に汚染された食品等を摂取する等の経口感染	1996 年流行し，その後も年間数百人程度感染する。
細菌	ペスト	ネズミ・ノミ ※ペストに感染したネズミから吸血したノミがヒトを吸血することで感染	90 年以上発生していない。
原虫	マラリア	ハマダラカ	輸入症例として年間 50～70 例で推移
ダニ	疥癬	ヒゼンダニ ※ヒゼンダニ自体が疾病の原因	老人ホームなどで集団感染しやすく，かなりの発生数と推定される。

エレベーター設備 （裏面に分類表） ④

1. ロープ式エレベーター
   走行速度制御が可能：中高層・超高層建築物に多用。上部に機械室を設置しないもの普及
2. 油圧エレベーター
   昇降行程・速度に制限：大規模倉庫（重量物運搬）
3. 規格型エレベーター
   JIS 規格で製作：量産で安価，機種が豊富，機械室無しが標準的な仕様
4. 非常用エレベーター
   建築基準法第 32 条第 2 項：「高さ 31 m を越える建築物（政令除外有）には，非常用の昇降機を設けなければならない」
* 「エレベーターには，制動装置を設けなければならない」
* 緊急時の安全装置：「火災時管制運転装置」「停電時自動着床装置」（法令で規定されていない）

ボイラの種類と主な用途 （裏面に解説） ③

ボイラの種類と主な用途

ボイラの種類		取出す熱媒の種類	蒸気圧力・温水温度	蒸発量または熱出力	ボイラ効率（％）	主な用途
鋳鉄製ボイラ		蒸気	0.1 MPa 以下	0.3～4 t/h	80～86	給湯・暖房用
		低温水	120℃ 以下	29～2,300 kW		
丸ボイラ	立てボイラ	蒸気	0.7 MPa 以下	0.1～0.5 t/h	70～75	暖房・プロセス用
	か筒煙管ボイラ	蒸気	1.6 MPa 以下	0.5～20 t/h	85～90	給湯・暖房・プロセス用・地域冷暖房用
		中・高温水	170℃ 以下	350～9,300 kW		地域暖房用
貫流ボイラ	単管式小型貫流ボイラ	蒸気	3 MPa 以下	0.1～15 t/h	80～90	曝射・プロセス用
	多管式小型貫流ボイラ	蒸気	1 MPa 以下	0.1～2 t/h	75～90	暖房・プロセス用
	大型貫流ボイラ	蒸気	5 MPa 以下	100 t/h 以上	90	発電用
		高温水	130℃ 以下	5.8 MW 以上		地岐暖房用
水管ボイラ	立て水管ボイラ	蒸気	1 MPa 以下	0.5～2 t/h	85	給湯・暖房プロセス用
	二胴水管ボイラ	蒸気	0.7 MPa 以下	5 t/h 以上	85～90	給湯・プロセス・発電用
電気ボイラ		温水	120℃ 以下	120～93 kW	98	全電気式空調補助熱源用
熱媒ボイラ		気相	200～350℃	1.2～2,300 kW	80～85	プロセス用
		液相				
真空式温水発生機	鋳鉄製	低温水	80℃ 以下	120～3,000 kW	85～90	給湯・暖房用
	か筒煙管式	低温水	80℃ 以下	46～1,860 kW	85～88	
住宅用小型ボイラ		温水	0.1 MPa 以下	12～41 kW	60～80	給湯・暖房用

・真空式温水発生機：缶体内をほぼ真空（1 気圧以下なのでボイラに該当しない）にして，水を 100℃ 以下の低温で沸騰させた蒸気を熱交換器を通して湯を供給する。
・吸収冷温水機：1 台で冷水と温水を製造できる。ボイラに該当しない。

加湿装置の分類 ③

加湿装置の分類

加湿方式	特徴	基本構造		問題点
		名称	加湿原理	
蒸気吹き出し方式	1) 無菌 2) 不純物を放出しない 3) 温度降下なし	電熱式（パン型）	シーズヒーターにより水を加熱	ヒーターやパンの中に，水中のシリカ等がこびりつくため寿命が短い
		電極式	電極間の水をジュール熱で加熱	電極の寿命は 5,000～8,000 時間
		赤外線式	赤外線の放射熱により水を加熱	赤外線ランプの寿命は約 6,000 時間
		蒸気拡散管式	ボイラからの蒸気を過熱蒸気として放出	蒸気配管・ドレン配管が必要
		蒸気ノズル式	ボイラからの蒸気を放出	同上
水噴霧方式	1) 温度降下する 2) 不純物を放出する	遠心式	遠心力により霧化	軸受の寿命は 20,000～30,000 時間
		超音波式	超音波振動子により霧化	振動子の寿命は 5,000～10,000 時間
		2 流体スプレー式	高速空気流により霧化	圧縮機が必要
		スプレーノズル式	ノズルにより霧化	
気化方式	1) 温度降下する 2) 不純物を放出しない 3) 飽和湿度以下で放出する 4) 湿度が高くなるほど加湿量が減少する 5) 空気の汚れも影響する	エアワッシャ式	多量の水を空気と接触させて気化	多量の水を必要とする
		滴下式	上部へ給水し，加湿材をぬらして通風気化	
		透湿膜式	透湿膜内へ給水し，透過した水分が通風気化	
		回転式	加湿材を回転し，水槽でぬらして通風気化	
		毛細管式	毛細管現象で加湿材をぬらして通風気化	加湿材への不純物の堆積が速い

ボイラについて（裏面に一覧表）③

鋳鉄ボイラ
・断面内部の清掃が難しい。
・鋳鉄製作では低温・低圧・小容量用となる。
・スケール（管閉塞の原因である無機塩類化合物）防止のため，装置を密閉系に設計・使用する。

炉筒煙管ボイラ
・直径の大きい横型ドラム（本体内の水を煙管で加熱する構造で燃焼室，煙管群で構成される）で高圧蒸気が必要な地域冷暖房に使用
・病院やホテルなどで高圧蒸気で洗浄や消毒等に使用される。

貫流ボイラ
・ドラムが小さく，水管壁に囲まれた燃焼室と水管群からなる対流伝熱面で構成，蒸気を媒体としている。

水管ボイラ
・蒸気を媒体としている。

感染症の分類と定義（裏面に感染症媒介種）①

一類感染症（第2項）
① エボラ出血熱　　② クリミア・コンゴ出血熱
③ 痘そう　　④ 南米出血熱
⑤ ペスト　　⑥ マールブルグ病
⑦ ラッサ熱

二類感染症（第3項）
① 急性灰白髄炎　　② 結核
③ ジフテリア　　④ 重症急性呼吸器症候群
⑤ 中東呼吸器症候群　　⑥ 鳥インフルエンザ（H5N1 及び H7N9）

三類感染症（第4項）
① コレラ　　② 細菌性赤痢
③ 腸管出血性大腸菌感染症　　④ 腸チフス
⑤ パラチフス

四類感染症（第5項）※
① E 型肝炎　　② A 型肝炎
③ 黄熱　　④ Q 熱
⑤ 狂犬病　　⑥ 炭疽
⑦ 鳥インフルエンザ（H5N1 及び H7N9 を除く）
⑧ ボツリヌス症
⑨ マラリア　　⑩ 野兎病

五類感染症（第6項）※
① インフルエンザ　　② ウイルス性肝炎
③ クリプトスポリジウム症　　④ 後天性免疫不全症候群
⑤ 性器クラミジア感染症　　⑥ 梅毒
⑦ 麻しん　　⑧ メチシリン耐性黄色ブドウ球菌感染症

※四類および五類感染症の感染名は主要なもののみ抜粋

加湿器（裏面に分類表）③

水の蒸発潜熱（気化熱）により気温降下が生じる：水噴霧方式，気化方式（空気調和機暖房温水コイルへの負荷対応能力に配慮必要）

電極式加湿器：タンク内の電極間に通電させてジュール熱で蒸気を発生させる。給水は純水（通電しない）以外を使用

クリープ ④

一定の大きさの持続荷重によって，時間とともにひずみが増大する現象。

クリープ劣化（給湯配管）

合成樹脂管に熱応力が長時間継続してかかると，材料変形が時間ともに進んで合成樹脂管の機械的特性を失った状態。

樹脂管を瞬間湯沸かし器系など高温の湯が流れる系に使用される場合は，温度により圧力の許容値（上限値）を確認する

エレベーター分類表（裏面に解説）④

エレベーターの分類

用途による分類	1. 乗用エレベーター（乗客を専用に運ぶ）	
	2. 人荷用エレベーター（乗客と荷物を併用で運ぶ）	
	3. 荷物用エレベーター（荷物を専用に運ぶ）	
	4. 寝台用エレベーター（病院でストレッチャ等を専用に運ぶ）	
	5. 自動車用エレベーター（自動車を専用に運ぶ）	
	6. 非常用エレベーター（火災時の消防隊消火活動に利用，平常時は乗用または人荷用として使用）	
速度による分類	1. 低速エレベーター（30，45 m/min）	
	2. 中速エレベーター（60，90，105 m/min）	
	3. 高速エレベーター（120，150，180，210，240，300 m/min）	
	4. 超高速エレベーター（360，420，480，540，600，750 m/min）	
巻上電動機の種類による分類	1. 交流エレベーター	
	2. 直流エレベーター	
ウォームギア減速機の種類による分類	1. ギアードエレベーター	（イ）交流ギアードエレベーター （ロ）直流ギアードエレベーター
	2. ギアレスエレベーター	
駆動方式による分類	1. ロープ式エレベーター	（イ）機械室あり （ロ）機械室なし
	2. 油圧式エレベーター	（イ）直接式 （ロ）間接式
操作方式による分類	1. 自動運転方式エレベーター	
	2. 運転手付き運転方式エレベーター	
	3. 運転手付き運転併用方式エレベーター	

消毒，滅菌法の分類（化学的方法と物理的方法）②

				消毒	滅菌
化学的方法	液体	消毒液			薬液消毒（クレゾール，消毒用エタノール等）
	気体	オゾン		オゾン消毒	
		酸化エチレン			酸化エチレンガス滅菌
		過酸化水素（プラズマ化）			過酸化水素ガスプラズマ滅菌
物理的方法	熱	乾熱	灼熱		火災滅菌
			焼却		焼却
			高熱空気		乾熱滅菌
		湿熱	煮沸および熱水	煮沸消毒	
			蒸気　流通蒸気		蒸気滅菌
			間歇消毒		
			高圧蒸気		高圧蒸気滅菌
	照射	放射線			γ線滅菌
					x線滅菌
					電子線滅菌
		高周波			高周波滅菌
		紫外線		紫外線消毒	
	濾過				濾過滅菌（ウィルスには無効）

蒸気圧縮式冷凍サイクル　③

- **冷　媒**：圧縮機⇒凝縮器⇒膨張弁⇒蒸発器⇒圧縮機
- **冷　水**：蒸発器⇒空調機器⇒蒸発器
- **冷却水**：凝縮器⇒冷却塔⇒凝縮器

＊**圧縮機**：低圧ガス冷媒を圧縮し，高圧ガス冷媒とする。比エンタルピーも圧力も上がる。

＊**凝縮器**：冷却水により，高圧ガスの冷媒を低圧液冷媒とする。冷却水に放熱するため，比エンタルピーは下がるが，圧力は変化しない。

＊**膨張弁**：液化した冷媒を膨張させる。圧力は低下するが，比エンタルピーは変化しない

＊**蒸発器**：冷媒がガス化すると同時に，冷媒の比エンタルピーが増加する。

吸収式冷凍機の冷凍サイクル　③

- **凝縮器**：再生器で発生した水蒸気を冷却水で凝縮し，蒸発器に戻す。
- **蒸発器**：冷媒（水）が冷水から熱を奪って蒸発する。
- **吸収器**：蒸発した冷媒（水蒸気）を吸収液（臭化リチウム溶液）に吸収させ，ポンプで再生器に送る。
- **再生器**：薄くなった吸収液を蒸気等で加熱し，吸収液を濃縮する。

洗剤　⑥

1. **一般用洗剤**：pH 9～11 の弱アルカ性
   - 最適の濃度に希釈して用いること
   - 作業後必ず，清水ですすぎ拭きをする。
2. **カーペット用洗剤**
   高級アルコール系の発泡性界面活性剤を用いて中性で繊維に悪影響がない。泡の持続性，残った洗剤分の粉末化，速乾性が特徴
3. **表面洗剤**
   床の仕上に影響なく表面の汚れだけ除去する弱アルカリ性で泡立ちが少なくしてある。
4. **剝離剤**：pH 1～14 の強アルカリ性
   樹脂床皮膜除去用，低級アミンやアンモニアに界面活性剤を添加したもの。ゴム系，リノリウム系の床材に変色が生じるおそれがある。
5. **酸性洗剤**
   酸が小便器に付着した尿石（カルシウム）や鉄分を含む水あかの除去に有効。大理石，テラゾーには使用しない。
6. **研磨剤入り洗剤**
   真ちゅう等金物磨きに使用。
7. **強アルカリ性洗剤**：pH 1～14
   強洗浄力，油脂分に有効，厨房ガレージの床洗浄に用いられる。

pH 値（水素イオン濃度指数）　⑥

液体の酸性・アルカリ性を 1～14 で尺度表記する。7 が中性，酸性は PH<7，アルカリは PH>7。

界面活性剤

表面張力を低下させる物質。界面（物質境の面）に作用する。「親水性」と「親油性」がある。洗剤，乳化剤，助染剤，選鉱剤等用途が広い。

助剤（ビルダー）

助剤に界面活性作用はないが洗剤に配合することで効果を高め作業を補う。

富栄養化（ふえいようか　Eutrophication）

湖沼・内海等の水中栄養が過剰になり，藻類の著しい増殖や，赤潮やアオコ等の現象を起こす。

添加物

洗剤用途により添加する溶剤，酸，研磨剤，金属封鎖剤（金属イオンによる障害を防ぐ）等。

熱移動
試験問題に記載された項目より

・一般に，同一材料でも内部に水分を多く含むほど熱伝導率は大きくなる。
・同一材料でも，一般に内部に湿気を含むほど熱伝導抵抗は小さくなる。
・一般に，密度が大きい材料ほど，熱伝導率は大きくなる。
・一般に，密度が大きい材料ほど，熱伝導抵抗は小さくなる。
・同一材料でも，一般に熱伝導抵抗は温度によって異なる。
・一般に，熱伝導率は，温度によって異なる。
・中空層の熱抵抗は，密閉の程度に関係する。
・ガラス繊維などの断熱材の熱伝導率が小さいのは，繊維材によって内部の空気の流動が阻止されることによる。
・均質な材料で作られた壁内部の温度は，定常状態であれば厚さ方向へ直線分布となる。
・固体内の熱流は，局所的な湿度勾配に熱伝導率を乗じて求められる。

主な薬液消毒剤の用途と効果　②

表 2.8.5　主な薬液消毒剤の用途と効果

薬品名	用途	効果	備考
クレゾール（3%）	ほとんどの物件（飲食物，食器には不適）	芽胞や多くのウィルスには無効	手の消毒には 1～2 % 消毒液
次亜塩素酸ナトリウム	井戸，水槽，汚水，し尿，その他の廃棄物	細菌やウィルスには有効であるが芽胞には無効	有機物が多いと効果は減退
ホルマリン	衣服，寝具，ガラス器，竹・木・草製品	すべての微生物に有効	皮膚・粘膜を刺激する
逆性石鹸	手指，ガラス器，金属器	芽胞には無効，真菌や緑膿菌・結核菌や一部ウィルスへの殺菌力は弱い	有機物が多い場合は不適
消毒用エタノール	手指，皮膚，医療機器	芽胞および一部のウィルスには無効	ホルマリンは殺菌力を減少させる。70%が至適濃度

予防対策の基本（感染症）
　1．感染源の排除
　2．感染経路の遮断
　3．宿主の抵抗力の向上

給湯方式　⑤
1. **中央式給湯方式**
　給湯箇所が多いホテル・病院等では，機械室（加熱装置）から配管で湯を供給する。
　近年は貯湯槽を設置。常時給湯水が循環しているので汚染のリスクがある。
2. **局所式給湯方式**
　湯を使用箇所ごとに加熱装置で供給する方式で，戸建て住宅や集合住宅から事務所等の水回り，テナントにも使用される。ボイリング温度（95℃）なので湯沸室でも使用される。
　（可能な限り中央式より局所式がよい）
3. **自然循環式給湯方式**
　循環ポンプを使用しないで自然対流で循環させる。平面的広がりがなく，垂直方向に高い建物で適応される。

床維持剤（フロアフィニッシュ）　⑥
＊顔料等の着色剤を含有する床用塗料は除く。

フロアフィニッシュ

・フロアポリッシュ（仕上げ剤）
　油性，水性，乳化性の3種
　物理的・化学的方法により除去が容易。
・フロアシーラ（目止め剤）
　物理的・化学的方法により除去が難しい。
・フロアオイル（床油）常温の液体
　木質系床材の保護と美観の向上に使用。

腐食（ふしょく）⑤

a. **全面腐食**：金属表面のほぼ全面が腐食

腐食速度の表示には全面均一腐食を仮定して mdd（mg/(dm/day)）が慣用される。

海水中の炭素鋼の平均腐食速度≒25 mdd は 0.16 mm/年

b. **局部腐食**

1. すきま腐食：ステンレス鋼のような不働態金属に生じやすい。
2. 孔食：銅管等不働態金属に生じる。塩化物と酸化剤が不可欠。管内の異物の付着が原因。
3. 異種金属接触腐食（ガルバニック腐食）：異種金属の電位差が大きいほど腐食電流が大きくなり腐食速度が大きくなる。
4. 潰食（かいしょく：エロージョン・コロージョン）：給湯用銅管でよく起こる。配管のエルボで頻発，流速 1.2 m/s で抑制される。
5. 青い水：微量に溶けた銅イオンが石けんや垢に含まれた脂肪酸に反応し，青色の不溶液性銅石けんを生成して青く見える。
6. 白濁現象：蛇口から空気を吸い込む現象，濁りが消えない場合は亜鉛メッキが溶出。

エレベータの構造別の種類と特徴　④

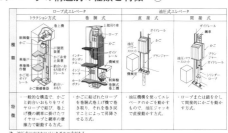

注：油圧式にはほかにパンタグラフ式がある。

エレベータ：昇降路の断面寸法

かご速度 (m/min)	頂部すき間 まTC (cm)	ピットの 深さP (cm)	機械室高さ (cm)
45以下	120	120	200以上
45を超え60以下	140	150	
60を超え90以下	160	180	220以上
90を超え120以下	180	210	
120を超え150以下	200	240	
150を超え180以下	230	270	250以上
180を超え210以下	270	320	
210を超え240以下	330	380	280以上
240を超える場合	400	400	

断面図

冷凍サイクル　③

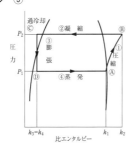

排水処理方法　⑤

一般に，一次処理，二次処理，三次処理（高度処理）がある。

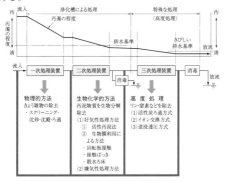

エスカレータの構造　④

エスカレータ勾配と定格速度

こう配		定格速度	備考
8度以下		50 m/min 以下	動く歩道
8度を超え30度以下	15度以下で踏段が水平でないもの	45 m/min 以下	
	踏段が水平なもの		エスカレーター
30度を超え35度以下		30 m/min 以下	

空気調和設備の図示記号 ③

AC	空調機	吸込口	
F	換気ファン	線上吹出口	
CAVユニット		消音ボックス	
VAVユニット		→ ⊢ 外気取入ガラリ	
—SA—	空調送気ダクト	→ 排気ガラリ	
—RA—	空調還気ダクト	Ø VD 風量調節ダンパ	
アネモ型吹出口		Ø MD モータダンパ	

風害（防災対策）

超高層建築物群が林立する地域においてはビルの谷間（ストリートキャニオン）に，ビル風と呼ばれる強風が発生するため建築物の形態の工夫等，さまざまな風害対策として，例えば超高層ビルの足元にサンクンガーデン（周囲の地盤より低いレベルに作られた半地下の広場や庭園）を設けることも風害対策の１つである。

空調熱負荷 ③

空調する空間を出入りし，発生する熱量
熱源負荷
＝熱源機本体の負荷＋一次側熱源水搬送（一次側ポンプ動力）負荷＋装置負荷（空調負荷）
＝空調室の熱負荷＋外気負荷＋空気調和機の搬送動力（送風機動力負荷）＋ダクトからの熱損失（または熱取得）＋二次側熱源水搬送動力（二次側ポンプ動力）

恒常性（ホメオスタシス：homeostasis）

外部環境に変化が生じた場合であっても，身体機能や体液成分等，その時々の身体状況に応じて制御され，それらの変動幅を一定の限られた範囲内にとどめて，内部環境を一定の水準に保つことである。

下水道法 ①

1. 下水道法の所管官庁：国土交通省
   （下水道終末処理の維持は環境省と国土交通省の所管）
2. 下水の定義：法第二条の１「生活もしくは事業に起し，もしくは付随する排水又は雨水をいう。」
3. 公共下水道の定義：法第三条「下水の排水施設（排水管や処理施設等）の総体。」法第七条「公共下水道の構造は政令で定める技術基準に適合したもの。」
4. 排水設備の設置：法第十条「公共下水道の排水区域内の土地の所有者，使用者または占有者は遅延なく，そのとちの下水を公共下水道に流入させるために必要な排水施設を設置しなければならない。」

酸化保護皮膜（腐食関連）

酸化によってできる金属表面の薄い皮膜をいう。金属の不動態化のこと。

コンクリートの種類 ④

名称	説明
普通コンクリート	密度がおおむね 2.3 t/m³ 程度のコンクリート。普通骨材を用いており，一般の鉄筋コンクリート構造物に用いられる。
軽量コンクリート	密度がおおむね 2.0 t/m³ 以下のコンクリート。建築物や部材の質量を低減したい場合に用いられる。粗骨材のみに軽量骨材を用いた１種と，粗骨材と細骨材の両方に軽量骨材を用いた２種がある。
重量コンクリート	密度がおおむね 3.0 t/m³ 以上のコンクリート。重量骨材を用いており，遮蔽用コンクリートとして用いられる。
高強度コンクリート	一般に使用されるコンクリートよりも強度の高いコンクリート。JASS5 では，設計基準強度が 36N/mm² を超える部材に用いるコンクリートと定義している。
流動化コンクリート	コンクリートプラントまたは施工現場で流動化剤を添加して，施工のための流動性を高めたコンクリート。
高流動コンクリート	製造時に著しく流動性を高めたコンクリートで，スランプは 23 cm を超える。CFT 構造や自己充填コンクリートに用いられる。

・コンクリート：セメント・水・砂・砂利を混合し，練混ぜて固めたもの。
・硬化時に収縮亀裂を生じやすい。
・CFT（Concrete Filled Steel Tube）構造：鋼管（円形・角形）にコンクリートを充填した構造

鉄骨構造（S構造）④

長所：じん性（粘り強さ，変形能力）に富む，耐震的に
　　　有利な構造。材料の信頼性が高い。解体が容易。
　　　工期が短い。
短所：耐火性に乏しい（耐火被覆が必要）
　　　耐食性に乏しい（防錆処理が必要）
鋼材：形鋼・平鋼・鋼板・鋼管
JIS規格：一般構造用圧延鋼材（SS400等）
　　　　：溶接構造用圧延鋼材（SM490等）
　　　　：建築構造用圧延鋼材（SN490等）
　　　＊数字は引張強度
性質：炭素量が増すと強度も増すがじん性・溶接性は低
　　　下する。温度上昇とともに強度は低下し，1,000
　　　度でゼロとなり，1,400〜1,500で溶解する。
接合方法：高力ボルト摩擦接合・溶接接合

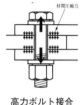

高力ボルト接合　　　　溶接接合の例

コージェネレーションシステム ④

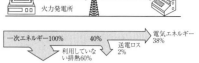

発電効率42%　送電線　火力発電所

一次エネルギー100%　40%　電気エネルギー38%
利用していない排熱60%　送電ロス2%

(a)従来方式による発電システム

従来は一次エネルギーの40%を電気として利用

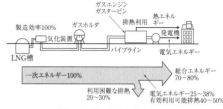

製造効率100%　ガスホルダ　気化装置　ガスエンジンガスタービン　排熱利用　熱エネルギー　発電機　電気エネルギー　LNG槽　パイプライン

一次エネルギー100%　総合エネルギー70〜80%
利用困難な排熱20〜30%　電気エネルギー25〜38% 有効利用可能排熱40〜50%

(b)コージェネレーションシステム

廃熱等からも熱を回収し，70〜80%有効利用

世界保健機関（WHO）憲章前文：健康の定義 ①

「健康とは，病気ではないとか，弱っていないという
ことではなく，肉体的（身体的）にも，精神的にも，そ
して社会的にも，すべてが満たされた状態にあることを
いいます。人種，宗教，政治信条（政治的信念）や経済
的・社会的条件によって差別されることなく，最高水準
の健康に恵まれることは，あらゆる人々にとっての基本
的人権（基本的権利）のひとつです。」

医学における人物と功績

・ヒポクラテス：西洋医学の祖，医聖，ギリシャ人，西
　　　　　　　　洋医学の基礎体系の構築
・ナイチンゲール：ヒポクラテスの医学理念から看護理
　　　　　　　　論を構築
・スノー：ロンドンの医師，コレラ感染経路発見
・パスツール：免疫学からワクチン開発へ導く
・コッホ：細菌学の基礎を構築，結核，コレラ菌を発見
・フレミング：ペニシリンの発見
・ウインスロー：公衆衛生の定義

外力と応力 ④

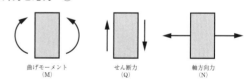

曲げモーメント(M)　せん断力(Q)　軸方向力(N)

反力と支点

移動端（ローラー）	回転端（ピン）	固定端
反力数1	反力数2	反力数3
90° V	H V	H R_M V
支持台に垂直方向の移動のみ拘束	すべての方向の移動を拘束(回転自由)	すべての移動と回転を拘束

照明器具の維持管理　②

1. 個別交換方式：不点灯を都度交換
　　小規模・作業性良い箇所に適している。
　　頻度が多く人件費に影響。日本に多い。
2. 集団交換方式：設定交換期に全部交換
　　大規模・交換が困難な場所
3. 個別的集団方式：不点灯を都度に交換
　　加えて一定期間後に一斉に交換
4. 集団的個別方式：不点灯だけを一定期間後
　　まとめて交換

フレッシュコンクリートの性質　④

ブリージング：コンクリート打設後，ペーストの中のセメントや骨材が沈降して分離した水が浮くこと。

レイタンス：コンクリート表面に石灰岩よりなる微粒子や骨材の微粒分が浮上して層状（泥状物質）になったもので，ひび割れの原因で水密性を悪くするので除去する。

コンシステンシー：流動に対する抵抗性の程度で表すフレッシュコンクリートの性質

鉄骨構造（S構造）　④

柱脚部と基礎：支持条件によりピン・半固定・固定を選択する。

床：鉄筋コンクリート床板やデッキプレート（波上に成形された広幅の薄鋼板。コンクリートスラブの型枠及び床板として用いられる。）

耐火被覆の工法：吹付け工法，巻付け工法，成形板張り工法等がある。

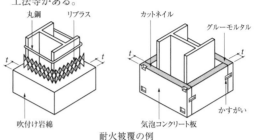

耐火被覆の例

座屈

　圧縮力を受ける部材あるいは構造物が圧縮力に直交する方向にふくらむ現象。

支持形式の種類　④

片持支持形式

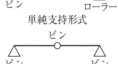

単純支持形式

コールドドラフト

　冷たい壁付近などで，自然対流によって生じる下降気流や，すき間風が原因になって生じるドラフト（不快な気流）をいう。

廃棄物の貯留・保管設備
建築物内のゴミの貯留・排出方法の比較　⑥

方式	容器方式	貯留排出機方式	コンパクタ・コンテナ方式	真空輸送方式
適応ビル規模	小規模建物	中規模建物	大規模建物	広域大規模開発地域
処理概要	コンテナ等の容器に貯留し，機械式収集車に人力で積替え，搬出する	スクリュー等によりごみを圧縮貯留し，機械式収集車に自動的に積替え，搬出する	コンパクタによってコンテナ内にごみを圧縮貯留し，機械式収集車に自動的に積替え，搬出する	貯留排出機にごみを貯留し，集塵ステーションに接続された輸送管によって自動的に搬出する。

項目評価		容器方式	貯留排出機方式	コンパクタ・コンテナ方式	真空輸送方式
	初期コスト	◎	○	△	×
	ランニングコスト	△	○	◎	△
	所要人員	×	○	○	◎
	衛生性	△	○	◎	◎
	防災性	△	◎	○	△
	作業性	×	◎	◎	◎
	設置スペース	×	○	◎	○

◎：優，○：良，△：可，×：不可

吸収式冷凍機の原理 ③

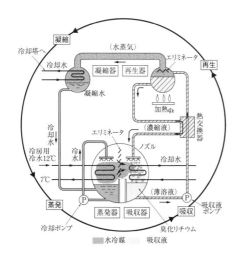

冷凍サイクル：凝縮器／蒸発器／吸収器／再生器

消防用設備等の種類 ④

区分		種類
消防の用に供する設備	消火設備	・消火器および簡易消火用具 ・屋内消火栓設備 ・スプリンクラ設備 ・水噴霧消火設備 ・泡消火設備 ・不活性ガス消火設備 ・ハロゲン化物消火設備 ・粉末消火設備 ・屋外消火栓設備 ・動力消防ポンプ設備
	警報設備	・自動火災報知設備 ・ガス漏れ火災警報設備 ・漏電火災警報器 ・消防機関へ通報する火災報知設備 ・警鐘，携帯用拡声器，手動式サイレンその他の非常警報器具および非常警報設備
	避難設備	・すべり台，避難はしご，救助袋，緩降機，避難橋その他の避難器具 ・誘導灯および誘導標識
消防用水		・防火水槽またはこれに代わる貯水池その他の用水
消火活動上必要な施設		・排煙設備 ・連結散水設備 ・連結送水管 ・非常コンセント設備 ・無線通信補助設備

トラップ ⑤

サイホントラップ（管トラップ）

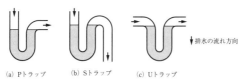

(a) Pトラップ　　(b) Sトラップ　　(c) Uトラップ

非サイホントラップ

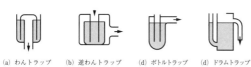

(a) わんトラップ　(b) 逆わんトラップ　(d) ボトルトラップ　(d) ドラムトラップ

排水トラップ各部の名称

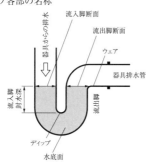

構造形式 1 ④

構造形式	特徴	図
ラーメン構造	柱とはりが剛で接合された骨組。剛節骨組みとも呼ぶ。ドイツ語のRahmenからラーメン構造と呼ばれる。	
トラス構造	部材を三角形状にピン接合した単位を組み合わせて得られる構造体骨組。接点に作用する荷重を部材軸方向の力に分散して支持する。大スパン空間に適応する。	
アーチ構造	アーチ状で構成される構造。	
シェル構造	非常に薄い材料で作られる曲面板状の構造。局部的には曲げ応力も作用するが,ほとんどの力を面内力として伝達させる特徴を持つ。	

色彩の感情効果：色の３属性 ②

色相＝色合い，明度＝明るさ，彩度＝鮮やかさ

属性		感情の性質
色相	暖色	温かい・積極的・活動的
	中間色	中庸・平静・平凡
	寒色	冷たい・消極的・沈静的
明度	明	陽気・明朗
	中	落着き
	暗	陰気・重厚
彩度	高	新鮮・はつらつ
	中	くつろぎ・温和
	低	渋み・落着き

蒸気圧縮式冷凍機の原理 ③

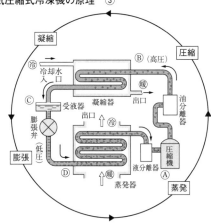

冷媒：圧縮機/凝縮器/膨張弁/蒸発器/圧縮機
冷水：蒸発器/空調機/蒸発器
冷却水：凝縮器/冷却塔/凝縮器

構造形式２ ④

構造形式	特徴	図
壁式構造	構造体の外力に対する主要抵抗要素が板状の部材で構成されている構造物。壁はりは必要であるが柱,はり型がない壁の構造。	
空気膜構造	構造体の内部と外部の空気圧の差により,膜面に張力,剛性を与え形状を得る構造形式。	
吊り構造	構造物の主な部分を支点から吊すことにより引張力となるような応力状態を作り出す形式。	
折板構造	平面板の組み合わせにより,筒状あるいは多面体状の架橋を形成し,主として面内力によって外力に抵抗する構造。	

建物内中間処理 ⑥

廃棄物の種類	中間処理方法	処理設備例
新聞・雑誌・段ボール	梱包	梱包機
OA 紙, 再生紙	圧縮, 切断, 梱包	圧縮機（コンパクタ），切断機（シュレッダ），梱包機
廃棄紙類	圧縮, 梱包	圧縮機（コンパクタ），梱包機
プラスチック, 発砲スチロール	破砕, 溶融	破砕機, 溶融機,（溶融固化装置）圧縮機, 梱包機
びん	破砕	破砕機
缶類	破砕, 圧縮	破砕機, 圧縮装置
厨芥	冷蔵, 粉砕, 脱水	冷蔵装置, 粉砕機, 脱水装置, 生ゴミ処理機, 堆肥化装置
注射針	減菌	減菌装置

磁束密度

磁界の強さのこと，電流の強さとコイルの巻き数との積に比例する。

水密性

水圧に耐える材料の性質。吸収性，透過性等を含めて一般に水密性という。

照明器具　④

(a)天井直付型

埋込み部

(b)天井埋込型

(c)ペンダント型

(d)ブラケット型
ダウンライト

温熱環境評価指数　②

　室内環境における，暑さや寒さの感じを温熱感と呼んでいる。それを温熱環境の６要素の中より，組み合わせて評価する指標。

不快指数：DI 値 85 以上で全員「不快」
作用温度：OT 値 18.3～24℃ が快適範囲
標準有効温度：SET

評 価 指 標	温 度	湿 度	風 速	放 射	代 謝	着衣量
不快指数（DI）	○	○				
作用温度（OT）	○		○	○		
有効温度（ET）	○	○	○			
新有効温度（ET*）	○	○	○	○		○
標準有効温度（SET*）	○	○	○	○	○	○
PMV	○	○	○	○	○	○

温熱環境評価指数の要素

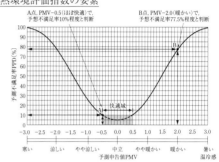

A点，PMV-0.5（ほぼ快適）で，予想不満足率10%程度と判断

B点，PMV-2.0（暖かい）で，予想不満足率77.5%程度と判断

PMV 予測温冷感申告

シックビル症候群　②

　建築物の気密化により，職場空間の空気環境が悪化し，働く人びとの間に不定愁訴（不調の自覚症状の訴えに原因がみつからない状況。職場空間を離れれば症状が消失する）の訴えが増え，20% 以上の人が申し出た状況をシックビル症候群と呼ぶ。

定義と発生要因

定義
1.　そのビルの居住者の 20% 以上が不快感に基づく症状の訴えを申し出る。
2.　それらの症状の原因［因果関係］は必ずしも明確でない。
3.　それらの症状のほとんどは該当ビルを離れると解消する。

発生要因
1.　室内の空気を循環させている。
2.　屋外空気の換気量の低減。
3.　気密性が高すぎる。
4.　室内がテクスタイルやカーペット仕上げになっている。

症状

粘膜症状	眼，鼻，喉の刺激
中枢神経系症状	頭痛，疲労，倦怠感
精神神経系症状	抑うつ，不安，集中力・記憶力の低下
呼吸器症状	胸部圧迫感，息切れ，咳
皮膚症状	乾燥，掻痒感，紅斑，蕁麻疹，湿疹

危険因子

1.　個人の医学的背景	アトピー体質，アレルギー疾患 皮膚炎 女性，更年期
2.　仕事の要因	複写機 新改築・新改装 職場のストレス，不安
3.　建築物	室外空気の供給不足 強力なあるいはまれな汚染源の存在 清掃の回数不足

冷却塔の役割　③

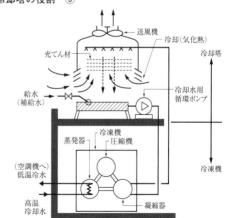

SET 線図と快適温度の範囲　②

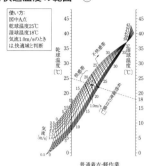

使い方:
図中A点
乾球温度25℃
湿球温度18℃
気流1.0m/sのとき
は,快適域と判断

普通着衣・軽作業

有効温度 ET 線図

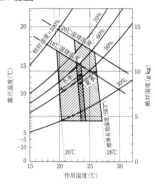

建築化照明方式 （天井や壁等と一体化した形式）　④

壁 面 照 明		
コーニス照明	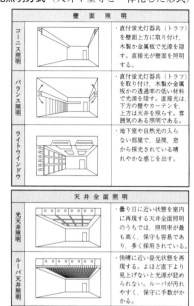	・直付蛍光灯器具（トラフ）を壁面上方に取り付け,木製か金属板で光源を隠す。直接光が壁面を照明する。
バランス照明		・直付蛍光灯器具（トラフ）を取り付け,木製か金属板かの透過率の低い材料で光源を隠す。直接光は,下方の壁やカーテンを,上方は天井を照らす。雰囲気のある照明である。
ライトウインドウ		・地下室や自然光の入らない部屋で,昼間,窓から採光されている晴れやかな感じを出す。

天 井 全 面 照 明		
光天井照明		・曇り日に近い状態を室内に再現する天井全面照明のうちでは,照明率が最も高く,保守も容易であり,多く採用されている。
ルーバ天井照明		・快晴に近い昼光状態を再現する。よほど直下より見上げないと光源が認められない。ルーバが汚れやすく,保守に手数がかかる。
コーブ照明（間接照明）		・まぶしさがなく,照明分布が一様で,影がない。ただし,高照度は得がたい。

冷却塔の種類と役割　③

向流式 （カウンタフロー式）	直流式 （クロスフロー式）
（図）	（図）
・冷却水を上部より散水し,この方向と逆行するように側面から外気を吸込み,外気で冷却後冷却塔の上端から送風機で強制的に排気する方式である。 ・とっくり状に据付け面積は小さいが高さがある。	・流下する冷却水に対し側方から空気を送り,流下する水滴と送風が交差する方式である。 ・角形で,据付け面積は大きいが高さは低い。

密 閉 式

・充てん材の代わりに冷却コイルを設置し,吸引する空気と散布水で冷凍機の冷却水を冷却する方式である。 ・外気が冷却水と直接触れないので,汚染空気による水質の低下がない。

送風機の種類と特徴　③

種類	遠 心 式 送 風 機				軸 流 式 送 風 機	
	多翼式送風機（シロッコファン）	後向き送風機（リミットロードファン）	翼式送風機（ターボファン）	換気扇（プロペラ）	軸流送風機	
①形状	（図）	（図）	（図）	（図）	チューブ	ベーン
②風量 (m³/min)	10～2,000	30～2,500	30～2,500	20～500	500～5,000	40～2,000
②静圧 (Pa)	100～1,230	1,230～2,450	1,230～2,450	0～100	50～150	100～790
③効率(%)	35～70	65～80	70～85	10～50	55～65	75～85
④比騒音 (dB)	40	40	35	40	45	45
⑤特性上の特徴	・風圧の変化による風量と動力の変化は,比較的大きい。 ・風量の増加とともに,軸動力が増加する。	・風圧の変化による風量の変化は比較的大きい。 ・軸力は,リミットロード特性がある。	・最高効率点は,自由吐出し近辺にある。 ・圧力変化に谷はない。		・吐出し空気について,圧力変化で回転域を有する。	・圧力に行かりがあり,特性曲線の左側での運転は不可。 ・吐出し空気の回転成分は少ない。
⑥用途	・低速ダクト空調用,各種空調用,給排気用	・高速ダクト空調用		・換気扇,小型冷却機,ユニットヒーター,低圧,大風量	・局所通風,大型冷却塔,中圧冷風量	・局所通風,トンネル換気,一般空調（特例）,高圧,低風量

（ファン外観）

木材（建築材料）④

長所　比重が小さく，強靭，加工しやすい
　　　熱伝導率が小さい，熱膨張率（大きいほど熱を伝
　　　えやすい）が小さい。
＊熱伝導率：鋼材＞コンクリート＞板ガラス＞木材＞硬
　　　質ウレタンフォーム
短所　可燃性で着火点（燃焼を始めるときの温度）が低
　　　い。水分で変形，腐朽する。虫害を受ける。強度
　　　にばらつきがある。
腐朽防止：菌類発生に必要な養分・湿気・空気・温度の
　　　4要素の1つ以上をなくす。
木材の発火：木材の熱分解により発生した可燃性ガスと
　　　空気の混合気体に熱エネルギーが与えられ
　　　た時に発火する。建築用木材は加熱され
　　　260℃前後が発火危険温度で，400〜490℃
　　　で発火する。

スケルトン・インフィル（SI）建築物 ④

　建築物のスケルトン（柱・梁・床等の構造躯体）とインフィル（建築物内の内装・設備等）を分離した工法による建築物。
　スケルトンは長期間の耐久性を重視し，インフィル部分は使い手の多様なニーズに応えるため自由な可変性を重視している。

耐用年数（法定）

　RC造事務所建築：50年
　木造住宅　　　　：22年
　S構造（鉄骨材で異なる）：38年，30年，22年

コンクリートの中性化

　大気中の CO_2 がコンクリート内に侵入し，本来アルカリ性である内部が中性に近づくこと。鋼材の耐腐食性が低下する。腐食でRCが爆裂。

ビルクリーニング用具 ⑥

1. ほうき類
2. ブラシ類
3. ちり取り
4. モップ類
　　① 湿式モップ
　　② 乾式モップ
5. モップ絞り器
6. タオル類
7. スクイジー：T型の水分をかき集める道具。
8. はたき類
9. スイーパー類：床面を押していけば，回転ブラシが
　　　　　　　　ゴミを掃き内部に巻き込む機構。カ
　　　　　　　　ーペットスイーパは，手で前後に動
　　　　　　　　かすことによってカーペット表面の
　　　　　　　　ゴミを掃き取る構造。
10. パテナイフ：建材についたチューインガム等のかさ
　　　　　　　　高固着物をこそげ取る。
11. プランジャー（ラバーカップ）：ゴムの椀に柄を付
　　　　　　　　けた物洗面所等の詰まりを吹き出す道
　　　　　　　　具。

各種光源の種類と要点（裏面につづく） ②

項　目	白熱電球	ハロゲン電球	蛍光ランプ	高圧水銀ランプ
消費電力〔W〕	5〜1000	75〜1000	4〜220	40〜2000
光　質	・高輝度 ・熱放射多く，赤味豊富 ・配光制御容易	・高輝度指向 ・白熱電球より高効率，長寿命	・低輝度 ・光色調節は比較的良好 ・熱放射少ない	・高輝度 ・光色は特異性あり ・配光制御容易 ・大光束，長寿命
効　率〔lm/W〕	12〜14	16〜19	50〜100	55
色温度〔K〕	2850	3000	4500	4100
寿命〔h〕	1000〜2000	1500〜2000	3000〜10000	6000〜12000
用　途	・全般照明，局部照明用 ・住宅・商店 ・事務所など	・投光用，商店	・全般照明・局部照明用 ・経済的に良質 ・住宅・商店・事務所・学校など	・高天井，道路照明に適する ・工場・体育館など

基礎の形式 ④

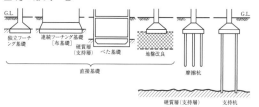

独立フーチ　連続フーチング基礎　硬質層　べた基礎　地盤改良　　摩擦杭
ング基礎　　〔布基礎〕　　（支持層）
　　　　　　　　　　直接基礎

硬質層（支持層）　　支持杭

スプリンクラーヘッド ④

| 閉鎖型埋込型 | 閉鎖型マルチ型 |
| 閉鎖型馬蹄型 | 開放型標準下向型 |

各種光源の種類と要点（裏面につづく）②

項　目	メタルハライド ランプ	ナトリウム ランプ	LED[注1]
消費電力 〔W〕	125～2000	100～2000	2～9
光　質	・高輝度 ・光色は自然色と ほとんど同じ ・配光制御容易 ・大光束，長寿命 ・良演色性	・高輝度 ・光色は，低 圧で橙黄色， 高圧で黄白 色 ・効率最高	・高輝度 ・高い演色性 ・可視光以外 の放射がほ とんどない ・点光源でキ ラメキ感
効　率 〔lm/W〕	70～95	高圧 130～160 低圧 135～180	90～110
色温度〔K〕	3800～4300	2100～2500	2800～5000
寿命〔h〕	6000～9000	9000～12000	20000～40000
用　途	・高天井，道路照 明に適する	・道路，広場， スポーツ施 設，トンネ ルなどの照 明に適する	・交通信号機 ・自動車，植 物工場 ・住宅，一般 ビルでも広 く採用中

LED 照明（Light Emitting Diode）

　発光ダイオード（LED）は従来の蛍光灯，白熱電球
に比べ省エネルギーで張寿命，多様な光色を演出でき
る。自動車，工場，交通信号だけでなく，広く建築でも
活用されている。

配管：逆止弁 ⑤

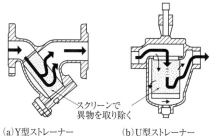

(a)リフト式　　(b)スイング式　　(c)フート弁
→ 流体の流れ

　チャッキ弁とも呼ばれ，逆流を防ぐ弁，取り付け向き
に注意。フート弁は揚水ポンプ用

スクリーンで
異物を取り除く

(a)Y型ストレーナー　　　　(b)U型ストレーナー
　　　　　　　　　　　　　　　（バケット型）
→ 流体の流れ

ストレーナーの種類：配管内の土砂などの異物を取り除
　　　　　　　　　　く器具

スカム ⑤

　浄化槽に流入した汚水，汚物及びトイレットペーパー
は，浄化槽の底に溜まって汚泥となる。その汚泥が自ら
発生した気体により軽くなり，水面に浮上したものをい
う。

筋かい（ブレース）

　骨組みの壁垂直構面に入れる斜材。面の変形を防ぎ，
剛性を高め地震力や風圧力に抵抗する。

スタッドボルト

　鉄骨梁とコンクリートスラブとの合成効果を期待する
為，梁フランジ面に適当な間隔で溶接により垂直に取り
付けたボルト。

コンクリートスラブ
スタッドボルト

鉄骨ばり

伸縮管継手 ⑤

　給湯配管の熱伸縮量を吸収させるための配管形状は，可とう性を持ち，長い直線配管には伸縮管継手を設ける。 ステンレス鋼管において単式の伸縮継手の設置間隔は 20 m 程度。

　伸縮管継手は 2 種ある。

(a) スリーブ形　　　　(b) ベローズ形（単式）

伸縮管継手

a. スリーブ形伸縮管継手
　　スリーブがパッキン部をすべって管の伸縮量を吸収する形式で吸収率が大きい（200 mm 程度）

b. ベローズ形伸縮管継手
　　伸縮の吸収量は制限あり小さい（単式 35 mm 程度），ベローズ（鋼製またはステンレス鋼製Ω型の蛇腹状のもの）の疲労破壊により漏水することがある。

都市ガス ④

　大半は天然ガスを主原料　LNG で輸入 LNG（Liquefied Natural Gas：液化天然ガス）天然に産出した天然ガスを −162℃ に冷却し，無色透明な液体にしたもので体積が約 1/600 となる。

整圧器（ガバナー）
　都市ガスは工場で製造され，組成・熱量を調整し，供給施設の制圧器を通して供給される。
　一次側での圧力変動や二次側でのガス使用量の変動に対し，二次側を所定の圧力範囲に制圧するための減圧装置

配管
　土中埋設部から RC 造，S 造の建築に引き込む場合露出部分に絶縁継手を設置し，電位差による腐食を防ぐ。

免震構造 ④

　建築基礎部にアイソレーターやダンパー等を設置し構造体の揺れを低減する構造。

アイソレーター（Isolator）：地盤から建築物を絶縁する部材（積層ゴム＝ゴムと鋼板を交互に重ねる支承・滑り支承・転がり支承等）

ダンパー（Damper）：金属（銅・鉛等）の塑性履歴を利用するもの，粘性抵抗や摩擦抵抗を利用する

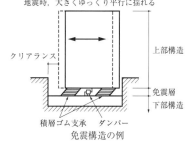

地震時，大きくゆっくり平行に揺れる

クリアランス

上部構造

免震層
下部構造

積層ゴム支承　ダンパー

免震構造の例

塑性変形：部材等に荷重を作用させたときに生じる変形が，荷重を取り除いた後に，元の状態に完全に戻らない性質。

制振構造 ④

　制震装置により，建物の揺れを制御，低減しようとする構造である。地震や風による揺れを対象としており，パッシブコントロールとアクティブコントロールがある。

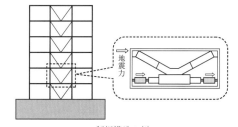

地震力

制振構造の例

制震装置：油圧ダンパー，摩擦ダンパー，マスダンパー，等

交流電動機 ③

　3相交流電力で起動し，回転速度の調整や出力トルク調整が簡単で効率改善ができる<u>インバーター</u>制御を取り入れ省エネルギー化を推進できる動力。
　<u>空気調和設備・換気設備のファン，給排水設備のポンプ，エスカレーター，シャッター，自動ドア等</u>幅広く活用されている。

COP（Coefficient Of Performance）成績係数

　冷暖房機や冷凍機のエネルギー消費効率

スターデルタ起動方式

　停止状態から起動させる際に，定格電圧を加えると，定常運転時の数倍の起動電流が流れて，異常振動等を起こすため，当初は定格電圧より低い電圧を加えて起動電流を制御して，<u>回転数の上昇</u>につれて直接定格電圧に切り替える方式。

スプリンクラー設備 ④

　火災時に天井灯に設置したスプリンクラーヘッドから自動的に散水し自動消火する。近年，<u>放水型</u>ヘッドを用いることが多い。（固定式と<u>可動式＝放水銃</u>）。平成21年4月より<u>275 m² 以上 1000 m² 未満</u>のグループホーム等<u>小規模社会福祉施設</u>は配管が<u>給水管に連結した方式</u>の設置が<u>義務化</u>になった。

連結送水管（消防隊専用栓）

　消火活動に必要な施設で，公設消防隊使用する。

泡消火設備

　<u>油火災</u>等のように注水による消火方法では，火災が拡大する場合の設備。<u>駐車場や飛行機の格納庫</u>等に設置される。

エアロゾル粒子の流れ ③

・<u>レイノルズ数（Re:慣性力の粘性力に対する比）</u>の<u>範囲で3区分</u>される。
　　<u>ストーク域（層流域）→　Re＜2</u>
　　<u>アレン域　（中間域）→ 2＜Re＜500</u>
　　<u>ニュートン域（乱流域）→ 500＜Re＜10⁵</u>

・エアロゾル粒子の流体抵抗力（Fr）
　　粒子が空中を運動（ブラウン運動＝不規則な運動）する場合気体から流体抵抗を受ける。
　　$Fr = 1/2\ CD\ A\ pf\ Vr^2$

　　　　　　　CD：抵抗係数
　　　　　　　A ：粒子の投影面積
　　　　　　　Pf：流体の密度
　　　　　　　Vr：相対速度
　　抵抗係数はストーク域では <u>Re</u> に<u>反比例</u>。
　　<u>ニュートン域</u>では <u>Re</u> に<u>無関係で定数</u>となる。
　　<u>アレン域</u>では <u>Re</u> の<u>平方根</u>に反比例する。

コンクリートの強度 ④

・<u>水セメント比（W/C）</u>：<u>大きくなるほど，圧縮強度は小さくなる</u>。（一般に <u>40〜65%</u> 程度）
・<u>スランプ試験</u>：品質管理（一般的には，圧縮強度が<u>27 N/mm²</u> 程度の普通コンクリート）凝固前の生コンクリートの流動性を示す値（スランプ）を求める試験。スランプ値が高いほど流動性が高い。単位 cm.コンクリート打設作業の難易と効率（<u>ワーカビリティー</u>）の指標となる。

排水処理方法 ⑤
　物理化学的処理（膜分離活性汚泥処理装置を含む）と生物学的処理がある。

生物学的処理（生物膜法）裏面に図
　微生物が主構成要素の膜で処理する方法。生物膜には好気性と嫌気性がある。
　好気性処理の散水ろ床法，接触ばっ気法，回転板接触法などがあり，嫌気性処理の嫌気性ろ床がある。
　接触ばっ気法：槽内侵漬型における生物処理槽へのばっ気は，微生物に対する酸素の供給のほか，膜表面を洗浄する目的もある。

太陽光（光環境）③
全天空照度：直射光を除いた空からの光による水平面照度（ある点を含む水平面に垂直方向の照度，$E = F/A$　E：照度 lx ルクス・F：光束 lm ルーメンス・A：面積 m^2）。太陽の位置や天空透過率によって変わる。一般に快晴時より薄曇りの時のほうが明るい。

昼光率：全天空照度に対する室内のある点の昼光による照度の比率。$D = E/E_S$（%）D: 昼光率・E: 室内の測定点の照度（lx）・E_S: 全天空照度（lx），窓ガラスの透過率の影響を受ける。

色温度：K ケルビン。自然光の朝日・夕日＝約 2000 K，太陽光＝約 5000〜6000 K，ろうそく＝約 2000 K，白熱電球＝約 2800 K，蛍光灯＝約 5000〜6500 K

グローバル照度（全天照度）：直射照度と全天空照度の合計値。

吹出口・吸込口の種類と概要（空気調和設備）③
（裏面につづき）

種　類	特　徴
アネモスタット型	・数層に分かれたコーンが放射状に吹き出す。 ・天井の一般的な吹出口で，優れた誘導拡散性能をもつ。 ・天井高さの低い場合に適する。
ユニバーサル型	・羽根の角度の変更が自由に調節できる。 ・一般的には，吹出し用に用いる。
ノズル型	・気流の到達距離が大きいので，ホール・劇場などの大空間に用いる。
パンカルーバ型	・吹出し気流の性状はノズルと同様であるが，首が振れるようになっていて，気流の方向を変えられる。 ・厨房，工場などのスポット空調に用いる。

空調負荷 ③
　夏季，熱が流入するために冷房時に除去すべき熱量を冷房負荷。冬季の暖房時に熱が流出するため補給すべき熱量を暖房負荷という。
　室内温度を一定に保つための熱量の除去や補給するときの熱量を顕熱負荷という。
　湿度を一定に保つための取得・損失の水蒸気量を熱量に換算したものを潜熱負荷という。

即時排水型ビルピット設備
　貯留量を少なくし，汚水を長時間対流させないで腐敗を防止する設備で排水槽の悪臭防止に適している。

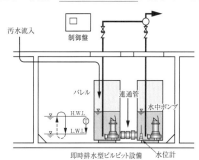

即時排水型ビルピット設備

（建築物と環境）
ダウンドラフト　④
　煙突から排出される煙のと出速度が小さい場合，煙は
あまり上昇せず，風下にある建物の後ろで生じる渦に巻
き込まれて下降し，高濃度の汚染物質が建築物付近に滞
留する現象。

サスティナブル：Sustainable「持続可能な」

COP3
　1997 年 12 月に京都で開催された「気候変動枠組み条
約第 3 回締約国会議」。

温室効果ガス
　大気圏にあって，地表から放射された赤外線の一部を
吸収することにより，温室効果をもたらす気体の総称。

ヒートアイランド現象
　郊外の自然地域に比べ，都市部ほど局地的に気温が高
くなる現象。

スプロール：sprawl
　乱開発などによって市街地が拡がること。

活性汚泥法と生物膜の種類と特徴（裏面関連）　⑤

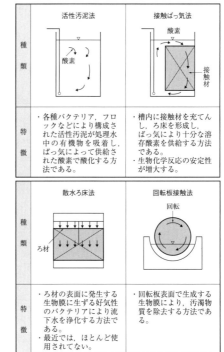

種類	活性汚泥法	接触ばっ気法
特徴	・各種バクテリア，フロックなどにより構成された活性汚泥が処理水中の有機物を吸着し，ばっ気によって供給された酸素で酸化する方法である。	・槽内に接触材を充てんし，ろ床を形成し，ばっ気により十分な溶存酸素を供給する方法である。 ・生物化学反応の安定性が増大する。
種類	散水ろ床法	回転板接触法
特徴	・ろ材の表面に発生する生物膜に生ずる好気性のバクテリアにより流下水を浄化する方法である。 ・最近では，ほとんど使用されてない。	・回転板表面で生成する生物膜により，汚濁物質を除去する方法である。

ハエ・コバエ類（主な種類と特徴）　⑦

ノミバエ類	発生源は主に，腐敗した動物質	・浄化槽のスカムなどで発生 ・小さく，隙間から侵入する ・エサが少量で良く成長速度が速い
ショウジョウバエ類	発生源は主に，腐敗した植物質や果実	・給湯室など食物を扱う場所，食品工場などで発生 ・ゆっくりと飛翔
チョウバエ類		・浄化槽のスカムや汚れた川，下水溝などで発生 ・力の仲間である ・光に集まる性質がある

＊かつて，都市部で「イエバエ」が多かったがゴミ処理
や清掃が行き届いている現代はまれにしか見られなく
なった。「イエバエ」：腸管出血性大腸菌（O157）病
原体の運搬者
　ハエ類よりもコバエ類に注意が必要

吹出口・吸込口の種類と概要（空気調和設備）　③
（裏面につづき）

種　　類	特　　徴
ライン型	・ブリーズ型ともいい，ペリメータゾーンやシステム天井用吹出口・吸込口に用いる。 ・吹出口の位置が自由に変更できる。
多孔板型	・パンチング型ともいい，返りダクトの吸込口やクリーンルームの吹出口に用いる。
床置き型	・二重床を使った床吹出し空調では，床設置のものが用いられる。
ガラリ型	・外壁に取り付け，換気の吸気口・排気口に用いる。

主な**蚊**の種類と生態（裏面も関連） ⑦

	発生源	地域	媒介する病気，他
チカイエカ	浄化槽，汚水槽，湧水槽（建築物内で発生）	北海道から九州	最初の産卵は無吸血で行える
アカイエカ	下水溝，雨水ます，防火用水槽	北海道から九州*	
ネッタイイエカ	下水溝など汚水	沖縄	バンクロフト糸状虫症（フィラリア）
コガタアカイエカ	水田（農村に多い）	日本全土**	日本脳炎
ヒトスジシマカ	小さな水域（空き缶，タイヤなどの水たまり）	東北北部〜南西諸島	デング熱，チクングニア熱，ジカウィルス感染症
シナハマダラカ*	水田，排水溝，湿地，沼	日本全土***	三日熱マラリア

＊アカイエカは夜間に吸血
・ウエストナイル熱は多くの種類の蚊が媒介
・チカイエカ，アカイエカ，ネッタイイケカを見た目で区別することは困難
・建物内部（排水槽）での発生はチカイエカのみ

蚊の防除

　蚊の幼虫はボウフラと呼ばれ水中に生息し，成虫は飛翔するため，対策が異なる

ゴキブリ類　種類と生態（裏面も関連） ⑦

	成虫の大きさ	生息地域	発生個所	備考
チャバネゴキブリ	11-15 mm	北海道から沖縄まで	都市部，オフィス，アパート，病院，飲食店	都市環境における代表的ゴキブリ。
クロゴキブリ	30-40 mm	北海道から沖縄まで	日本家屋，厨房，給湯室	特に関東以西に多い。
ワモンゴキブリ	30-45 mm	南西諸島，小笠原諸島，九州南部	家畜舎，温泉地の飲食店など暖かい場所	近年，北限が上昇し，北九州，四国，本州などに進出している。
ヤマトゴキブリ	20-30 mm	東北，北陸，中部，関東	雑木林，街路樹の樹皮の下，下水溝の中，農村地帯の民家，家畜舎	
トビイロゴキブリ	30-37 mm	散発的な局所的に発生	地下街や飲食店など加温され，一定の温度環境が保たれた箇所	※アフリカ原産とされ，熱帯性と言われている。日本では，熱源のある暖かい箇所に散発的に発生する。

※家屋害虫辞典 P.115-116 を参考に作成した

・不完全変態：卵，幼虫，成虫で蛹の期間がない
・幼虫と成虫は同じ場所で同じ食物を摂取する
・糞に集合フェロモンが含まれる
・雑食性/夜行性
・体内時計があり，明暗がない環境で活動する

ネズミ類　イエネズミ３種の特徴 ⑦

	クマネズミ	ドブネズミ	ハツカネズミ
主な生息地	ビル内部の天井裏など高い場所	植込み，下水管，側溝	畑，農家や納屋，倉庫
体長	15-20 cm，100-200 g	20-25 cm，200-450 g	5 cm 程度，10-20 g
食性	植物質を好む	動物質を好む	植物質を好む
特徴	・警戒心が強い ・木登りや綱渡りが得意 ・身軽で運動能力が高い	・獰猛だが警戒心は弱い ・泳ぎが得意で地面に穴を掘る ・木登りや綱渡りは苦手	・好奇心旺盛
トラップ・殺鼠剤	・トラップにかかりにくい ・毒餌をなかなか食べない ・殺鼠剤が効きづらい	・トラップにかかりやすい ・殺鼠剤が効きやすい	・トラップにかかりやすい

・都心部事務所ビルでは「クマネズミ」を見る
・ペストやサルモネラ症を媒介する
・ケーブルをかじり通信障害や火災の原因
・ネズミ用殺鼠剤は人にも効くので注意
・死体からハエが発生
・毒餌からシバンムシ類の食品害虫が発生

ダニ類　ダニ類の被害と対策（裏面も関連） ⑦

	発生源	被害	特徴	対策方法
ヒョウヒダニ類	ハウスダスト（室内塵）	アレルゲン	人が居住するほぼ全ての環境に生息する。糞・死骸がアレルゲンになる。	床面や寝具が発生源であることが多い。床を清掃し，寝具を丸洗いする。殺虫剤は効きづらいので，清掃に努める。
コナダニ類（ケナガコナダニなど）	ハウスダスト（室内塵）	不快感	アレルゲンとしてはヒョウヒダニ類より低い。ツメダニ類のエサになる。	掃除機で吸引するなど清掃し，通風・乾燥に努める。食品からも発生するので，発生源の食品を破棄する。
ツメダニ類	ハウスダスト（室内塵）	刺咬	室内塵に生息する種類は，他のダニ類やチャタテムシなどを捕食するため，餌となるダニやムシが増加すると一緒に増える。偶発的に人を刺すこともある。	殺虫剤が効きづらいので，発生源を絶つことを優先する。防除など清掃する。可能であれば畳を天日干しにする。
イエダニ	ネズミ類	吸血	幼虫は吸血しない。ネズミの巣に発生し，ネズミから吸血するが，近くにペットや人がいれば，吸血する。	ネズミを駆除する必要がある。ネズミの巣やネズミのエサになる残飯を除去も行う。

形態：袋状の胴体部と顎体部で構成
屋内発生源：主に３つ
吸血：人やネズミ，ペットに寄生

ゴキブリ類（裏面も関連）⑦

防除方法：餌を除去し，清掃を徹底することが重要。
人の食品を大体食べる雑食性。
・ゴキブリ指数：1日1トラップあたりの捕獲数の指数，(捕獲総数)÷(トラップ数×日数)
ゴキブリ指数が大きい方が，発生が多い。
・ローチスポット：潜伏箇所周囲や移動経路はゴキブリの排泄物で汚れている場所のこと。

殺虫処理に関して

・残留処理：ローチスポットに残留性の高い薬剤を撒くことで薬剤の残滓に触れると効果がある。有機リン剤・プレスロイド剤を使う。
・空間処理：燻煙，蒸散，ULV（噴射）処理，炭酸ガス製剤で隅や物陰のゴキブリを直接殺虫する。部屋の容積に合わせて容量を決める。
・毒餌処理：ベイト剤（毒餌）を摂取させ，中毒死させる。遅効性の為，一定期間設置する。毒餌以外の餌は除去し，忌避薬剤の影響を避ける。ホウ酸，ヒドラメチルノン，フィプロニル，インドキサカルプ，ジノテフラン等が有効成分。

蚊類　幼虫対策（裏面も関連）⑦

・ボウフラを防ぐには水が溜まる物品を排除
・薬剤：昆虫成長制御剤（IGR）/有機リン剤の散布 IGRは幼虫から成虫へ変態する過程を阻害する。成虫には効果がなく，即効性がない。
・浄化槽は汚物分解に微生物を利用するので，クレゾール（オルソ剤）等の殺虫・殺菌効果を併せ持つ薬剤は使用できない。
・浮遊粉（フローティング）剤処理：蚊の幼虫に効果を発揮する。

蚊類　成虫対策

・発生する浄化槽・排水槽等に接続する通気口・排気口等に防虫網を設置する。
・殺虫機：誘虫ランプは人の活動域から離す。
・煙霧・ULV（噴射）処理：残効性は弱い。
・燻煙・蒸散剤処理：閉鎖空間で有効，継続的蒸散機能の樹脂蒸散剤は密閉空間であれば1～3ヶ月殺虫効果を持続させることができる。
・残留処理：蚊が触れる箇所に有機リン剤の乳剤希釈液を塗ると半月～1ヶ月効果が持続。

ダニ類　ダニ類の被害と対策（裏面も関連）⑦

	発生源	被害	特徴	対策方法
トリサシダニ，スズメサシダニ，ワクモ	ムクドリ，ツバメ，スズメ等	吸血	野鳥に寄生するが，ヒトからも吸血する。	鳥の巣の除去など発生源の除去。発生元や徘徊個所に有機リン系やピレスロイド系殺虫剤を散布。
マダニ類（チマダニなど）	犬野生動物	吸血	幼虫，若虫，成虫，雄雌すべてが吸血する。	ペットに寄生している場合は，獣医に見せる。犬小屋周辺の残存固体を掃き取り，必要に応じて有機リン系やピレスロイド系殺虫剤を散布。
ヒゼンダニ	ヒト	疥癬	疥癬の原因になる。ヒトからヒトへの感染力を持つ。高齢者施設・病院で集団発生することがある。	オフィスビルや住宅での発生は稀。乾癬患者がいる場合は，衣類・寝具の洗浄を行い，患者のいる部屋の清掃を行う。
ハダニ類	植物	不快感	赤や黄など派手な色で，見た目が不快だが，ヒトを刺すことはない。	
カベアナタカラダニ	不明	不快感	春に外壁や塀に赤いカベアナタカラダニが大量発生する。植物に依存していると考えられているが，生態は不明。	人間への害はないため，屋内への侵入防止に努めればよい。

ネズミ　防除方法（裏面も関連）⑦

ネズミの防除における基本対策

ネズミの餌を絶つ	食物の保存状況や残飯の管理状況を確認し，ネズミが手に入れられないよう管理と清掃を徹底する。
ネズミが移動する通路を遮断する	防鼠構造を取り入れる。ネズミが侵入するすき間をなくす。
巣をつくらせない	整理整頓を行い，清掃を徹底する。

・器具：粘着式トラップ，生け捕りかご，圧殺式トラップ，即効性が期待できないため長期設置。
・殺鼠剤：毒餌を用いる。食べざる得ない環境をつくるため他の餌を排除する。
毒餌は腐り害虫の発生源になるので定期的に交換。ネズミの死体は悪臭やハエの発生や寄生しているイエダニが発生するので回収に努める。
・忌避剤：駆除はできないが近づけないようにさせる効果がある。

排水の水質（裏面に関連）⑤

9. 総有機態炭素：水中に含まれる有機物を全炭素量で表したもの．TOC計で測定する．
10. 蒸発残留物と強熱減量：蒸発残留物は試料水を105～110℃で蒸発乾固したときに残る物質．それを600℃で灰化（強熱・燃焼）したときに揮散する物質が強熱減量．
11. 溶解性物質：試料をガラス繊維ろ紙（孔径1μm）でろ過し，ろ液を蒸発乾固したときの残留物質の質量で表す．
12. 浮遊物質：水中に懸濁している1μm以上で2mm以下の物質．
13. アルカリ度：アンモニアの脱窒反応や凝集反応で増減する．進行状況を知るための指標
14. 残留塩素（別途項目「残留塩素」で記載）
15. 活性汚泥試験（別途項目「活性汚泥試験」）

感染症と媒介種（裏面も関連）⑦

病原体	病名	主な媒介・伝播種	国内での発生状況
スピロヘータ（細菌の一種）	レプトスピラ症	ネズミ類や家畜，ペット（保菌動物の尿，あるいはその尿で汚染された水・土壌に触れることで感染する）	年間十数～数十名程度．
細菌（O157など）	腸管出血性大腸菌感染症	菌に汚染された食品等を摂取する等の経口感染	1996年流行し，その後も年間数百人程度感染する．
細菌	ペスト	ネズミ・ノミ ※ペストに感染したネズミから吸血したノミがヒトを吸血することで感染	90年以上発生していない．
原虫	マラリア	ハマダラカ	輸入症例として年間50～70例で推移
ダニ	疥癬	ヒゼンダニ ※ヒゼンダニ自体が疾病の原因	老人ホームなどで集団感染しやすく，かなりの発生数と推定される．

下水道法の規定①

(1) 目的：下水道の整備を図り，公共用水域の水質保全に資する．
(2) 用語：1. 下水：生活や事業の廃水または雨水
　　　　　2. 下水道：排水管，排水渠等の施設と接続した処理施設とそれを補完するポンプ施設，貯留施設等の総体．
　　　　　3. 公共下水道
　　　　　4. 流域下水道
　　　　　5. 都市下水道
　　　　　6. 終末処理場
　　　　　7. 排水区域：公共下水道により下水を排除することができる区域
　　　　　8. 浸水被害：排水区域において，一時的に大量の雨水が生じた場合において排水施設に当該雨水を排除できないことまたは排水施設から河川その他の公共の水域若しくは海域に当該雨水を排除できない事による浸水により，国民の生命，身体または財産に被害を生じることをいう．
(3) 公共下水道の管理：公共下水道の設置，改築，修繕，維持その他の管理は，市町村が行う．
(4) 浸水被害対策区域における特別の措置
　　管理者による技術上の基準の策定

残留塩素とその他の指標（排水の水質）⑤

塩素処理後水中の残留有効塩素のこと．接触時間，残存有機物質の量等に影響され，消毒効果の指標となる．
1. 微生物：次亜塩素酸ナトリウムによる殺菌のメカニズムは，水溶液にしたときの残留塩素が細菌や微生物の呼吸系酵素を阻害し，細胞の同化作用を停止させることである．
2. pH値：pH値が低いほど，次亜塩素酸（$HClO$）の割合が大きくなり，殺菌力が増す．
3. 水温：水温が上昇すると反応速度が高まり，殺菌作用も進行し，早く座暗流塩素も分解し，消耗される．
4. 懸濁物質：塩素消毒の効果は，懸濁物質が存在すると低下する．

活性汚泥試験：主要な管理項目（排水の水質）
1. 活性汚泥浮遊物質（MLSS）
2. 活性汚泥有機性浮遊物質（MLVSS）
3. 活性汚泥沈殿率（SV）
4. 汚泥容量指標（SVI）

バルキング：糸状性細菌の増加で沈殿しにくくなる現象

感染症と媒介種 （裏面も関連） ⑦

病原体	病名	主な媒介・伝播種	国内での発生状況
ウィルス	日本脳炎	コガタアカイエカ	近年は毎年 10 人以下
ウィルス	デング熱	ネッタイシマカ，ヒトスジシマカ	2014 年に流行。
ウィルス	重症熱性血小板減少症候群（SFTS）	マダニ	西日本を中心に発生。年間数十名程度。
ウィルス	チクングニア熱	ネッタイシマカ，ヒトスジシマカ	輸入症例はあるが，いままでに日本国内での感染，流行はない。
リッチケア	日本紅斑熱	マダニ	年間 100 名以上感染し，感染者数，感染地域が拡大中
リッチケア	発疹チフス※腸チフスと異なる	シラミ	戦後直後に流行したが，ここ数十年は発生していない。

排水の水質（裏面に関連）⑤

1. 排水の透明度：水中の浮遊物質等濁りの程度から水処理の進行状況を推定する指標
2. 生物化学的酸素要求量（BOD）：水中の酸化可能性物質（別途項目「BOD」あり）
3. 化学的酸素要求量（COD）：水中の酸化可能性物質，有機物質が酸化剤によって酸化される際に消費される酸素量を表したもの
4. 排水の活性汚泥浮遊物質（MLSS）：ばっ気槽混合液の浮遊物質のこと。活性汚泥中の微生物量の指標。直径 2 mm 以下の粒子状物質
5. 排水の溶存酸素（DO）：水中に溶解している分子状の酸素（2 mg/L 以上が必要）。生物処理工程の管理や放流水質を評価する指標。
6. ノルマルヘキサン抽出物質：揮発しにくい油脂のことで排水処理能力を低下させる。
7. 全窒素：無機性窒素だけでなく，有機性窒素も含めた全ての窒素の総和。窒素は，動植物の増殖に欠かせない元素で，閉鎖性水域の富栄養化の原因物質のひとつである。
8. 総リン：リン化合物は，閉鎖性水域の富栄養化の原因物質のひとつ。

水質：排水の種類 ⑤

「汚水」「雑排水」「湧水」「雨水及び特殊排水」

1. 汚水：便器から排出される排水（建築基準法及び下水法の意味とは異なる）
2. 雑排水：
   a. ちゅう房排水：生物化学的酸素要求（BOD），浮遊物質（SS），の濃度が高く，油脂類（ノルマルヘキサン抽出物質含有量）の濃度も高いので排水・下水道管を閉塞させやすい。
   b. ディスポーサ排水：生ゴミを粉砕し水と流す途中で専用の浄化槽を経由させる。
   c. その他の生活系雑排水：洗面，手洗い，入浴，洗濯，湯沸流し・掃除などの排水。
   d. 機械室系排水
   e. 駐車場排水：オイル阻集器を設ける。
3. 湧水：地下の二重スラブ二重壁から侵入する湧き水
4. 雨水：屋内では一般排水系統と別系統にする。下水道が合流排水方式でも屋外で合流させる。
5. 特殊排水：一般の排水系統・下水道に直接流せない有害，有毒，危険な排水をいう。

下水道の排除方式 ⑤

方式	下水道法（公道下埋設）	（参考）建築基準法上（建物内）
分流式	2 本（汚水系統，雨水系統）	排水管 2 本以上（汚水系統，雑排水系統，排水系統他）＋雨水管
合流式	1 本（汚水・雨水合流系統）	排水管 1 本（汚水・雑排水・排水の合流系統）＋雨水管

＊管きょ（管渠）：路面に埋設の排水管（暗きょ）または排水用側溝（開きょ）。建物内では，雨水は単独系統とし，排水方式によらない。

1. 公共下水道：終末処理場を有する下水道または流域下水道に接続する下水道で，地方公共団体が管理する。
2. 地域下水道：地方公共団体が管理する公共下水道の下水を受ける。終末処理場を有し，2 以上の市町村の区域における下水を排除する下水道で，都道府県が管理する。水質汚濁防止から広域的な下水道としたほうが効果的な場合に設置する。
3. 都市下水路：市街地における下水を排除するために，地方公共団体が管理する下水路をいう。

電気設備の基礎知識　④
1. 電流＝電圧/抵抗
2. 電力：電気エネルギー効率，電圧×電流。単位は W
　　電力量：電力×時間。単位は Wh
3. 電磁誘導：磁力を持つ空間を磁界という。
　　磁束密度（磁界の強さ）は電流の強さとコイル巻数
　　の積に比例。磁界変化で生じる電流（誘導電流）と
　　いう。
4. 交流：一定周期で電圧がプラスとマイナスに変動す
　　る電流（周波数＝ヘルツ）。
　　直流：同じ電量を発生する交流電圧の値を実効値と
　　いう。例：実装値 100 V の交流電圧は，ピーク時の
　　電圧は約 140 V。
5. 電線の許容電流：電力を送る電線やケーブル配線の
　　許容電流値は，配線用遮断器（ヒューズ）の定格電
　　流値より大きくなければならない。配線距離が長く
　　なると銅線の電気抵抗が増え，電圧の低下を招く。
　　長い距離の場合は電線断面を大きくする。

建築物の防災（防火）　④
1. 火災の段階：火炎が噴出し，燃焼が一気に拡大，急
　　速な燃焼現象をフラッシュオーバーと呼ぶ。
2. ①対策：火気と可燃物管理が重要。延焼は「着火性」
　　「展炎性」の高い物品順におこるので「防炎物品」
　　の採用が望ましい。
　　②早期発見・初期消火：自動火災報知設備・非常用
　　　放送設備・スプリンクラーを設置する。
　　③延焼防止：防火性能を有する壁・床・防火扉等の
　　　特定防火設備で防火区画化する。
＊火災荷重：単位面積あたりの可燃物重量
＊着火性：火のつきやすさ
＊展炎性：燃え広がりのしやすさ
＊防炎物品：薬剤処理で着火，展炎しにくくした物品

水・湯の性質　⑤
1. 比体積：4℃ が最少。
2. 比熱：1℃ 上昇に必要な熱量，15℃ の比熱は［4.2J/
　　(g・K)］で実用の値。
3. 体積弾性係数：圧力で体積が縮小することで約 1.92
　　〜2.28 GPa。水は非圧縮性物質
4. 溶解度（溶存酸素：DO；Dissolved Oxygen）
　　水中の溶存気体の溶解度は温度が高くなるにしたが
　　い小さな値となる。溶存酸素は，単位は［mg/L］。
　　圧力の高いところで水を熱しても，溶存空気は分離
　　しない。

圧力，温度と溶存酸素量

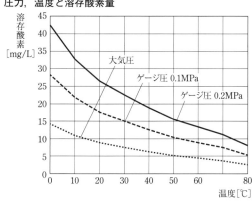

避難計画と避難施設　④
・避難安全検証法（2000 年）：安全に避難できることを
　検証する方法。人の歩行速度 1.3 m（平時）。
　（非常時）廊下や非常口避難者の扉（1 m 当たり）毎
　秒 1.5 人，歩行速度 0.75 m/秒。
・避難計画の原則
1. 二方向避難
2. 単純明快な避難経路
3. 安全区画の設定：廊下（居室避難）・特別階段（階避
　　難）・特別避難階段（全館避難）
4. 避難施設の確保と配置：出口戸の開き方・廊下の
　　幅・直通階段の設置・屋外階段の構造・特別避難階
　　段の設置・屋上広場等
5. 心理・生理特性への配慮：避難動線を日常動線と一
　　致させる計画
6. 弱者に配慮した避難計画：バルコニー・手すり・ス
　　ロープ・警報装置等の設置
避難器具：①すべり台，②避難はしご，③救助袋，④緩
降機，⑤避難橋

防排煙設備　④

1. 煙制御の目的：避難や消火，救助活動を円滑にする。煙は避難の支障で濃度で減光係数（煙中の単位通過距離当たりの光の減衰率を対数で表した光学的数値）を用いる。
2. 煙制御 4 方式
   ①排煙方式：自然排煙・機械排煙・押し出し排煙
   ②蓄煙方式
   ③加圧防排煙方式
   ④密閉方式
3. 排煙風量；排煙機の能力は 120m³/min 以上で防煙区画 1 m³ 当たり 1 m³/min 以上必要。
4. 排煙口の位置と材質
   天井または壁に設置。高さは天井面，天井から 80 cm 以内で防炎垂れ壁以内，防煙区画の各部分から水平距離 30 m 以内にも受ける。不燃材料で作る。

避難施設　④

①誘導灯：避難口誘導灯・室内通路誘導灯・室内通路誘導灯・廊下通路誘導灯・階段通路誘導灯・客席誘導灯の設置基準（大きさ，取り付け位置，取り付け感覚，明るさ，文字やシンボルの大きさと色等）は消防法で規定。
②誘導標識：火災時に人を屋外に避難させる避難口の位置や方向を明示した標識。
③非常コンセント設備：消火活動用，はしご車が届かない 11 階以上に設置義務。
④非常用照明器具：停電時に蓄電池や非常用電源で点灯（白熱電灯で 1 lx. 蛍光灯で 2 lx. 以上）で 30 分以上継続点灯が定められている。

非常用エレベータ：高さ 31 m 以上で間隔を置いて設置，通常は 17 人乗りで使用可能，火災時は消防隊優先，予備電源を備え，火災時呼び戻しや開いたまま使用可能。
非常用進入口：3 階以上に設置義務，進入口赤色反射塗料の 20 cm の逆三角形の表示。
自家発電設備：非常用エレベーターの設置義務のある建築物には必須の設備。

電力設備　④

1. 受変電設備：発電所からの高電圧を降圧し，安全に送電する施設。（100 V，200 V）
   契約電力 50 kW 以上の建築物は 6.6 kV で受電し，低圧にして使用。大規模建築物（大容量 2,000 kW 以上）は特別高圧電力で受電して使用する。受変電設備の容量は，建築物内部の電気設備の負荷合計に利用率を乗じて求め，変圧容量を決定する。
2. 動力設備：設備機械は 3 相誘導電動機を利用している。（構造・起動が簡単）。交流電動機は幅広く活用されている。
3. 照明設備
4. コンセント設備
5. 避雷設備：高さ 20 m 以上の建築物，危険物貯蔵庫，火薬庫の義務。

給湯設備の設計（省エネルギー措置）　⑤

概要
a. 加熱装置では，ヒートポンプ給湯器（エコキュート），排熱回収型ガス給湯器（エコジョーズ）等の高効率形機器の採用，負荷率を考慮した機器容量の設定
b. 貯湯槽・配管系では，十分な断熱性能の確保，配管長の短縮および配管径・貯湯容量の適正な設定を検討する。例えば，中央式給湯方式の循環ポンプの運転は，連続運転でなくサーモスタットで制御する間欠運転とするのがよい。連続運転はエネルギーの無駄が多い。
c. 給湯温度は低くする。レジオネラ症を考慮して 55℃ 以上にする。
d. 節湯機能の機器を使用
e. 温排水との熱交換。間接熱交換とする。
水栓：器具毎に定流量弁の設置
f. 湯の温度や流量の調整が容易な混合水栓を用いることで，調整時に無駄となる湯量を節約することができる。サーモスタット混合水栓などは設定した給湯温度となるように自動的に水と給湯の水量調整を行うので，効果的である。

VAV 装置ユニットの形式と特徴（裏面に続く）③

	絞り型ユニット	誘引型ユニット
構造図	制御モータ サーモスタット スプリング シャフト コーン	室内空気（二次空気） 低温空気 天井 混合空気 一次空気
機構	・負荷の減少に応じて絞り機構により風量を調節する。	・空調機で処理した一次空気の噴出により室内の二次空気を誘引し吹き出す。
特徴	① ダクトの設計・施工が容易である。 ② 送風機動力の節減が可能である。 ③ ダクトの静圧変動に対応できる制圧制御が必要である。 ④ ユニットの発生騒音が大きい。	① 他の方式に比較して、ダクト寸法を小さくできる。 ② 一次空気の送風動力が大きい。 ③ 高圧の送風機が必要である。 ④ 室内の汚染除去の性能が劣る。

熱源方式の種類（裏面も関連）③
冷凍機（電動式）＋ボイラ方式

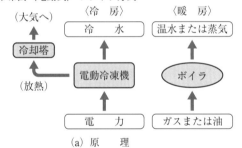

（a）原　理

（b）ボイラ（写真提供：日本ボイラ協会）

熱源方式の種類（裏面も関連）③
吸収冷温水発生機方式

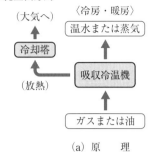

（a）原　理

（b）冷温水発生機

熱媒体の違いによる空調方式（裏面も関連）③

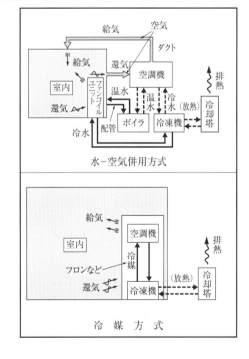

34

熱源方式の種類（裏面も関連）③
ヒートポンプ方式

〈冷房・暖房〉

（大気へ）

（放熱）

冷水または温水

ヒートポンプ熱源機

電　力

（a）原　理

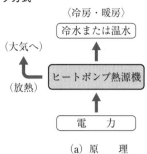

（b）ヒートポンプ熱源機外観

VAV 装置ユニットの形式と特徴（裏面に続く）③

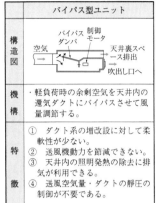

	バイパス型ユニット
構造図	空気→ バイパスダンパ 制御モータ 天井裏スペース排出 → 吹出し口へ
機構	・軽負荷時の余剰空気を天井内の還気ダクトにバイパスさせて風量調節する。
特徴	① ダクト系の増改設に対して柔軟性が少ない。 ② 送風機動力を節減できない。 ③ 天井内の照明発熱の除去に排気が利用できる。 ④ 送風空気量・ダクトの静圧の制御が不要である。

熱媒体の違いによる空調方式（裏面も関連）③

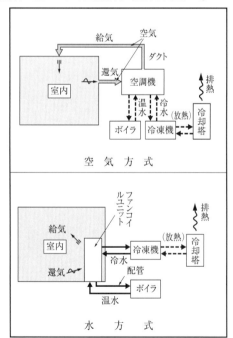

熱源方式の種類（裏面も関連）③
冷凍機（吸収式）＋ボイラ方式

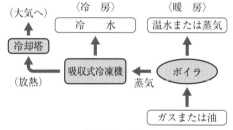

（a）原　理

（b）吸収式冷凍機

35

給水及び排水の管理に関する用語とその単位　⑤

総アルカリ度　　　　➡ mg/L
BOD 容積負荷　　　　➡ kg/(m³・日)
BOD 負荷量　　　　　➡ g/(人・日)
色　　度　　　　　　➡度
水槽（内）照度率　　➡%
腐食速度　　　　　　➡ mm/年　または（mm/y）
給湯配管からの熱損失➡ W
ばっ気槽混合液浮遊物質濃度（MLSS）➡ mg/L
水の密度　　　　　　➡ kg/m³
溶液酸素濃度　　　　➡ mg/L
揚水ポンプの揚程　　➡ m
水の比体積　　　　　➡ m³/kg
精密ろ過膜の有効径　➡ μm
塩化物イオン　　　　➡ mg/L
下水道におけるリン含有量➡ mg/L
ゲージ圧力　　　　　➡ Pa
病院の単位給湯量　　➡ L/(床・日)
水の比率　　　　　　➡ J/g・K
化学的酸素要求量　　➡ mg/L
加熱装置の能力　　　➡ kW

35-1　　　　　ビル管理士 用語カード　市ヶ谷出版社

スプリット型ルームエアコン　③

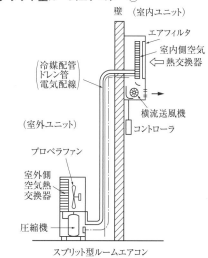

スプリット型ルームエアコン

35-3　　　　　ビル管理士 用語カード　市ヶ谷出版社

ビルクリーニング用機械・器具　⑥
真空掃除機：繊維系床清掃には欠かせない。
機械内部の空気低圧域にほこりを吸い込む
①床移動型真空掃除機：ドライ型＝吸い込んだほこりを
　フィルタでろ過する。ウェット型＝吸収した汚水は，
　機内の汚水タンクに溜まり，排気もモータに回らない
　ように設計されている。

ドライ型　　　　　アップライト型

②アップライト型：カーペット（繊維系）用，パイル
　（表面の立毛毛足）内のゴミやほこりを叩き出す構造
③携帯型：小型軽量肩掛け等で狭い場所や階段で使用。
　ドライ式

35-2　　　　　ビル管理士 用語カード　市ヶ谷出版社

空調負荷削減のための空調方式　③
a．エアロフローウィンドウシステム
　　建物外（ペリメータゾーン）のガラス面からの熱負
　　荷（スキンロード）を削減する方式。
b．ダブルスキンシステム
　　建物をガラスで覆い熱負荷を低減させる方式。
c．パッシブ蓄熱とナイトパージ
　　建物の躯体に蓄熱する（パッシブ蓄熱＝躯体蓄熱）
　　とナイトパージは室内温度より低い外気を導入して
　　躯体冷却して冷房負荷を低減する。
d．タスクアンビエント空調システム
　　部屋全体ではなく作業域空間を空調する。室内発熱
　　負荷が偏在し，個人差が大きいタスク域で，周囲に
　　影響を与えず局所環境を制御できるメリットがある。

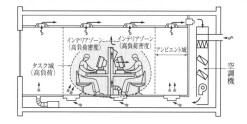

35-4　　　　　ビル管理士 用語カード　市ヶ谷出版社

空調方式の分類　③

空調機の設置方法	熱(冷)媒	代表的な空調方式
中央式	全空気方式	定風量単一ダクト方式 変風量単一ダクト方式 二重ダクト方式 各階ユニット方式
	水一空気方式	ファンコイルユニット方式 （ダクト併用） 放射冷暖房方式 （ダクト併用）
	全　水　方　式	ファンコイルユニット方式
個別式	冷　媒　方　式	パッケージユニット方式 （水冷式・空冷式）

外断熱外壁の温度勾配　③

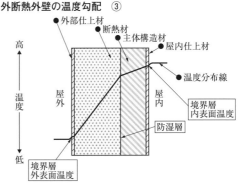

貫流熱流：壁をはさんで内外に温度差があると，高温側から低温側に向かう熱流が生じ，これを貫流熱流という。単位は W/m^2 である。
・熱移動は，伝導，放射，対流の3態
・固体中は伝導により熱が伝わる。
・壁から外部空間への熱の伝達は放射，対流

建物用途と空調方式　③

建物用途		空調方式と留意点
事務所ビル	小規模 2000～5000 m²	個別方式空調方式の中でもマルチシステム
	大規模 10000 m²以上	インテリアゾーンは，中央方式空調方式の中で各階ユニット方式（VAV付）で，ペリメータゾーンはファンコイルユニット方式
ホテル	小規模（客室30以下）	ファンコイルユニット方式かパッケージシステム（バスルーム近傍の天井内に設置）
	大規模（客室100以上）	客室はファンコイルユニット・ダクト併用方式，公共部分（ロビー，食堂）はゾーニングし，VAV単一ダクト方式
商業施設		売場の模様替えに対応し，各階ユニット方式，マルチシステム
工場		単層建物では単一ダクト方式，多層建物では各階ユニット方式，二重ダクト方式，空気清浄度の高さを要求されるクリーンルームでは，専用の方式を用いる
劇場・映画館	観客席，事務室	専用個別方式とし，別系統とする。
病院	手術室	HEPAフィルタを設置する，室直前に再熱器。
	病棟部	ペリメータ部分はファンコイルユニット方式，インテリア部分は各階ユニット方式
	外来部	インテリア部分はファンコイルユニット方式またはVAV方式，ペリメータ部分は単一ダクト定風量方式
住宅		専用部は各室にスプリット型のルームエアコンを，またはマルチタイプ

ビルクリーニング用機械・器具　⑥
床みがき機（スクラバーマシン・ポリッシャー）
①高速床みがき機：一般は1ブラシ，直径は8～20インチ，回転数150～300回転（超高速バフ機＝毎分1000～3000回転でドライメンテナンスに使用）ブラシは凹凸の床に使用，バフは平らな床に使用で色が濃いほど硬く汚れに合わせて使用。
②洗剤供給式床磨き機：タンク式スクラバーマシンと呼ばれている。通常はカーペット洗浄専用の低速回転ものを使用する。
③自動床洗浄機：洗剤供給式床磨き機と給水式真空掃除機を結合したもの。

タンク式スクラバーマシン

日本国憲法（日本国憲法第二十五条） ①

　「すべて国民は，健康で文化的な最低限度の生活を営む権利を有する。国は，すべての生活部面について，社会福祉，社会保障および公衆衛生の向上および増進に努めなければならない。」

行政組織

・下水道事業の主管官庁は，国土交通省である。」
・大気汚染防止法の主管官庁は，環境省である。
・労働衛生行政の地方組織としては，都道府県ごとに都道府県労働局がある。
・労働基準監督官が置かれるのは，労働基準監督署である。
・特定行政庁とは，建築主事を置く地方公共団体の長のこと。市町村長または特別区長または都道府県知事。建築の確認申請，違反建築物に対する是正命令等の行政全般を司る行政機関。

害虫の防除に用いる機器　⑦

	粒子径	使用する薬剤	用途
噴霧器	$100～400\,\mu m$	薬液	ゴキブリなど
ミスト機	$20～100\,\mu m$	殺虫剤，殺菌剤，消臭剤	蚊，チョウバエ
煙霧機	$0.1～10\,\mu m$	油剤に熱を加え気化 ※火災や煙検知器が作動する。建物にしみが生じる可能性がある。	
ULV機	$10\,\mu m$ 前後	ピレスロイド剤のペルメトリンとフェノトリンを有効成分とする水性乳液。 ※ULVは高濃度少量散布の意味。	ゴキブリへのフラッシング（追い出し）効果 飛翔昆虫の防除
散粉機	粉剤	粉剤の処理に用いる。	
電撃式殺虫機	薬品は使用しない	370 nm（近紫外線）前後の短波長の光線に誘引された昆虫が，高電圧のかかった電線に触れ感電死する。	飛翔昆虫の防除 ※死骸が機械の周囲に飛散するので，食品を扱う箇所の近くに設置しない。 ※虫を集めるため，窓や入口の近くに設置しない。
粘着式殺虫機	薬品は使用しない	電撃式殺虫機と同様に370 nm前後の近紫外線を発するランプで虫を誘因する。粘着シートで捕虫する。	※粘着シートに捕虫されるので，虫が飛散しない。また，調査にも用いることが出来る。

特定建築物とは（特定用途とその施設）裏面参照　①
＊用途に供される部分の延べ面積「3,000 m² 以上」
　興行場：映画，演劇，音楽，スポーツ，演芸または見せ物，聞かせる施設。
　百貨店：大規模小売店舗。
　集会場：公民館，市民ホール，各種会館，結婚式場等。
　図書館：図書館法の適用を受けるものとは限らない。
　博物館・美術館：資料を収集，保管，展示して，観覧，利用に供する目的の施設博物館法の適用を受けるものとは限らない。
　競技場：設備を設け，マージャン，パチンコ，ボーリング，ダンス等の遊戯施設
　店　舗：卸売店，小売店，飲食店，バー，理容所等サービル業の店舗を含む。
　事務所：事務施設，研究所（事務的内容）銀行。
　旅　館：旅館業（ホテル，旅館等を営む）施設）。

殺虫剤の有効成分　⑦

・有機リン剤（有機リン系殺虫剤）：ノックダウンした虫が蘇生しないで死亡する。
　ダイアジノン：多くの害虫に効果。
　ジクロルボス：樹脂蒸散剤。
　フェニトロチオン：広範な害虫に効果，特にゴキブリに効果。
　プロペタンホス：抵抗性を得た害虫にも効果がある。
・ピレスロイド剤：除虫菊に含まれる殺虫成分で合成された成分も含む。魚毒性がある。直接には速効性に優れ，忌避性も有る。
　飛翔昆虫や吸血昆虫に用いる。
・昆虫成長抑制剤（IGR）：幼虫から成虫に変化する過程で効果を発揮，成虫に効果はない。
　メトプレン：蛹化や羽化などの変態を阻害。
　ビリプロキシフェン：幼若ホルモン様化合物。
　ジフルベンズロン：幼虫脱皮後の表皮の形成を阻止「表皮形成阻害剤」。

建築物立地条件と清掃回数　⑥

建築物立地条件	金属材 アルミニウム ステンレス	コンクリート 石 タイル	ガラス
臨海工業地帯	4〜6／年	3年に1回	1／月
海岸地帯・工業地帯	3〜4／年	3年に1回	1／月
都心等の汚れの大きいところ	2〜3／年	3年に1回	1／月
地方都市の汚れが少ないところ	2／年	5年に1回	2カ月に1回
田園地域	1／年	5年に1回	2カ月に1回

建物内廃棄物の中間処理　⑥

廃棄物の種類	中間処理方法	処理設備例
新聞・雑誌・段ボール	梱包	梱包機
OA紙，再生紙	圧縮，切断，梱包	圧縮機（コンパクタ），切断機（シュレッダ），梱包機
廃棄紙類	圧縮，梱包	圧縮機（コンパクタ），梱包機
プラスチック， 発泡スチロール	破砕，溶融	破砕機，溶融機，（溶融固化装置） 圧縮機，梱包機
びん	破砕	破砕機
缶類	破砕，圧縮	破砕機，圧縮装置
厨芥	冷蔵，粉砕，脱水	冷蔵装置，粉砕機，脱水装置，生ゴミ処理機，堆肥化装置
注射針	滅菌	滅菌装置

建築物環境衛生管理基準　①

①	浮遊粉じんの量	0.15 mg/m³ 以下
②	一酸化炭素の含有率	100万分の6以下
③	二酸化炭素の含有率	100万分の1000以下（＝1000 ppm 以下）
④	温度	(1) 18℃ 以上 28℃ 以下 (2) 居室における温度を外気の温度より低くする場合は，その差を著しくしないこと。
⑤	相対湿度	40% 以上 70% 以下
⑥	気流	0.5 m/秒以下
⑦	ホルムアルデヒドの量	0.1 mg/m³ 以下（＝0.08 ppm 以下）

＊令和4年4月より
②10 ppm 以下→6 ppm 以下特例なし
④17℃ 以上→18℃ 以上

建築物環境衛生管理技術者　①

　建築物の環境衛生の維持管理に関する監督等を行う国家資格。建築物における衛生的環境の確保に関する法律「建築物衛生法」に基づいて，面積 3,000 m² 以上（学校については 8,000 m² 以上）の特定建築物において選任義務がある。また，資格の保有者は同法に基づく知事の登録事業者の人的要件となる。
　＊登録事業者：建築物環境衛生総合管理業，建築物清掃業，建築物空気環境測定業等
　＊人的要件（指導者，実施者等）
・特定建築物所有者や占有者（テナント等）に意見を述べる権限（およびその意見尊重義務は法律で定められている）がある。特定建築物の管理の最高責任者として職務を遂行する。
　＊資格保有者は，ビルマネジメント業，ビルメンテナンス業の責任者，建築物を所有する企業の管財部門，総務部門の管理職とうが多く，昇進の条件にしている企業もある。

特定建築物とは（特定用途とその施設）裏面参照　①
＊用途に供される部分の延べ面積「8,000 m² 以上」
　学校：学校教育法第一条の規定する学校
　　　　　幼稚園
　　　　　小学校
　　　　　中学校
　　　　　義務教育教育学校
　　　　　高等学校
　　　　　中等教育学校
　　　　　特別支援学校
　　　　　（盲学校・ろう学校・養護学校）
　　　　　大学
　　　　　高等専門学校
　　　　　研修所

＊用途に供される部分の延べ面積「3,000 m² 以上」
　教育施設：学校教育法第1条の学校以外の施設
　　　　　　専修学校
　　　　　　各種学校